编委会

主　编　南星辉

副主编　滕　涛　魏友松

编　委　徐　超　张　静　王　菲　赵乾祯

　　　　王向东　梁绍勇　杨微微

砥砺奋进　融创发展

——兰州市教育信息化实践

南星辉　主编

蘭州大學出版社
LANZHOU UNIVERSITY PRESS

图书在版编目（C I P）数据

砥砺奋进　融创发展 ： 兰州市教育信息化实践 / 南星辉主编. -- 兰州 : 兰州大学出版社, 2021.6
ISBN 978-7-311-05995-8

Ⅰ. ①砥… Ⅱ. ①南… Ⅲ. ①教育工作－信息化－研究－兰州 Ⅳ. ①G527.421

中国版本图书馆CIP数据核字(2021)第105823号

责任编辑　李　晖　朱茜阳
封面设计　雷们起

书　　名　砥砺奋进　融创发展——兰州市教育信息化实践
作　　者　南星辉　主编
出版发行　兰州大学出版社　(地址:兰州市天水南路222号　730000)
电　　话　0931-8912613(总编办公室)　0931-8617156(营销中心)
　　　　　0931-8914298(读者服务部)
网　　址　http://press.lzu.edu.cn
电子信箱　press@lzu.edu.cn
印　　刷　甘肃兴方正彩色数码快印有限公司
开　　本　787 mm×1092 mm　1/16
印　　张　20.25(插页4)
字　　数　354千
版　　次　2021年6月第1版
印　　次　2021年6月第1次印刷
书　　号　ISBN 978-7-311-05995-8
定　　价　56.00元

(图书若有破损、缺页、掉页可随时与本社联系)

序

从“教育信息化1.0时代”走向“教育信息化2.0时代”是面对新时代教育发展的新要求，是教育信息化发展的新理念，是建设方式上的一次新跃升。教育信息化需要坚持时代引领，坚持应用驱动，坚持深度融合，坚持教育治理；需要兼顾探索普及，兼顾区域差异，兼顾社会各方诉求，更加需要兼顾顶层管理和基层教学，这四个“坚持”和四个“兼顾”则是“教育信息化2.0时代”的主要特征，依此共同践行有中国特色的教育信息化发展之路。

兰州市应信息技术的发展，紧跟教育信息化2.0发展要求，结合自身教育信息化发展不均衡、应用不深入、特色不突出等问题，坚持信息技术与教育教学实践深度融合的核心理念，坚持应用驱动、机制创新的基本方针，教育信息化实现了快速发展，取得了全方位成就。教育信息化的基础条件建设和普及应用问题得到解决，“三通两平台”建设与应用快速推进，数字化校园建设初具规模；教师信息技术应用能力明显提升，智慧课堂试点示范已见成效，融合发展水平不断提升；初步形成了具有兰州特色的“名师在线”促进优质教育资源共建共享模式，在促进教育公平、提高教育质量方面发挥了明显的支撑和带动作用。

为了推动教育信息化融合创新发展，实现教育理念与模式、教学内容与方法的改革创新，提升区域教育水平，探索积累可推广的先进经验与优秀案例，形成支撑和引领教育现代化的新途径和新模式，教育部于2018年启动了智慧教育示范区建设。2021年3月，兰州市被教育部列为“智慧教育示范区”创建培育区域。兰州市教育信息化发展之路应以此为契机，以人工智能的创新应用实践为核

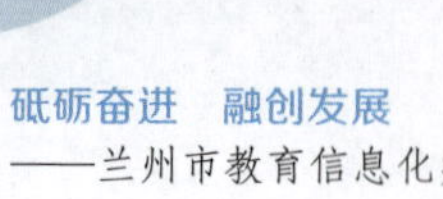

心，以校为单位，探索人工智能校本实践课程，逐步推广编程教育，构建人工智能教育校本课程体系；以智能终端为载体，探索STEAM+人工智能教育的新型教学模式，构建横向教育、纵向实践、多向联动的科学教育体系；以网络研修共同体的形式，开展常态化远程协同教研活动，探索基于大数据测评的精准教研模式，助推教育优质均衡发展；以学习者为中心的新型教学模式，推动人工智能技术在教学中的深度应用，为区域师生和家长等提供个性化支持和精准化服务，提供高学习体验、高内容适配和高教学效率的教育供给，促进教育公平、提高教育教学质量，为促进西部教育信息化发展贡献兰州教育人的智慧。

2021年5月

目 录

第一章　兰州市教育信息化之路

2018年4月13日教育部印发的《教育信息化2.0行动计划》正式提出，我国教育信息化发展从1.0时代进入2.0时代。教育信息化的升级实现了教育从专用资源向大资源转变；从提升学生信息技术应用能力向提升学生信息技术素养转变；从应用融合发展向创新融合发展转变。

教育信息化2.0是发展阶段的一次跃升，是发展思路、发展重点的一次迁移，是推动教育信息化向纵深发展的一种举措。通过实施教育信息化2.0行动计划，其目的是到2022年基本实现“三全两高一大”的发展目标，即教学应用覆盖全体教师，学习应用覆盖全体适龄学生，数字校园建设覆盖全体学校，信息化应用水平和师生信息素养普遍提高，建成“互联网+教育”大平台。在此基础上努力构建“互联网+”条件下的人才培养新模式，发展基于互联网的教育服务新模式，探索信息时代教育治理新模式。

兰州市的教育信息化源自20世纪90年代，历经了30多年的发展，已经取得了十分显著的成绩。特别是近三年，已基本达到教育信息化1.0提出的全部目标，即基本实现“三通两平台建设”：宽带网络校校通，优质资源班班通，学习空间人人通，建成教育资源共享平台和教育管理平台。2020年8月28日兰州市被甘肃省教育厅确定为“智慧教育示范区”，同年，被教育部确定为“2020年度智慧教育示范区”培育区域，自此，兰州市教育信息化迈上了新的台阶。

第一节 教育信息化2.0

一、教育信息化2.0提出的背景

2012年3月，教育部发布《教育信息化十年发展规划（2011—2020年）》，我国教育信息化随即进入加速发展的快车道。经过短短几年的发展，取得了令人瞩目的成就，不但形成了以“三通两平台”为核心全面突破的发展态势，而且还积累了一系列具有中国特色、国际视野的信息技术与教育融合发展的实践模式，逐步探索出了一条具有中国特色的教育信息化发展道路。当前，我们正处于新的重要节点，教育信息化必须与时代同频共振才能在教育现代化进程中发挥应有作用，因此，《教育信息化2.0行动计划》的出台具有重要的时代意义，不仅是对前期教育信息化发展成果的总结，更是对新时代教育信息化发展要求的回应，是对后续发展思路的整体规划。

1.新时代我国教育发展面临新要求

以十九大为标志，中国特色社会主义进入了“新时代”。十九大明确提出“建设教育强国是中华民族伟大复兴的基础工程，必须把教育事业放在优先位置，加快教育现代化，办好人民满意的教育”，并要求“办好网络教育”。当前，我国教育的主要矛盾已经转变为人民群众对美好教育的需求同相对滞后的教育供给之间的矛盾。要实现“公平而有质量的教育”，就必须充分共享有限的优质教育资源，在确保大规模教学的前提下，针对每位学习者的需求提供个性化、智能化的教育供给，显而易见，只有深度融合大数据、人工智能等新兴技术，才能满足这一要求。因此，没有信息化就没有现代化，面对新时代的教育改革发展新要求，我国教育现代化建设亟须教育信息化支撑引领。

2.新技术浪潮给教育发展带来巨大冲击

继互联网、云计算之后，以大数据、人工智能、虚拟现实为代表的新一轮信息技术浪潮席卷而来，尤其是人工智能技术的快速发展极大改变了我们对教育的传统认知。技术对教育的作用已经不再限于辅助学习、提高效率，而是成为直接改变教学基本模式、学校基本形态乃至教育行业基本业态的根本性力量。技术的发展改变了社会各行业对人才的要求，个性化、创新型人才培养成为迫切需求；技术变革了教育教学模式，智能教学环境、智能导学系统日益普及；技术显著提升了教育治理水平，过程化评价、精细化管理、精准化服务成为趋势；技术正在挑战教师角色，教师在知识传授方面的作用将逐步弱化，而在学生素养培育、人格塑造等方面的作用则更加突出。

由此可见，当前我们正处于推进教育信息化，实现教育现代化的关键阶段，中国特色社会主义新时代与新技术浪潮在当下形成了历史性交汇。习近平总书记指出："信息化为中华民族带来了千载难逢的机遇"。在这一重要历史节点上，教育信息化面临难得的发展契机，必须从顶层设计高度进行重新定位和设计。

二、教育信息化2.0的重要意义

党的十九大做出中国特色社会主义进入新时代的重大判断，开启了加快教育现代化、建设教育强国的新征程。站在新的历史起点，必须聚焦新时代对人才培养的新需求，强化以能力为先的人才培养理念，将教育信息化作为教育系统性变革的内生变量，支撑引领教育现代化发展，推动教育理念更新、模式变革、体系重构，使我国教育信息化发展水平走在世界前列，发挥全球引领作用，为国际教育信息化发展提供中国智慧和中国方案。新时代赋予了教育信息化新的使命，也必然带动教育信息化从1.0时代进入2.0时代。为引领推动教育信息化转段升级，教育部提出教育信息化2.0行动计划。

教育信息化2.0行动计划是在历史成就基础上实现新跨越的内在需求。党的十八大以来，我国教育信息化事业实现了前所未有的快速发展，取得了全方位、历史性成就，实现了"三通两平台"建设与应用快速推进、教师信息技术应用能力明显提升、信息化技术水平显著提高、信息化对教育改革发展的推动作用大幅提升、国际影响力显著增强等"五大进展"，在构建教育信息化应用模式、建立全社会参与的推进机制、探索符合国情的教育信息化发展路子上实现了"三大突破"，为新时代教育信息化的进一步发展奠定了坚实的基础。

教育信息化2.0行动计划是顺应智能环境下教育发展的必然选择。教育信息化2.0行动计划是推进"互联网+教育"的具体实施计划。人工智能、大数据、区块链等技术迅猛发展，将深刻改变人才需求和教育形态。智能环境不仅改变了教与学的方式，而且已经开始深入影响到教育的理念、文化和生态。主要发达国家均已意识到新形势下教育变革势在必行，从国家层面发布教育创新战略，设计教育改革发展蓝图，积极探索新模式、开发新产品、推进新技术支持下的教育教学创新。我国已发布《新一代人工智能发展规划》，强调发展智能教育，主动应对新技术浪潮带来的新机遇和新挑战。

教育信息化2.0行动计划是充分激发信息技术革命性影响的关键举措。经过多年来的探索实践，信息技术对教育的革命性影响已初步显现，但与新时代的要求仍存在较大差距。数字教育资源开发与服务能力不强，信息化学习环境建设与应用水平不高，教师信息技术应用能力基本具备但信息化教学创新能力尚显不足，信息技术与学科教学深度融合不够，高端研究和实践人才依然短缺。充分激发信息技术对教育的革命性影响，推动教育观念更新、模式变革、体系重构，需要针对问题举起新旗帜、提出新目标、运用新手段、制定新举措。

教育信息化2.0行动计划是加快实现教育现代化的有效途径。没有信息化就没有现代化，教育信息化是教育现代化的基本内涵和显著特征，是“教育现代化2035”的重点内容和重要标志。教育信息化具有突破时空限制、快速复制传播、呈现手段丰富的独特优势，必将成为促进教育公平、提高教育质量的有效手段，必将成为构建泛在学习环境、实现全民终身学习的有力支撑，必将带来教育科学决策和综合治理能力的大幅提高。以教育信息化支撑引领教育现代化，是新时代我国教育改革发展的战略选择，对于构建教育强国和人力资源强国具有重要意义。

三、教育信息化2.0的特征

当基础设备的建设积累了一定的“量”之后，我国的教育信息化也到了要开始质的飞跃的阶段。因此十九大以后教育信息化的建设重点就不再只是以普及“三通两平台”为主，而是要充分利用大数据、人工智能等现代化信息技术手段改变传统教育模式，解决“愚笨教育”的问题，把重点转移到转变教育模式从“教为主”到“学为主”，更注重因材施教保持学生个性，让学生从被动接受变成主动学习。

对此2018年4月13日教育部印发的《教育信息化2.0行动计划》就提出，要到2022年基本实现“三全两高一大”的发展目标。其中，“三全”指教学应用覆盖全体教师、学习应用覆盖全体适龄学生、数字校园建设覆盖全体学校；“两高”指信息化应用水平和师生信息素养普遍提高；“一大”指建成“互联网+教育”大平台。

（一）教育信息化2.0将更以“体验”为依归

这里以“人”的体验为出发点。以往的教育信息化建设重点在于先完善基础设备，更加注重物与事，但教育的基础和根本是“人”，教育信息化只有以人为本、从人出发才能真正发挥出效能。

（二）教育信息化2.0将更以“数据”为基础

信息化产生了大量的教育教学数据，但这些数据如果不能加以整理和有效使用将变得毫无意义。教育信息化1.0更偏向以信息技术为基础，而教育信息化2.0将以数据技术为基础，将一切参与主体、教育元素、教育行为数据化。

（三）教育信息化2.0将更以“开放”为策略

“开放”与“共享”是信息时代促进各项事业发展的有效策略。教育信息化2.0将在充分保障信息安全的基础上，充分开放各类数据，实现教育大数据的全社会共同挖掘、共同获益。

（四）教育信息化2.0将更以“智能”为目标

教育信息化1.0阶段注重“信息化”，而教育信息化2.0阶段则更注重“智能化”。破解当前各项教育难题的根本还是在于能不能将优质教育资源经济地、有针对性地投向学习者。建设更加智能、更加自动的教育信息化既是破解这一难题的根本途径，也是教育信息化2.0的一大建设目标。

四、实现教育信息化2.0的必要性

“十九大”前后我国中小学的互联网接入率已达93%，多媒体教室比例也已达86%，师生网络学习空间数量为7100万个，在教育信息化基础设施普及上我国已经取得了一定成绩。但进入到教育信息化2.0阶段，对教育信息化的评价水平也不应该止步于此。

当下我国正处在与信息时代的交汇期，对人才的需求比以往更加迫切，对人才的要求发生了根本性的变化。教育要使得学生适应和驾驭海量的信息与知识，课程作为教育活动的核心载体，必须从“传授知识为主”向“培养学习与应用能力为主”转变。

在人才培养过程中，学校既要促进学生的个性化发展，又要培养创新能力、思考能力，但传统的以“教”为主的教学模式已经不适应这一要求。教育信息化2.0阶段相对教育信息化1.0阶段最大的不同点在于，将目光更加放在“人”身上，更着重于培养学生主动学习、自主思考的能力，也就是转变传统的“教”为主的教育模式为“学”为主的新时期教育模式。

五、教育信息化2.0与教育信息化1.0的不同

1.不仅要融合发展，而且要创新发展

教育信息化1.0阶段，教育信息化的推进重点是以应用为导向，促进信息技

术与教育的深度融合，强调的是信息技术在教师教学活动中的经常性、普遍性应用。迈入教育信息化2.0阶段，随着信息技术与教育融合的不断深入，信息化开始引发教育教学的创新发展，因此“创新”成为这一阶段发展的关键词。

2.不仅是外生变量，而且是内生变量

在教育信息化1.0阶段，学校和教育机构对信息化主动拥抱得少，被动应对得多。迈入教育信息化2.0阶段，信息化的重要作用越来越得到广泛认同，很多学校和教育机构将信息化作为自我挑战、自我突破的重要契机，信息化逐步成为促进教育系统性变革的内生变量，其对教育的“革命性影响”真正得以彰显。

3.不仅要全面推动，而且要支撑引领

在教育信息化1.0阶段，信息化的作用是“全面推动教育现代化”，在这一时期，信息化的定位是辅助性的，主要立足于“促进”“推动”教育现代化。迈入教育信息化2.0阶段，信息化的作用不仅是作为引擎为教育现代化提供推动力，而且要勇立潮头，引领教育现代化的发展方向，其地位进一步突出。

从总体上讲，40年来我国教育信息化改革已取得了巨大成就，教育信息化2.0新时期是面对新时代教育发展的新要求，更是教育信息化在发展理念、建设方式上的一次跃升。

第二节　兰州市电化教育发展历程

一、起步中的兰州电化教育

兰州市电化教育始于1935年（民国24年）。由南京国民政府教育部为兰州省立学校配发了5台收音机。两年后，南京国民政府教育部又给甘肃省教育局（今甘肃省教育厅）配发电影放映机1架、无声教育影片8部，从此兰州有了电化教育，并开始建立电教机构。最初的电教设施主要是幻灯机、留声机、收音机和电影放映机。电化教育的主要内容只是放映科教影片或幻灯片向民众传播科学知识；在学校利用幻灯机、收音机进行教学活动。

1941年（民国30年）1月，甘肃教育局（今甘肃省教育厅）在兰州市设立电化教育服务处，下设电化教育施教队。1944年（民国33年）3月，电化教育服务处改建为电化教育辅导处，到1947年（民国36年），该机构掌管电影放映机3架，影片59部。与此同时，在兰各大专院校也相继设立电教机构，主要电教设施是收音机和幻灯机。新中国成立后，甘肃省文教厅文化科设电教队，兰州市的电教工作主要由设在省文教厅文化科的电教队在各中小学巡回放映教育影片开展。

二、兰州市电化教育中心的设立

1978年7月，兰州市教育局开始筹建兰州市电化教育馆，馆址在东郊小学南2楼，并在该校设电教示范教室，购置幻灯机、电影放映机、电视机。

1981年8月15日，市编委以《关于设立兰州市电化教育馆的批复》（兰编字〔1981〕031号），批准设立兰州市电化教育馆，隶属兰州市教育局直接领导。

1981年8月，兰州市电教馆正式成立，内设办公室，幻灯组、录音组、电影组、电视组等，编制10人，馆址迁入兰州市教师进修学院。

1982年，李怀德任副馆长。同年底，馆址迁至兰州市第二中学实验楼，将教室改装为简易演播室，开始录制教学节目，直接为教学服务。同时，从外地购进中小学9门课程的幻灯片5061张，配音录音带131盒，从省教学仪器站调进16毫米教学电影拷贝40部，是年，经市政府批准投资，报省经贸委同意，划拨外汇指标14.5万美元，购置日本产全套闭路电视系统，录制教学用的录像、录音教材，从而实现了电教设施的成套化、现代化。

1986年，在兰州市电教馆的基础上，扩大成立了兰州电视教育中心，兰州电视教育中心成为兰州市电教软件制作、资料储存、技术指导及教学管理的中心，统管全市卫星电视教育、普通中小学电化教育、电视职业高中的教学管理工作。

1989年，兰州电视教育中心被中共兰州市委、市政府授予“兰州市教育系统先进集体”称号。

2002年3月，兰州市机构编制委员会下文，将兰州电视教育中心正式更名为兰州市电化教育中心。自此，兰州市电化教育中心正式成立，负责全市中小学信息化建设工作。

三、成立兰州市教育信息化工作领导小组

2007年8月，兰州市教育局成立兰州市教育信息化工作领导小组及其办事机构，由兰州市教育局局长任组长，统一和协调全市教育信息化建设工作，常设机构在兰州市电教中心；2018年9月市教育局再次下文，明确兰州市信息化建设领导小组职责，兰州市电化教育中心为领导小组常设机构，依旧由市教育局局长任组长，对电教中心职责进行进一步调整，主要负责统筹指导和管理全市教育信息化建设及应用工作。

第三节　兰州市教育信息化的发展

兰州市各学校电化教育的发展及规范使用是从幻灯教学进入课堂教学开始的。从1978年开始，各学校积极购置电教设备，在课堂教学中运用幻灯投影、录音、录像和电影等电教手段进行教学，并取得了较好的成绩。例如兰州市第二十八中（今西北中学）的物理课幻灯教学课例——《纵波和横波》，在1978年12月的全国幻灯教学汇报会上获得好评。

从20世纪90年代开始，兰州市各学校的电化教育随着计算机的逐渐普及而步入了信息化时代。进入21世纪以后，随着党和政府对教育信息化的重视程度和投入的不断加大，各学校的电化教育环境已从单纯的设备使用上升到了校园信息化的长期而规范的建设层面上。

教育信息化旨在把信息技术手段有效应用于教学与科研，更加注重教育信息资源的开发和利用，使教学手段科技化、教育传播信息化、教学方式现代化。而教育信息化的实现首先要有可以支撑教育信息化实施的基础设施，因此教育信息化1.0阶段主要着力于教育信息化工具的建设和普及。

兰州市教育信息化1.0阶段的基础设施建设情况有目共睹：数字化设备普及阶段（20世纪90年代前后）——电脑、数码相机、校园数字广播等电子产品、多媒体教室的普及时期；校园互联网普及阶段（1990—2000年）——校办公室、教室、功能教室互通互联网泛教育阶段（2000年以后）——通过有线无线网络及移动网络，老师、学生可以随时随地进行教育学习和参与教育；教育物联网阶段（2000—2010）——如班班通一体机、一卡通、电子班牌、电子书包、VR实验室、创客空间、智慧教室等教育信息化工具的联网；2010年7月29日，《国家中长期教育改革与发展规划纲要（2010—2020年）》正式发布，其中第十九章《加快教育信息化进程》明确指出教育信息化的具体建设内容和发展目标，后者被形象地称为“三通两平台”。其中“三通”就是教育网络建设，即教育物力资源的建设；“两平台”则是指教学内容资源建设和教育管理资源建设。

自“三通两平台”提出以来，建设效果显著，兰州地区的学校已经做到覆盖普及，甚至在一些边远的乡村学校同样配置了多媒体教学一体机和远程视频录播设备。但基础设施的普及不等同于设备能发挥出相应的作用和功能。因此随着教育信息化1.0阶段发展的成熟，兰州教育信息化也应该有进一步的技术提升，充分运用教育信息化1.0阶段打下的坚实基础。

一、兰州地区农村中小学现代远程教育工程

在改革开放和现代化建设新时期，邓小平同志反复强调，实现社会主义现代化，科技是关键，教育是基础。在世纪之交的重要时刻，江泽民同志又深刻指出，"当今世界，以信息技术为主要标志的科技进步日新月异，高科技成果向现实生产力的转化越来越快，初见端倪的知识经济预示人类的经济社会生活将发生新的巨大变化。"21世纪，国家的综合国力和国际竞争能力将越来越取决于教育发展、科学技术和知识创新的水平，教育将始终处于优先发展的战略地位。党的十一届三中全会以来，我国的教育事业取得了显著成就，为21世纪教育事业的振兴奠定了坚实基础。但是，我国教育发展水平及人才培养模式尚不能适应现代化建设的需要。因此，振兴我国教育事业，是实现社会主义现代化目标和中华民族伟大复兴的客观需要。

中国共产党第十五次全国代表大会提出了跨世纪社会主义现代化建设的宏伟目标与任务，对落实科教兴国战略做出了全面部署。为了实现党的十五大所确定的目标与任务，落实科教兴国战略，全面推进教育的改革和发展，提高全民族的素质和创新能力，教育部特别制定了《面向21世纪教育振兴行动计划》(教育部1998年12月24日制定，国务院1999年1月13日批转)。

《面向21世纪教育振兴行动计划》，是在贯彻落实《教育法》及《中国教育改革和发展纲要》的基础上提出的跨世纪教育改革和发展的施工蓝图，要全面规划，突出重点，抓住关键，重在落实。

《面向21世纪教育振兴行动计划》的主要目标其中一项为实施"现代远程教育工程"，形成开放式教育网络，构建终身学习体系。实施"现代远程教育工程"，有效地发挥现有教育资源的优势，是在我国教育资源短缺的条件下办好大教育的战略措施，要作为重要的基础设施加大建设力度。以现有的中国教育科研网（CERNET）示范网和卫星视频传输系统为基础，进一步扩大中国教育科研网的传输容量和联网规模。建立全国大学生招生远程录取、计算机学籍管理、毕业生远程就业服务一体化的信息系统。继续发挥卫星电视教育在现代远程教育中的作用，改造现有广播电视教育传输网络，建设中央站，并与中国教育科研网进行高速连接，进行部分远程办学点的联网改造。2000年，争取使全国农村绝大多

数中小学都能收看教育电视节目。要运用优秀师资力量和现代教育手段，把教育电视节目办好，重点满足边远、海岛、深山、林牧等地区的教育需求。

1999年6月13日 中共中央、国务院作出《关于深化教育改革全面推进素质教育的决定》，提出全面推进素质教育，培养适应21世纪现代化建设需要的社会主义新人；深化教育改革，为实施素质教育创造条件；优化结构，建设全面推进素质教育的高质量的教师队伍；加强领导，全党、全社会共同努力开创素质教育的新局面。甘肃省委、省政府在贯彻落实《关于深化教育改革全面推进素质教育的决定》时反复强调要大力教育技术手段的现代化水平和教育信息化程度，认真组织实施“现代远程教育工程”和“未来工程”，加强经济实用型终端平台系统和校园网络的建设。充分利用现有资源和各种技术手段，继续搞好多样化的电化教育和多样化辅助教学。

2003年9月，国务院召开“全国农村教育工作会议”，为了认真贯彻落实党的十六大精神，使农村教育工作得以更快地发展，深化农村教育改革，促进农村经济社会和城镇协调，2003年9月出台了《关于进一步加强农村教育工作的决定》（国发〔2003〕19号），明确提出，“实施农村中小学现代远程教育工程，促进城乡优质资源共享，提高农村教育质量和效益。”农村中小学现代远程教育工程正是响应这种精神实施的以信息技术为手段，采取教学光盘播放点、卫星教学收视点、计算机教室等三种模式将优质教育资源传输到农村的教学方法试点工程，主要解决广大农村、特别是边远地区和贫困山区教育资源匮乏、师资水平落后、教育质量不高等突出问题。

从2003年开始，中央从本级财政和国债资金中安排了13.44亿元用于中西部农村中小学现代远程教育试点工作，采取地方负责、所需经费由中央根据不同区域经济社会发展情况予以适当补助的办法。尤其是西部试点地区以中央投入为主，地方投入为辅，中央专项资金占到了试点地区总经费的三分之二。争取用五年左右的时间，在农村小学教学点基本配备教学光盘播放系统（约11万个），在农村小学基本建设卫星教学收视点（约38万所），在农村初中建设计算机教室（约4万所），以缓解西部地区农村中小学教育资源短缺和师资不足，促进师资水平和教学质量提高。《国务院关于进一步加强农村教育工作的决定》提出：实施农村中小学现代远程教育工程，要按照“总体规划、先行试点、重点突破、分步实施”的原则推进。

2003年国家农村中小学现代远程教育工程项目在我省实施，2004年兰州市作为第一批试点市州，始终坚持以“设备配置为基础，教师培训为重点，资源应用为核心，提高质量为目标”的工作原则，积极采取有效措施，确保项目的顺利实施。

工程实施的过程中，省委、省政府多次听取甘肃省教育信息化工作和农村中小学现代远程教育工程进展情况的汇报，部署工程实施工作。2004年2月，省政府成立了以分管副省长为组长，省发改委、财政厅、教育厅共同组织的“甘肃省实施国家农村中小学现代远程教育工程试点项目联席会”，统筹规划，全面部署，加强组织领导，加强协调，明确目标责任，督导落实；各工程项目市（州）、县（区）普遍成立了由政府分管领导为组长、各有关部门负责人为成员的工程领导小组，具体负责协调工程的组织实施和管理工作。工程建设实行目标管理，每年工程项目启动时，由主管副省长与各市州政府签订目标责任书，省教育厅主管副厅长与各市州教育局签订目标责任书，市州政府与县区政府、市州教育局与县区教育局逐级签订目标责任书，落实责任，各级政府高度重视，各有关部门各司其职，密切配合，形成了行之有效的组织机构和目标责任机制。

兰州实施农村中小学现代远程教育，首先根据实际，理清思路，根据本市实际，科学规划定位，坚持“统一思想，分级负责，统一规划，分步实施，统一标准，分级投入”的建设原则，贯彻“理顺机制、加强管理；完善基础、注重示范；突出应用、提高效益”的指导思想，实施“统筹兼顾，因地制宜，突出重点、分区推进”的发展方针，把农村远程教育摆在优先发展地位，“先普及、后提高”；推动发展条件较好的地区加快发展，带动条件一般的地区协调跟进，扶持条件较弱的地区打好基础。以省会城市兰州为中心，重点发挥天水市对甘肃东部地区、张掖市对甘肃西部地区农村远程教育的辐射带动作用，形成“一个中心带两翼”的发展战略。

2004年，省上成立了由发改、财政、教育、审计、纪检等部门参加的“甘肃省实施国家农村中小学现代远程教育工程设备及教学资源采购工作协调小组”，具体负责工程的组织实施，兰州市也同步成立了相应机构，规范工作流程，精心组织实施。在项目实施过程中，严格按照《政府采购法》和《招标投标法》以及《农村中小学现代远程教育工程设备（软件）及教育教学资源招标采购管理办法》开展工作，参照《甘肃省农村中小学现代远程教育工程目标责任管理办法》等文件，以公开招标方式，从工程规划、招标采购、施工建设到工程应用的推进等方面加强了管理，严肃了纪律。

为了进一步推动全市农村中小学现代远程教育工程项目建设的可持续发展，以示范校创建活动为依托，充分发挥农村远程教育项目所提供的设备和资源优势，不断促进“三种模式”在兰州市农村中小学教育教学活动中的有效应用，促进“农远项目”实施工作。自2007年开始，在兰州市农村中小学现代教育工程项目校范围内开展了示范校创建活动。通过几年的努力，在示范校的创建过程中，兰州市的“农远项目”工作也得到了省教育主管部门的首肯。甘肃省教育厅对在实施国家农村中小学现代远程教育工程工作中的先进集体和先进个人进行了表彰。兰州市电化教育中心获得先进集体称号，中心一名同志获得先进个人称号。

兰州市“农远项目”实施地区为兰州市三县五区乡镇（含乡镇）以下农村中小学及教学点，共有农村中小学及教学点1271所（其中985所学校分布在永登、皋兰、榆中三县和红古区）。

在工程实施过程中，我市围绕“每个学校至少要有一个明白人”的目标，为农村培养适合现代远程教育开展的骨干教师，不仅对教师进行设备使用培训，更加注重教师应用信息技术、整合课堂教学和教学研究等方面的培训。

通过两年农远工程的实施，全市农村中小学模式一项目学校64所，模式二项目学校483所，模式三项目学校116所，全市农村中小学光盘播放设备、卫星接收系统和计算机教室等设施设备正常运行。

为兰州市三县一区142所农村小学教学点配备电视机、DVD播放机和教学点各年级教学光盘，通过播放光盘对学生进行授课和辅导；为三县五区516所农村小学配备卫星接收系统、计算机、电视机、DVD播放机和各年级的教学光盘，通过中国教育卫星宽带传输网，接受优质教学资源，并同时具备教学光盘播放点的功能；为三县五区120所农村初中配备卫星接收系统、网络计算机教室、多媒体教室、教学光盘播放设备及教学光盘，为学生提供网络条件下的学习环境。

二、“英特尔未来教育”教师培训项目

在各类信息技术培训活动中，“ Intel未来教育”是较有影响的大型国际项目。“ Intel未来教育” （Intel Teach to the Future）是由美国加利福尼亚Sunnyvale计算器工业技术协会以及Intel（英特尔）、Hewlett Packard（惠普公司）、Microsoft（微软公司）等共同开发的一套旨在培训教师如何在教学中有效地利用计算机进行教学，从而使学生们提高学习效率和学习成绩的培训模式。

该培训项目主要是为了支持计算机技术在课堂上的有效利用而设计的一个全球性学科教师培训项目。该项目于2000年开始在北京和上海先期展开，2001年以后，在教育部和有关省市教委指导下，“英特尔未来教育”再向全国各省市逐级培训。该项目的最终目标是：“截至2003年，在全球培训40万名教师，并影响

数以百万计的学生”。

2001年5月下旬，甘肃省教育厅组织16名教师赴上海参加了“Intel未来教育”骨干教师的培训。这批参加培训的教师作为省级骨干教师，培训结束后整理培训心得，总结培训成果，完成对兰州市中小学主讲教师的培训工作。培训工作加深了骨干教师对“Intel未来教育”所传授的“英特尔创新教育”行动的认识，体会到这一行动与我国当前普及教育信息化、推进教育改革和教育创新有着异曲同工之处。随后兰州市电化教育中心负责组织多批次培训活动，分批、分次对全市三县五区的中小学教师进行了集中培训。通过培训，使兰州市参加培训的中小学各学科教师掌握了全新的教育理念和教学方法，使教师初步掌握教育信息化时代的新型教学方法，让学生在学习过程中学会学习、学会合作；充分利用计算机和网络等信息资源，培养学生的创新思维、团队合作精神、解决问题和进行科研的能力。

三、兰州市中小学校园信息化建设项目

兰州市电化教育中心坚持信息技术与教育教学深度融合的核心理念，在上级部门的大力支持下，通过“兰州市中小学校园信息化建设项目”“兰州市城区优质教育资源供给三年行动计划”“普通高中改善办学条件项目”“甘肃省全面改善义务教育办学条件项目”等一系列项目的实施，从校园网、班班通教室、网络教室、录播教室、安防监控、校园广播、办公电脑、电子书包等方面进行建设，夯实信息化基础环境建设，促进教学应用，以教育信息化建设推动教育现代化建设。

“十一五”期间，市教育局为全面推进兰州市教育信息化进程，进一步加强和规范对全市教育信息化工作的领导，统一和协调全市教育信息化建设工作，充分发挥教育信息化促进教育均衡、公平、健康可持续发展的重要作用，促进我市基础教育进一步发展，确定了全市中小学教育信息化建设系列项目。项目本着统筹规划，科学设计，统一标准，采用分期、分批的方式进行建设。项目自2007年开始至今已实施10年有余，期间兰州市电化教育中心负责项目方案制定、招标采购、监督协调、组织专家验收，为84所市属学校、民办学校、局直单位配发了信息化相关设备，促进教学的同时，为学校搭建了教育信息化发展基础环境。

近年来，兰州市教育局在习近平新时代中国特色社会主义思想指引下，在省教育厅的大力指导下、在市委市政府的坚强领导下，坚持将教育信息化作为教育

改革发展的引擎，以促进教育公平，提高教育质量为重点，积极推进各类应用平台的建设和各种新媒体新技术在教育教学、管理等方面的广泛应用，努力扩大优质教育资源的覆盖面，打造智慧教育生态环境，充分发挥教育信息化对教育现代化的支撑和引领作用。兰州市中小学校园信息化建设项目建设方案也在随着教育信息化的发展，不断调整优化，以期在新的环境下，能更好地为教育教学服务。目前，兰州市教育信息化基础环境搭建已完成。

四、“智慧教育·名师在线”项目

教育部教育信息化推进办公室《关于进一步充实教育信息化试点工作内容的意见》明确要求实现优质数字教育资源建设与共享，建立名师课堂，充分发挥名师示范带动作用，使普通学校的学生都能够共享优质教育资源，实现教育公平，将优质教育资源投入到最需要的地方，快速提高广大学生学习效果和成绩。

“智慧教育·名师在线”项目是2017年兰州市实施的一项面向兰州市全体中小学生的普惠性工程，项目以“政府主导，企业运营，专家指导，资源共享”为指导方针，实现优质教育资源共享、网上名师教学、在线教育扶贫、绿色上网行业管理，实施以公益为主、适度收费的运作模式，建立教育信息化可持续发展的新机制。

兰州“智慧教育·名师在线”网络教育平台模拟真实的传统课堂，利用双休日和寒暑假，通过优质的师资团队、创新的课程直播模式、强大的课堂管理功能，为学生提供特色教育服务。突出名师可视互动，一对多辅导等特点，使更多的学生分享名师与学生互动的成果，引导学生从“要我学”变成“我要学”，真正实现“离校不离教”。

在2020年新冠肺炎疫情期间，兰州“智慧教育·名师在线”响应教育部号召，利用名师在线平台，实现停课不停学，使兰州市十多万中小学生足不出户，免费线上观看了全市学科带头人等一批市级名师的网络直播课，得到学生和社会的一致好评。

五、名师云课堂试点示范项目

教育部2016年6月7日发布《教育信息化“十三五”规划》，明确要求将不断扩大优质教育资源覆盖面，优先提升教育信息化促进教育公平、提高教育质量的能力作为一项主要任务。2020年3月16日，教育部发布《关于加强“三个课堂"应用的指导意见》明确指出：到2022年，全面实现"三个课堂"（"专递课堂""名师课堂"和"名校网络课堂"）在广大中小学校的常态化按需应用，建立健全利用信息化手段扩大优质教育资源覆盖面的有效机制，推动实现教育优质均衡发展。

专递课堂：强调专门性，主要针对农村薄弱学校和教学点缺少师资、开不出、开不足、开不好国家规定课程的问题。

名师课堂：强调共享性，主要针对教师教学能力不强、专业发展水平不高的问题。

名校网络课堂：强调开放性，主要针对有效缩小区域、城乡、校际之间教育质量差距的迫切需求。

可以预见，"三个课堂"的实施，将会更好地服务于老师与学生，更明确地关注于课堂与教学，对促进教育公平，实现优质教学资源共享将具有重大的现实意义。

兰州市目前已建成一批名师工作室（间）、名校长工作室，这些工作室的建成，将会充分发挥名师的示范、辐射和指导作用，将特级教师、教学名师的优势更加充分地发挥出来，更有效地与一线教师结成网络研修共同体，提升广大教师的教学能力和水平。更加主动积极地组织推进多种形式的信息化教学活动，鼓励教师利用信息技术创新教学模式，推动形成"课堂用、经常用、普遍用"的信息化教学新常态。对创新推进"名校网络课堂"建设，各县区教育行政部门要制订相关规定，鼓励、要求名校利用"名校网络课堂"带动一定数量的周边学校，使名校优质教育资源在更广范围内得到共享，让更多的学生享受到高质量的教育。

兰州市从2018年开始，积极探索推进"名师课堂"建设，确定市属小学和初中名校各一所，探索"一校带多点、一校带多校"的教学和教研组织模式，以同步课堂、大教研等形式，提高对口农村教学点、薄弱校教育教学质量，通过近两年的工作，逐步摸索出一套依托信息技术的"优质学校带薄弱学校、优秀教师带普通教师"的名师课堂推广模式。

六、部署完成兰州市新高考排选课综合管理服务云平台

随着国家《关于深化考试招生制度改革的实施意见》及其系列配套政策的颁布，新的考试招生制度改革的战略布局已经拉开了序幕。为贯彻落实新高考改革的相关文件精神，甘肃省于2016年3月份出台《甘肃省人民政府关于印发甘肃省

深化考试招生制度改革实施方案》(甘政发〔2016〕29号)(以下简称实施方案)《实施方案》全面贯彻党的教育方针，坚持立德树人，适应经济社会发展对多样化高素质人才的需要，明确甘肃省进入高考综合改革的时间为2019年，2022年全面实施高考综合改革，基本建立符合教育规则、顺应时代要求的现代教育考试招生制度，形成分类考试、综合评价、多元录取的考试招生模式，健全促进公平、科学选才、监督有力的体制机制，构建衔接沟通各级各类教育、认可多种学习成果的终身学习“立交桥”。

教育部2019年工作总体要求中明确指定，落实教育现代化2035和五年实施方案，坚持“稳妥推进高考综合改革”，“推进教育信息技术与教育教学深度融合”，在《教育信息化2.0行动计划》的通知中强调，将教育信息化作为教育系统性变革的内生变量，支撑引领教育现代化发展，推动教育理念更新、模式变革、体系重构，加快教育现代化和教育强国建设。因此在新高考改革的大背景下，在互联网+教育的背景下，将教育信息化支撑作为教学变革的内生驱动，利用信息化技术，探索新高考教学管理信息化的建设模式，成为兰州市实施新高考改革的迫切需求。

然而在贯彻落实高考改革的过程中，兰州市教育行政管理部门及广大学校将面临来自政府、公众、社会乃至自身的巨大压力，对全市教学资源的评估与调配、区域教学管理数据监督与预警、学校日常教学目标的落实、教学秩序的建立与维护、新教学管理模式的升级等教学管理能力均提出了新的标准与要求。如何发挥区域优势与特色，通过借助教学信息化技术，建立教学管理信息共建共享机制，避免资源的重复建设等问题，推进兰州市教育治理方式的变革，加快形成现代化的教育管理与检测体系，在推进兰州市新高考改革措施落地过程中，实现教育教学跨越式发展，这一系列问题成为兰州市教学管理行政部门新的挑战。

兰州市电化教育中心相关人员多次赴新高考综合改革实施地区进行考查学习，提前谋划，于2018年下半年下发关于《兰州市新高考排课走班综合管理服务云平台(测试平台)应用试点学校调研工作的通知》(兰电教〔2018〕83号)，确定兰州市第三十三中学(本部、东城分校)、兰州市第五十八中学、兰州市第六十一中学、兰州市西北中学、兰州市外国语高级中学等五所市属高中作为试点学校。各试点学校就教育生涯规划、智能排课、智能选课、综合素质评价、走班教学管理应用等功能进行分阶段全面测试。在测试基础上，总结前两批新高考综合改革试点地区的实施经验，结合兰州市正式进入新高考综合改革的时间节点，按照“区域统筹、顶层设计、信息共享、科学管理”的建设模式，制定了《兰州市排选课综合管理服务云平台》建设方案。经专家多次论证后以公开招标的方式，统一建设市级大平台，满足全市范围内64所高中学校关于资源评估、选科管理、分层分班、走班排课、考务等教学管理方面的核心要求，同时解决40所初中和小学学校基本的排课问题，为兰州市教育管理创新提供保障。响应一校一策略、一生一课表的教学管理变革，获取区域内各学校教学资源分配、学校教学、学生选科、学校管理等数据信息，通过进行大数据分析，为兰州市教育管理行政部门做出科学、有力的决策，提升综合治理能力和管理水平，提供数据支撑。

2020年6月15日兰州市教育局下发《关于印发〈兰州市教育局落实高考综合改革工作实施方案〉的通知》（兰教发〔2020〕103号），明确兰州市将于2021年秋季入学的高一学生，正式进入新高考改革。

兰州市电教中心提前布局，在甘肃省未明确正式实施新高考综合改革的前提下，按照市级统一建设新高考综合管理大平台，不再重复建设校级平台，区、校直接登录使用，按用户权限进行功能划分的原则，于2019年下半年部署实施了兰州市新高考综合管理服务云平台，给兰州市高中学校争取了一年半宝贵的新高考综合改革试行期，确保新高考在兰州市高中学校平稳落地，极大地缓解了学校、学生及家长的不安情绪。

七、基本实现“宽带网络校校通、优质资源班班通、网络空间人人通”的“三通”目标

截至2018年11月，全市共有学校700所，班级9054个，师生合计388962人，师机比为1：1，生机比为9.6：1。全市班班通教室覆盖率100%，所有学校均接入互联网，共有187所学校（单位）（含111个教学点）通过兰州市基础教育传输专网直接接入兰州教育城域网网络中心，出口均为20M。目前兰州教育城域网出口带宽为：中国教育科研网1G、中国电信1G、中国移动2G。城域网核心机房存储容量约300T，基础教育资源6000多G，市属中小学网络出口均为“城域网+互联网”双出口，网络空间人人通开通率91.5%，基本实现“宽带网络校校通，优质资源班班通，网络空间人人通”。

八、网络带宽及网络安全得到极大提高

习近平总书记在全国网络安全和信息工作会议上强调，没有网络安全就没有国家安全，就没有经济社会稳定运行，广大人民群众利益也难以得到保障。兰州

市教育局要求各学校及局直单位深入领会学习习近平总书记重要讲话精神，以习近平建设网络强国有关重要论述为行动指南，准确把握网络安全工作面临的形势变化，充分认识加强网络安全管理的重要性和紧迫性，牢固树立“四个意识”，保持清醒头脑，强化责任落实，采取有效措施，加强网络安全工作的组织部署，将网络安全工作纳入重点工作进行研究部署。要健全网络安全责任机制，建立一把手为第一责任人的网络安全工作体系，落实网络安全责任制，组建专职机构或专人负责网络安全工作，及时妥善处理安全事件和网络技术问题。

图 1–1　兰州市教育信息化暨网络安全工作会议

为认真贯彻落实全国网络安全和信息工作会议精神，加强全市教育系统网络安全工作，进一步落实网络安全、信息安全责任，提高全市教育系统网络安全防护和应急处置能力，2019 年 10 月 14 日，兰州市教育局召开全市教育信息化暨网络安全工作会议（如图 1–1）。会议全面总结了兰州市教育信息化建设取得的可喜成绩。近年来，全市教育信息化基础设施建设得到明显改善，名师在线、名师课堂、智慧课堂融合应用试点项目等新型智慧教育试点应用成效显著，教育城域网及数字校园建设扎实推进。随着信息化的不断发展，新技术日新月异，新信息扑面而来，一定要有一颗永远变化，永远超前的心态，了解教育现代化对教育信息化工作提出的新要求，明确教育信息化未来的发展方向，认识网络安全对于教育信息化的重要作用，高度重视教育信息化对教育现代化的支撑引领作用；以《教育信息化 2.0 行动计划》提出的八大行动为契机谋划信息化工作，统筹推进信息化规划与发展；积极宣传教育信息化推进中的好经验好做法。会议特别强调，在今后的工作中，要更加重视网络安全工作，做到网络安全和信息化工作同步规划，同步实施，同步推进。

随后兰州市网络安全专家对参会人员进行了相关培训（如图 1–2）。

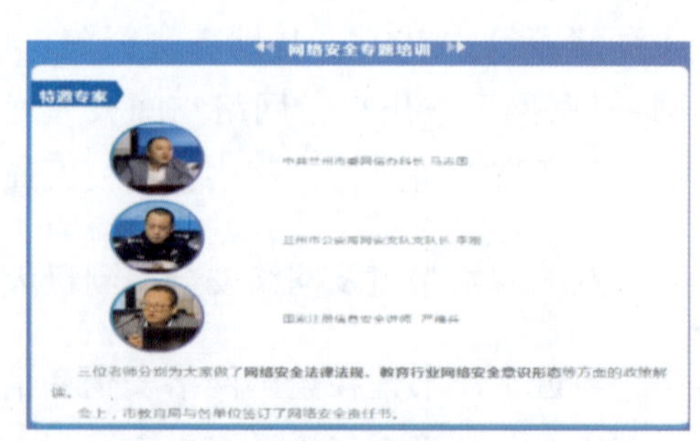

图 1–2　负责培训的网络安全专家

2018 年，市电教中心将网络带宽提速降费作为当年的一项重要工作，积极与移动、电信运营商对接，多方协调，

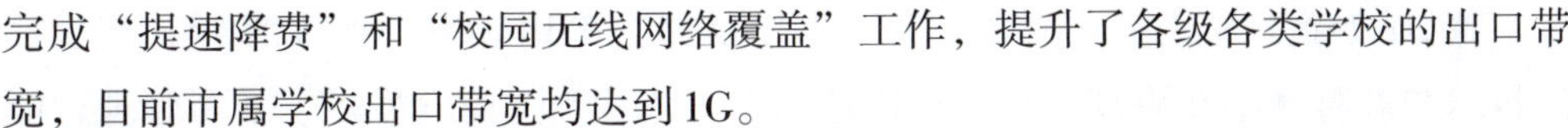

完成“提速降费”和“校园无线网络覆盖”工作，提升了各级各类学校的出口带宽，目前市属学校出口带宽均达到1G。

九、名校长室、名师工作室示范效应明显

创建“名校长室”“名师工作室”是市教育局为贯彻落实《兰州市中长期教育改革与发展规划纲要（2011—2022）》，充分发挥优秀骨干教师在教师专业成长和教育科研中示范、引领、辐射和带动作用，促进我市教育队伍专业化发展的一大创新举措。

通过“名校长室”“名师工作室”的设立，开展教育教学研究和学术活动，进一步提升名师的教育教学水平和理论素养，形成以特级教师、骨干教师为主的名师团队，努力培养一支兰州区域教育专家。同时培养名师后备梯队。选拔有培养潜力的教师进入名师工作室学习，加大培养力度，努力促使其向更高层次发展，培养一批名师后备梯队人选。结合兰州教育实际，重点研究解决学科教学中集中存在的问题，研究教学改革的方向、课堂教学模式优化、课程资源开发等问题。开展考试及命题的研究。对县区级、市级考试试题进行评价、分析，加强对教学的指导作用，为教育发展建言献策。现已建成了“兰州市数字教育公共服务平台”，平台有优质教育教学视频66399集，电子图书303111册，生成性资源10997个，名师5623位，期刊104751多本。58%的中小学教师成为注册用户，开设名校长工作室、名师工作室、名班主任工作室共计108个。同时推动甘肃省基础教育资源公共服务平台应用“人人通”的开通工作，教师开通率达96%，学生开通率达91%。教育信息化基础环境建设正在逐步夯实，教育信息化的重心逐步从基础建设向教学应用转移。

十、积极创建省级“智慧教育示范区”

兰州市智慧教育示范区建设将以推进教育均衡和教育公平为工作目标，以提升教育质量为基本宗旨，以“互联网+”教育为主要方式，通过模式创新、机制创新努力提升教育惠民的效益，完善优化学校课堂教学，提升学校教师队伍的信息素养，以优质学校带动薄弱学校，进一步完善教育信息化建设与应用，促进区域优质教育均衡和教师专业发展。

重点建设6所智慧教育省级标杆校，40所智慧教育市级标杆校。努力构建网络化、数字化、智能化、个性化的教育体系，塑造人本、开放、平等、可持续的教育新生态，引领兰州教育现代化。

到2022年实现“三全两高一大”工作目标，深化应用。到2023年，实现信息技术与教育教学在更高层次、更广范围、更深程度上融合发展，学习管理智能化水平、教学方式创新化水平、教师培训专业化水平、教育治理精细化水平、网络安防一体化水平整体跃升，初步形成可持续、可推广、可复制的智慧教育实践模式，为创新人才培养模式，创造更加公平而有质量的教育提供全面支撑。

十一、抢抓机遇，积极谋划今后发展重要举措

依据区域特征，建立符合区域教育信息化发展的评估体系，为兰州市教育信息化中长期发展提供指导。计划用4年时间，倾力打造具有国内领先水平、能够发挥全国标杆作用和示范效应的智慧教育示范区。

持续开展教育信息化1.0建设与应用，推进教育信息化转型升级，以兰州市中小学数字校园建设为抓手，为智慧教育应用提供良好的基础支撑环境。

深入整合区域优质教育资源，推动城乡教育均衡发展。以“兰州智慧教育·名师云课堂”“兰州智慧教育·名师在线”为抓手，推进“三个课堂”建设与应用，利用信息化手段扩大优质教育资源覆盖面，提升教师教学能力和信息素养，进一步提高教学质量，推动城乡教育持续均衡发展。

持续落实《教育部关于实施全国中小学教师信息技术应用能力提升工程2.0的意见》，引导各学校因地制宜开展教师信息化教育教学能力提升和网络安全教育培训，提高各学科教师的信息素养，确保“三个课堂”的顺利开展。

兰州市智慧教育示范区建设，将着力打造标杆、形成示范，强力推进以下建设内容。

1.持续推进教育公共服务体系建设

（1）加强顶层设计，促进协同发展

依据教育部《教育信息化2.0行动计划》《中小学数字校园建设规范》《智慧校园总体框架》等文件内容，聘请高水平专家组成专家组，聚焦教育信息化建设应用，结合兰州教育发展实际，制定《兰州市教育信息化2.0行动计划》和市、县、校三级《兰州市教育信息化2.0评估指标体系》，为全市教育系统信息化和智慧教育中长期发展提供理论指导。同时，将智慧教育示范区建设工作纳入到《兰州市教育信息化2.0行动计划》中，为创建工作的开展与实施提供支撑保障。

（2）打造智慧校园神经系统

采用云网端的架构，建设兰州教育混合云和校园“神经系统”。依托GPON技术高速、简单、多能、安全和5G接入量大、高速率、低延时等技术优势，以

互联网、物联网、视联网多网合一的思路，升级现有教育城域网骨干和核心装备及各节点网络带宽，初步建立全光教育城域网IPv4和IPv6网络安全体系，打造万兆主干、千兆桌面的高质量教学环境，实现无线校园网全覆盖，打造智慧校园神经系统，提高教育网络基础设施的专业服务和运行安全保障能力，为教育信息化2.0建设与应用提供坚实保障。

（3）完善教育大数据中心建设

高标准打造兰州教育大数据中心。统筹全市教育公共服务体系建设，建立统一的数据采集、管理、监测标准，为国家、省、市、区/县相关数据对接以及交换提供标准接口。打通数据壁垒，为教育管理服务平台、网络学习空间、各类特色平台的集成部署提供支撑服务；整合相关教育资源和教育平台管理数据，实现招生管理、学籍管理、学业水平管理、体质健康管理、综合素质评价等各项工作的数据贯通与融合，提升教育治理水平。建立覆盖教育管理部门和各类学校的网络安全监测预警体系，提升网络与信息安全保障能力。

（4）升级完善兰州智慧教育云平台

打造集教育管理公共服务平台、教育资源公共服务平台、数字校园中心管理平台于一体的兰州智慧教育云平台，实现统一用户身份认证、统一数据交换，为教育管理者、教师、学生、家长、社会公众提供教育决策、教学管理等一站式"互联网+"教育服务。汇聚教学过程数据，实现精准学习分析和教学干预，提升教育教学质量。

2.创新教育均衡发展新路径

以项目为抓手，加快兰州市"三个课堂"建设与应用，通过开展跨班级、跨学校、跨区域的开放式智力资源共享服务，有效解决兰州市地形复杂、山区较多、城乡教育不均衡等问题，推进我市区域教育均衡和教育公平发展。

一是持续推进"兰州智慧教育·名师在线"项目。借助"互联网+"技术优势，创新机制，探索校企合作，集中市域名师资源，打破教师在区域内、校际间开展智力服务的壁垒，利用课余时间、双休日和寒暑假对学生开展远程实时课后辅导，为学生提供适时、精准、有效的教育服务，实现跨班级、学校、区域边界的名师资源共享。

二是深入开展"兰州智慧教育·名师云课堂"项目。依托网络互动直播方式，将城市优质学校与农村薄弱学校结对，以城市优质学校为榜样，充分发挥名师的模范带头作用，开展"异地同堂"教学教研，带动和培养大批农村优秀教师，转变教学理念，提高教育教学能力，让名校名师资源惠及农村偏远学校，促进农村学校教师教学水平和教科研能力的提高，逐步缩小区域、城乡、校际间差距，全面提升兰州市教育质量，促进教育公平和教育均衡发展。

3.全面提升师生信息素养

组织开展各类信息素养提升培训。实施兰州市中小学教师信息技术应用能力提升工程2.0，开展学校管理人员教育信息化领导力培训，增强学校管理者的信息化意识，提升其规划能力、执行能力和评价能力。利用线上线下相结合的培训方式对教师进行全员培训，通过示范性培训项目带动开展教师信息化专项培训，依托专家型学科教师的先行引导和示范作用，全面推进信息技术与教育教学的融合创新发展。

组织开展中小学教师信息技术应用创新大赛，提升教师信息化教学应用能力。组织开展学生信息技术应用竞赛、STEAM、人工智能、创客等活动和学生信息技术创新成果评选、创新交流等活动，全面提升学生信息素养与创新能力。

绘制全市各区信息素养地图。开展基于数据、面向过程的师生信息素养发展水平监测，实施及时干预。以此为基础，深入推进课程建设、课堂教学、教师发展、实践教学和家校共育等教育教学活动。

4.推进中小学教学方式变革

统筹组织和协调开展多种形式的信息化教学活动，落实以学生为中心的教育观，转变传统教育教学流程，利用信息技术优化教学方法，转变教学模式，实现“课堂用、经常用、普遍用”向“校校用平台、班班用资源、人人用空间”转变，真正把技术与教学实践的融合落实到每个教师与学生的日常教与学活动中，促进教学方式从以教为主向以学为主转变，从知识传授为主向能力培养为主转变，从课堂学习为主向多种学习方式并举转变，进而满足学习者个性化与全面发展的需要。

一是推进教学模式创新。依托兰州智慧教育云平台和智慧课堂教学环境，构建项目式教学、探究式教学、混合式教学等新模式，激发学生学习的积极性、主动性和创造性，实现差异化和个性化教学与指导，提高教育质量。

二是开展创新教育试点。在全市范围内遴选创新教育试点学校，开设创客教育、STEAM等中小学综合实践活动课程，培养学生实践能力、创新能力和问题解决能力，提高学生信息素养。鼓励校际间开展交流，互学互鉴，探索跨学科课程融合与发展。

三是开展人工智能教育试点。在全市范围内遴选人工智能教育试点学校，搭建人工智能教学环境，培养人工智能教师队伍，试点开设人工智能课程，探索适合区域教育发展的人工智能教育新路径，形成典型案例。支持师生开展人工智能教学应用，提升教师利用人工智能优化教学的能力，探索人机协同教学应用新模式。

四是强化网络学习空间“人人通”应用。依托兰州市智慧教育云平台，对接甘肃省基础教育资源公共服务平台“人人通”，建设覆盖各级各类的个人及机构网络学习空间（学生空间、教师空间、班级空间、学校空间、教育机构空间、家长空间等）。依托网络学习空间，贯通教学、管理与评价等教学核心业务，将空间作为数字教育资源公共服务体系共享服务的主要渠道，先进文化建设和家校共育、校企共建的有效载体，使基于空间的教学应用、教学管理、教育治理实现常态化。

5. 创新教学评价模式

实施综合素质评价改革。深入开展大数据支撑的学生综合素质评价改革，由结果导向的单一评价扩展到综合性、过程性的多维度评价，从注重评价的筛选功能扩展到注重评价的诊断、激励与预测功能，实现多元化、过程化、立体化、数据化、可视化评价，全面考查学生德智体美劳发展情况。

探索推进中考等重大考试评价制度改革。革除唯结果、唯考分弊端，试点中考改革，将德智体美劳全面发展情况纳入评价范围。引入智能化测评技术和平台系统，探索部分科目机考。

6. 创新资源供给模式

对接省教育资源公共服务平台体系，创新资源建设模式，创建良好的政策环境，完善合理利益分配机制和优质资源准入标准，在共赢的基础上吸引知名教育企业、教育机构等社会资本参与资源共建共享，全面提升学校、教师、企业开发与共享优质教育资源的创造性、积极性和主动性，缩短资源生成、进化周期。提升优质教育资源供给均等化、普惠化、便捷化水平，助力教育均衡发展。

探索按需选用、按用付费、快速迭代、优胜劣汰的教育资源供给模式，从面向群体共性需求的规模化、无差别供给转变为面向个体定制需求的精准化、智能化、个性化、适应性供给，全面提升资源质量和师生满意度。

7. 提升教育治理能力

依托兰州市智慧教育云平台，促进教育管理业务重组、流程再造，提升教育管理水平，推动教育治理体系和治理能力现代化，探索适应信息时代的教育发展需求的体制机制改革，助推智慧教育和智慧城市发展。基于兰州教育大数据中心，整合现有走班排课、校园管理、学习过程、师生动态、政务系统数据和社会相关行业等数据，为各级领导提供实时、准确的教育数据，支撑精细化管理，实现基于大数据的智能化教育决策管理，提升教育治理能力水平。

第四节　出台兰州市教育信息化2.0行动计划

当前兰州市教育信息化发展已基本实现宽带网络校校通、多媒体教学设备班班通的目标，经过近几年的基础设施投入，目前成效显著。优质教学资源共建共享取得阶段性成果，智能资源共享初现端倪。教育信息化对基础教育综合改革和教育现代化建设的支撑作用日益凸显，全市教育信息化工作取得一定发展。但对比“互联网+教育”发展趋势及教育信息化2.0目标要求，全市基础环境建设发展尚不均衡，部分学校基础环境建设不能有效满足教育教学需求，创新环境与智能环境建设应用有待提升，校际间、区域间信息化环境建设参差不齐；优质资源供给思路仍然需要理清，地方平台与国家教育资源公共服务平台未能实现互联互通、协同服务，部分县区平台资源孤岛问题较为突出，资源供给服务范围及质量有待进一步提升；推进深化应用动力有待激发，信息技术尚未从影响教育发展的外生变量转化为内生变量，广大师生和教育管理者的应用动力和主动性有待进一步激发，信息素养亟须全面提升，启发式、探究式、参与式、合作式等教学方式以及走班制、选课制等教学组织模式应用尚未充分开展；STEAM、创客、人工智能等信息化应用探索开展有限，尚未形成区域特色，有待进一步落实推广；信息化的有效运维亟须保障，学校设备故障和受损频发，无法为教育教学和管理信息化应用提供有效支持，设备运维、更新升级、网络资费、教师培训、资源选购和应用研究等方面没有固定的、长期的资金支持等。

为全面贯彻党的教育方针和立德树人根本任务，全面推进教育现代化建设，发挥信息技术对教育改革的支持引领作用，推进新时代教育信息化发展，结合国家“互联网+”、大数据、新一代人工智能等重大战略的任务安排，兰州市教育局根据《教育信息化十年发展规划（2011—2020年）》《教育信息化“十三五”规划》《教育信息化2.0行动计划》《中国教育现代化2035》的要求，结合兰州市当前教育信息化发展不均衡、应用不深入、特色不突出等实际问题，以及市域实际情况，高瞻远瞩，聘请西北师范大学专家团队，于2019年下半年制定《兰州市教育信息化2.0行动计划》。

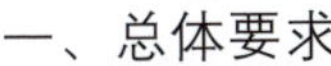

一、总体要求

（一）指导思想

以党的十九大精神和习近平新时代中国特色社会主义思想为指引，贯彻落实全国教育大会精神，以立德树人为根本任务，坚持信息技术与教育教学深度融合的核心理念，按照需求导向、破解难题、特色鲜明的总体思路，构建高位均衡和可持续发展的兰州市教育信息化发展体系，推动教育理念更新、模式变革、体系重构，全面提升教育信息化发展水平和支撑服务能力，实现更加公平而有质量的教育。

（二）基本原则

面向未来，育人为本。面向新时代和信息社会人才培养需要，构建以学习者为中心的新型教育生态，促进学生全面发展，实现公平而有质量的教育。

统筹规划，破解难题。加强系统规划，为所有学习者提供多样化的学习支持与服务，破解区域教育发展不均衡等难题，为办公平而有质量的教育提供解决方案。

需求导向，深化应用。坚持需求导向，实现基于技术的教育教学创新和基于数据的精准管理，提升教育教学质量和教育治理水平，突破教育公平、个性化教育等难点。

积极探索，特色鲜明。聚焦兰州市教育信息化发展核心问题，积极开展理论与实践探索，总结经验，形成特色，努力成为全国智慧教育示范区。

二、目标任务

（一）工作目标

全面落实教育局《教育信息化2.0行动计划》总体要求，打造安全可靠的基础设施新环境，构建新型教育大平台，构建新型教育大数据支撑体系，加强数字校园建设，创新资源供给模式，提升师生信息素养，促进信息技术与教育教学深度融合，培育特色鲜明的教育信息化应用标杆学校，推进兰州市教育信息化均衡发展，为成为全国智慧教育示范区和促进兰州市教育现代化发展奠定基础。

（二）主要任务

普及优化信息化基础环境，缩小教育信息化发展差距。统筹规划，做好顶层设计，加强“云”“网”“端”的建设与融合，搭建兰州市教育云平台，优化兰州市教育城域网，提升网络接入水平与服务质量，全面提升学校信息化基础环境建设，普及优化各类终端，做好超期服役设备的更新换代，加强创新教学环境建设，缩小区域间、城乡间、校际间教育信息化发展差距。

创新优质资源共建共享机制，破解区域教育发展不均衡难题。完成与省、国家教育资源公共服务体系对接，采取政府主导、社会参与、开放建设、严格遴选的机制，完善政府提供公益性资源、自主选购特色资源、自适应推送个性化资源的资源汇聚与共建共享模式，通过名师在线、双师课堂、联片教研等形式，开展跨班级、跨学校、跨区域的开放式智力资源共享服务，提升优质教育资源供给均等化、普惠化、便捷化水平，助力兰州市教育优质均衡发展。

显著提升师生信息素养，引导从浅层应用到教学范式变革。依托专家引领、优秀教师先行示范、结对帮扶协同发展等方式，引导教师走出信息作为知识、过度多媒体教学、浅层次课堂互动等信息化教学误区，推动信息技术与教育教学深度融合，有效促进认知、助力协作、拓展互动，促进教学范式变革。

培育创新教育示范校，从融合应用向创新发展演进。着力打造STEAM/创客教育和人工智能教育应用示范校，促进新技术在人才培养模式、教育服务模式创新的全流程应用，加强学生信息素养和创新能力培养，辐射引领兰州市教育信息化从融合应用向创新发展的高阶演进。

三、重点工程

（一）基础环境智能化提升行动

统筹建设教育专网。加快推进IPv6规模部署行动计划落地实施，建设市级教育专网，实现教育网络统一规划建设、统一运行管理、统一监测、统一防护，提高教育网络基础设施的专业服务和运行保障能力。教育行政部门、学校全部接入教育专网，市、区/县、校三级教育网络实现安全高速互联互通，提高人均互联网带宽，提升用户上网体验。

建立教育大数据中心。高标准打造教育数据中心，探索混合云架构模式，构建规范统一、互联互通、安全可控的市、区/县教育数据交换共享体系。建立教师、学生、学校三大核心基础数据库，连通各级各类教育信息系统。建立教育大数据应用服务中心，完善数据授权使用规范，提供专业化的数据分析服务，促进数据在风险可控原则下合理开放共享，逐步实现兰州市教育数据的统一规范采集、有序加工处理和授权共享服务。

建设智慧教育云平台。打造集教育管理公共服务平台、教育资源公共服务平台、数字校园中心管理平台于一体的智慧教育云平台，实现统一用户身份认证、统一数据交换，为教育管理者、教师、学生、家长、社会公众提供一站式“互联网+”教育服务。

（二）数字校园建设均衡发展工程

依据《中小学数字校园建设规范（试行）》《职业院校数字校园建设规范》等文件要求，统一规划、分步实施，推进数字校园建设。

提升学校宽带接入水平。对全市未接入互联网的学校优先实施网络接入，着力解决乡村小规模学校和乡镇寄宿制学校的网络接入问题，对已接入网络但尚不满足教学需求的学校网络进行扩容增速、升级改造，实现千兆进校、百兆进班，推进“无线校园”建设。

超期服役设备更新换代。针对部分学校存在的超过报废期限的设备及时报废，更新补齐设备。制定设备使用期限监测机制，及时更新超期服役设备。

配齐基本的信息化设备。为新建学校配齐多媒体教学设备、计算机教室及师生用机，实现信息化基础环境的全面普及；为基础环境尚不能有效支持教育教学的学校，依据应用需求增补多媒体设备和师生用机；为开展同步/专递课堂及联片教研的学校，建设录播教室，为智力资源共享、教师专业发展提供环境支持。

建设创新教学环境。加快智能化教学终端建设，建设电子书包教室、STEAM教室、创客教室、VR/AR/MR实验室等创新教学环境，建立新型课程结构、课堂模式、教学体系和评价方式，满足师生基于云、网、端的教学科研和学习活动需求。

（三）优质教育资源共建共享工程

制定数字资源准入标准，多方协同共建共享优质资源。制定资源准入标准，建立数字教育资源准入、汇聚、流通、评价与淘汰机制，遵循“统一标准、开放共享”的原则，整合、梳理和盘活市、区/县、校三级优质教育教学资源，探索资源有效供给模式。加强与出版机构合作，引进立体化数字教材，形成体系完善与中小学课程配套的基础性数字教学资源，拓展虚拟仿真、数字实验室、数字场馆等支持创新教学应用的新型资源，依托智慧教育云平台，实现全市互通共享。

推进名师在线课堂，实现优质智力资源跨班级、跨学校共享。持续推进“名师在线”，统筹兰州市名优教师资源，拓展资源服务范围，向全市中小学生（含中职学生）提供在线课程、在线答疑、互动课堂、点播课堂、家长课堂等教育服务，实现优质智力资源跨班级、跨学校共享。

建设对口帮扶结对互动课堂，打造网络学习共同体。构建城区优质学校与薄弱学校一体化网络联合学校群，形成网络学习共同体，实现优质学校与薄弱学校备课同步实施、课堂同步互动、教师同步研修、资源同步共享，探索网络协同教学模式和精准扶智模式，提升薄弱学校教育教学质量，实现“互联网+”条件下的区域教育资源均衡配置，服务国家脱贫攻坚战略部署。

（四）深化信息技术教学融合应用工程

建设信息技术教学应用示范校，探索兰州市“互联网+教学”模式。建设20所信息技术教学应用示范校，依托高校研究力量，支持教师更好地以各类数字教学资源应用为基础组织实施教学，建立以学生发展为本的新型教学关系，构建基础型、拓展型和创新型课程体系，探索翻转课堂、基于互联网的自主学习、互动探究等新型教学模式，变革教学组织形式，为学生提供形式多样的学习机会和学习内容，改进教师教学方式和学生学习方式。

建设市县级教师发展中心，提高教师研训的针对性。有效整合教师培训、教研、电教等资源，建立教师发展中心，围绕信息技术优化课堂教学、翻转课堂、基于互联网的自主学习、互动探究等教学模式应用中的痛点、难点问题，通过名师引领、联片教研、校本研修等方式组织开展混合式主题研训活动，充分发挥优质资源辐射、带动作用，推广普及信息技术教学应用示范校的成果，建立教育教学质量监测结果应用机制，充分利用监测结果指导教育教学实践，提高研训的精准性，逐步形成教师信息素养培育与专业发展的长效推进机制。

（五）STEAM/创客教育服务体系建设工程

构建STEAM/创客示范基地，从整体规划、课程研发、平台建设、教学支持四方面形成STEAM/创客教育服务体系。示范基地开设各级各类课程，各学校选择自己感兴趣的课程，并在示范基地课程基础上完成特色STEAM/创客教育的开展。融合多方力量组建STEAM/创客教育服务团队，对学校STEAM/创客课程进行现场教学、协同备课、观摩指导、技术辅导等指导。

（六）人工智能教育试点应用工程

建设环境，开设课程。在全市范围内遴选10所试点学校，开设人工智能课程，建成人工智能教学环境。聘请高校专家团队进行指导，通过专题培训、课程实践等方式，培育20位人工智能教师，推动教师观念更新、角色重塑、素养提升、能力发展。在此基础在上，辐射带动培育100位人工智能教师，为后续人工智能教育的普及推广提供人才支持。

探索人工智能教学应用。构建教师人工智能素养框架，组织高校专家队伍引导学校教师开展人工智能在导学、教学、答疑、反馈、评价、作业批改等方面的应用，结合认知科学、学习行为、教学策略等，提升教师利用人工智能技术优化

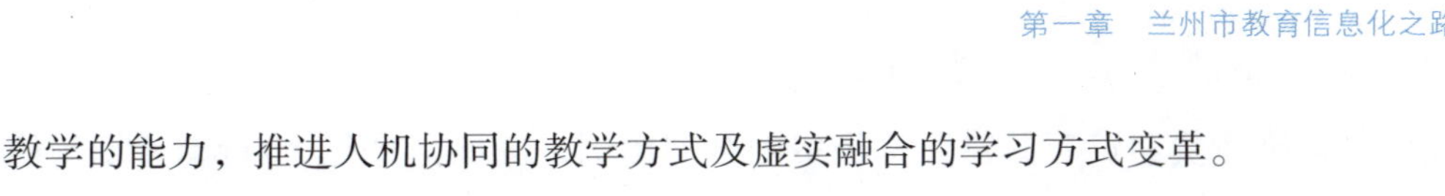

教学的能力，推进人机协同的教学方式及虚实融合的学习方式变革。

四、保障措施

（一）加强领导，统筹推进

建立健全教育信息化管理机构，多级协同联动，统筹推进区域教育信息化2.0。市级教育行政部门重点组织制定宏观政策和标准规范，针对各级各类教育改革发展的需要和各区/县发展实际，加强工作指导和统筹协调。区/县级教育行政部门要进一步健全教育信息化工作领导体制，整合教育系统专业机构力量，形成完善的教育信息化2.0推进方案，全面推进教育信息化2.0的宣传、建设工作。学校要建立“一把手”责任制，主要领导亲自抓信息化工作，主动把教育信息化纳入本校、本单位总体规划，深入开展信息化教学与管理应用，全面统筹本校信息化建设与发展。

（二）加强示范，建设队伍

坚持试点先行、典型引路的推进机制，有针对性地开展教育信息化区域综合试点和各类专项试点，总结提炼先进经验与典型模式，形成以点带面的发展路径，发挥辐射引导效应。加强教育信息化理论研究和实践共同体建设，建立教育信息化研究基地和实践课题，促进协同创新。充实教育信息化专业队伍，明确岗位设定标准和专业发展路径，打造一支经验丰富、素质优良、人员稳定的技术支撑队伍。建立多层次、多形式、重实效的信息化人才培养体系，加强对信息化人才的专业培训，推进市、区/县、校三级服务体系与保障机制建设。

（三）创新机制，强化监督

建立便捷高效的教育信息化技术服务支撑机制，引导教育信息化标准规范体系的应用示范和推广，保障教育信息化的规范建设。建立长效监督机制，建立全市、全系统的教育信息化发展评估指标体系及相关制度。教育督导部门将教育信息化2.0推进情况纳入督导指标，并根据相关规定适时对各区进行专项督导，将督导评估结果作为对相关部门考核的重要依据，确保工作有序开展。

（四）多元投入，完善保障

切实落实国家关于财政教育经费可用于购买信息化资源和服务的政策，优化教育支出结构，加大教育信息化投入力度。规范经费支出，形成经常性的教育信息化经费投入保障及监管机制。可以采取市、区/县两级协同规划、分级投入、试点开展的模式，为基础环境普及建设、教育资源共建共享等提供经费保障，加大对农村、偏远地区信息化发展的资金倾斜。优化经费支持结构，统筹考虑建设经费、运维经费和资源共建共享经费的合理比例，确保信息化2.0行动计划的稳步推进。充分发挥政府和市场两方面的作用，为推进教育信息化提供良好的政策环境和发展空间，积极鼓励企业投入资金参与教育信息化建设，提供优质的信息化产品和服务，实现多元投入、协同推进。

（五）完善机制，加强防范

严格执行《中华人民共和国网络安全法》等相关法律法规与文件要求，建立教育信息化2.0行动计划安全保障机制，确保网络安全保障常规化、日常化。落实关键信息基础设施和网络安全等级保护工作，加强网络安全管理和技术防范。建立健全教育网络安全监测预警体系，逐步实现对本市重点教育网站的全覆盖实时监测。完善行业内通报和检查整改机制，持续开展教育行业内网络安全检查，定期开展安全扫描和风险评估，及时修补安全漏洞。建设网络安全实训基地，加强网络安全意识培训和从业人员技能实训，培养具有实操能力的网络安全管理和技术人才。建立从业人员的岗前培训和继续教育制度，提升从业人员的职业技能和水平。

第五节　建设兰州市“互联网+教育”大平台

“十二五”以来兰州市人民政府深入贯彻国家教育信息化相关政策、文件精神，高度重视教育信息化工作，积极制定各项政策、制度，营造了良好的教育信息化发展氛围。经过多年的持续投入与建设，全市教育信息化工作取得长足进步，“三通两平台”建设成效显著，教育信息化软硬件环境不断完善，优质教育资源极大丰富，师生信息素养持续提升，信息技术对教育教学的支持作用不断凸显。进入教育信息化2.0时代，面向发展“互联网+教育”，实现教育信息化转段升级的需求，迫切需要转变资源观，创新技术应用模式，进一步提升人员信息素养，建设网络化、数字化、智能化、个性化、终身化的学习环境。当前，兰州市教育信息化工作仍存在一些不足，如教育信息化基础设施建设不均衡、网络带宽仍需进一步提升、资源平台尚未全面联通、信息化管理平台服务能力有待增强等。

为进一步贯彻《中国教育现代化2035》《加快推进教育现代化实施方案（2018—2022年）》文件精神，落实《教育信息化“十三五”规划》《教育信息化2.0行动计划》提出的工作目标与任务，加快推进兰州市教育信息化进程，全面提升教育信息化工作水平，促进资源共建共享、数据互联互通、应用深层融合，发挥信息技术对教育教学的支撑引领作用，推动兰州市教育的全面提质增效，市教育局启动了“互联网+教育”大平台（以下简称“互联网大平台”）建设项目，特制订本方案。

本方案分为五个部分：总体设计、平台构成、“一网络”建设、“一中心”建设、“一平台”建设。

第一部分：总体设计。明确了互联网大平台建设的目标、需求、原则。

第二部分：平台构成。明确了互联网大平台的整体结构和功能架构。

第三部分：“一网络”建设。明确了兰州市教育城域网建设要求、网络服务要求。

第四部分：“一中心”建设。明确了兰州市教育数据中心建设要求，包括数据中心门户、区域教育信息化管理数据分析系统、学校教学与管理数据分析系统。

第五部分：“一平台”建设。明确了兰州市区域教育大平台的建设要求，包括空间门户、资源中心、教育教学平台、教育管理平台、应用中心。

一、总体设计

（一）目标

全面普及优化网络基础环境。建设兰州市教育城域网，普及快速高效网络环境，完善教育平台功能，全面提升网络服务能力。

优化教育资源共建共享服务。建立资源中心，推动优质资源共建共享，构建开放的教育资源生态体系，形成“政府引导、社会提供、学校选择”格局。

支持信息化教与学活动开展。依据教师教学和学生学习需求，建立教育教学平台，有效支持师生开展创新教学活动，变革学生学习方式、教师教学模式。

提升教育信息化管理决策水平。建设区域数据中心、教育管理平台，统筹汇聚各级各类数据，实现基于数据的精细化管理与科学决策，提升教育治理水平。

（二）需求分析

1.整体需求

根据《教育信息化2.0行动计划》提出的“三全两高一大”要求，搭建“互联网+教育”大平台，打破信息孤岛和数据孤岛，实现“数据中心上移，服务下沉”和互联互通、共建共享、可持续发展，促进区域与学校信息化、一体化建设与发展；政府、企业、研究机构协同构建开放应用生态，实现“资源、教学、管理的三平台融合”，为区域及学校信息化发展、师生信息技术应用提供支撑。

2.业务需求

（1）区域需求

提升网络建设水平，满足区域教学及管理需求；

共享国家、省市教育资源，汇聚辖区学校师生的生成性资源，建设区域教育资源库；

开展跨区、跨校的同步/专递课堂等智力资源共享服务，促进教育均衡公平发展；

建设区域空间门户，实现区域信息发布展示、对外宣传；

实现对辖区学校的数字化管理，提升区域教育信息化管理决策水平；

建设区域虚拟数据中心，支持数据化、智能化的区域教育管理。

（2）学校需求

提升网络带宽，满足学校教育教学与管理需求；

开展跨校的同步/专递课堂等活动，共享优质智力资源；

建设学校空间门户，实现学校信息发布展示、对外宣传；

实现对学校教育教学与管理事务的信息化支持，提升学校教育信息化建设与应用水平；

建设学校虚拟数据中心，支持数据化、智能化的学校教学与管理。

（3）班级需求

建设班级空间，支持班级文化建设、班级信息发布、班级成员管理、班级学生风采展示、班级生成性资源汇聚。

（4）管理者需求

1.建设区域教育部门管理人员个人空间，支持查询辖区学校办学情况、空间应用等情况；

2.建设学校管理人员个人空间，支持查询本校教学、教师培训、学生活动、空间应用等情况。

（5）教师需求

建立教师个人空间，支持资源管理、应用管理、教学管理、互动交流、学情分析、网络研修。

（6）学生需求

建立学生个人空间，支持资源管理、应用管理、学习管理、学情反馈、成长记录。

（7）家长需求

建立家长个人空间，支持资源管理、应用管理、学情查询、家校互动。

（三）建设原则

需求导向，统筹规划。面向兰州市教育信息化发展实际需求，对市、县、区、校三级建设内容进行统筹规划、整体建设。

集中建设，共享服务。集中力量建设互联网大平台，推进教育资源整合和系统化建设，实现数字化教育资源共享和信息化教学与管理的标准化、集约化。

优化功能，创新融合。面向实际需求，优化与完善平台各项功能，提升平台易用性、实用性，创新平台应用模式，推动平台与教学管理业务的深度融合。

互联互通，消除孤岛。打通各级各类平台系统，消除资源孤岛、平台孤岛、信息孤岛等问题，实现“单点登录，全网通行”。

二、平台构成

（一）整体结构图（如图1-3）

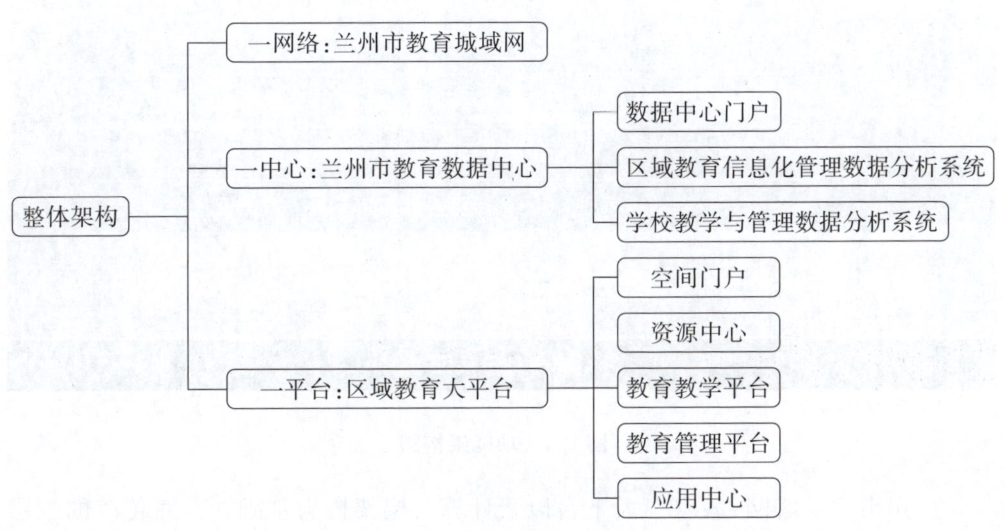

图1-3　整体结构图

兰州市“互联网+教育”大平台建设主要包括三项内容，即一网络、一中心、一平台。

“一网络”即兰州市教育城域网，要统筹规划并建成覆盖全市的教育城域网，全面提升网络带宽，提供流畅便捷的网络服务。

“一中心”即兰州市教育数据中心，要建设覆盖全市学生、教师、学校和区域的教育信息数据库、区域教育信息化管理数据分析系统、学校教学与管理数据分析系统，为实现数据化、智能化的教育治理提供支持。

“一平台”即区域教育平台，要建设集空间门户、资源中心、教育教学平台、教育管理平台、应用中心为一体的区域教育平台，建成“一站式”教育服务门户，为区域、学校、管理者、教师、学生、家长等提供全方位的教育服务。

（二）功能架构图（如图1-4）

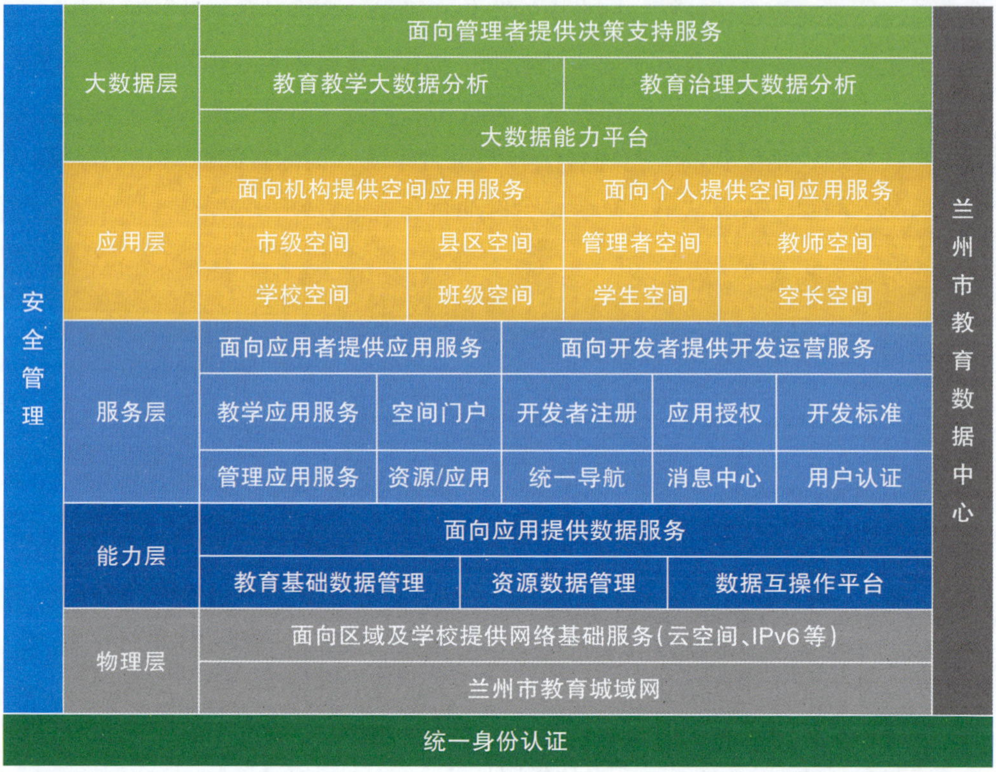

图1-4　功能架构图

兰州市“互联网+教育”大平台以云计算三层架构为基础，并对传统的三层架构进行了扩展和创新，在基础设施层之上，将平台服务层分解为能力层和服务层，将软件服务层扩展为应用层和大数据层，形成五层架构。五层功能独立建设、相互关联，建设顺序自下而上，形成有机整体。各层职能不同，每一层都为上一层提供技术与功能支持，并根据不同需求提供相应服务。在建设互联网大平台的同时，要注重统一身份认证，落实安全管理，实现数据汇聚。互联网大平台是主体，统一身份认证为平台互联互通提供保障，安全管理为网络安全、数据安全和信息安全提供保障，数据中心在此基础上实现数据的汇聚与分析。

三、“一网络”建设

“一网络”建设，就是建设兰州市教育城域网（以下简称“教育专网”）。引入市场化第三方云计算、云应用和云服务资源，构建服务于各级各类教育单位的教育云平台，提供规范统一的教育云服务，实现教育单位到运营商互联网出口的统一管理、安全管控。优化运行环境，完善网络缓存、网站加速等配套设施，提升用户上网体验。提高人均互联网带宽，实现各级各类教育单位无线网络全覆盖与高速互联。加强教育网络统一管理、统一监测、统一防护，提高教育网络的专业服务能力和运行保障能力（如图1-5）。

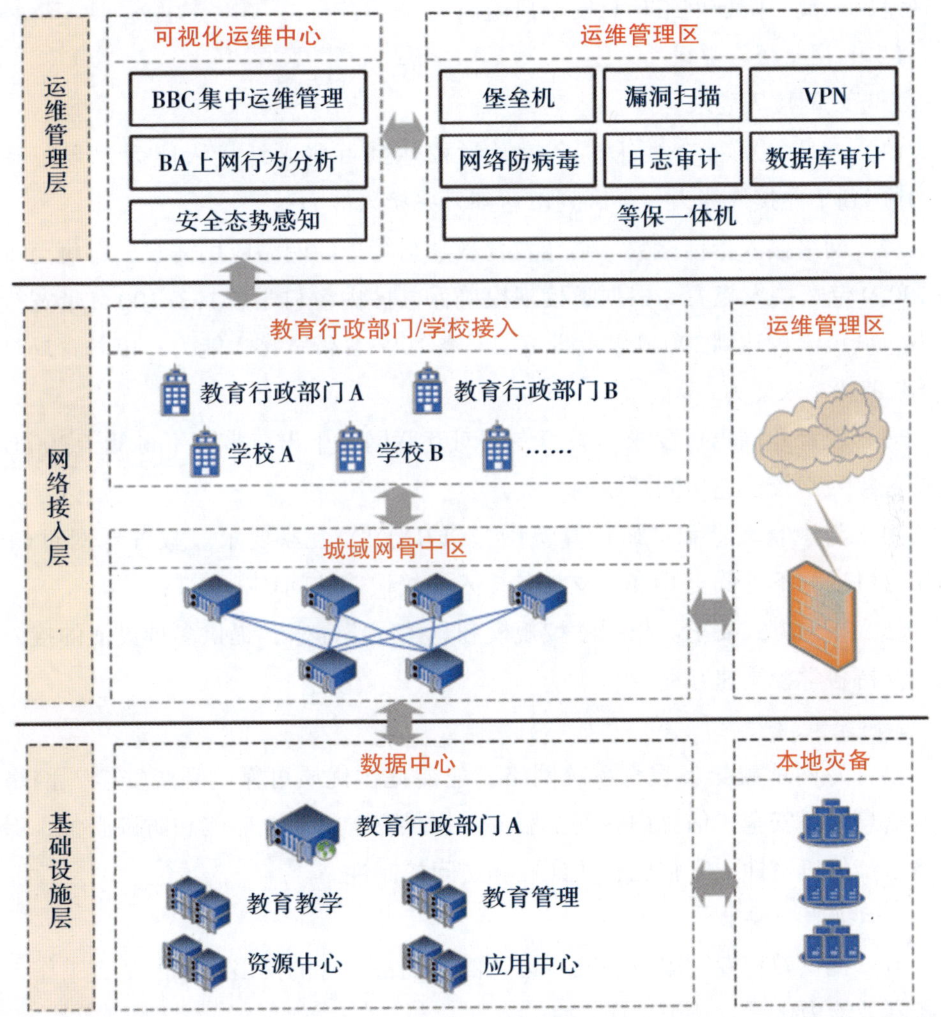

图1-5　教育城域网架构图

（一）城域网建设要求

1.提供兰州市教育城域网云空间，支持区域及学校自身平台的部署；

2.提供IPv4向IPv6的过渡，为智慧教育提供基础环境；

3.提供稳定流畅的网络服务，支持同步课堂、专递课堂、视频会议等较高网络需求类活动的开展；

4.提供按需进行访问与管理权限设置的云存储服务，支持面向机构内部的人事管理、教务管理系统、设备资产管理等，以及面向互联网用户的空间门户、教育教学平台、资源、应用等；

5.各接入教育城域网的行政部门与学校既能无障碍访问互联网，又与互联网实现逻辑隔离，降低网络信息安全风险。

（二）网络服务要求

1.互联网接入要求

（1）互联互通接入要求。乡镇及村校达到百兆光纤接入能力，乡镇到县（市）达到千兆接入能力，县区到市达到万兆接入能力；

（2）网络接入指标参数。结合教育教学与管理的网络应用需求，每班至少具备100 M带宽接入能力。根据学校规模确保县区内乡村学校具备100 M带宽接入能力，城镇学校达到300 M以上带宽，具备1000 M带宽接入能力；市教育局具备10 GE带宽接入能力；

（3）教育专网出口要求。教育专网对互联网骨干出口带宽不得低于200 GE，支持各接入学校快速访问互联网；

（4）与国家教育和科研计算机网（CERNET）互联要求。教育专网对CERNET出口带宽不得低于1 GB，支持各接入学校快速访问CERNET；

（5）接入方式要求。根据学校规模和具体网络需求，提供多种灵活的接入方式，支持各学校高速互通。

2.网络安全要求

教育专网承载全市教育系统网络，应能提供优质可靠的系统安全、网络安全、信息传播安全、信息内容安全服务，提供完善的安全监测和防御服务，保证网络系统的机密性、完整性、认证性和访问控制性。

3.运维服务要求

（1）提供教育专网服务的网络运营商应配备完善的网络保障团队，工作人员具备专业能力水平，持证上岗；

（2）网络运营商能快速进行服务响应，城市区域三天之内响应，农村区域一周内响应（特殊情况除外）；

（3）网络运营商应提供专属客户经理一站式响应售后服务需求，提供24小时服务热线。

四、“一中心”建设

“一中心”建设，就是建设涵盖全市师生、学校、县区的兰州市教育数据中心。建立教育信息数据库，实现数据汇聚，推动基于大数据的教育规划与决策支持系统建设与应用，支持动态掌握办学条件、学生综合素养、教师专业发展、教育综合发展等，探索教师发展和学生成长可监测、可评估的新路径（如图1-6）。

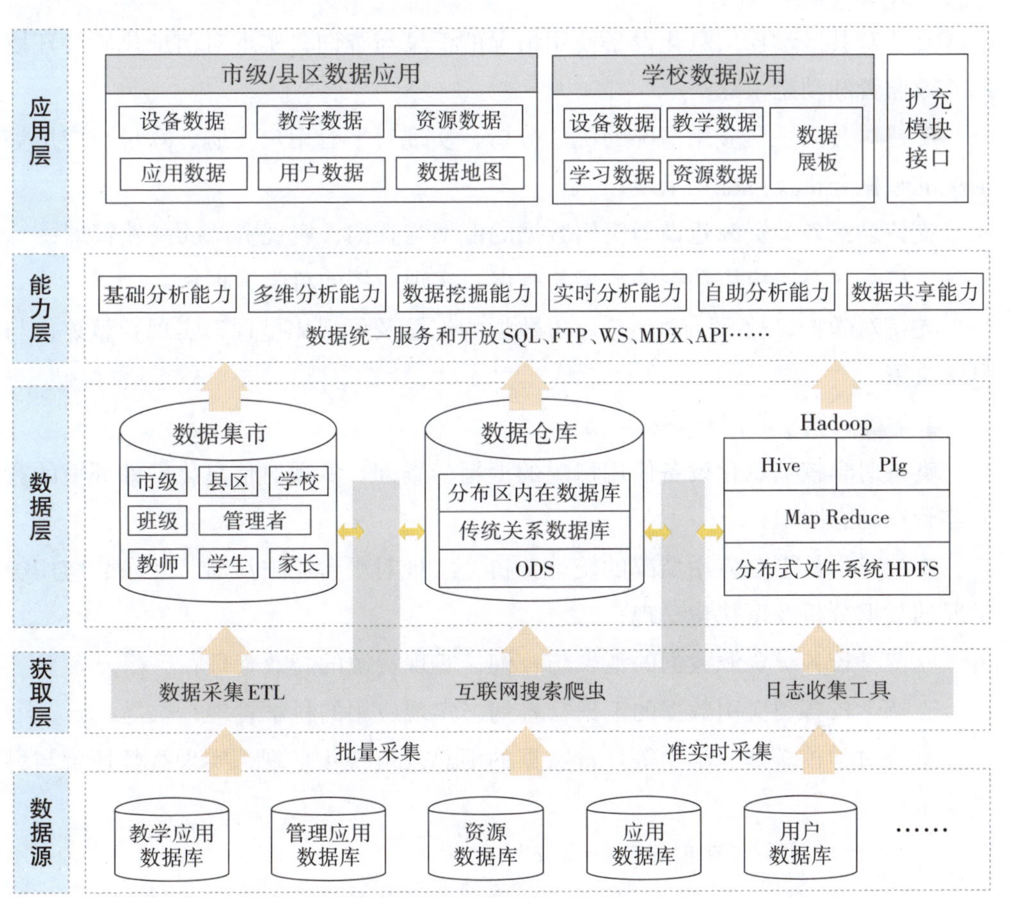

图1-6　教育数据中心架构图

（一）数据中心门户

1. 市级数据中心门户

支持对全市各级各类学校信息化设备使用数据的汇聚与查询，实现对信息化硬件环境的有效监管和动态跟踪；

支持对“互联网+教育”大平台应用情况的统计分析，实现对平台用户注册、登录、应用等情况的数据分析及可视化呈现；

支持全市各类资源建设与应用数据的汇聚与查询，实现资源的高效管理；

支持全市各类应用数据的汇聚与查询，实现应用的科学管理；

支持对区域、学校、教师、学生等评价数据的汇总及可视化呈现，实现智慧评价与科学决策。

2. 县区数据中心门户

支持对县区学校信息化设备使用情况的汇聚与查询，实现对信息化硬件环境的有效监管和动态跟踪；

支持对县区平台应用情况的统计分析，实现对平台用户注册、登录、应用等情况的数据分析及可视化呈现；

支持县区各类资源建设与应用数据的汇聚与查询，实现资源的高效管理；

支持县区各类应用数据的汇聚与查询，实现应用的科学管理；

支持对学校、教师、学生等评价数据的汇总及可视化呈现，实现智慧评价与科学决策。

3. 学校数据中心门户

支持对学校信息化设备使用情况的汇聚与查询，实现对信息化硬件环境的有效监管和动态跟踪；

支持对学校平台应用情况的统计分析，实现对平台用户注册、登录、应用等情况的数据分析及可视化呈现；

支持学校各类资源数据的汇聚与查询，实现资源的高效管理；

支持学校各类应用数据的汇聚与查询，实现应用的科学管理；

支持对学校教师、学生等评价数据的汇总及可视化呈现，实现智慧评价与科学决策。

（二）区域教育信息化管理数据分析系统

区域教育信息化管理数据分析系统是市级及各县区数据中心的核心系统，以市级数据中心和县区数据中心门户为入口，支持对相应辖区教育信息化发展现状的查询与分析，为管理决策提供依据。该系统主要实现对信息化设备、信息化教

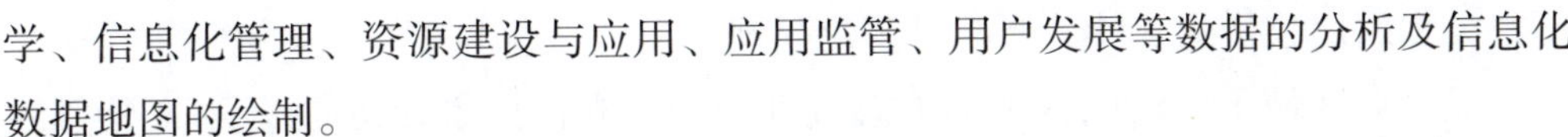

学、信息化管理、资源建设与应用、应用监管、用户发展等数据的分析及信息化数据地图的绘制。

1.信息化设备数据分析

提供辖区学校信息化设备使用情况的汇总及查询功能，支持对信息化硬件环境的有效监管和动态跟踪；

提供辖区学校资产的购置、维修报废等监管服务，支持资产分类统计查询、生成报表等；

提供按年度、学期、月生成辖区学校信息化设备使用情况报表的功能，支持辖区学校信息化设备的统筹管理。

2.信息化教学数据分析

提供辖区学校教师备课、授课、作业、教学服务等不同场景数据的汇总查询功能，支持对教师信息化教学情况的统计分析，为区域师资调配、名师遴选等提供参考；

提供辖区学校学生的课程学习、学业水平、课外活动等数据汇聚查询功能，支持对不同学校学生学业水平与综合素质的对比分析，为学校教育教学质量评测提供依据。

3.资源建设与应用数据分析

提供各类教育资源数量的汇总查询功能，支持对资源类型、学段、学科等分布情况的统计分析及可视化呈现；

提供用户资源贡献数量的汇总查询功能，支持辖区教育资源贡献情况的统计分析及可视化呈现；

提供各类资源应用数据的汇总查询功能，支持对辖区教育资源应用情况的统计分析及可视化呈现。

4.应用监管数据分析

提供对各类应用数量的汇总查询功能，支持对教育教学、教育管理、教师发展、学生成长等不同业务领域应用数量的统计分析与可视化呈现；

提供对应用程序使用数据的汇聚与查询功能，支持对各类应用使用情况的统计分析与可视化呈现。

5.用户发展数据分析

提供对各级各类学校用户数量的汇总查询功能，支持按学校、学段、所在区域等条件进行统计分析与可视化呈现；

提供对各类用户数量的汇总查询功能，支持对管理者、教师、学生、家长等不同类型用户数量的统计分析与可视化呈现；

提供对区域平台访问数据的汇总查询功能，支持按累计访问量、日/周/月独立访客数量、用户访问增长趋势、用户访问最高时段等条件进行统计分析与可视化呈现。

6.信息化数据地图

提供基于区域地图的接入学校、用户数、活跃率等数据的可视化呈现功能，支持对区域教育信息化发展现状的宏观监控；

提供基于区域地图的学校信息化设备配备与使用数据的可视化呈现功能，支持对学校信息化环境建设与应用情况的动态跟踪；

提供基于区域地图的学校资源建设与应用数据的可视化呈现功能，支持对学校资源建设与应用情况的动态跟踪。

（三）学校教学与管理数据分析系统

学校教学与管理数据分析系统可以通过对学校信息技术应用过程中产生的教与学数据、管理数据进行汇聚和统计分析，形成多维度的统计分析报告，一方面帮助学校管理者对学校的信息技术应用成效进行整体把握，另一方面有助于发现教学与管理过程中的不足，助力学校管理者的精准决策与科学管理。该系统主要实现对基于互联网大平台的信息化设备、教师教学、学生学习、校本资源等数据的管理与分析，并通过数据展板实现概要数据的可视化呈现。

1.信息化设备数据分析

（1）提供学校信息化设备使用情况的汇总及查询功能，支持对信息化硬件环境的有效监管和动态跟踪；

（2）提供学校资产的购置、借用归还、维修报废等监管服务，支持资产分类统计查询、生成报表等；

（3）提供按年度、学期、月生成学校信息化设备使用情况报表的功能，支持学校信息化设备的统筹管理。

2.教师教学数据分析

（1）提供对教师备课行为的统计分析及可视化呈现功能，支持管理者了解教师信息化备课情况；

（2）提供对课堂教学中的行为类型、数量等进行统计分析及可视化呈现功能，支持管理者了解课堂教学开展情况；

（3）提供对教师在线答疑情况的统计分析及可视化呈现功能，支持管理者了解教师与学生的在线互动情况；

（4）提供教师教学质量评价功能，支持学校的师资调配、评奖评优、绩效考核等；

（5）提供对教师主持或参与教研、科研、培训等活动情况的统计分析及可视化呈现功能，支持管理者了解教师专业发展情况。

3.学生学习数据分析

（1）提供对学生作业数据的汇总分析功能，支持分年级、班级、学科的作业完成情况分析；

（2）提供对学生测试数据的汇总分析功能，支持对学生的学情诊断；

（3）提供对学生参加各类活动、奖惩情况、体质健康等数据的汇总分析功能，支持对学生的综合素质评价。

4.校本资源建设与应用数据分析

（1）提供对学校各类校本资源数量的汇总查询功能，支持对资源类型、学段、学科等分布情况的统计分析及可视化呈现；

（2）提供校本资源贡献数量的汇总查询功能，支持校本资源贡献情况的统计分析及可视化呈现；

（3）提供校本资源应用数据的汇总查询功能，支持对校本资源应用情况的统计分析及可视化呈现。

5.数据展板

（1）提供对学校用户数量、活跃率的汇总与可视化呈现，支持学校管理者了解平台应用情况；

（2）提供对信息化设备、教师教学、学生学习、校本资源等概要数据的汇总与可视化呈现，支持学校管理者了解教育信息化建设与应用情况。

五、“一平台”建设

“一平台”建设，就是建设区域教育大平台（以下简称“大平台”）。利用“大平台”提供空间门户、资源中心、教育教学平台、教育管理平台、应用中心等功能模块，支持资源共建共享、教学模式创新、治理方式改革、应用服务共享等，平台功能框架图（如图1-7）。

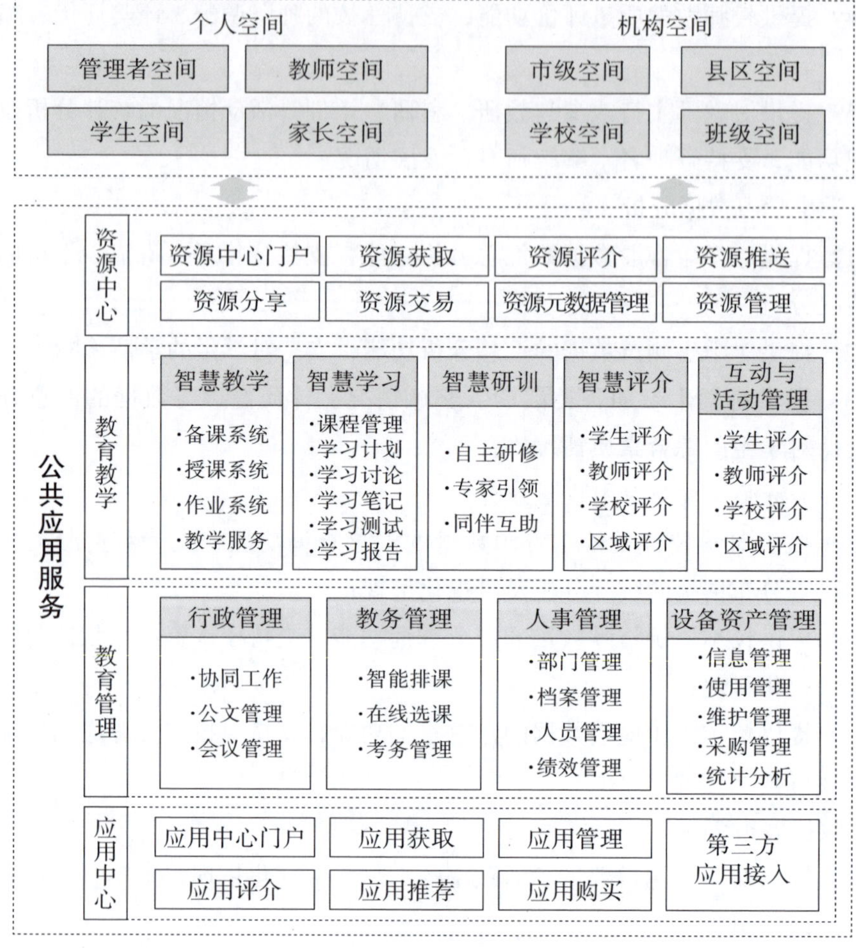

图1-7 区域教育大平台功能框架

（一）空间门户

各类空间是用户进入“大平台”的入口，“大平台”应能为各级教育机构及各级各类学校提供机构空间，为管理者、教师、学生、家长提供个人空间。

1.市级空间

市级空间是市级机构进入“大平台”的入口，支持全市资源、教学、管理、应用模块的汇聚展示，为市级教育信息发布展示、资源应用汇聚等提供支持。

（1）提供“大平台”注册、登录功能，支持各级各类用户的单点访问；

（2）提供兰州市教育新闻动态、政策文件等内容的发布功能，支持对外宣传与展示；

（3）提供优秀县区空间、学校空间和班级空间的数量和活跃率排行功能，支持优秀机构空间展示；

（4）提供优秀教师空间、学生空间、管理者空间、家长空间的数量和活跃率排行功能，实现优质个人空间展示；

（5）提供资源中心入口和优质资源排行展示功能，支持各类资源的汇聚共享；

（6）提供应用中心入口和优质应用排行展示功能，支持各类应用的汇聚共享；

（7）提供对全市资源、用户、应用等概要数据的汇聚与可视化呈现功能，支持用户了解全市教育信息化基本现状。

2.县区空间

县区空间是县区机构进入“大平台”的入口，支持县区资源、教学、管理、应用模块的汇聚展示，为县区教育信息发布展示、资源应用汇聚等提供支持。

（1）提供“大平台”注册、登录功能，支持各级各类用户的单点访问；

（2）提供县区教育新闻动态、政策文件等内容的发布功能，支持对外宣传与展示；

（3）提供辖区学校空间和班级空间的数量和活跃率排行功能，支持优秀机构空间展示；

（4）提供辖区优秀教师空间、学生空间、管理者空间、家长空间的数量和活跃率排行功能，实现优质个人空间展示；

（5）提供县区资源中心入口和优质资源排行展示功能，支持各类资源的汇聚共享；

（6）提供县区应用中心入口和优质应用排行展示功能，支持各类应用的汇聚共享；

（7）提供对县区资源、用户、应用等概要数据的汇聚与可视化呈现功能，支持用户了解县区教育信息化基本现状。

3.学校空间

学校空间是各级各类学校进入“大平台”的入口，支持学校资源、教学、管理、应用模块的汇聚展示，为学校教育信息发布展示、资源应用汇聚等提供支持。

（1）提供“大平台”注册、登录功能，支持各级各类用户的单点访问；

（2）提供学校教育新闻动态、各项活动等内容的发布功能，支持对外宣传与展示；

（3）提供本校班级空间的数量和活跃率排行功能，支持优秀班级空间展示；

（4）提供本校优秀教师空间、学生空间、管理者空间、家长空间的数量和活跃率排行功能，实现优秀个人空间展示；

（5）提供本校资源中心入口和优质资源排行展示功能，支持各类资源的汇聚共享；

（6）提供本校应用中心入口和优质应用排行展示功能，支持各类应用的汇聚共享；

（7）提供对本校资源、用户、应用等概要数据的汇聚与可视化呈现功能，支持用户了解学校教育信息化基本现状。

4. 班级空间

班级空间为班级文化建设提供支持，应具备组织班级活动、展示学生风采等功能。

（1）支持发布、展示班级动态、班级活动、学生风采等内容，实现班级风貌展示与记录；

（2）支持优秀学生空间排行与推送，实现空间应用的示范展示。

5. 个人空间

个人空间是用户在空间中完成各项工作的入口，支持快速查看处理个人事务，提供进入各子系统的快速通道，调用相关应用开展教学或管理事务。个人空间主要包括管理者空间、教师空间、学生空间、家长空间等。

（1）管理者空间

①支持管理来自系统与他人的消息、待办工作等，实现个人事务管理；

②支持获取与个人相关的区域或学校信息，及时了解相关动态；

③支持上传、下载、查看、分享、推荐资源和各类应用，实现资源与应用管理；

④支持利用空间资源开展自主学习，实现能力提升；

⑤支持按照不同权限查询学校办学情况、平台使用情况等信息，实现基于空间的精细化管理。

（2）教师空间

①支持管理来自系统与他人的消息、待办工作等，实现个人事务管理；

②支持获取与个人相关的学校或班级信息，及时了解相关动态；

③支持上传、下载、查看、分享、推荐资源和各类应用，实现资源与应用管理；

④支持快速访问教育教学平台，实现基于平台的教育教学、学情分析、网络研修、在线辅导等。

（3）学生空间

①支持管理来自系统与他人的消息、待办任务等，实现个人事务管理；

②支持获取与个人相关的学校或班级信息，及时了解相关动态；

③支持上传、下载、查看、分享、推荐个人资源、应用，实现资源与应用管理；

④支持快速访问教育教学平台，实现基于平台的各类学习。

（4）家长空间

①支持管理来自系统与他人的消息、待办任务等，实现个人事务管理；

②支持获取与孩子相关的学校或班级信息，及时了解相关动态；

③支持上传、下载、查看、分享、推荐个人资源、应用，实现资源与应用管理；

④支持利用空间资源开展自主学习，实现能力提升；

⑤支持了解孩子在校学习情况，实现家校共育。

（二）资源中心

资源中心提供资源的汇聚、共享、评价、推荐、交易等功能，支持与国家、省级公共资源服务平台的对接，引入社会企业资源，实现区域及学校生成性资源的积累汇聚，促进师生共享优质教育资源（如图1-8）。

1.资源中心门户

（1）支持资源的汇聚，实现市、县区、学校的分类展示；

（2）支持素材、教案、学案、课件、软件等各类资源的快速调用；

（3）支持通过学段、学科、资源类型等查找资源，基于最新、最热等推荐排行提供资源概览。

2.资源获取

（1）支持用户根据学段、年级、学科、版本、类型、标题等条件进行资源查询、预览、下载；

（2）支持用户按照资源相关程度、下载量、收藏数、评分、上传时间等维度进行检索排序，方便用户快速获取所需资源。

3.资源评价

支持用户通过印象标签、文字、打星等方式对资源进行评价，实现资源的打分排序。

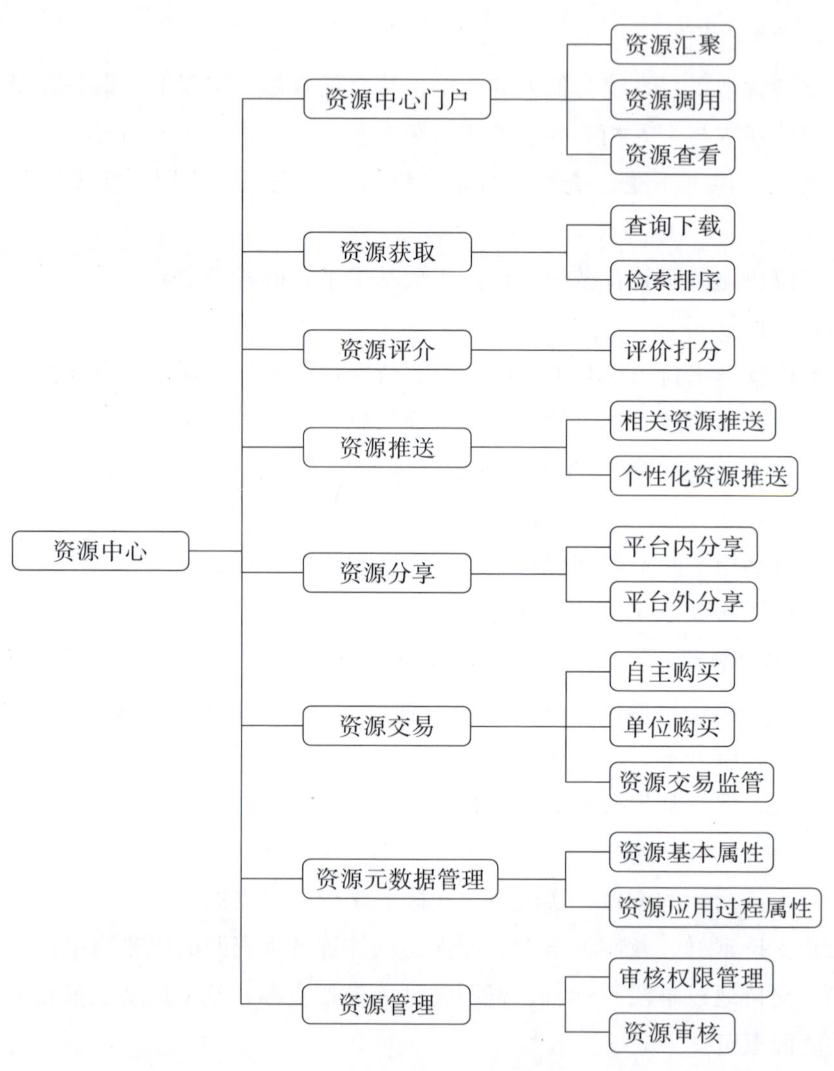

图1–8 资源中心功能模块

4.资源推送

（1）支持基于用户浏览、下载、保存等日常行为数据，为用户推荐相关资源；

（2）支持基于用户角色、学段、年级、学习风格与偏好等信息，为用户推送

个性化资源。

5.资源分享

（1）支持用户分享资源到校本资源库、区域资源库；

（2）支持用户分享资源给好友、群组或第三方（QQ空间、微信朋友圈、微博等）。

6.资源交易

（1）支持用户根据自身需要选择购买相应的资源或服务；

（2）支持以区域或学校为单位的资源采购，为单位内相关用户提供资源服务；

（3）支持系统管理人员对资源交易情况进行监管监测，实现对用户资源交易的分析统计，为资源选购提供参考。

7.资源元数据管理

（1）采用元数据描述教育资源的基本属性，依据教育部制定的《教育资源建设技术规范》《基础教育教学资源元数据规范》和国家教育资源公共服务平台等相关规范和技术标准，所有资源应提供标题、作者、关键词、学科、学段、出版社、格式、发布时间等元数据信息，为资源接入和资源查询提供支撑；

（2）支持对资源的评价、下载、推荐等使用数据进行记录分析，实现优质资源遴选等。

8.资源管理

（1）支持管理员对用户分配资源管理权限，设置本地区的资源审核人员及其审核范围，实现资源的分级管理；

（2）支持资源审核员对用户上传的资源按照类型、学段、年级、学科、内容等进行审核，实现本单位资源库管理。

（三）教育教学平台

教育教学平台支持各类用户开展智慧教学、智慧学习、智慧研训、智慧评价等教育教学活动，并通过互动交流工具以及活动管理、心理咨询等服务（如图1–9）。

1.智慧教学系统

智慧教学系统包括备课系统、授课系统、作业系统和辅导答疑系统，功能结构（如图1–10）。

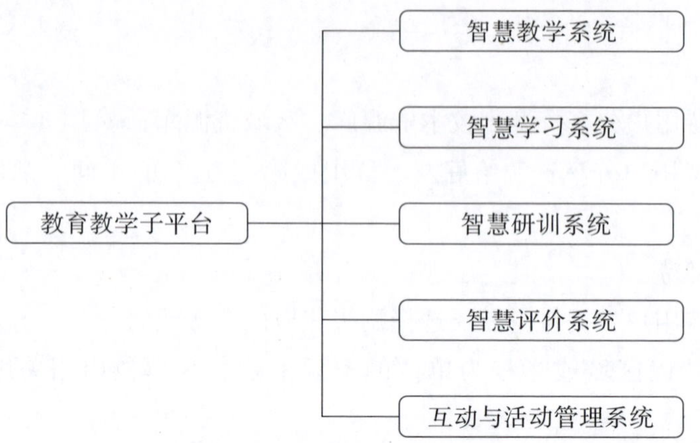

图1-9　教育教学平台功能模块

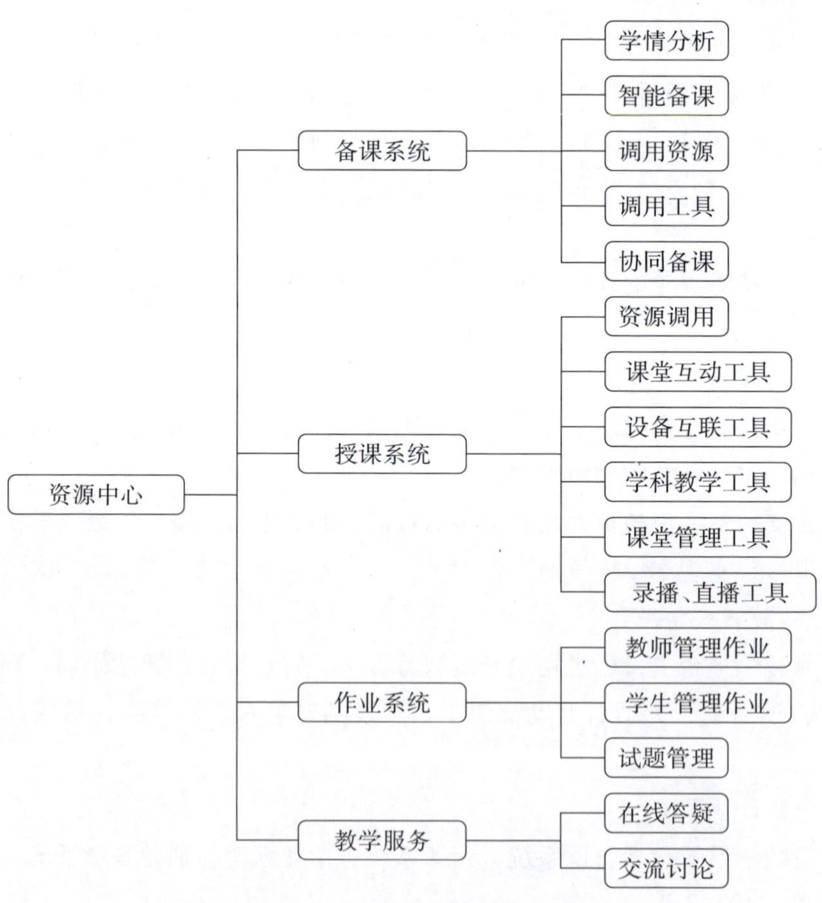

图1-10　智慧教学系统功能模块

（1）备课系统

①支持获取学生作业与测试的学情报告，实现精准备课；

②支持基于探究式、项目式等教学模板的备课，实现智能化备课；

③支持教师调用资源开展备课，提高备课效率；

④支持教师调用测试、问答、投票、问卷、讨论、反思等工具，实现课堂教学活动设计；

⑤支持教师创建协同备课室，实现成员与备课活动管理。

（2）授课系统

①支持教师调用资源开展授课，丰富课堂内容；

②支持调用测试、问答、投票、问卷、讨论、笔记、计时等工具，实现课堂教学互动；

③支持屏幕共享、多屏互动等工具，实现教学内容的灵活展示；

④支持调用各类学科教学工具开展教学，提高教学效果；

⑤支持考勤、分组等，实现学生管理；

⑥支持对课堂教学的直播与录播，实现同步课堂、专递课堂、在线辅导等。

（3）作业系统

①支持教师布置作业、下发作业、查看作业、批阅作业、分享作业等；

②支持学生查看作业、完成作业、提交作业、评价同学作业和查看作业报告等；

③支持题目录入、试题管理、在线组卷、在线检测、试卷批阅、成绩录入、成绩查询等。

（4）教学服务

①支持在线答疑，实现个性化辅导、问题解决与即时反馈；

②支持用户发帖、回帖等，实现师生异步交流与讨论。

2.智慧学习系统

智慧学习系统支持学生开展课程学习、自主学习、学习管理，并基于互动交流、学习报告等，实现个性化学习，具体功能结构（如图1–11）。

（1）课程管理

①支持管理者添加、删除、审核课程，实现课程资源库管理；

②支持教师创建在线课程，更新课程内容，实现个人课程管理；

③支持教师申请个人课程进入学校课程库，实现课程共享；

④支持学生加入在线课程，实现课程内容学习；

⑤支持汇总分析学生学习内容、知识水平等数据，实现智能化课程推送；

⑥支持点赞、收藏、分享等，实现课程排行与推介。

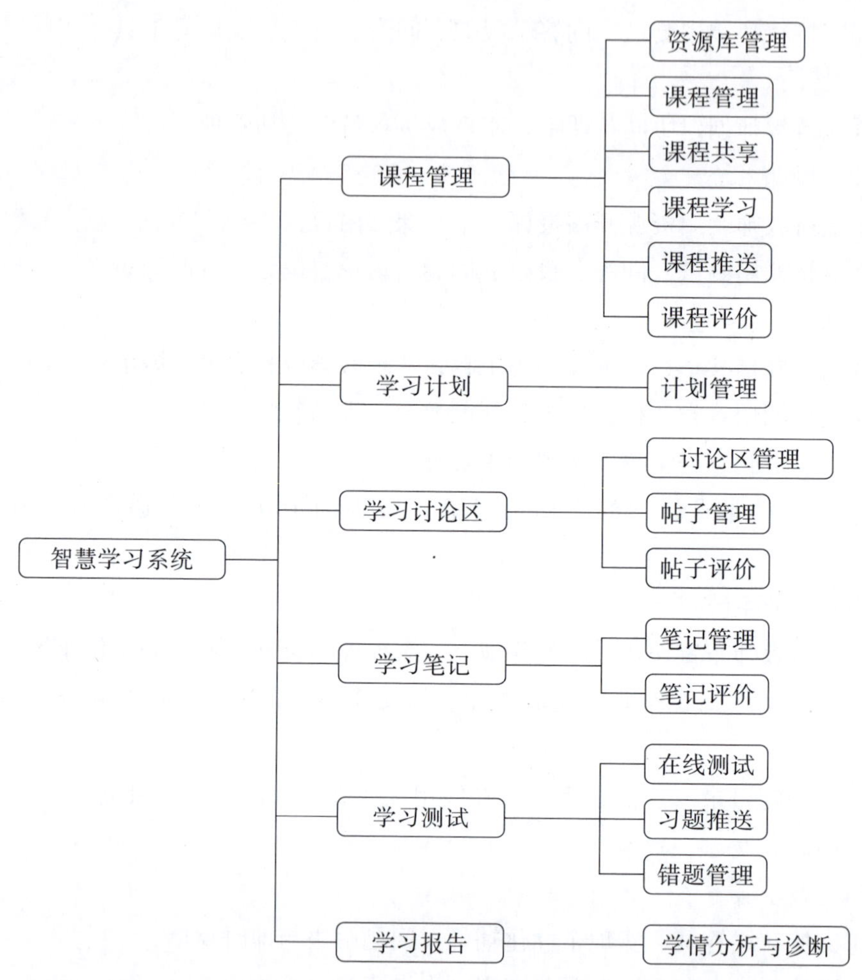

图 1-11　智慧学习系统功能模块

（2）学习计划

支持创建、设置个人或小组学习计划，实现学习计划管理与协作学习。

（3）学习讨论区

①支持创建主题学习讨论区，实现讨论区管理；

②支持发布、删除、更新、回复帖子，实现帖子管理；

③支持点赞、收藏、分享帖子，实现帖子评价与推介。

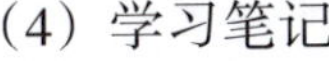

（4）学习笔记

①支持添加、更新、分类个人笔记，实现笔记管理；

②支持点赞、收藏、分享笔记，实现笔记评价与推介。

（5）学习测试

①支持在线练习与测试，实现知识巩固与能力提升；

②支持基于学习内容、知识水平、考点、难点、成绩等数据的习题推送，实现个性化练习；

③支持错题管理，实现错题统计分析和归类。

（6）学习报告

支持跟踪、监测学生学习全过程，提供学习成绩、学习水平、知识结构、认知风格等学习报告，实现学情分析与学习诊断。

3.智慧研训系统

智慧研训系统支持教师开展多种形式的研修活动，主要包括自主研修、专家引领和同伴互助学习等，具体功能结构（如图1-12）。

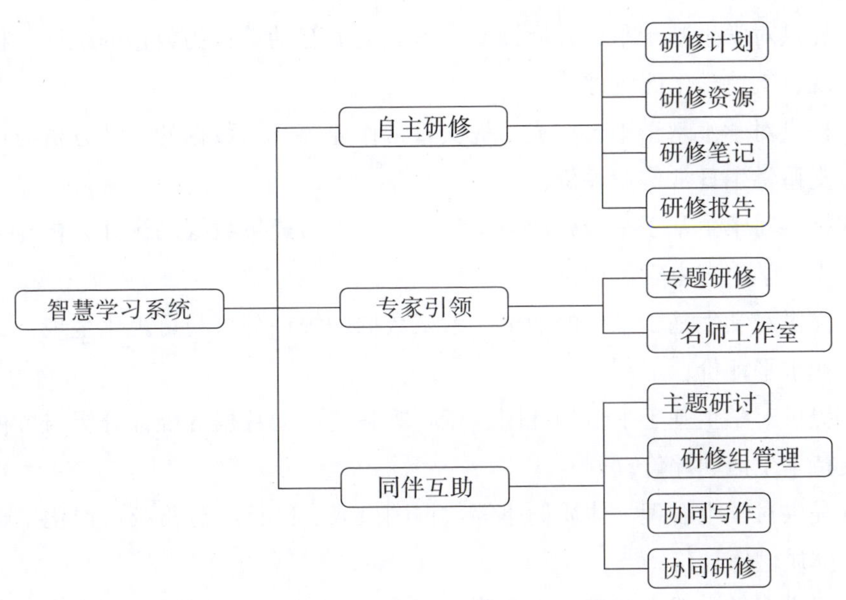

图1-12　智慧研训系统功能模块

（1）自主研修

①支持教师根据发展需要制定研修计划，实现研修管理；

②支持教师利用资源开展自主研修，实现自我发展；

③支持教师添加、更新、分类个人研修笔记，实现笔记管理；

④支持教师基于模板撰写、修改、发布个人研修报告，实现研修反思与总结。

（2）专家引领

①支持教师查看、参与、关注专家创建的研修专题，实现能力提升；

②支持教师查看、参与名师工作室的研修活动，实现专业发展。

（3）同伴互助

①支持教师参与研讨区中的主题讨论，实现自由研讨、互相学习；

②支持教师创建、加入研修组，实现研修组管理；

③支持教师开展协同写作，实现合作共享、学习交流；

④支持教师发起、参与研修活动，实现协同主题研修。

4.智慧评价系统

智慧评价系统主要支持对教师、学生、学校、区域等开展日常评价，具体功能结构（如图1–13）。

（1）学生评价

①提供对学生基于平台开展课堂学习、交流互动等行为数据的统计分析与可视化呈现，支持学生课堂评价；

②提供对学生基于平台完成、提交日常作业等行为数据的统计分析与可视化呈现，支持学生日常作业评价；

③提供对学生基于平台开展自主学习以及学习成果数据的统计分析与可视化呈现，支持学生自主学习评价；

④提供对学生基于平台的测试、考试数据的统计分析与可视化呈现，支持对学生学业水平评价；

⑤提供对学生基于平台的社团、竞赛等各类活动数据的统计分析与可视化呈现，支持学生活动评价；

⑥提供对学生心理、体质健康等数据的录入、统计、分析及可视化呈现，支持学生体质健康评价；

⑦提供对学生课堂表现、作业测试、自主学习、学业水平、活动成果、体质健康等数据的统计分析与可视化呈现，支持学生综合素质评价；

⑧提供对学生资源分享、日常登录等数据的统计分析及可视化呈现，支持学生贡献及活跃度评价。

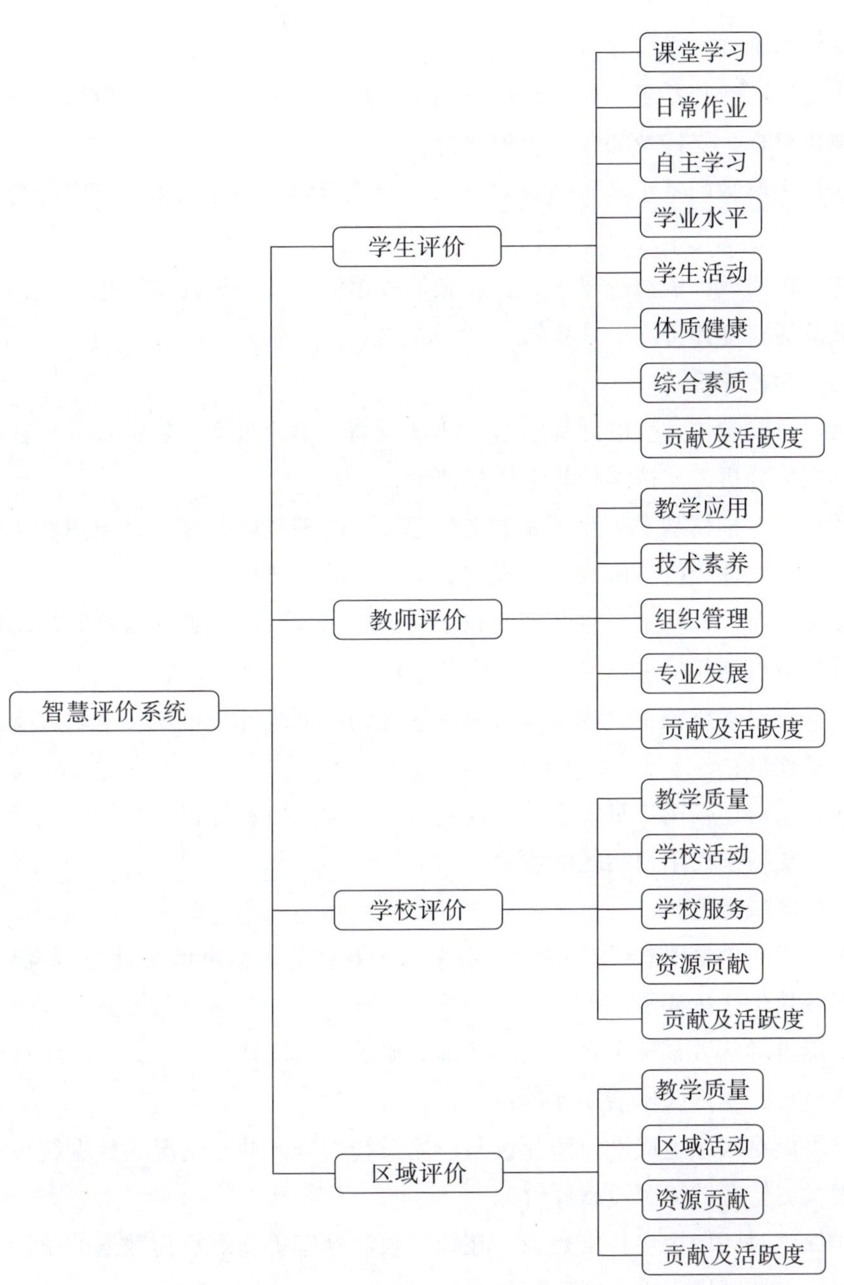

图1-13　智慧评价系统功能模块

（2）教师评价

①提供对教师基于平台开展备课、授课、答疑等行为数据的统计分析与可视化呈现，支持教师教学应用评价；

②提供对教师基于平台的资源与工具调用等行为数据的统计分析与可视化呈

现，支持教师技术素养评价；

③提供对教师基于平台的班级、学生管理、家校互动等行为数据的统计分析与可视化呈现，支持教师组织管理评价；

④提供对教师基于平台的自主研修、专家引领、同伴互助等研修行为数据的统计分析与可视化呈现，支持教师专业发展评价；

⑤提供对教师资源分享、日常登录等数据的统计分析及可视化呈现，支持教师贡献及活跃度评价。

（3）学校评价

①提供对学校学生的课程学习、测试成绩、学业水平、参赛获奖等数据的统计与可视化分析，支持学校教学质量评价；

②提供对学校基于平台开展的文化建设、心理健康教育、素质拓展、研修活动等数据的统计分析与可视化呈现，支持学校活动评价；

③提供对学校基于平台开展的教学活动、家校互动、教师研修等活动数据的统计分析与可视化呈现，支持学校服务评价；

④提供对学校校本资源建设与应用情况的数据统计与可视化呈现，支持学校资源贡献评价；

⑤提供对学校用户日常登录、在线时长、动态更新等行为数据的统计与可视化分析，支持学校用户活跃度评价。

（4）区域评价

①提供对辖区学校学生的学业水平、参赛获奖等数据的统计与可视化分析，支持区域教学质量评价；

②提供对区域基于平台开展的培训研修、评选竞赛等活动数据的统计分析与可视化呈现，支持区域活动评价；

③提供对区域生成性资源建设与应用及智力资源共享情况的数据统计与可视化呈现，支持区域资源贡献评价；

④提供对区域用户日常登录、在线时长、动态更新等行为数据的统计与可视化分析，支持区域用户活跃度评价。

5.互动与活动管理系统

互动与活动管理系统提供即时通信、家校互动、社团活动、心理咨询服务等功能，具体功能结构（如图1-14）。

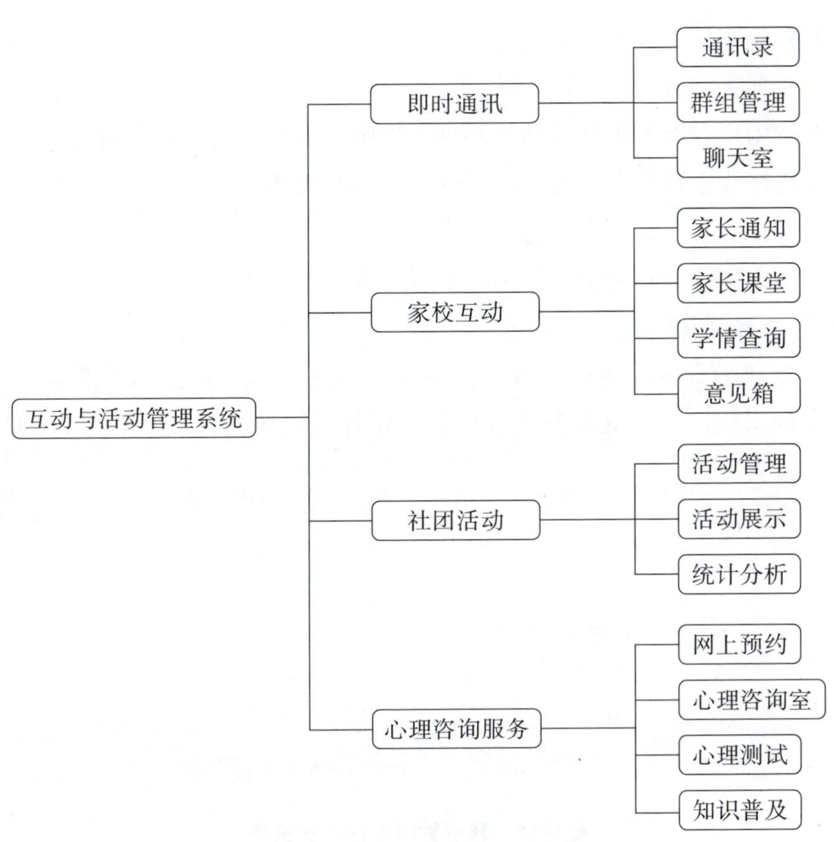

图 1–14　互动与活动管理系统功能模块

（1）即时通信

①支持添加、查找、修改、删除好友，实现通讯录管理；

②支持用户创建、删除、查看群组，群主可删除群组中的人员，实现群组管理；

③支持用户与通讯录好友或群组即时通信，实现在线交流。

（2）家校互动

①支持学校管理者或班主任发布通知，实现家校信息互通；

②支持家长在线学习育儿经验，咨询家庭教育问题等，实现家长教育；

③支持家长查询孩子学习情况，实现针对性监督与辅导；

④支持家长通过意见箱提出建议，实现家长参与学校管理。

（3）社团活动

①支持对活动的创建、发布、组织等，实现活动管理；

②支持用户对活动成果进行查看、点赞、评论、转载，扩大活动影响；

③支持对活动产生的数据，如活动数量、参与人数、活动时长、活动成果等

进行实时采集统计，实现活动数据分析。

（4）心理咨询服务

①支持用户在网上了解并预约心理咨询师，实现心理咨询管理；

②支持在线心理咨询，实现心理问题辅导与解答；

③提供在线心理测量，支持了解个人心理状况；

④提供心理健康相关学习资源，实现心理健康知识普及。

（四）教育管理平台

教育管理平台主要包括行政管理系统、教务管理系统、人事管理系统、设备资产管理系统，应能支持各项教育信息化管理工作的开展（如图1-15）。

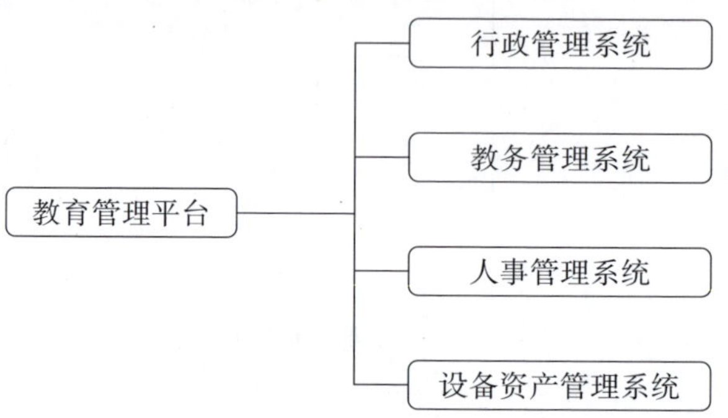

图1-15 教育管理平台功能模块

1.行政管理系统

行政管理系统提供协同工作、公文管理、会议管理等功能，支持对工作事项、公文、会议的安排与管理，具体功能结构（如图1-16）。

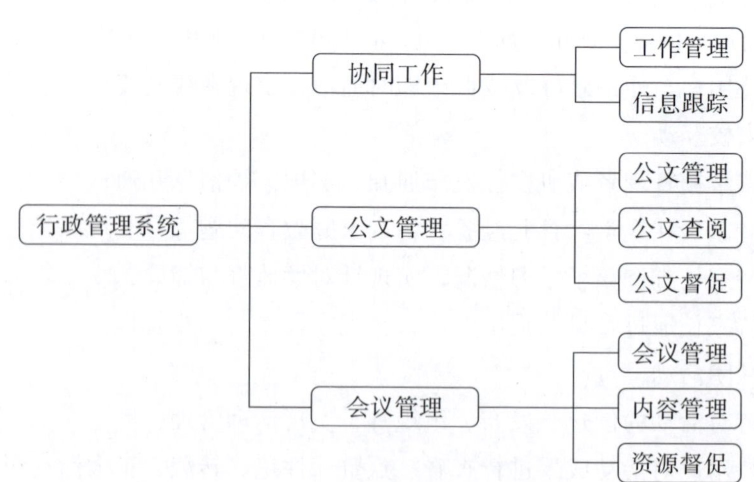

图1-16 行政管理系统功能模块

（1）协同工作

①支持对协同工作项目的新建、发布及人员分工安排，实现工作管理；

③支持对协同工作项目的流程运转、环节承接、推进情况的记录与查询，实现项目信息的动态跟踪。

（2）公文管理

①支持公文模板导入、公文发放、接收等，实现公文管理；

②支持对公文快速检索与查找，实现公文查阅；

③支持查看公文处理状态，实现对未处理公文的提醒和督促。

（3）会议管理

①支持对会议信息发布与记录，实现会议管理；

②支持对会议内容的记录、保存，实现会议内容管理；

③支持上传、下发会议资源，实现会议资源管理。

2.教务管理系统

教务管理系统提供智能排课、在线选课、考务管理等功能，支持学校课程与考务的组织安排，具体功能结构（如图1–17）。

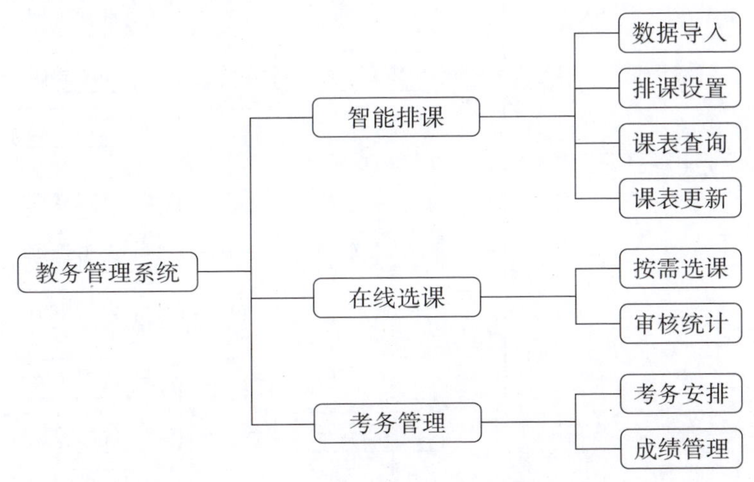

图1–17　教务管理系统功能模块

（1）智能排课

①支持学校课程、教师、教室等信息的导入，实现排课数据管理；

②支持根据课程设置、排课要求、教师信息等进行排课设置，实现智能排课；

③支持师生按权限查询课程安排，实现课表查询；

④支持对课程安排的按需调整，实现课表更新。

（2）在线选课

①支持学生进行校内、校际选课，并对选课结果进行查询、调整，实现在线按需选课；

②支持教务人员对学生选课申请进行审核与统计分析，实现选课管理。

（3）考务管理

①支持基于科目、年级、班级、时间、地点等的设置，实现智能考务安排；

②支持对学生考试成绩的录入、查询、修正及可视化呈现，实现课程成绩管理。

3. 人事管理系统

人事管理系统提供部门管理、档案管理、教师管理、绩效管理等功能，支持信息化的人力资源管理与考核，具体功能结构（如图1-18）。

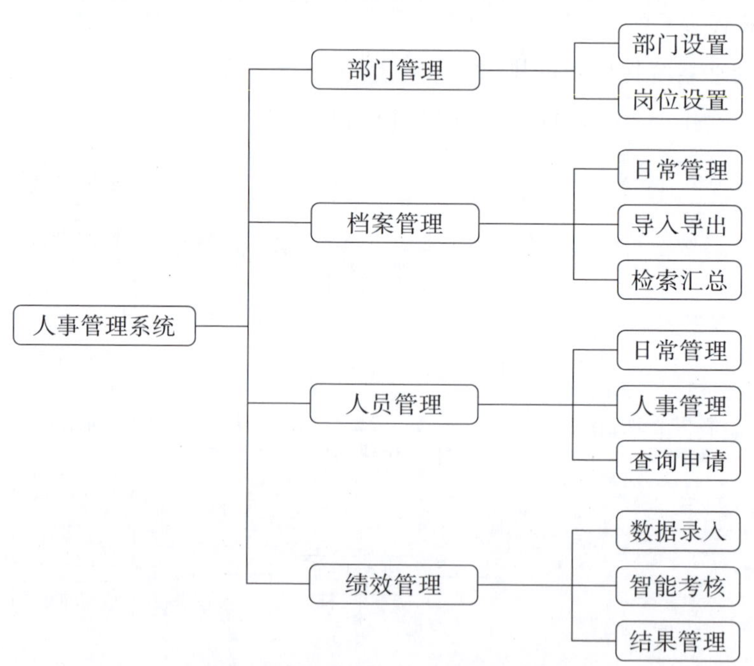

图1-18　人事管理系统功能模块

（1）部门管理

①支持根据实际情况设置、调整部门，实现部门结构管理；

②支持人员职务岗位的设置、调整，实现岗位管理。

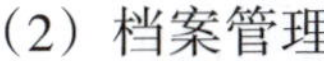

（2）档案管理

①支持对人事档案的新建、编辑、归类、查询，实现档案日常管理；

②支持批量导入导出档案数据，实现档案的高效管理；

③支持对人员档案信息进行单一或复合条件的检索与汇总，实现人员信息统计分析。

（3）人员管理

①支持管理者根据实际情况进行人员信息的添加、修改、删除、查找，实现员工信息日常管理；

②支持管理者对入职、转正、调岗、离职、复职、退休和返聘等人事变动信息进行审批处理，实现在线人事管理；

③支持用户查询个人岗位、薪酬、考核结果等信息，提交各类人事申请，实现个人信息查询与申请管理。

（4）绩效管理

①支持填报、核查个人绩效考核数据，实现考核数据录入；

②支持基于绩效考核标准的自动分数统计，实现智能考核；

③支持不同权限的考核结果查询、统计、报表生成，实现考核结果管理。

4.设备资产管理系统

设备资产管理系统提供资产基本信息、使用、维护、采购等数据管理，并能够进行资产统计分析，提升资产管理工作效率，具体功能结构（如图1–19）。

（1）资产信息管理

支持资产设备的信息录入、修改、删除、查询，实现设备信息管理。

（2）资产使用管理

①支持资产设备预约、借用、归还，实现资产使用管理；

②支持按不同条件查询设备使用状态，实现资产设备使用状态跟踪。

（3）资产维护管理

①支持设备异常状态预警，实现设备故障及时排查；

②支持提交设备故障信息并报修，实现设备故障管理；

③支持对设备维护状态进行查询，实现设备维护状态跟踪。

（4）资产采购管理

①支持登记、提交资产需求，实现设备需求统计；

②支持各级管理者审核下属单位的资产申请，实现分层需求审核管理；

③支持自动生成采购计划单，实现采购管理。

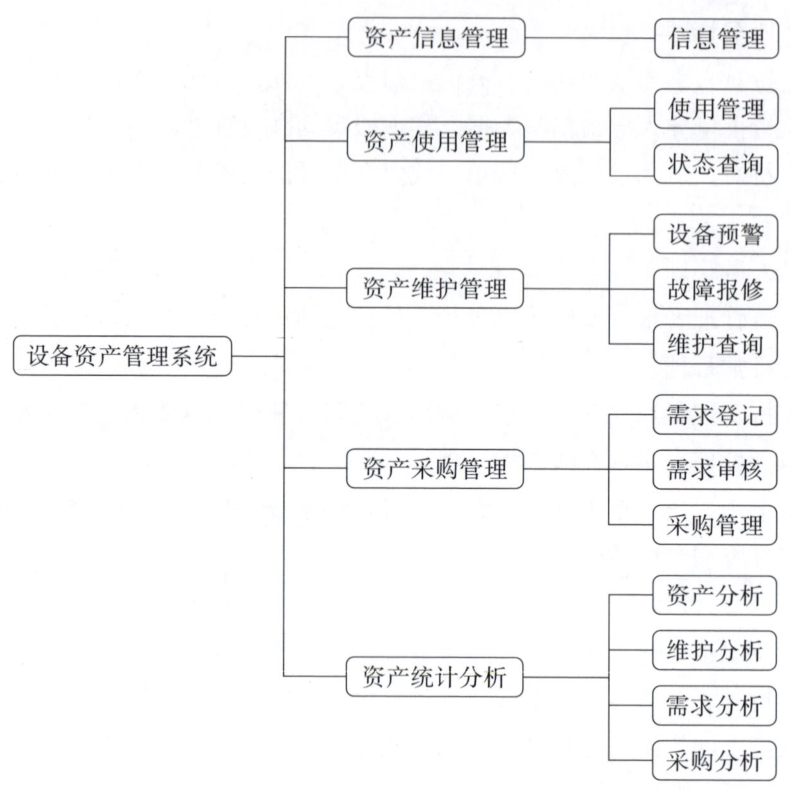

图 1–19　设备资产管理系统功能模块

（5）资产统计分析

①支持按类型、学校、数量、使用情况、购置年限等条件统计资产信息，实现资产分析与报表生成；

②支持对资产设备维护数据进行汇总与统计，实现资产设备维护分析；

③支持对各类资产设备需求数据进行汇总与统计，实现资产设备需求分析；

④支持对各类资产设备采购数据进行汇总与统计，实现资产设备采购分析。

（五）应用中心

区域教育大平台应用中心支持各类应用的汇聚、检索、浏览、下载、调用、评价、推荐、分享、购买等，提供接口服务，支持第三方应用的接入，实现区域及学校应用的汇聚，为信息化教学、学习与管理提供工具支持（如图 1–20）。

1.应用中心门户

①支持汇聚各类教学、学习与管理等应用，实现应用的展示与推介；

②支持通过导航菜单及全局搜索功能查找应用，提供基于最新、最热排行的应用专题概览，实现优质应用的普及推广。

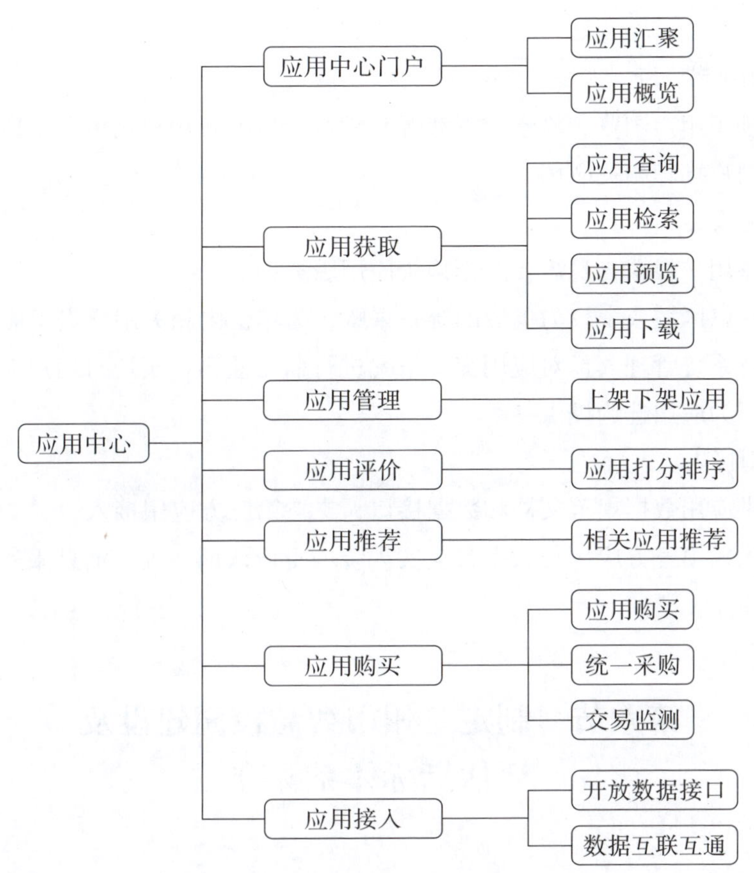

图1-20　应用中心功能模块

2.应用获取

支持用户根据应用类型、名称、适用对象、学段、学科等条件进行单一条件或多条件组合查询；

支持用户按照应用相关程度、下载量、收藏数、评分、上传时间等维度进行检索排序，方便用户快速获取所需资源；

支持用户查看应用的名称、适用对象、学段、学科、浏览量、评分、下载数、来源等基本信息及应用功能与操作的界面预览；

支持用户在个人权限范围内按需下载应用。

3.应用管理

支持管理员上架、下架应用，实现应用管理。

4.应用评价

支持用户通过印象标签、文字、打星等方式对应用进行评价，实现应用的打分排序。

5.应用推荐

支持基于用户浏览、检索、下载等日常行为数据及用户角色、学段、年级等属性，为用户推荐相关应用。

6.应用购买

①支持用户根据自身需要选择购买应用服务；

②支持以区域或学校为单位的统一采购，为单位内相关用户提供应用服务；

③支持系统管理人员对应用交易情况进行监管监测，实现对用户应用交易的分析统计，为应用选购提供参考。

7.应用接入

①提供应用数据规范文档和数据接口，支持第三方应用接入；

②接入的第三方应用与大平台应实现统一身份认证、统一消息服务，实现数据互联互通。

第六节　制定兰州市智慧校园建设及评估指标体系标准

智慧校园是数字校园的进一步发展和提升，是教育信息化的更高级形态，是校园信息化融合发展的必然趋势，是国家推进教育信息化建设的不断发展和新的阶段。

2018年6月7日，国家市场监督管理总局中国国家标准化管理委员会最新公布了国家标准文件《智慧校园总体框架（GBT36342-2018）》，对如何部署智慧校园的总体架构，如何实现智慧教学环境，如何构建智慧教学资源，如何部署智慧教学管理系统，如何构建智慧教学服务等进行了明确规范。

现阶段国内已经有南京、福建、广东、宁波等省市出台了中小学数字校园建设指南和指导意见。

为深入推进兰州市中小学智慧校园建设，提升教育信息化水平。立足时代发展，根据《教育信息化十年发展规划（2011-2020年）》《教育信息化“十三五”规划》《甘肃省“十三五”教育事业发展规划》《兰州市“十三五”智慧城市发展规划》等文件精神，兰州市立足本市中小学及职业院校教育信息化水平现状，于2019年经多次专家论证后，由西北师范大学专家团队承接制定《兰州市中小学智慧校园建设和评估标准》。在广泛调研和深入研究的基础上，结合时代发展的新技术、新方法、新思想，形成可操作、高水平、有创新的《智慧校园建设标准和评估标准》。该标准的制定为兰州市及三县六区中小学校及职业院校今天的信息化建设指明了方向。

一、兰州市评估指标体系

表1-1　兰州市评估指标体系表

一级指标	二级指标	三级指标	指标描述
A环境	A1数据中心建设	A1-1 中心建设	建有物理的或逻辑独立的数据中心,且能够满足全市教育业务需求。
		A1-2 安全措施	数据中心建有网络监控、上网行为管理等系统,达到等保三级建设要求。
		A1-3 运行维护	数据中心设有专业人员或以服务外包形式进行定期检查维护,确保中心正常运行,无重大安全责任事故。
	A2"互联网+教育"大平台	A2-1 统一平台建设	所有教育资源、教学、管理等平台系统均可实现单点登录。
		A2-2 互联互通	大平台能够与国家、省级等上级平台实现数据的互联互通。
			大平台支持第三方系统平台的接入,同时能够实现底层数据的互联互通。
		A2-3 网络学习空间提质增效	提供教学应用服务统一入口,支持各类用户进行资源共享、教学创新、管理评价、教师专业发展、文化建设、协同共育等活动。
		A2-4 教育管理数字化	支持教务、财务、人事、资产、行政业务等基础数据的维护与更新,以及相应的用户行为记录与统计分析。
B资源	B1资源建设	B1-1 准入机制	制定有资源建设规范标准和统一服务标准,优化筛选引入或购买高校、科研机构、企业等多方资源。
		B1-2 共享机制	建有共享机制,通过征集、共建、接入数字教育公共服务体系等方式汇聚国家和省、市、区县、校各级优质数字教育公共资源。

续表1-1

一级指标	二级指标	三级指标	指标描述
B资源	B2资源服务	B2-1 推送机制	提供个性化资源推送服务，满足用户多层次的资源需求，提升资源应用效率。
		B2-2 版权保护机制	建有教育资源版权登记保护机制，尊重、保护资源建设者的知识产权。
	B2资源服务	B2-3 付费机制	建有资源按用付费机制，鼓励名师等建设优质教育资源供学生、教师免费使用，根据使用情况，政府结算，按用付费给资源提供者。
		明确市场运营性资源的服务接入与规范化运行，遴选引进差异化、个性化优质数字教育资源，资源提供者自主定价并备案，使用者自主选择，按需购买。	
	B3资源评价	B3-1 评价机制	建有数字教育资源评价机制，结合用户行为数据，加强对资源建设、应用、管理等方面的跟踪评价。
C应用	C1管理创新	C1-1区县管理信息化	能够对数据中心提供的区县信息化发展数据进行分析，制定、调整区县教育信息化发展规划。
		C1-2学校管理信息化	能够对数据中心提供的市属学校信息化发展数据进行分析，指导市属学校进行教育信息化发展规划。
		C1-3教育资源配置	能够对数据中心提供的资源应用数据进行分析，优化教育资源配置，提升教育资源有效供给。
		C1-4区域师资配置	能够对数据中心提供的教师教学质量评估数据进行分析，优化区域师资调配，有针对性地开展教师培训。
	C2评价创新	C2-1 区县评价	能够对数据中心提供的区县教育信息化管理数据进行分析，评估区县教育信息化工作，为区县规划、资源调配等提供支持。
		C2-2 学校评价	能够利用市属学校教学、活动、安防、信息化设备使用情况等数据，评估市属学校信息化工作，制定相应整改措施。

续表1-1

一级指标	二级指标	三级指标	指标描述
C应用	C2评价创新	C2-3 教师评价	能够利用数据中心的市属教师教学、学生学习成果等数据进行教师教学质量评估,提升市属教师整体水平。
		C2-4 学生评价	能够尝试利用数据中心的市属学生综合素质发展数据,创新学生评价方式,发挥其在升学、就业推荐等中的作用。
D推进举措	D1创新培育	D1-1 典型区域	遴选、培育教育信息化整体推进的样本区,引领全市、西部地区教育信息化提质升级发展。
		D1-2 标杆学校	打造全市标杆学校,探索信息化条件下教学模式创新、评价方式改革、管理方式变革的路径。
		通过企业驻校、高校专家引领、区域互访、项目研究等方式定期组织开展信息化相关培训,培养一批交叉性的、复合型的高素质教育信息化人才。	
		定期组织开展竞赛/比赛、专家讲座等教育信息化相关活动,提升管理者、技术人员、教师等的信息素养。	
		D1-4 宣传推广	组织开展观摩、优秀案例展示等活动,广泛宣传推广取得的经验,发挥引领示范作用。
	D2合作交流	加强与高校、企业等的合作,建设教育信息化研究平台或基地,构建研究共同体,支持管理者、教师参与科研、学术交流等活动。	
		D2-2 实践合作	促进全市学校与其他地区学校的交流合作,分享教学创新成果和典型经验,取长补短、协作推进,提升全市教育信息化影响力。
		D2-3 对外交流	加强与"一带一路"沿线国家和地区的教育信息化交流,通过建设友好城市、创建海外教师培训基地、缔结海外友好学校、搭建国际合作交流平台等方式,推进"一带一路"教育共同繁荣。
E成果	E1示范引领	E1-1 培育典型	获得教育信息化典型示范区等荣誉。
			获得"一带一路"对外交流典型示范区荣誉。
		E1-2 经验推广	形成可供借鉴或推广的教育信息化相关经验成果。
	E2创新成果	E2-1管理/科研创新成果	获得各级各类教育信息化管理、科研等方面的课题、成果、奖励等。

二、兰州市县区评估指标体系

表1-2　兰州市县区评估指标体系表

一级指标	二级指标	三级指标	指标描述
A环境	A1网络环境建设	A1-1 网络服务	所有学校均实现网络接入，校内网络覆盖伴随应用发展同步跟进，满足信息化教学与管理的需求。
	A2信息化环境建设	A2-1 数字终端	为教师配备数字终端数量应达到师机比1:1，为学生配备数字终端数量应不高于5:1。
		A2-2数字化教学环境	班级教室均配备能够满足课堂教学需要的交互式信息化教学设备。
			建设创客、STEAM等的创新教学环境，支持学生开展跨学科的创新实践活动。
			建设数字学科实验室等学习环境，支持师生开展虚实混合教学或实验探究活动。
		A2-3文化生活空间	学校公共空间配有公用终端，用于校园信息的宣传展示。
			建有校园广播电视台，为校园活动开展、学生社团实践等提供支持。
		A2-4 智能安保	建有覆盖学校全部物理空间的智能校园安防系统。
B资源	B1资源建设	B1-1 准入机制	遵循市级资源建设规范标准和统一服务标准，优化筛选引入或购买高校、科研机构、企业等多方资源。
		B1-2 共享机制	遵循市级共享机制，通过征集、共建、接入数字教育公共服务体系等方式汇聚国家和省、市、区县、校各级优质数字教育公共资源。
	B2资源服务	B2-1 推送机制	提供个性化资源推送服务，满足用户多层次的资源需求，提升资源应用效率。
		B2-2版权保护机制	遵循市级教育资源版权登记保护机制，尊重、保护资源建设者的知识产权。
		B2-3 付费机制	遵循市级资源按用付费机制，鼓励名师等建设优质教育资源供学生、教师免费使用，根据使用情况，政府结算，按用付费给资源提供者。

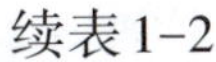

续表1-2

一级指标	二级指标	三级指标	指标描述
B资源	B2资源服务	B2-4 市场机制	遵循市级资源市场运维机制，遴选引进差异化、个性化优质数字教育资源，资源提供者自主定价并备案，使用者自主选择，按需购买。
	B3资源评价	B3-1 评价机制	遵循市级数字教育资源评价机制，加强对资源建设、应用、管理及交流推广、应用反响等方面的跟踪评价。
C应用	C1规划设计	C1-1区域规划设计	能够依据国家有关政策，组织制定适度超前的区域教育信息化发展整体规划，分层分类推进区域信息化均衡、快速、可持续发展。
		C1-2学校规划设计	能够依据《中小学数字校园建设规范（试行）》《职业院校数字校园建设规范》，规划推进数字校园建设，逐步提升学校教育信息化水平。
	C2管理创新	C2-1区域管理信息化	能够对数据中心提供的区县信息化发展数据进行分析，制定、调整区域教育信息化发展规划。
		C2-2学校管理信息化	能够对数据中心提供的学校信息化发展数据进行分析，指导学校进行教育信息化发展规划。
		C2-3教育资源配置	能够对数据中心提供的资源应用数据进行分析，优化教育资源配置，提升教育资源有效供给。
		C2-4区域师资配置	能够对数据中心提供的教师教学质量评估数据进行分析，优化区域师资调配，有针对性地开展教师培训。
	C3组织实施方式创新	C3-1 教师活动	能够应用信息化手段实现教研、比赛等活动方式的创新，扩大活动覆盖面，有效提升教育教学质量（教师专业发展）。
		C3-2 学生活动	应用信息化手段创新区县学生活动形式，扩大学生参与度，促进学生参与机会平等。
	C4评价创新	C4-1 区县自评	能够对数据中心提供的区县教育信息化管理数据进行分析，自我评估区域教育信息化工作，为区域规划、资源调配等提供支持。
		C4-2 学校评价	能够利用数据中心的学校信息化设备、工具平台、软件资源使用情况及教学、活动、安防等数据，评估学校信息化工作，制定相应整改措施。

续表1-2

<table>
<tr><th>一级指标</th><th>二级指标</th><th>三级指标</th><th>指标描述</th></tr>
<tr><td rowspan="2">C应用</td><td rowspan="2">C4评价创新</td><td>C4-3
教师评价</td><td>能够利用数据中心的教师教学、学生学习成果等数据进行教师教学质量评估，提升区域教师整体水平。</td></tr>
<tr><td>C4-4
学生评价</td><td>能够尝试利用数据中心的学生综合素质发展数据，创新学生评价方式，发挥其在升学、就业推荐等中的作用。</td></tr>
<tr><td rowspan="11">D保障</td><td rowspan="2">D1组织保障</td><td rowspan="2">D1-1
组织架构</td><td>区域设有专门的教育信息化管理服务机构或教育信息化工作领导/推进小组，一把手担当推进小组组长。</td></tr>
<tr><td>区域建有教育信息化科研机构，引领推动教育信息化建设与深度融合应用。</td></tr>
<tr><td rowspan="6">D2机制保障</td><td>D2-1多部门协同机制</td><td>建有多部门协同联动机制，统筹协调区域教育信息化工作。</td></tr>
<tr><td>D2-2多方协同机制</td><td>建有引入高校、科研机构、企业等力量参与的多方协同机制，推动教育信息化发展。</td></tr>
<tr><td>D2-3
评估机制</td><td>引入第三方评估或纳入督导机制，督导区域及学校信息化发展建设与应用。</td></tr>
<tr><td>D2-4
激励机制</td><td>建立区域、学校、教师等信息化管理、教学考核评估激励机制，鼓励教育信息化应用。</td></tr>
<tr><td>D2-5
帮扶机制</td><td>建有帮扶机制，通过专递课堂、名师课堂、名校网络课堂等跨校区的协同教学方式，缩小区域、城乡、校际差距。</td></tr>
<tr><td>D2-6对外交流机制</td><td>建有区域“一带一路”对外交流合作机制和具体实施方案，推动区域教育信息化国际化发展。</td></tr>
<tr><td rowspan="3">D3经费保障</td><td>D3-1
经费来源</td><td>通过将信息化经费纳入年度教育经费预算、多方筹集教育信息化资金等措施，形成制度化的可持续的经费投入机制。</td></tr>
<tr><td colspan="2">加大对薄弱学校教育信息化建设的资金投入，促进均衡发展。</td></tr>
<tr><td colspan="2">设有独立的专项经费用于建设信息化典型区域、标杆学校、示范课例等，为信息化发展提供示范引领。</td></tr>
</table>

续表1-2

一级指标	二级指标	三级指标	指标描述
D保障	D3经费保障		教育信息化经费中每年有一定比例的经费用于信息化环境建设及运维、人员信息素养培训、信息化活动开展等。
			设有对外合作交流经费，保障教育信息化国际化稳步推进。
	D4人员保障	D4-1 定岗定编	设置教育信息化人员编制，建立岗位设定标准、业务职责、岗位晋升、职称评定等制度。
		D4-2 人员培养	通过企业驻校、高校专家引领、区域互访、项目研究等方式定期组织开展信息化相关培训，培养一批交叉性的、复合型的高素质教育信息化人才。
			定期组织开展竞赛/比赛、专家讲座等教育信息化相关活动，提升管理者、技术人员、教师等的信息素养。
	D5服务保障	D5-1 技术支持	设有技术支持岗或以服务外包形式为辖区学校信息化建设发展、维护保障提供技术支持。
		D5-2 教学指导	设有教研员或以服务外包形式指导教师开展创新教学模式应用、智力资源共享、网络研修等。
	D6网络安全保障	D6-1网络安全制度	建立教育网络与信息安全工作的管理规章、责任制度和应急保障制度，无重大网络安全责任事故。
		D6-2网络安全培训	定期对师生等进行网络安全教育培训，提高师生自觉维护网络安全、抵制不良信息的能力。
E成果	E1示范引领		获得教育信息化典型示范区等荣誉。
			获得“一带一路”对外交流典型示范区荣誉。
		F1-2 经验推广	形成可供借鉴或推广的教育信息化相关经验成果。
	E2创新成果	F2-1管理/科研创新成果	获得各级各类教育信息化管理、科研等方面的课题、成果、奖励等。

三、兰州市学校评估指标体系

表1-3 兰州学校评估指标体系表

<table>
<tr><th>一级指标</th><th>二级指标</th><th>三级指标</th><th>指标描述</th></tr>
<tr><td rowspan="2">A环境</td><td>A1硬件环境</td><td>A1-1特色环境建设</td><td>根据学校发展需要，建设创客、STEAM、虚实融合等教学环境支持开展创新教学活动。</td></tr>
<tr><td>A2软件环境</td><td>A2-1个性化应用</td><td>根据教学或管理需要，自主选购教育教学、教育管理等相关应用，形成学校应用特色。</td></tr>
<tr><td rowspan="2">B资源</td><td>B1资源建设</td><td>B1-1校本资源建设</td><td>组织遴选、汇聚师生在教学及各类活动中产生的生成性资源，形成涵盖混合式课程资源、跨学科整合课程资源等具有学校特色的校本资源库。</td></tr>
<tr><td>B2资源共享</td><td>B2-1各类资源共享</td><td>能够共享应用区域/市/省/国家上级部门的数字教育资源服务。</td></tr>
<tr><td rowspan="8">C信息素养</td><td rowspan="3">C1信息意识和情感</td><td>C1-1信息敏感性</td><td>师生具有分辨信息真伪利害、挖掘信息潜力、及时更新信息的意识。</td></tr>
<tr><td>C1-2信息应用意识</td><td>师生具有利用信息技术优化教与学活动、创新教与学模式、提升管理效率、促进自身发展的意识。</td></tr>
<tr><td>C1-3信息情感</td><td>师生关注教育信息化政策与发展前沿，认识到信息技术在教学、学习和管理中的重要作用，善于面对与克服信息化应用中的困难。</td></tr>
<tr><td rowspan="2">C2信息技术知识</td><td>C2-1信息基础知识</td><td>师生了解信息安全、信息产权、信息应用现状等方面的基础知识。</td></tr>
<tr><td>C2-2信息技术知识</td><td>师生掌握常见的与教学、学习和生活相关的通用软件、学科软件、数字教育资源、网络教学平台等技术资源的基本操作。</td></tr>
<tr><td rowspan="3">C3信息伦理和安全</td><td>C3-1信息伦理道德</td><td>师生不浏览和传播有害、非法信息，拒绝网络暴力，自觉遵守信息社会中公认的行为规范和道德准则。</td></tr>
<tr><td colspan="2">师生能够学习并遵守有关信息使用的法律和法规，尊重他人知识产权、版权等相关法律法规。</td></tr>
<tr><td>C3-3信息安全</td><td>师生能够预防网络病毒、保护个人及他人隐私信息等，积极维护信息安全。</td></tr>
</table>

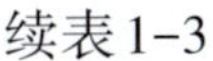
续表1-3

一级指标	二级指标	三级指标	指标描述
D应用	D1教学应用	D1-1 日常教学	能够依据教学目标、学生特征和技术条件，选择适当的教学方法和技术资源，设计信息化教学过程。
			能够利用信息技术进行讲解、启发、示范、指导、评价等教学活动，鼓励学生参与教学过程。
		D1-2 创新教学	能够尝试利用信息技术手段采集学生学习过程数据，分析诊断评价学生学情。
			能够利用数字化学科实验室等虚实融合环境设计、组织开展自主、合作、探究学习。
			能够组织开展创客、STEAM等跨学科教学活动，形成示范课。
			能够利用人工智能技术，尝试通过人机协同方式开展教学、反馈、诊断、评价、答疑、作业批改等教育教学活动，形成研究课。
			遴选优秀网络教师，跨学校、跨区域为学生提供一对一在线辅导。
			能够组织开展同步课堂、专递课堂、名师课堂等跨班级、跨学校等的教学。
			能够利用技术手段整合多方资源，开展学校、家庭、社会相连接的多方参与的教育教学。
	D2学习应用	D2-1 自主学习	能够根据自身学习需要，利用网络学习空间等信息技术手段选择网络课程、在线测试、智力资源服务等学习资源或服务进行自主学习。
		D2-2 合作学习	能够利用网络学习空间等信息技术手段组建学习小组，跨班级、跨学校、跨区域开展交互活动，进行学习探讨。
		D2-3 探究学习	利用网络学习空间、资源平台或软件工具等获取丰富多元的资源与服务进行探究学习的比例达到25%，培养解决问题的能力、创新意识和创新能力。
		D2-4 学习反思	能够利用学习诊断、学习预警等可视化分析结果，发现学习、实践中存在的问题，进行调整与改进。

续表1-3

<table>
<tr><th>一级指标</th><th>二级指标</th><th>三级指标</th><th>指标描述</th></tr>
<tr><td rowspan="11">D应用</td><td rowspan="3">D3教师专业发展</td><td>D3-1 自主研修</td><td>能够利用信息技术手段获取研修资源，进行观摩案例、撰写反思等自主研修活动，促进个人专业发展。</td></tr>
<tr><td colspan="2">能够利用信息技术手段建立学习共同体，开展校本、校际间的备课、听评课、答疑解惑等教研活动。</td></tr>
<tr><td>D3-3 专家引领</td><td>参加名师工作室等专家教师引领的教研活动，改进优化自身研修能力，促进专业发展。</td></tr>
<tr><td rowspan="4">D4管理评价创新</td><td rowspan="2">D4-1 管理创新</td><td>能够依据数据中心的校本资源库建设情况，督促和引导教师共建共享教学资源。</td></tr>
<tr><td>能够利用学生学习、活动等综合素质发展相关数据，为学生提供学习规划和个人发展规划建议。</td></tr>
<tr><td rowspan="2">D4-2 评价创新</td><td>能够利用学生学习结果、课堂行为等数据，评估教师教学质量。</td></tr>
<tr><td>能够利用学生学习、活动等相关数据，对学生进行综合素质评价。</td></tr>
<tr><td rowspan="3">D5生活服务</td><td rowspan="2">D5-1 文化建设</td><td>成立信息化相关社团，学生可自主选择参与感兴趣的社团，形成良好的社团文化氛围。</td></tr>
<tr><td>通过定期为师生组织开展信息化相关活动或比赛，形成良好的信息化应用氛围。</td></tr>
<tr><td>D5-2 家校互通</td><td>基于信息技术手段，家长能够及时与教师沟通交流、了解或反馈孩子学情、获得学校推送内容等。</td></tr>
<tr><td colspan="3" style="display:none"></td></tr>
<tr><td rowspan="4">E保障</td><td rowspan="2">E1组织保障</td><td rowspan="2">E1-1 组织架构</td><td>学校设有专门的教育信息化工作处/室或领导/推进小组，制定相关规划或计划。</td></tr>
<tr><td>建有“一把手”责任制，校长担任首席信息官（CIO）。</td></tr>
<tr><td rowspan="2">E2机制保障</td><td>E2-1 协同机制</td><td>建有多部门协同联动制度，统筹协调学校教育信息化工作。</td></tr>
<tr><td>E2-2 激励机制</td><td>建立学校信息化教学、管理的考核评估激励机制，鼓励推动教育信息化应用。</td></tr>
</table>

续表1-3

一级指标	二级指标	三级指标	指标描述
E保障	E2机制保障	E2-3对外交流机制	制定“一带一路”对外交流合作实施方案，推动学校教育信息化国际化发展。
		E2-4培训机制	邀请高校、教研室等开展专家引领的混合式研修，常态化提升管理者、技术支持人员、教师等的信息素养。
	E5网络安全保障	E5-1网络安全制度	建立教育网络与信息安全工作的管理规章、责任制度和应急保障制度，无重大网络安全责任事故。
		E5-2网络安全培训	定期对师生等进行网络安全教育培训，提高师生自觉维护网络安全、抵制不良信息的能力。
F成果	F1示范引领	F1-1培育典型	获得教育信息化标杆示范校等荣誉。
			获得“一带一路”对外交流典型示范校荣誉。
		F1-2经验推广	形成可供借鉴或推广的教育信息化相关经验成果。
	F2-1教学/管理/科研创新成果		获得教育信息化教学、管理、科研等方面的课题、成果、奖励等。

第二章 数字化校园建设

随着网络技术的飞速发展，数字化校园建设水平成为衡量一个地区、一个学校教育现代化水平的重要标志。推进基础教育阶段学校数字化校园建设，既是大数据时代教育改革的必然趋势，也是提高教学效率、管理效率，为师生提供全面智能化、便捷化服务的重要手段。建设数字化校园，统筹建设一体化、智能化教学、管理与服务平台。这些目标的完成都需要网络的支撑，只有将网络平台搭建好，带宽提上去，才能融合各种资源与应用，更好为教育教学服务。

第一节　背景与政策

一、国家政策背景

2012年3月，教育部发布了《教育信息化十年发展规划（2011-2020年）》（教技〔2012〕5号），提出要加强数字校园建设与应用。

2016年6月，教育部发布《教育信息化“十三五”规划》，提出要探索和建立便捷高效的教育信息化技术服务支撑机制，为新时期教育信息化体系的完善提出更切合实际、更精细的要求，以推动信息技术产品与服务更加符合广大一线师生的实际需求。

2018年4月教育部印发《中小学数字校园建设规范（试行）》（教技〔2018〕5号），分别从用户信息素养、信息化应用、基础设施、网络安全、保障机制等

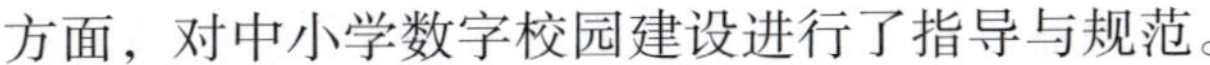
方面，对中小学数字校园建设进行了指导与规范。

2018年4月，教育部印发了《教育信息化2.0行动计划》（教技〔2018〕6号），提出数字校园建设覆盖全体学校，并建成“互联网+教育”大平台。

2019年2月，教育部办公厅印发《2019年教育信息化和网络安全工作要点》（教技厅〔2019〕2号），其中一项核心目标就是数字校园建设与应用加快推进，要求全面改善学校网络接入和宽带条件，中小学宽带接入率达到97%以上、出口带宽达到100 Mbps以上，实现学校互联网全覆盖。

2020年2月教育部办公厅印发《2020年教育信息化和网络安全工作要点》（教技厅〔2020〕1号），其中一项重点任务就是加快实施数字校园规范建设行动包括加快推进学校网络接入和提速降费、引导数字校园建设与应用等。

二、甘肃省政策背景

2016年10月甘肃省人民政府办公厅印发《甘肃省“十三五”教育事业发展规划》（甘政办发〔2016〕167号），其中一项发展任务就是加强信息化建设，以信息化推进教育现代化。文件指出要健全中小学宽带网络接入与信息化基础设施完善，完善省级教育数据中心和基础数据库，构建先进、高效、实用的数字化教育基础设施。

2020年2月甘肃省教育厅印发了《甘肃教育信息化2.0行动计划》（甘教技〔2020〕1号），其中一项重要行动就是教育信息化推动基础教育优质均衡发展行动，指出要加快中小学数字校园建设升级改造，建设智慧校园（课堂）、人工智能班级。

三、兰州市数字校园建设现状

1.现有资源情况

截至2019年，市属中小学为63所，市教育局直属单位9所，所有学校及单位全部接入互联网，学校宽带入口平均小于100M，网络设备使用年限超8年的占60%；教学班多媒体教室100%建成，使用年限超6年的占66%；计算机教室建设数量达标，使用年限超6年的占78%；教师用计算机师机比1∶1，使用年限超6年的占72%；48%学校无校园IP广播，模拟广播使用年限超8年的占15%；校园模拟信号安防监控100%覆盖，使用年限超8年的占32%；8%学校没有录播教室使用年限超8年的占9%；70%学校无电子阅览室，使用超8年的学校占31%；92%学校无智慧课堂相关设备，2016—2017年间共有5所学校10个班级作为试点建设，目前使用效果良好。84%学校无创新教育相关设备或课程，9所有创新教育的学校，其中3D打印最多，其次为机器人。

2.现有数字校园环境建设情况

2020年，兰州市已建成与全国教育现代化发展目标相适应的智慧教育服务体系；实现教育信息化对学生全面发展的促进作用，对新的教育模式创新发展、均衡发展、优质发展的提升作用；实现全市教育专网和基础教育传输专网建设；实现各级各类学校“宽带网络校校通”的提速增智；完成覆盖区域、学校、个人各级应用的“智平台、智管理、智教学、智学习、智校园”的建设，建成了光网全覆盖的数字化校园环境，逐步实现信息技术与教育教学从融合应用向创新发展；实现各市属中小学及局直各单位宽带出口不低于1000 M，班均出口带宽不低于100 M；各学校多媒体教学硬件设备100%覆盖；所有班级具备网络教学环境和备课环境，逐步实现教师教学终端普及率达100%，实现全体教师网络协同教研环境。购置兰州教育城域网网络安全管理平台，购置兰州教育城域网网络安全态势分析平台，购置兰州教育城域网网络安全运维平台，购置兰州教育城域网网络安全行为分析管理平台，购置兰州教育城域网网络安全审计平台，购置相应所需硬件以确保教育城域网网络安全。

四、网络安全建设

2015年《教育部公安部关于全面推进教育行业信息安全等级保护工作的通知》教技〔2015〕2号，标志着教育行业网络安全建设的全面实施。2017年3月《教育行业网络安全综合治理行动方案》出炉，此次行动的重点被归纳为八个字：治乱、堵漏、补短、规范。2018年教育部办公厅印发《2018年教育信息化和网络安全工作要点》（教技厅〔2018〕1号），2019年教育部办公厅印发《2019年教育信息化和网络安全工作要点》（教技厅〔2019〕2号）、2020年教育部办公厅印发《2020年教育信息化和网络安全工作要点》（教技厅〔2020〕1号）提出强化网络安全宣传教育、提高教育系统网络安全保障能力。

根据以上指导文件，兰州市电化教育中心进行了教育城域网整体网络安全等保建设，严格参考等级保护整改建设要求，对现网进行改造，提升兰州市教育网整体安全防护能力和风险监测能力，从而形成未来兰州市教育城域网在协同防御、安全可视、持续检测等安全能力上的闭环。

第二节　过程与方法

案例1：兰州市教育城域网及数字校园示范校建设项目

兰州教育城域网项目涉及所有市属学校及局直单位，建设工程量巨大，面临建设周期紧、设计点位多、网络规划复杂等诸多难点，我们与相关企业、学校做了大量的前期准备工作。

一是实地调研。2018年底至2019年初，为了摸清学校网络接入及应用、校园网建设、学校终端配置、教室终端环境、功能教室建设等现状，决定深入学校进行调研。大家经过反复讨论，设计出调研方案、调研问卷、访谈提纲，2019年2月至4月，全部门职工分5个组，对市属90个学校及单位进行实地考察。大家通过现场勘查、座谈、填写问卷，形成了各学校（单位）第一手资料，为项目的科学规划打下了坚实基础。在整个调研过程中，学校都能给予大力支持。

二是修改方案。通过逐校摸底调研，我们针对学校现状制定出教育城域网建设“一校一案”。方案初步形成后，我们邀请相关专家对教育城域网的整体架构、每所学校每栋楼宇的网络架构，进行了充分论证和科学规划。经过两轮方案论证，形成了最终的建设方案。

三是完成立项。2019年5月至7月中心与市大数据局进行多次对接，对城域网建设方案进行数次修改、上报，最终通过项目方案评审，并于2019年9月完成公开招标。

一、教育城域网整体解决方案

实现教育专网架构稳定，网络层次清晰，支持长期平滑演进，建议整网统一规划，采用分层架构设计、链路备份、易扩展、网络集中管控，满足业务长远发展需求（如图2-1）。

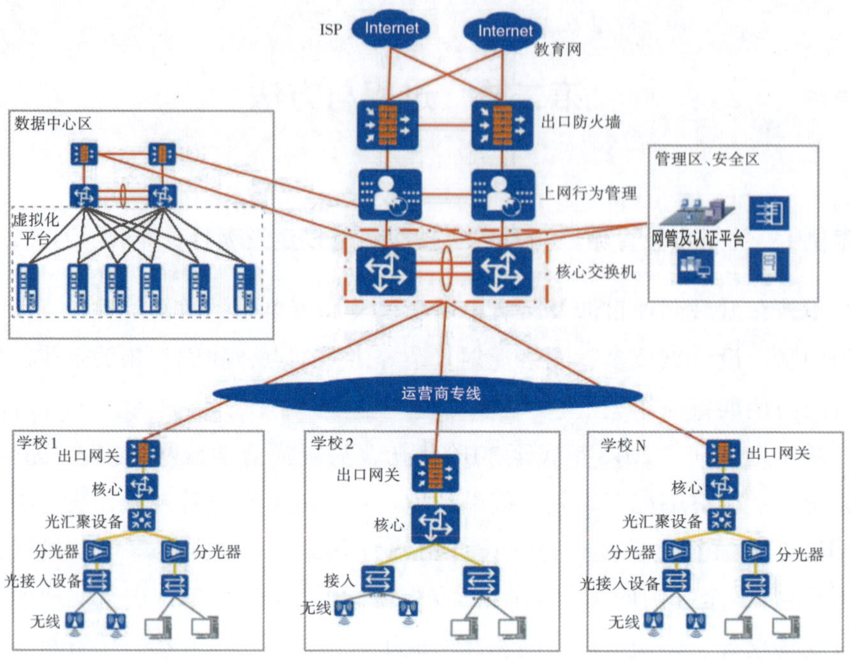

图2-1　教育专网整体架构

教育专网整体架构：市局教育专网核心层、各中小学接入层。本次针对兰州市教育局教育专网现状，对兰州市教育局直管学校进行智慧校园建设中教育专网的改造。

二、教育专网解决方案整体概述

1. 部署云网络中心，作为本次教育专网网络核心，与各中小学校园网络互通，与云数据中心互通；云网络中心与各中小学通过运营商专线互联互通。

2. 各学校上网统一出口，统一通过云网络中心互联网出口访问互联网；互联网出口通过防火墙、上网行为管理做到边界安全防护。

3. 云网络中心部署统一网络运维管理系统，对教育局、各校园网络设备进行统一维护；部署统一认证平台，对终端接入进行统一身份认证，同时可对接甘肃省教育厅统一认证平台。

4. 中小学校园网络汇聚-接入侧进行全光改造，实现如教学设备、电子班牌、监控、无线AP、教室物联网业务接入。

5. 中小学教室、办公室活动室的无线覆盖，可以采用提供物联网扩展插槽的物联网AP，物联网AP支持壁挂和吸顶两种安装方式；针对会议室等高密接入场

景，需部署支持高并发接入的高密AP。

6.各中小学的核心层根据学校规模，分别部署框式或盒式核心交换机，用来汇聚学校接入业务，同时可为学校无线网络进行统一管理，并与市级统一认证平台进行对接。

三、云网络中心建设

1.云网络中心建设方案

云网络中心，作为教育专网的网络核心，与市属各中小学通过运营商专心互通，同时作为教育专网互联网的统一出口。互联网出口部署高性能防火墙、上网行为管理安全防护设备；部署运维平台，实现整网统一运维；部署安全管理平台，实现全网安全策略统一部署与安全策略统一维护；部署态势感知平台对全网安全做到分析、感知，辅助决策。

2.网络拓扑（如图2–2）

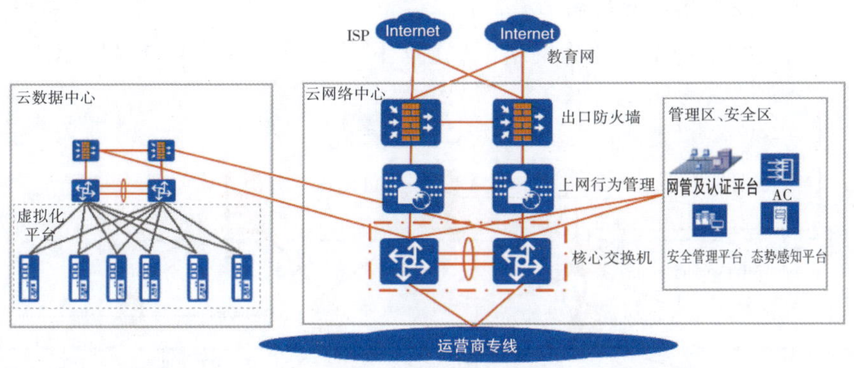

图2–2　网络拓扑图

四、中小学校园网络建设

1.校园网络建设方案

出口部署硬件防火墙，保障校园网络安全及安全接入教育局城域网；核心部署三层核心交换机，对校园多业务流量汇聚，同时有线、无线网络做到统一深度融合管理；汇聚、接入侧，采用两种部署方案，一种采用光网络方式部署，另一种采用传统方案部署（该种方案在既有网络基础上做增减）。网络拓扑如图2–3所示。

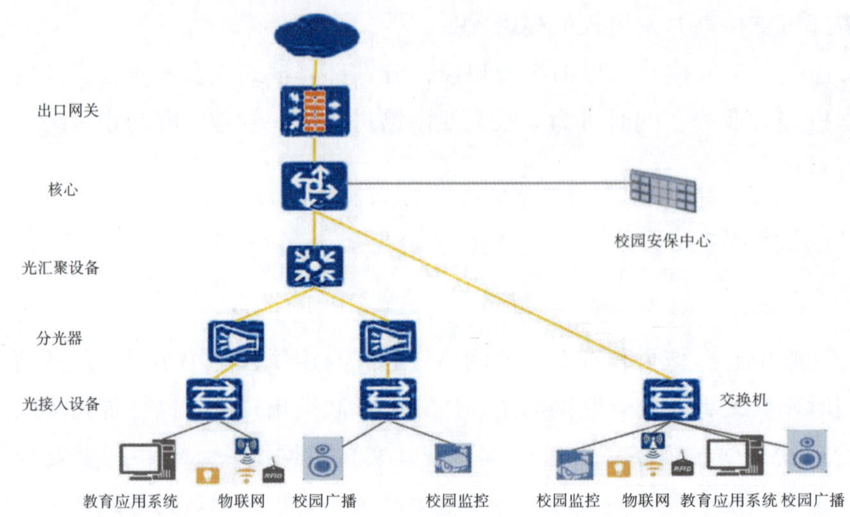

图2-3　校园网络拓扑图

2. 汇聚、接入侧全光部署方案

全光网络实施场景主要为网络汇聚层及网络接入层，见图2-4所示。

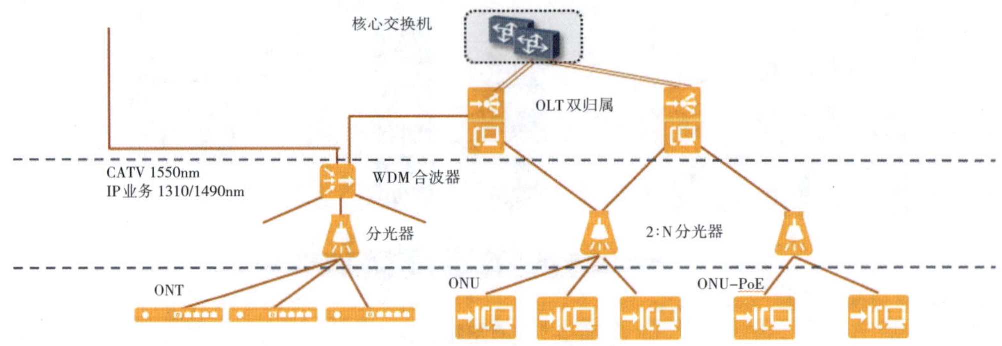

图2-4　网络汇聚层

汇聚层是一个学校或一幢教学楼的汇聚点，汇聚层的设备用来转发本区域到其他区域的横向流量，同时发送本区域流量到核心层。汇聚层将大量终端接入到互联的网络中，模块化扩展接入核心层设备的终端数量，见图2-5所示。

汇聚层具有高带宽、高端口密度、高转发性能等特点，用于支撑该汇聚层下各业务部门之间的流量。

全光校园园区网的汇聚层由光分布网络设备和光线路终端设备组成。其中光分布网络P2MP、无源的优势相比传统网络大大简化了网络架构，校园园区需根据接入终端性质、接入终端密度的分布情况、地理环境、管道资源、原有光缆的容量等多种因素综合考虑选择合适的结构和光纤配备方式。

光分路器设置：光分路器靠近使用端设置，可以降低入户光缆投资；而光分路器集中设置，便于维护管理、提高光分路器端口使用效率，特别是采用大光分路比组网时，光分路器集中设置更具优势。建议学校办公室场景采用一级分布式分光，教室采用一级集中式分光，实际工程设计时，需根据实际条件综合考虑（点位数及带宽需求）。

接入层是最靠近终端使用者的网络，提供各种接入方式，一般部署二层设备，单归属到汇聚层的汇聚OLT。接入层除了需要部署丰富的二层特性外，还需要部署安全、可靠性等相关功能（如图2-5）。

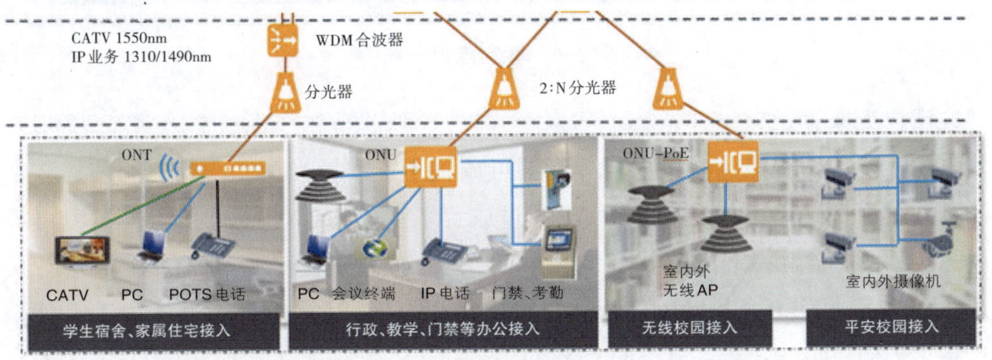

图2-5　接入层

校园园区网络需要满足如下场景：

多媒体教室、考场、电子教室等教学网络；

教学、行政管理、门禁控制等办公接入网络；

图书馆、礼堂、体育馆、食堂等校园公共场所的有线网络接入及校园视频监控承载；

以上场景通过不同规格的ONU末端接入节点承载校园所有网络应用，再通过ODN无源光分布网络汇聚到OLT（如图2-6）。

3.无线校园

场景需求：

满足校园所有区域WIFI统一覆盖场景接入。

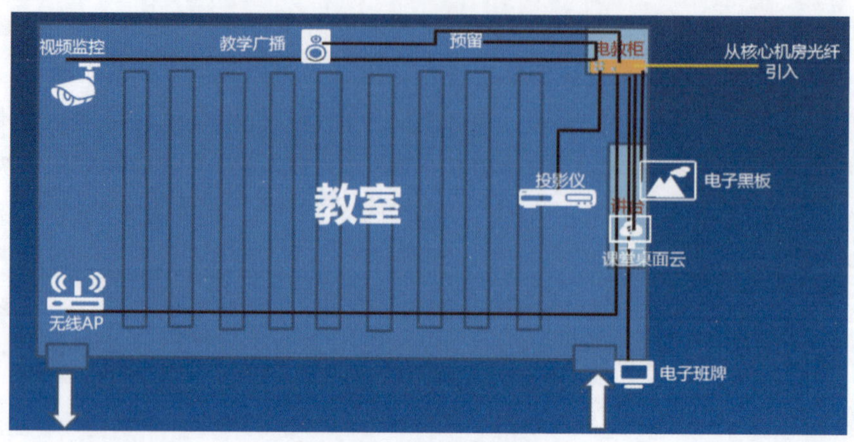

图2-6　教室点位分布

建设方案：

OLT设备部署在核心机房；分光器可放置于室内外光交箱、弱电间内；教学区、办公区的教室、办公室室内AP通过放置于室内的ONU进行接入，ONU可提供POE+供电能力；室内公共开放区域的AP可通过放置于弱电间的ONU进行接入，ONU可提供POE+供电能力；室外公共开放区域的AP可通过放置于室外信息柜的ONU进行接入，也可直接将ONU报杆室外安装（需使用室外型ONU），ONU可提供POE+/POE++供电能力。以上区域的AP配合核心AC可实现整个校园的无缝漫游（如图2-7）。

图2-7　全场景无线网络覆盖

4.业务量、信息量分析

本项目主要以设备采购为主，购置完成后，由供货商安装调试，涉及全市市属中小学校及局直各单位。

5.业务流程分析（包括整合或再造）

本项目所需的主要设备以采购为主，由供货商安装调试，不涉及系统与系统之间的整合与再造。

6.主要应用描述

智慧校园是指以促进信息技术与教育教学深度有效融合、提高学与教的效果为目的，以物联网、云计算、大数据分析等新技术为核心技术，提供一种环境全面感知、智慧型、数据化、网络化、协作型一体化的教学、科研、管理和生活服务，并能对教育教学、教育管理进行洞察和预测的智慧学习环境。

智慧校园＝数据中心＋智慧校园基础设施 ＋智慧校园应用系统＋智慧性资源

智慧校园是利用物联网和云计算，强调对教学、科研、校园生活和管理的数据采集、智能处理、为管理者和各个角色按需提供智能化的数据分析、教学、学习的智能化服务环境。智慧校园包括：智慧环境、智慧学习、智慧服务、智慧管理等内容（如表2–1）。

表2–1　“智慧”表现

	“智慧”表现
智慧环境	教室、图书馆、实验室等学习场所的温度、湿度自动感知、自动调整，灯光亮度自动调节；空气污染、噪音自动检测，自动通风，自动降低噪音；恶劣气候环境的智慧提醒；细菌超标自动提醒
智慧管理	校园安全自动智慧监控；师生心理问题动态化智慧干预；智慧考勤；智慧门禁；水、电、暖气等能源的自动节能监控；办公文件的智慧流转；重要事情智慧提醒；图书智慧借阅，仪器设备的智慧借阅；财务智慧转账（如校园卡内低于100元时，自动从银行转账）；网络故障、服务器故障的自动报警（如有故障时，立即给管理员发信息）；网络流量智慧管理；教室、体育场、会议室等智慧管理
智慧教学	教学内容的智慧聚合；教学方法、模式的智慧推荐；依据学生水平，智慧组卷；智慧协同备课、智慧教研；教师教学能力的智慧训练；智慧教方式
智慧学习	学习情景智慧识别；学习资料的智慧推送；学习过程的智慧分析；学习结果的智慧分析；人生成长的智慧记录；职业生涯的智慧咨询；相同兴趣学习伙伴的智慧聚合；无处不在的智慧演习学习内容难度的自适应；智慧学习方式；智慧综合评价；智慧型、创新型人才培养
智慧科研	科研资料，尤其是最新研究进展、学术会议信息的智慧推送；科研团队的网络化聚合；科研瓣智慧分析处理；科研论文的智慧协同协作；科研创新的智慧发现

通过以用户为中心，以需求驱动为目标，智能化的满足校园网络用户的个性化需求和功能服务。从学校发展、教师发展、学生发展、教育改革发展的实际需求出发，结合智能一卡通、电子班牌、电子阅览室等物联网产品，通过统一用户中心的数据同步及单点登录，为教育管理部门、学校、教师、学生、家长提供“一站式”教育应用服务。其技术特点是数字化、网络化、智能化和多媒体化，基本特征是开放、共享、交互、协作。以教育信息化促进教育现代化，用信息技术改变传统模式（如图2-8）。

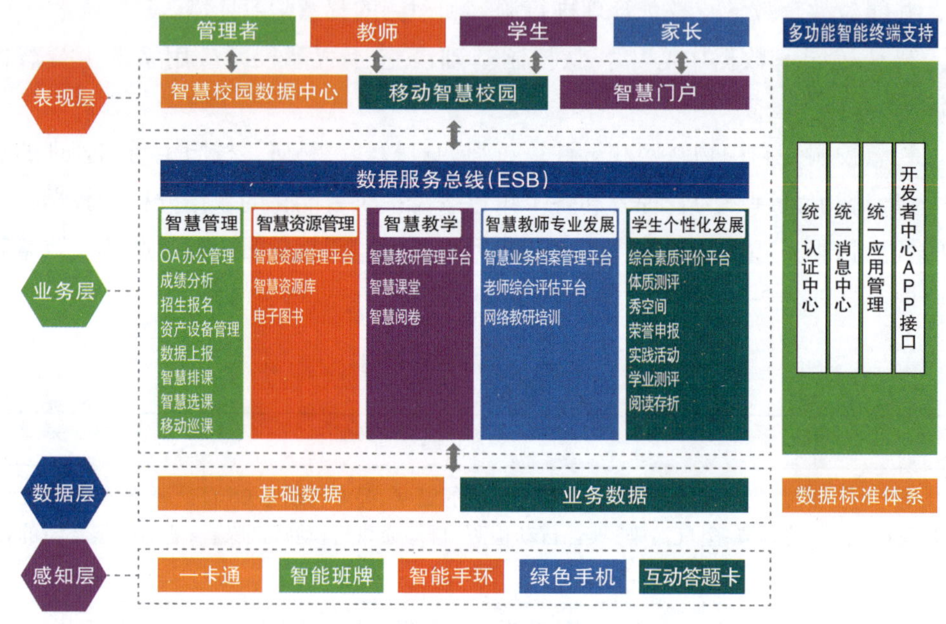

图2-8　智慧校园

兰州市数字校园建设采用“集约投入、示范先行、互联互通、深化应用、突出特色”的建设原则，以“三全两高一大”为目标，结合兰州市教育信息化实际情况，从智慧教学环境、智慧教学资源、智慧校园管理、智慧校园服务、信息安全体系等方面超前谋划，合理制定未来三年分年度建设和应用方案，积极开展智慧教育创新建设与应用。

该方案的实施将切实发挥教育信息化对教育现代化的支撑引领作用，利用云计算、大数据、物联网、移动互联网、人工智能等信息技术，采用云网端体系，不断改善中小学信息技术基础设施，营造网络化、数字化、个性化、泛在化的智慧教育环境，扩大优质资源覆盖面，扩大教育资源融合与应用。通过信息技术与学科教学的深度融合、优质教育资源的共建共享和无缝整合、无处不在地开放按需学习、基于大数据的科学分析与评价、绿色高效的教育管理，实现学习方式和教学模式的变革与创新，管理流程和服务的优化与再造，使得教学更加个性化、管理更加精细化、决策更加科学化，进而促进教育均衡发展，提高教育质量，提升师生信息素养，提升教育治理水平，培养创新型人才，促进教育公平和均衡发展。

该方案的实施坚持“政府主导、企业参与、学校应用、培训推动”的运行机制，响应国家层面要求，采用部分建设的建设模式，一方面，结合全市教育教学常态化工作，建设涵盖区域、学校、个人各级应用的“智平台、智管理、智教学、智学习、智校园”；另一方面与国家及省平台实现互联互通，充分利用国家、省级云平台优质的教育教学资源和应用，避免重复建设、孤岛建设和盲目建设，逐步形成全市的智慧教育服务体系。

以体系建设的思路谋划平台应用建设、以教学应用成效为出发点确定工作重心，整合现有资源，选择适合自身特点的建设模式，构建先进实用、均衡高效、创新发展的兰州特色智慧教育体系。2020年，市属各校学校及单位已建成信息化教学环境，实现了各学校及单位宽带出口不低于1000 M，班均出口带宽不低于100 M；各学校多媒体教学硬件设备100%覆盖；所有班级具备网络教学环境和备课环境，教师教学终端普及率达100%，实现全体教师网络协同教研环境；所有市属学校均达到数字校园评估标准；全部高级中学应用“走班排课”系统，提升教育信息化基础支撑能力。打造区域特色应用，兰州市特色应用体系将围绕区域常态化教学、学习和应用中的重点、难点，加大深化应用，融合创新，重点进行教育资源的全覆盖、优质资源的共建共享、课堂教学模式创新、发展性学业评价、自适应学习探索、大数据支持的可视化决策等特色应用，通过智慧教育的建设达成“兜底线、保基本、提质量、创特色”的应用效果，实现提高学生的自主学习能力和创新意识，提高教师的信息化素养，加强利用信息化、数据化的科学管理。

五、系统能力需求分析

（一）功能及性能需求

1.数据中心计算需求

云数据中心需要支持异构的计算和存储环境，以及虚拟化平台，包括业界主流厂商的服务器和存储设备、虚拟化平台。

云数据中心需要支持根据业务应用的不同特点（大计算量应用系统、高I/O

访问应用系统、高并发访问应用系统以及对资源要求一般的应用系统）采用合理的物理服务器（2路、4路X86服务器或UNIX服务器）、虚拟机、SAN/NAS存储，能根据业务应用的特点对服务器或存储进行配置满足应用对计算和存储的需要（CPU、内存、网络I/O、存储I/O）；计算平台需要和IT管理平台联动实现对虚拟计算资源的自动部署和分配。

2.数据中心网络需求

在构建教育云数据中心时需要搭建三张物理隔离的网络，分别是管理平面网络、存储平面网络和业务平面网络。这三张网络平面可以承载在相同或者不同的网卡之上，三张网之间的数据交互必须通过VLAN或其他数据交换硬件设备（网卡）来保证内网的安全性及数据交换的管理和控制。

云数据中心内、外网需根据国家《信息安全等级保护管理办法》《涉及国家秘密的计算机信息系统分级保护技术要求》《电子政务信息安全等级保护实施指南（试行）》的要求进行安全域的划分，云数据中心内外网需划分二级、三级安全域，各安全域能根据业务需求灵活划分业务功能域。不同级别安全域之间需根据安全等级保护要求进行逻辑隔离或物理隔离，不能互访。

由于数据中心需要支持IT服务、教育服务和公共服务，因此数据中心网络需要支持如下多种类型的接入用户：

· 互联网用户：主要是个人用户和企业人员通过互联网访问数据中心来获取公共服务；

· 校园用户（包括办公网用户、远程办公用户、移动用户）：通过访问数据中心内网核心区业务的终端用户；

· 数据中心运维管理人员：主要负责数据中心运行维护管理的人员，如系统管理员、数据库管理员、网络管理员、存储管理员、业务应用管理员等。

由于数据中心需要支持各种用户的各种方式的接入，因而需要数据中心网络需要支持IPSec VPN、SSL VPN、MPLS VPN等多种安全访问方式，从而保证数据中心的高安全性。

数据中心网络需要具备快速收敛、高转发性能、易维护、易管理和节能环保等特性，这就需要简化网络架构，降低网络复杂度。

数据中心网络需要具备高可靠性、高可用性。网络设计能有效地避免单点故障，在设备的选择和关键设备的互联时，应提供充分的关键设备冗余、重要业务模块冗余和链路冗余，骨干网络应当达到电信级可靠性。

数据中心网络架构和设备选型方面需要具备高扩展性，不仅满足当前需要，

也能满足未来业务扩展需求。

网络虚拟化：减少设备节点，简化配置。

网络服务虚拟化：需要实现独立的安全管理界限划分和故障隔离域。

流出流量负载均衡：办公人员访问互联网的流量到达链路负载均衡器时，通过链路负载均衡器多种链路状态检测结果选择最佳出口链路，提升用户体验。

流入流量负载均衡：链路负载均衡器的智能DNS解析功能将不同用户访问的域名解析成不同的公网IP地址，加速应用访问，提升用户体验。

本地负载均衡：本地负载均衡器可以保障内部资源的容错性，内部任何一个应用节点出现问题都不会对用户造成任何的影响，本地负载均衡器能够自动的屏蔽有问题的应用节点，让其停止对外服务，同时把该故障节点上的用户迁移到其他正常的节点上去。本地负载均衡器可以虚拟成为多个设备，满足外网业务不同分区的安全隔离要求，通过HTTP压缩的方式来节省带宽以及提高访问速度。本地负载均衡器开放的API接口可以实现和云计算管理平台的集成。

3.数据中心存储需求

各学校数据中心目前存储环境中，存储品牌、型号繁多，各应用系统对存储空间占用量较大，缺少一种有效的手段对存储内的资源进行监控、回收及优化。从部署存储部署架构看来，虽然在链路上可以提供冗余保障，但是就存储本身而言，仍然存在单点故障问题，所以本次云数据中心存储管理需要满足以下需求：

融合统一存储架构，提升存储中心的灵活性和可靠性，并且提升对存储资源用量的监控和生命周期管理。

采用分布式共享存储体系，所有网络存储资源均可以被网络内的计算结点共享，当存储资源不足时，仅需要添加存储节点到存储网络中，所有的计算结点就能够快速的识别并使用新添加的存储空间，满足业务扩展需求。

4.数据中心安全需求

云数据中心由于自身对安全的高要求，因此数据中心需进行内外网隔离、安全域划分，需对不同安全域按安全等级要求进行安全管理、用户与身份、数据安全、应用安全、IT基础设施安全（包括网络安全与主机安全）、物理安全等安全防护。

（1）安全管理

需建立起包含安全治理、风险管理和合规性管理的数据中心安全管理体系，制订安全策略、安全计划和流程，支撑数据中心安全运维的执行和检查，满足安全合规性要求。

（2）用户与身份

需确保合法用户在恰当的时间能够访问到正确的资产，包括基础设施、数据、信息和服务。

建立集中的用户库，记录用户的身份信息，并生成用户标识；

提供口令和其他强认证信任凭证，提供信任凭证从生成、分发、保存、使用到删除全生命周期内的安全保护；

建立与用户管理相结合的访问控制系统，在用户访问资源时进行认证与鉴权，防范非法用户或合法用户的非法访问；

对数据中心各类系统运维使用的管理员特权账号进行管理，监控和记录特权账号的各项操作。

（3）数据安全

需保护教育体系中所定义敏感数据在其生命周期中的机密性、完整性和可用性。

识别所涉及的敏感数据，并建立和维护敏感数据的目录，明确对应的保护策略和机制；

提供安全通信机制，保障通过互联网所传递敏感数据的机密性和完整性；

提供安全机制，对保存有敏感数据的数据库、文件、存储依照策略应用加密、访问控制、监控与审计等保护措施。

（4）IT基础设施安全

需保护构建IT系统的各个基础设施组件的安全，防范所面临威胁。

需具备数据中心外部网络边界的综合安全防护能力，防范来自Internet的各类安全威胁；

需针对数据中心内部网络进行安全域划分，对于安全域边界进行网络隔离，定义网络访问控制策略；

需提供对服务器系统、终端的安全防护能力，及时发现所存在的安全弱点并进行纠正；

需提供云计算平台内虚拟化基础设施的安全保护能力，确保VM的隔离，特定VM间通讯的监控以及VM自身系统的安全性。

抵御病毒、恶意代码等对信息系统发起的恶意破坏和攻击，保障网络系统硬件、软件稳定运行。

5.数据中心管理需求

为了维护数据中心各种系统和应用的平稳、高效运行，数据中心管理平台应

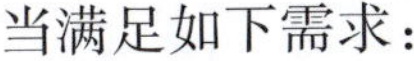

当满足如下需求：

实现对虚拟化环境和物理环境的集中管理；

实现对操作系统、中间件、数据库、计算、存储及网络设备的综合监控管理；

实现对虚拟化环境的资源部署管理；

建立IT服务管理流程体系，需要实现如下流程和功能：服务台、事件管理（服务请求管理）、问题管理、配置管理、变更管理（发布管理）、服务级别管理；

需要建立报表系统，实现对服务管理平台中各种信息的分析和呈现。

6.需求分析汇总（如表2–2）

表2–2　需求分析汇总

业务	流量特点	带宽需求	QoS需求
办公自动化(OA)系统	市区所有教育事业单位的校园内网络接入教育城域网，各接入节点之间业务共享	每个校园出口需要约10 M带宽，由于全部流量需要上核心层，每个核心节点约需600 M带宽	此类办公对QoS要求较高，需要较高的优先级和较低的时延
教与学支持服务系统	各院校提供本校师生上网业务，包括教师的备课、教学，学生的视频点播等。通过城域网接入到互联网出口设备。	各院校根据上网人数和业务需求确定业务带宽，平均每院校约需10 M带宽，每个核心节点约需3 G带宽。	此类业务需要更高的优先级，需要优先转发
教育公共服务业务系统	包括家校互联，通讯平台等应用，各院校与互联网联接。	各院校和机构平均约需20M流量，每个核心节点约需1.2 G带宽	此类业务对QoS要求最低，采用尽力而为服务

（二）系统集成需求

本项目系统集成和新采购设备（服务器及硬件）需遵循通用的国际或行业标准，采用具有良好的兼容性和较高的性价比的软硬件产品；所选用的技术在近期内具有一定的先进性，并与未来的新技术具有兼容性。从长远来看，也便于网络的升级和横向扩展，以较低的成本、较少的人员投入来维护系统运转，提供高效能与高效益。

（三）数据需求

1. 内部数据需求

内部所有应用系统、管理系统的数据均可以在数据交换标准的框架下按权限读取。

2. 外部数据需求

外部对数据的需求，需按照审批程序完成后，在数据交换标准的框架下按权限读取。

（四）运行环境需求

一是升级基础设备。智慧教育传输专网提速扩容，兰州市教育混合云、兰州智慧教育网络安全管理平台、兰州智慧教育物联网建设，升级完善全市各级各类中小学信息化基础设备。

二是构建统一环境。建立信息化基础设施环境、优质数字教育资源共建共享环境、教育管理信息化平台和网络学习空间人人通环境，确保兰州市“三通两平台”等教育信息化建设的持续、快速发展，促进教育教学和管理创新，提高教育教学质量，促进教育跨越发展。

三是消除信息孤岛。数字校园采取“集中建设、统一管理、全面覆盖”的建设策略，市级统筹的建设方式，整合传统校园内部的相对独立分散的网络系统，运用云技术有效地实现基础数据资源共建共享，有效地消除信息孤岛、数据重复管理及不同步的问题。

（五）安全需求

1. 网络设备管理平台建设

网络运维管理平台应该是新一代为可视化运维管理的网络管理系统，实现对资源、业务、用户的统一管理以及智能联动。网络运维管理平台支持对IT&IP，同时对网络流量、接入认证角色等进行智能分析，自动调整网络控制策略，全方位保证教育局网络安全（如图2-9）。

对于网络运维人员而言，日常维护工作不仅繁杂，而且工作量大，涉及的工作内容包括监控拓扑对象、监控网元、配置网元、监控业务、诊断故障、监控性能、查看资源、报表生成等。

网络管理系统，可以准确、快捷的提供运维人员所需要的信息，大大减轻运维人员的工作量。通过网络运维管理平台网络管理系统丰富的管理功能和灵活多样的维护手段，可以轻松实现网络日常维护。

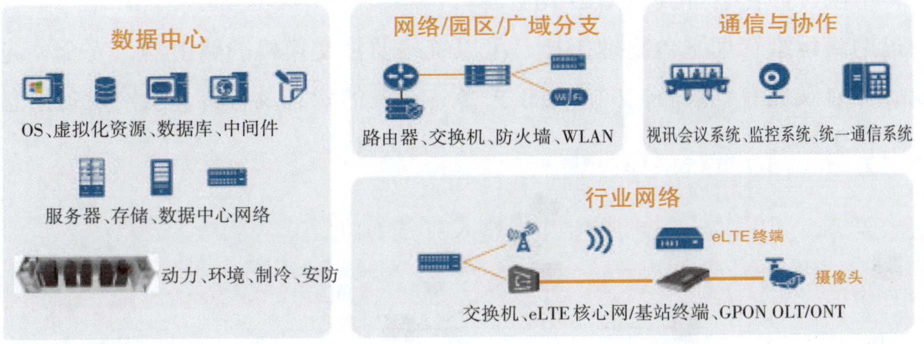

图2-9 网络设备统一管理

1.1 网络运维管理平台方案设计

针对复杂网络管理需求，网络运维管理平台网络管理方案需要达成以下目标：

（1）通过网络运维管理平台实现集中管理网络中的路由器、交换机、防火墙、光接入、存储等设备。

（2）网络运维管理平台提供拓扑管理、故障管理、性能管理功能、配置管理等基本功能，满足网络的基本运维需求。

（3）网络运维管理平台提供网络流量分析功能，可以识别用户或主机的流量信息，了解网络流量的分配情况，实现网络流量的精细化管理，保障网络流量的合理高效利用。

（4）网络运维管理平台提供大量的报表模板，管理员可以根据需求实现各种资源统计，满足运维需求。

（5）网络运维管理平台提供安全策略管理功能，可以批量快速配置防火墙等设备的安全策略。

（6）网络运维管理平台提供日志管理分析功能，可以收集设备的Syslog等日志，并进行系统分析，发现网络的安全事件并直观展现安全事件的发展趋势。

（7）网络运维管理平台支持基于域的管理权限控制。给不同的管理员分配不同的管理权限，保障网络的管理安全。

（8）网络运维管理平台基于组件化的设计，网络规模可以平滑扩展，功能组件可以按照需求选择，可以满足网络的扩容和升级带来的新的管理需求，保护现网投资。

1.2 网络运维管理平台有线网络管理

（1）全网一体化管理（如图2-10）

通过网络运维管理平台物理拓扑，可以统一监控交换机、路由器、安全、光接入设备。直观地看到设备之间的连接关系、设备的状态及告警，全网设备信息和状态一目了然。

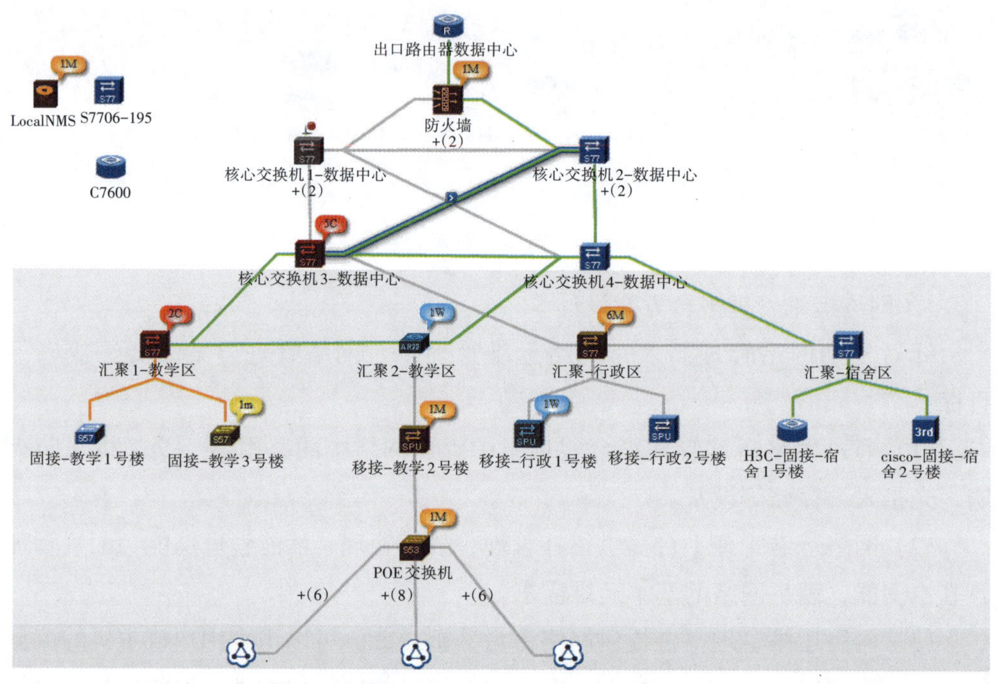

图2-10 全网一体化拓扑

（2）性能监控

针对教育城域网管理员反映的网络中断、应用慢、系统宕机问题根本无从定位问题根源，管理与运维人员面临的压力持续增大。而网络设备、服务器、软件应用系统等越来越多，错综复杂的关联关系，让教育网络中心的管理和维护面临前所未有的挑战。

需要提供一种网络及应用性能管理方式，通过全网可视、应用性能监控、智能预警三大机制实现端到端的体验监控，帮助运维人员预见和避免系统故障，保障网络应用的高可靠性。

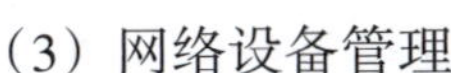
（3）网络设备管理

提供对所管理的设备可以通过IP拓扑、链路管理等实时监控拓扑中网络结构和变化。通过智能配置工具、配置、文件管理及设备软件管理等功能可以对设备进行配置文件和软件版本的更新升级。基于拓扑或设备MAC/ESN的零配置部署，实现设备的即插即用。

（4）网络质量监控

网络运行质量的好坏，直接影响使用体验，尤其是对网络时延、抖动敏感的视频、语音业务尤其重要，因此网管系统需要具备对网络质量7*24小时主动诊断、度量网络设备间链路的性能，并以数字的方式直接呈现业务质量能力，以便及时发现并处理网络质量问题，提升使用体验。

（5）网络效率管理

快速、稳定的网络访问速度可以提高办公和学习效率，但在日常中，常常会出现网速太慢，无法正常办公的窘况。需要了解网络中的流量是被如何消耗掉的。哪些应用占用了大量的带宽，这些带宽是如何造成的，是否应该调整网络的QoS策略，或是对网络进行扩容。

网络管理平台需要具备网流分析组件，能够收集网内路由器、三层交换机等设备输出的流信息，帮助网络管理员掌握流量及带宽使用情况，及时发现网络瓶颈，为网络规划及故障诊断等提供依据，同时能够提供多维度、可定制的展现，方便运维人员分析处理故障、提供相关运维报告。

多维度展现网络使用情况：接口流量排行、接口利用率流量排行、应用流量排行、协议流量排行、来源主机流量排行、目的主机流量排行、会话流量排行、DSCP流量排行。

可定制展现内容：展现内容、展现形式、内容排版可定制。支持局部流量刷新，不引起整体界面变化。

接口流量排行和接口利用率排行，展示接口流量汇总信息，包括流入速率、流出速率、流入数据包、流出数据包等。点击一个具体的接口，可从应用、主机、会话、DSCP等多维度了解该接口基于时间的流量构成。

通过网络管理平台网流分析组件可以精确分析出网络的使用效率情况，从而为网络运维提供助力。

（6）业务可视化管理

通过对网内数据流量的采集分析，可以对各种教学业务流量实现精细化的分析，同时网管系统将业务带宽占用情况进行可视化呈现，让运维管理人员轻松感知网络业务使用情况，比如视频、语音业务占用出口带宽比率是多少，当某种业务占用带宽较多时，可以进行带宽限制来避免影响其他业务；同时如果发生flood类型的流量攻击，也能通过设备提供的流量采集技术轻松排查。

1.3 网络运维管理平台无线网络管理

通过部署网络管理平台实现对教育专网无线的统一管理、运维。该平台提供有线网络和无线网络的融合管理，WLAN全生命周期管理，包括可视化的规划、快速业务配置、主动运维、一键式端到端故障诊断、干扰源定位、频谱分析能力，从而达到对无线网络的高效排障。

通过部署网络管理平台可以实现如下效果：

（1）主动运维，从整体到局部的360质量感知，无线定位能力。

（2）基于搜索的一键式端到端故障诊断、干扰源定位、频谱分析能力，从而达到对无线网络的高效排障。

1.4 网络运维管理平台光接入网络管理

网络运维平台，通过对业务概览、告警、性能、健康度等业务信息的监控，能够较为全面的监控光接入网络运行状况，了解光接入网络整体布局，方便维护人员对出现的故障进行快速的定位和解决，保证故障快速发现、快速定位、快速解决。

光接入网络健康度评估

通过对可用性（设备不可达比率、端口故障率）状况、告警和性能综合计算，得到设备健康度得分，管理员可以自定义健康度计算中的告警和性能比重及计算方式。结合运维平台统计、监控设备面板、设备状态以及端口表、状态等，帮助运维人员快速定位故障。

2.安全管理平台建设

2.1 安全管理平台建设背景

（1）安全业务自动化率低，缺少业务模型

传统的安全策略运维，管理员需要人工识别在哪些设备上进行安全策略配置，自动化效率低。当网络发生变化时，仍然需要管理员人工调整，重新审视安全策略和防火墙设备的对应关系。防火墙设备上缺少对业务诉求的抽象，所有策略都围绕IP地址进行维护。当安全策略数量到达一定规模之后，维护成本非常高。

（2）海量安全策略，运维成本高

安全业务不断叠加，安全运维的成本也随之增加。新开通的业务是否能够生效，是否影响到其他业务。这就需要投入专人分析安全策略的合规性，而人工检查往往耗时耗力，也不能保 证完全正确性。 安全策略下发对业务的影响不可预见，不能有效做到策略部署事前影响性评估。

（3）网络变化快，安全配置响应变更时间长

面对差异化的租户业务和频繁的业务变更场景，如何实现安全业务的自动化分析、可视及可管，是迫切需要解决的问题。传统依赖人工管理及配置安全业务，运维比较低效，安全策略体量越来越大，致使安全运维人员难以聚焦在关键的业务策略上。

（4）安全威胁日益频繁

随着全球信息化的加速，面临的网络安全威胁日益频繁，单纯地追求大带宽、高速率、阻断僵木蠕已不能满足教育局的网络安全运维。需要有针对性地对全网安全态势进行分析，对全网的安全进行感知。

2.2 安全管理平台建设方案

通过部署安全管理平台，实现对全网的安全进行整体监控、运维。

进而实现：

（1）策略多维自动化编排，安全业务分钟级部署

应用互访关系映射与基于应用的策略管理：从基于IP到IP的策略管理视角过渡到基于应用互访关系的策略管理视角。以应用为核心，抽象出网络中应用的互访关系，使得业务变得可视，帮助运维人员“0距离”贴近现网中的应用服务，有效降低安全策略数量。旨在通过模型化的应用策略模型，简化管理员配置工作量，从而帮助管理员的全网策略管理工作化繁为简（如图2-11）。

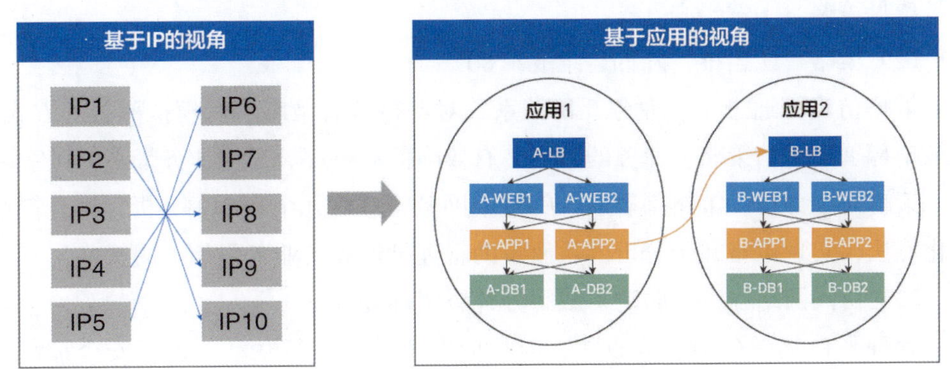

图2-11　管理视角从IP过渡至应用互访

基于业务分区的策略管理：从基于安全区域的策略管理视角过渡到基于业务

分区的策略管理视角。传统的网络分区以安全区域为单位，比如trust、untrust、dmz、local等，面对安全设备数量较多、网络规模庞大的场景，对于运维人员来说安全区域、设备、策略、业务上线、业务变更等要素交织在一起，很难清晰地还原出业务的脉络，从而不能有效的指导安全策略的设计。然而，站在运维人员业务分区的视角管理、控制、维护安全策略，管理员不需要关注安全区域、设备以及业务的映射关系，仅需要关注业务分区和安全服务，有效降低了安全策略设计的复杂度（如图2-12）。

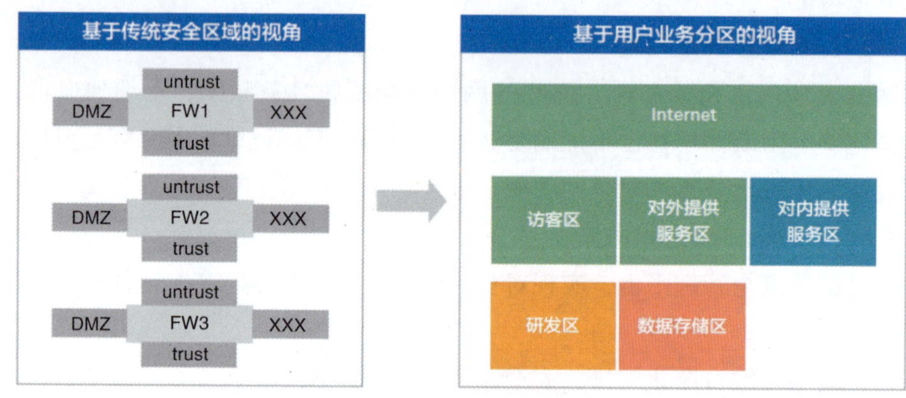

图2-12　业务分区视角转换

安全业务自动化部署：丰富的安全服务为数据中心运营带来了安全保障。借助保护网段、策略自动编排以及基于业务链的自动化引流等技术使得实现差异化的租户安全策略成为可能。通过策略自动分层，策略的可拆分、可合并，帮助管理员望见策略，了然于心。

（2）策略智能运维，降低运维成本80%

策略仿真：通过学习业务互访关系，对比待部署策略，以模拟部署的方式，在策略部署前评估策略对业务的影响，有效降低策略部署后对业务带来的风险。

策略冗余分析：策略部署后，针对整网策略进行冗余和命中分析，结合策略优化算法，实现策略冗余分析，从而帮助管理员聚焦与业务强相关的策略。

（3）协同网络与安全联动，威胁分钟级闭环处置

管理平台基于全网态势威胁，与相应安全设备进行联动，进行安全策略下发，从而实现与网络的协同。

部署方式（如图2–13）

图2–13　协同网络安全管理

2.3 安全态势感知

在教育专网中已部署专业的防火墙、IPS、终端安全软件、SOC/SIEM等安全防护产品，能够针对传统或已知威胁实现防护。然而以安全策略、签名、日志分析为中心的传统安全防御手段只能识别已知威胁，且存在应对快速演进的威胁检出时间滞后的弱点。数据驱动安全协同，已在安全产业应对APT攻击方面达成了技术共识，尤其是针对高级威胁的发现，需要将多维度检测技术、大数据分析技术和威胁情报技术结合起来。需要针对网络行为进行分析，实现完整的网络可视化，借助机器学习和人工智能技术洞察网络中的高级威胁，旨在帮助实现解决以下问题：

全网安全态势感知

未知、已知恶意威胁分析及检测

APT攻击防御及多维调查取证

2.3.1 态势感知方案架构（如图2–14）

（1）在教育专网中，平台部署安全态势感知系统，作为统一安全威胁信息汇总、展示，识别安全威胁。

（2）既有网络中防火墙、核心交换机即作为边界隔离及核心转发业务的同时，可做安全流探针，实时感知现有网络安全态势。

（3）通过安全态势感知平台发现网络中存在的威胁，与网络中安全硬件设备产生联动，实现安全防御。

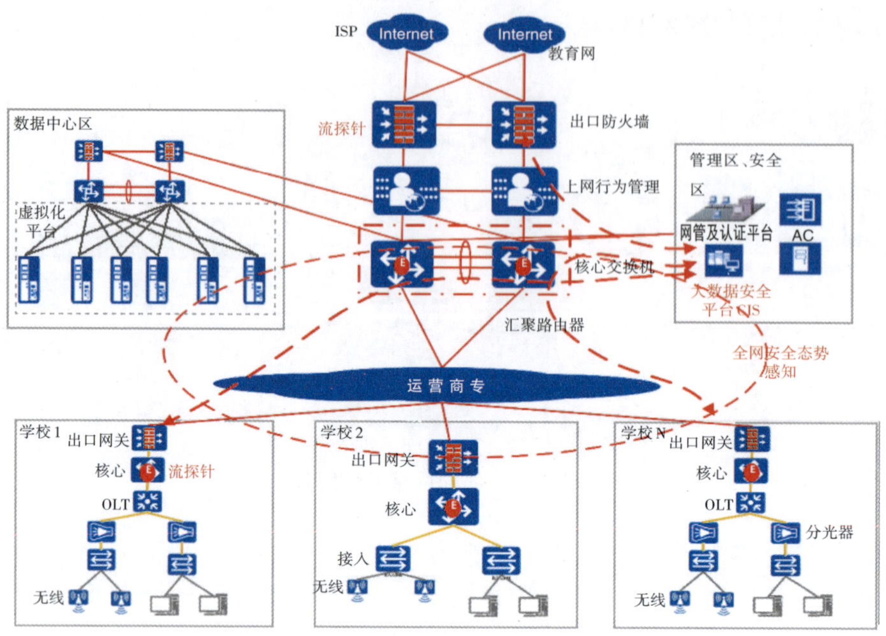

图2-14 教育城域网总拓扑

2.3.2 整体工作流程

安全态势感知系统采集丰富的网络数据，利用大数据分布式存储、索引、计算技术洞悉网络中异常行为的蛛丝马迹。检测能力涵盖基于网络流量的异常行为分析、基于文件的异常主机行为与网络行为检测、基于流日志的自适应基线检测以及基于日志的关联分析等。同安全设备如防火墙等进行联动，使得系统具备发现威胁的同时具备阻断恶意流量的能力。多种技术相互融合，形成一个多维立体威胁防护体系（如图2-15）。

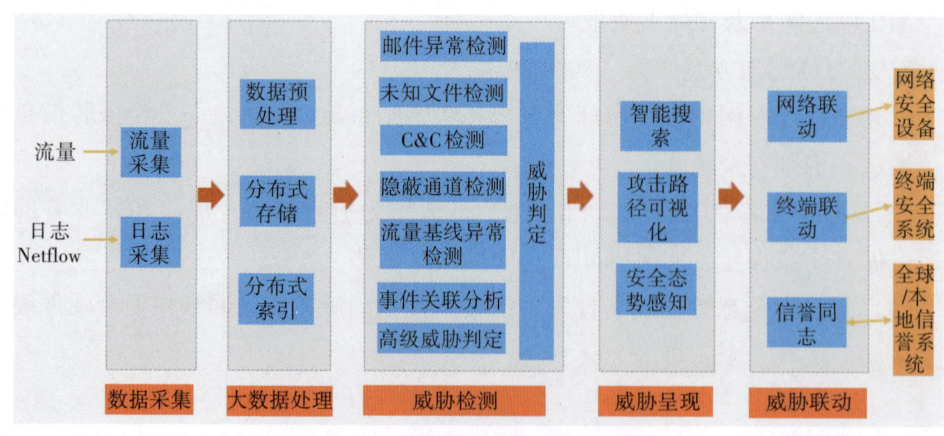

图2-15 多维立体威胁防护体系

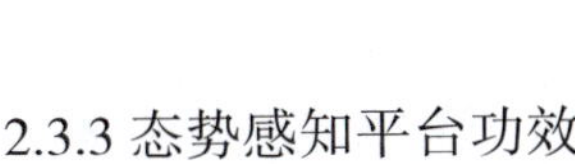

2.3.3 态势感知平台功效

（1）威胁地图

通过威胁地图直观展示教育专网在全网范围内面临的威胁和最近发现的威胁事件，方便安全运维人员能及时发现威胁。

（2）事件显示

通过普通和高级查询条件展示符合条件的威胁事件、关联分析事件和流量异常事件。对于威胁事件，系统提供确认按钮，允许安全运维人员进行多次确认并保留多次的异常确认结果。对于关联事件，显示自定义和预定义关联规则触发的关联分析事件，并可以显示触发关联事件的源事件。对于流量异常事件，显示自定义的流量基线异常事件，并允许管理员进行确认，将误报的流量异常事件加入到白名单。

（3）多维分析

从恶意/可疑邮件、恶意/可疑文件、恶意/可疑域名和受威胁主机多个维度直观展示威胁分析的结果，帮助管理员有效洞察教育局面临的威胁。

（4）攻击路径可视化

从威胁、邮件和文件多个维度展示攻击扩散路径和影响范围。在威胁维度的攻击扩散展示维度，有效呈现高级威胁的多个攻击阶段，包括：外部渗透阶段、命令与控制阶段、内部扩散阶段、数据窃取阶段，并直观清晰呈现来自不同地区的外部攻击源/命令控制服务器和教育局内部受到危害和影响的主机。

（5）大屏展示

利用可视化大屏技术展示教育局网络整体安全态势，从首页、全网资产态势监控、威胁事件态势监控等维度直观呈现网络的健康度，帮助教育局领导和安全运维人员第一时间掌握教育局内部安全态势。

（六）共享需求

1. 内部数据需求

内部所有应用系统、管理系统的数据均可以在数据交换标准的框架下按权限读取。

2. 外部数据需求

外部对数据的需求，需按照审批程序完成后，在数据交换标准的框架下按权限读取。

（七）系统框架结构初步分析描述

各学校通过运营商专线或裸光纤汇聚到云网络机房，并统一安全策略后访问互联网。原有校级应用系统全部关停，并统一上教育云数据中心。云数据中心和云网络中心通过专线连接或购置在统一物理环境中。

六、技术参数要求

着力解决以下方面问题：

1.硬件资源（比如服务器，网络资源等）不能共享。当本身资源剩余的时候，无法分配给其他应用系统，而当本身资源不足时，也无法从其他服务器获取资源，急需通过建立全市统一教育混合云数据中心的形式，摆脱各学校独立建机房、买服务器的各自为战的局面。

2.每个系统都有独立的安全、管理标准。增加运维管理难度，造成管理混乱，按照大数据局281号文件要求，全市教育系统统一建网，然后并入大数据局政务网的思路，缕清关系，减轻学校网络维护的工作量。

3.各自有独立的数据库。数据无法共享与交换，无法形成有效的统计报表。建立全市教育数据中心和数据交换中心，承担对外数据共享和分享的具体工作。

4.独立的展现层。信息分散，用户获取信息要在不同的系统间穿梭往返，“人找事”，增加了使用难度。

5.地区内的优质资源无法共享，导致各校的教学水平落差越来越大。

案例2：兰州市学生管理平台二期项目

随着信息化建设不断在众多行业替代、革新传统的业务模式，教育领域的信息化建设也逐渐起步。各省、市教育机构积极地对当地的教育体制、模式进行整体的规划，并希望建立一种全新的教育管理模式。在整个教育体系中，招生及学籍管理是教育机构不可缺少的部分，学籍信息对于教育机构的决策者和管理者来说都至关重要。

一直以来，学籍资料停留在纸质档案管理阶段，档案资料内容庞杂、数量浩繁，对于学生信息的查询统计工作一直是各级教育机构的一个难题，社会其他各种机构也很难利用这些学生信息，而且纸质档案的丢失、涂改和损坏也是在档案管理工作中经常出现的问题。

信息系统的普及，使得许多学校改用电子档案进行学生信息存档。虽然独立的电子档案管理解决了纸质档案管理中出现的一些问题，但是由于各学校采用的系统相对独立，难于实现信息共享。而且，当学生发生入学报名、学籍异动等行为时，由于各学校采用的系统不一，需要在新学校重新为学生建立档案，使得许

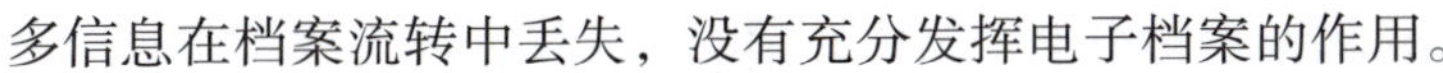

多信息在档案流转中丢失，没有充分发挥电子档案的作用。

在此背景下，教育系统迫切需要以信息化系统的方式将各学校学生电子档案及学籍异动等信息实现统一管理。

一、建设前期需求分析

在着手实现信息化系统进行统一管理之前，首先对目前存在的问题进行了系统的分析，通过调查分析发现当前兰州市学生招生及学籍管理主要存在以下几方面问题：

1.学籍档案分散存储，学生学籍信息不互通

由于缺乏统一的学生数字信息数据中心，学生学籍信息均有各校分散存储，信息的孤立导致教育主管部门在开展管理工作时难以获取有效的数据支撑。

2.中小学招生工作缺乏管理工具，择校热及大班额现象严重

当前初高中招生录取工作缺乏全市统一的管理平台，教育局在招生录取工作中的管理职能难以有效发挥，导致部分地区存在择校热和大班额现象。

3.综合素质评价工作开展困难

在国家开展素质教育的背景下，综合素质评价在学生升学考试中所占比重开始逐渐凸显，但是当前综合素质评价工作依旧依赖传统的纸质填表手工汇总模式，效率低下且存档困难。

针对以上问题，兰州市中小学招生管理系统应从以下几方面开展建设：

1.建设学生信息系统

建立全市统一的小学学生学籍管理系统，通过学生学籍管理、学籍异动管理等手段加强教育局对全市所有小学学籍管理能力。

2.建设小升初应届小学毕业生信息报备系统

为控制全市择校热及大班额现象，建立统一的小学毕业生信息报备管理平台，加强对全市所有小学的学籍异动管理，便于小学毕业时进行对口划拨工作。

3.建立民办初中网上报名系统

根据《关于做好2018年普通中小学招生入学工作的通知》（教基厅〔2018〕5号）有关民办学校与公办学校同步招生的要求，实行民办中学招生网上统一报名，有利于进一步规范民办中学招生管理和促进教育公平。

4.建立初中学生综合素质评价系统

根据国家、省市要求建立初中学生综合素质评价信息管理平台，分学校、按学期对学生思想品德、学业水平、身心健康、艺术素养和社会实践等五个方面的

要素进行评价，评价结果将作为初中学生高中升学的重要依据。

5.建立中考录取结果日常管理系统

将高中录取结果直接在系统中进行管理，便于控制择校和学生非正常异动。

6.建立数据交换系统

制定《兰州市中小学数据中心交换标准》，对接省教育厅资源管理平台、云管理平台等系统并可按授权交换数据；对接各县区教育局相关管理平台；对接现有兰州教育云平台20个软件平台，并可按授权交换数据。交换产生的数据按规则存于电子档案数据中心。

7.建立学生数字信息数据中心

制定《兰州市中小学数据中心建设标准》。构建全市中小学数字信息数据库，统一管理全市三十万中小学生学业生涯所有大数据。构建单点登录系统，为全市中小学生统一门户认证，访问各类数字化资源提供便利。

二、主要建设内容

1.学生大数据平台（二期）软件系统

小学学生信息系统提供给教育局管理下属学校的教育局管理招生工作和学生学籍及异动信息。教育局可以通过设置招生规模、分派学生及招生审核来实现对下属学校招生工作的监控，还可以通过对在校生的管理、毕业生的管理、教务日常管理（报到注册、留降跳级、转入转出、校间转班、试读借读、毕业结业及其他异动）对学生在学校的经历历程进行全面跟踪、掌控和管理，可以及时主动地了解到各个学校的学生状况、学习情况及异动情况。

同时，系统提供智能的分析查询统计工具，能够及时地查询分析学籍变动的详细情况和各种数据统计结果，根据系统的分析结果，教育局可以全面准确地制订相关教育政策、对特殊情况做出适当处理等。为了满足教育局实际需要，系统还可以生成各种规范的业务报表，如学生花名册、辍学名册、异动情况报表、学生人数统计表、学生异动报表等，这些报表，通过系统的数据报送功能，可以很容易和方便地上报到更高级的部门或者作为存档所用，大大减轻了教育局的工作量。

为了更方便用户操作，本系统可以从多种数据源获取数据，只需按要求做简单的处理，就可以简单方便地将EXCEL文件导入到本系统中，同时，为了贯彻“全程网络教育”的理念，本系统能将各种学籍信息有选择性地灵活地以多种方式导出或者直接上报更高一级的教育部门。

（1）业务流程

小学学生信息系统帮助教育局和中小学等各级教育部门实现协同学籍管理，实现学生管理、招生管理、异动管理、学校管理以及学籍报表统计分析等功能。记录每一个学生的基本信息、入学成绩、家庭情况、学习简历、考评信息、奖励和处罚信息、军训情况、外地学生在本地联系人、操行评定等基本信息，完成对学生转学、升学、毕业结业、休学、退学、开除、复学、出国、死亡和改名等学籍变动过程的申请和审批操作。实现学校维护学生基本信息，需经上级主管单位审批的，由系统自动流转至教育局相关负责人提醒审批，并可将审批结果自行下载给学校学籍管理人员。提供强大的学籍报表，供教育局和学校领导做教育决策时进行参考。

系统的主体数据来源于各个学校录入的新生信息。因此，这些信息是系统的初始数据，是其他业务功能得以执行的基础。但是在学校录入信息之前，教育局还需进行一些初始化的操作，例如设定下属单位和学校的层级结构、进行账号授权，进行学年学期设置，限定每个学校的最大招生人数等。学校录入完新生信息后，这些学生数据就会进入学籍库，可以对学生进行分班管理，报到注册管理，学生详细信息的添加、修改，转学、退学、休学、复学等变动情况的管理。异动类的操作如转学、退学等，往往需要学校向主管教育局提出申请，由主管教育局审核通过后方能进行。在数据录入和修改完成后，有权限的用户可以进行查询和统计，生成和查看学籍报表。

（2）教育局功能

①信息设置

❖ 教育局信息设置

维护教育局基本信息。单位名称系统自动读取，单位联系人、联系电话、所在地行政区、地址、是否贫困县、传真电话、电子信箱、主页地址、主管负责人、局负责人、统计负责人等信息的维护，便于单位内部教职员工及上级教育主管单位及时查阅本单位的基本信息。

❖ 学年学期设置

维护全局学年学期设置。下级教育局只能查看不能修改。

❖ 号码规则设置

设置学生的学籍号、会考证号生成规则。学籍号、会考证号规则由教育局统一设置，学校端可以进行查看但不能进行修改。

❖ 异动业务参数设置

设置教育局端是否控制学校的相关异动业务，从而可以根据实际的管理要求，在流程和效率中达到平衡。

❖ 学区设置

设置学区名称、学区区域范围、备注等信息。

❖ 学校规模设置

设置各学校的学生规模和班级数。

❖ 学生审核配置

设置需要信息审核才能维护的学生信息字段。

②新生业务

❖ 招生主题

教育局能够制定并发布招生主题。

❖ 招生分派

教育局分派下属学校的招生名单，从而实现对下属学校招生的控制。

❖ 招生审核

审核下属学校的招生信息。

③学生业务

❖ 学生信息维护

教育局可以在此维护下属各个学校学生的基本信息、家庭成员、考评信息、奖励信息、处分信息、学生简历、入学信息等，对学校、学生情况进行全面了解和掌控。

❖ 学生信息导入

教育局可批量处理学生信息，方便地将学生信息批量地导入本系统，导入时，系统会根据学生的学籍号进行唯一确定用户身份，如果系统中已经存在，则会覆盖导入列的信息，如果不存在，则会新增记录。

❖ 数据导出

教育局选定需要的学生信息，即可将下属学校的学生信息从本系统导出，形成EXCEL文件。

④异动业务

❖ 异动审核

对于学校提交的学生异动的申请，教育局进行审核，审核通过后，学校方可实施异动业务的实施操作。

❖ 学生修改审核

对于学校提交的关于学生信息的修改申请，比如学生姓名、性别、身份证号等信息的修改申请，教育局进行审批。

⑤综合查询

❖ 学校综合信息查询

查看学校基本信息、学校学年学期信息、学校班级信息。

❖ 在校生档案查询

可以按学籍号、姓名、身份证号码等多种方式查询学生的电子档案信息，包括学生的基本信息以及学生家庭信息、考评信息、困难补助等综合信息。

❖ 学籍变动详况

可灵活查询下属所有学校的学籍变动详况，包括学生基本信息、异动类型、来源、去向。

❖ 学籍变动统计

按异动类型统计教育局范围内或者下属学校内的学生变动的统计信息。

❖ 离校生档案查询

对于毕业、结业、转学、休学等各种原因离校的学生，可通过离校生档案查询，查询离校生的电子档案，可以按照学籍号、姓名或者身份证号码等多种条件来查询，包括离校生的基本信息以及离校生具体的家庭信息、考评信息、困难补助信息，并提供打印、导出等功能。

❖ 学生综合查询

教育局可按学籍号、姓名或身份证号等多种方式查询学生的综合信息。

⑥学籍报表

❖ 学生花名册

提供查看下属学校所有学生的花名册功能，生成的花名册不仅可供查看，并且可以导出、打印，供各种业务需要。

❖ 学生辍学名册

提供查看下属学校所有辍学学生的花名册功能，生成的花名册不仅可供查看，并且可以导出、打印，供各种业务需要。

❖ 学籍卡

提供查看学生学籍信息的功能，并以学籍卡表格的形式显示，生成的学籍卡不仅可供查看，并且可以导出、打印，供各种业务需要。

❖ 学生异动报表

本功能可以帮助教育局快速的生成下属学校任意学年学期的学生异动情况报

表，可以导出、打印，供业务需要使用。

❖ 学生人数统计表

本功能可以帮助教育局快速生成下属学校任意学年学期的学生统计表，可以导出、打印，供业务需要使用。

❖ 报表定义

提供学生信息的自定义报表功能。用户可以选择组成报表的字段、设置数据取值条件、设定排序方式。此功能一定程度上满足了用户对报表的个性化需要。

❖ 报表查询

教育局可根据各种系统报表、公共报表、私有报表查询报表信息。

（3）学校功能

①常用功能

提供将用户经常用到的功能显示在此模块中，方便用户操作。

②信息设置

❖ 学校基本信息

维护学校的基本信息。对学校名称、编号、类别、学制、教学语言等进行基本设置。如果不存在或者没有设置过学校基本信息，则可以增加学校基本信息。若有班级后，学校类别、学制不能进行修改。

❖ 学年学期设置

对学年名称、学期名称、学习日期、工作日期、结束日期、上下午上课节数等进行基本的维护。

❖ 年级班级设置

可设置年级的年级组长，对班级名称、班级类型、班主任名、班长名等班级信息进行增加、修改和删除。同时还提供了批量增加的功能。

❖ 号码规则设置

在此维护学号的生成规则，设置好这个规则后，在系统编排学生学号时，将按照这里设置的规则进行自动编排。且在学号规则启用时，才能生效。学籍号是顶级教育局端设置的，学校端只能进行查看，不能修改。

③学生管理

❖ 新生招生

教育局可以配置学校的新生招生是否需要教育局审核，是否由教育局统一导入初中学生的分派数据，或者由学校自主招生。

新生数据在【新生招生】中进行维护。

小学学段的新生信息，由学校导入新生数据，并根据系统设置决定是提交教育局审核，还是直接确认入库。审核通过或入库的小学新生可以在【新生分班】中进行分班。

初中的新生数据，一般需由教育局统一导入分派信息。然后学校在【新生招生】中确认新生信息，并提交教育局审核，教育局审核通过后，新生才正式进入学籍库。学校可以进行新生分班等后续学籍管理。如果教育局放开新生招生的控制，可由学校自主招生，则学校可自行导入学生分派数据，并确认入库。

❖ 新生分班

系统提供了新生分班的功能。选择了分班对象，自动分班。若学号、学籍号都设置成自动生成，则分班时，将自动生成新生的学号、学籍号，否则需要手工输入。

❖ 学生信息维护

在该模块中可以查看或维护学生的基本信息、家庭成员、考评信息、奖励信息、处分信息、学生简历、两免一补、入学信息等。可以为用户分配相应的权限，有权限的用户才能维护学生信息。

· 学生家庭信息维护

在该模块中可以维护各个学生的家庭信息。

· 两免一补

提供了维护学生困难补助信息（补助的类别有：免杂费、免教材费、补生活费）的功能，并且提供了删除的功能。支持导入功能。

❖ 学籍权限设置

系统默认提供了三种角色，并赋予了默认权限。同时还可以自定义新增角色，并对新增的角色进行委派其相应的权利，以及查看用户的权限。

❖ 学生修改申请

教育局对学生的关键信息进行审核监控，比如学生姓名、性别、身份证号码等信息，学校须向上级主管部门提出修改申请，教育局审核通过后，学生的信息方能被正式修改。

④数据导入

❖ 学生数据导入

批量导入学生数据。当有大批量学生信息以电子文档的形式存在的情况下，系统提供数据导入功能，可将学生信息经过简单的处理导入到本系统中，大大减少了工作量，也方便了操作。

❖ 家庭成员导入

批量导入学生家长信息。

❖ 学生照片导入

提供了学生照片的批量导入功能，图片的文件名可和学籍号自动匹配。

❖ 两免一补导入

批量导入学生两免一补信息，且提供模板下载和查看任务功能。

⑤日常管理

❖ 报道注册

新学期开始时，学生都需报到注册，系统提供学生报到注册管理，只需经过简单的操作，计算机将自动完成报到注册工作。既可以单个报到登记也可以批量注册。

❖ 异动管理

对异动情况进行登记和维护。如果某些异动类型需要教育局审核，则需先在教育局端【学籍业务参数设置】中设置该学校需审核的异动类型。“无审核”的异动类型可以直接操作成功，而“需审核”的异动类型则需教育局进行【直属学校异动审核】后，学校端才能继续操作。

❖ 调班分班

可进行部分学生调班分班或者班级重新分班，比如按照文理分班或者学生成绩、来源等信息重新分班管理。支持学生导入分班。

❖ 毕业结业

学年结束时，需要对毕业班的学生进行毕业结业登记，毕业生将不再归纳为在校生的管理范围内，而归纳到离校生的信息管理中。

⑥查询统计

❖ 基本信息查询

查看学生的具体信息，如“基本信息”“家庭成员”“考评信息”“奖励信息”“处分信息”“两免一补”和“简历信息”，可以导出、打印EXCEL文件供业务需要使用。

❖ 两免一补查询

查询学生两免一补信息，包括补助明细和补助汇总。

❖ 报到注册查询

在“报到统计”TAB页查看当前学年学期各班级学生的报到注册情况。在“未报到明细”查看当前学年学期各班级未报到注册学生的具体信息，可以导出、打印，供业务需要使用。

❖ 多条件查询

根据学生信息和家长信息等不同条件进行查询出示符合条件的学生信息，还可以通过表单的形式查看学生的具体信息。

❖ 异动查询

本功能可以帮助学校快速的查询任意学年学期的学生异动情况。可以导出、打印，供业务需要使用。

❖ 毕结业查询

本功能可以帮助学校快速的查询任意学年的学生毕业情况，同时还可以查看出任意学年毕业年级学生人数增加、减少的具体数据。可以导出、打印，供业务需要使用。

❖ 异动统计

本功能可以帮助学校快速的查询任意学年学期的学生异动情况报表。可以导出、打印，供业务需要使用。

❖ 学生综合查询

只需要输入相应的学籍号，姓名身份证号，即可选择按相应的方式查询到具体的学生信息。

⑦学籍报表

❖ 学生花名册

提供查看学校学生的各类花名册信息，生成的花名册不仅可供查看，并且可以导出、打印，供各种业务需要。可以选择是否显示父母姓名及联系电话的功能。

❖ 辍学名册

提供查看学校所有学段辍学学生的花名册功能，生成的花名册不仅可供查看，并且可以导出、打印，供各种业务需要。

❖ 学生人数统计

本功能可以帮助学校快速的生成任意学年学期的学生统计表，可以导出、打印，供业务需要使用。

❖ 学籍卡

在该模块中查看学生学籍信息，并以学籍卡表格的形式显示，生成的学籍卡不仅可供查看，还可以打印，并且可以导出、打印，供各种业务需要。

❖ 毕业生花名册

本功能可以帮助学校快速的生成任意学年的毕业生列表。还可以查看毕业生的详细情况，导出、打印，供业务需要使用。

❖ 报表定义

在该模块中学校可根据需要选择组成报表的字段、设置数据取值条件、设定排序方式，自定义查询报表，此功能一定程度上满足了用户对报表的个性化需要。

❖ 报表查询

在该模块中学校可根据各种系统报表、公共报表、私有报表查询报表信息。

（4）小升初应届小学毕业生信息报备子系统

①毕业报备

毕业报备包括预计毕业、毕业规定、毕业审核和证书打印，涉及学生课程/环节成绩和学生受到的处分信息，是报备系统重要环节。

毕业报备子系统具有如下九个方面的功能：

ⅰ 设置预计毕业规定（包括有望提前毕业规定与必须推迟毕业规定）（隐含学生按所在年级及附属信息）。

ⅱ 依据设置的预计毕业规定，智能判断预计毕业学生；通过学生信息系统接收学生提前毕业或推迟毕业申请。

ⅲ 审核确认有望提前毕业或必须推迟毕业学生，生成预计毕业学生名册（含有望提前毕业学生）、必须推迟毕业学生名册；统计预计毕业学生情况。

ⅳ 设置毕业规定 （如学生取得学分达到所在年级的毕业学分要求，相关能力达到相应要求）。

ⅴ 依据设置的毕业规定，智能判断毕业学生（包括毕业、获得证书奖项等资料）。

ⅵ 审核确认正常毕业学生、结业学生，生成毕业学生名册（含提前毕业学生与转校学生）、结业学生名册、推迟毕业学生名册。

ⅶ分析未能毕业学生原因。

ⅷ 提供简便的证书设计功能，批量打印毕业证书，自动记录证书印刷号（与毕业电子注册号对应）、生成证书存根。

ⅸⅸ 统计分析毕业学生情况。

②小升初毕业生信息管理平台

A.毕业生基础信息设置

毕业生基础信息设置包括，该子系统的主要目的是设置毕业学生信息，便于学生小学毕业时进行对口划拨工作。

ⅰ 学区设置

设置学区名称、学区区域范围、备注等信息。

ⅱ 学校信息设置

设置学校基本信息、所在学区等。

ⅲ 年级班级设置

可设置年级班级相关信息，包括班主任信息、学生数等，可进行批量操作。

ⅳ 毕业生信息维护

包括学号、学生所在班级、姓名、年龄等与对口划拨相关的信息，并提供检索功能。

B.毕业生异动管理

ⅰ 分异动类别设置异动规定（如学生在一学年内考试未通过课程/环节数超过限定数时须退学）。

ⅱ 依据设置的异动规定（含学业预警），智能判断学业预警学生与规定异动学生；为学业预警学生打印学业预警通知单；通过学生信息系统接收学生异动申请；为预计异动学生打印异动审批表。

ⅲ 审核确认异动学生，逐个处理学籍异动（包括自动更新学籍状态、打印异动通知单等）。

ⅳ 统计分析学籍异动情况。

毕业生异动管理功能分布见表2-3所示如下：

表2-3　毕业生异动管理功能分布表

功能模块		
学籍档案	学籍建档	设置班级
		批量导入学生信息
		零散录入学生信息
		初始化学生学籍档案
		反向学籍异动
		批量审核
		零散审核
		学生名册
		学生统计

续表2-3-1

功能模块		
学籍档案	档案维护	档案信息检测
		查看检测结果
		分析检测结果
		修改档案信息
		登记学生奖励
		查看学生奖励
		登记学生惩罚
		撤销学生惩罚
		查看学生惩罚
	档案使用	打印学籍卡
		打印毕业生档案
		打印在校学生名册
		打印在籍学生名册
		打印考试证
	统计分析	在校学生数
		在校学生年龄情况
		在校学生来源情况
		学生人数变动情况
		学生休退学的主要原因
		在校学生中其他情况
		分年级按班级统计在校学生人数
		分年级/科目/班级统计在校学生人数
		按年级/科目/班级统计在校学生总人数
	电子注册	确认上报新生
		新生电子注册
		在校生电子注册
		学籍异动信息上报
		毕业生电子注册

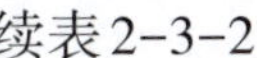

续表2-3-2

<table>
<tr><th colspan="3">功能模块</th></tr>
<tr><td rowspan="11">学期注册</td><td colspan="2">学期报到</td></tr>
<tr><td rowspan="3">报到情况</td><td>报到学生名册</td></tr>
<tr><td>未报到学生名册</td></tr>
<tr><td>报到情况统计表</td></tr>
<tr><td colspan="2">注册规定</td></tr>
<tr><td rowspan="2">注册处理</td><td>批量注册</td></tr>
<tr><td>零散注册</td></tr>
<tr><td rowspan="3">注册情况</td><td>注册学生名册</td></tr>
<tr><td>未注册学生名册</td></tr>
<tr><td>注册情况统计表</td></tr>
<tr><td colspan="2">注册控制</td></tr>
<tr><td rowspan="14">学籍异动</td><td colspan="2">异动规定</td></tr>
<tr><td rowspan="9">预计异动</td><td>读入预警学生</td></tr>
<tr><td>确定预警学生</td></tr>
<tr><td>查看预警学生</td></tr>
<tr><td>打印预警通知</td></tr>
<tr><td>读入规定异动学生</td></tr>
<tr><td>登记学生异动申请</td></tr>
<tr><td>确定预计异动学生</td></tr>
<tr><td>查看预计异动学生</td></tr>
<tr><td>打印异动审批表</td></tr>
<tr><td colspan="2">异动审核</td></tr>
<tr><td colspan="2">异动处理</td></tr>
<tr><td rowspan="2">异动情况</td><td>异动学生名册</td></tr>
<tr><td>异动学生统计</td></tr>
</table>

（5）民办初中招生网上报名子系统

①系统构成

系统由一个平台和多个客户访问端组成，见表2-4所示：

表2-4　系统构成表

系统组成部分	说明
系统平台	系统基础架构、基础功能；基础数据、业务数据；业务逻辑；第三方对接；对客户端接口等
后台管理-系统管理员	系统管理员进行系统层面设置、用户账号权限配置、系统运行日志等基础工作。
	通过 PC 浏览器进行
教育局工作人员	依据本人的权限配置完成相应的职能，包括：网站新闻维护、学校信息维护。
	使用 PC 浏览器。
学校工作人员	依据本人权限配置进行相应的工作。
	使用 PC 浏览器和手机 web。
家长等报名主体	在线报名，查看报名咨询。
	使用 PC 浏览器和手机 web。

②用户角色说明

在线报名系统的参与者分为几个大类，每个大类中又包含许多不同的角色，如下的表格和示意图对用户角色进行了分析说明。平台实现后，可以进行灵活的角色权限分配（见表2-5）。

表2-5　用户角色说明表

角色分类	用户说明	备注
	基础数据维护	街办，社区，学校等字典类数据的维护
	公立学校片区划分	在百度地图上划分学校片区
教育局 工作人员	报名时段维护	设置报名年份，报名时间，时间段内开放报名的学校等
	招生计划采集	采集各学校的招生计划情况

续表2-5

角色分类	用户说明	备注
教育局工作人员	实时监控	监控报名情况和招生计划对比
	报名终审	
	特招	填报特招学生信息
	学生调剂	对符合条件的学生调剂分配学校
	民办学校招生摇号	民办学校学生报名人数大于计划数的情况进行摇号选择学生
	网站内容管理	发布网站文章
学校工作人员	报名信息查询统计	本学校
	报名信息初审	
	分批通知报名主体验证	
	分批领取通知书设置	
	补录学生	对报名时间段内未完成报名的但符合入学条件的学生进行信息补录
报名主体	浏览网站内容	
	注册/登陆	
	在线报名	
	报名过程实时查询	
技术类	平台系统管理员	技术类角色,一般设置一人

③总体架构

❖ 本系统是一个综合性统一平台，学校管理、服务以及报名的参与者都通过本系统一站式完成各自的工作，形成闭环的流程。系统的参与者分析请详见下一章的功能说明。

❖ 多客户端体现在参与者（报名主体，学校工作人员，教育局工作人员）可以通过PC端、手机web的方式访问使用系统。

❖ 数据包括两大部分：一是服务对象相关的基础数据，这些大部分是静态的；二是在管理和服务过程中产生记录的数据。

❖ 平台支持：服务类模块和管理类模块的灵活配置和定制开发。

④业务流程

主要是报名过程整个生命周期的管理。

步骤以及约束简要说明如下：

❖ 报名主体注册：手机号作为唯一标识，身份证号用于确认用户信息，注册时设定密码。

❖ 登录：手机号和密码识别登录。登录后可报名，查询，改密码（以身份证为验证标识）等。

❖ 在线报名：每个账号在同一报名时段内有多次报名机会，但孩子的身份证为唯一标识只能填报一次。如已终审通过，则不再有报名机会。报名时可临时保存数据，可确认提交。

a.报名信息修改：临时保存状态时可修改。

b.初审或者终审被退回后可修改。

c.首次报名可提交，被退回后可在二次报名时提交，本时段不能再次提交。

d.二次被退回后失去报名机会。

e.报名后系统自动提示预约验证时间，家长可在预约时间携带相关证件去学校检验材料。

❖ 报名信息查询：可查看当前报名信息的办理过程和办理结果。

❖ 学校通知验证：学校工作人员收到报名信息后可通过本系统通知家长到学校验证材料。

a.通知后会标识“已通知”的状态，方便学校分批操作时区分哪些已通知，哪些未通知。

b.执行通知后自动变更状态，电话通知的需手动变更状态。

❖ 学校初审：可通过或者退回，退回需明确退回原因。如，出现以下情况分类处理：

a.填报学校错误，家长需确认准确的报名学校后再次提交资料，本次报名效且不计退回次数。

b.资料不全或者信息有误，家长回去或者就地修改补全资料再次提交初审。

c.学生信息不满足入学标准且服从调剂，由学校确认后变更学生状态服从调剂后由教育局统一分配该学生的报名学校。

❖ 教育局终审：初审过后，教育局可终审。可通过或者退回，退回需明确退回原因。

❖ 通知领取通知书：终审通过后，学校可通过站内消息、短信等通知家长

到学校领取通知书。

a.通知后会标识“已通知”的状态，方便学校分批操作时区分哪些已通知，哪些未通知。

b.执行短信站内通知后自动变更状态，电话通知的需手动变更状态。

❖ 确认：学生报到时，学校根据通知书确认。

❖ 流程完成。

⑤系统功能表（见表2-6）

表2-6　系统功能表

一级功能	二级功能	备注
网站前台		
首页	头条焦点图	
	头条文字链接	
	报名分时段学校清单	
	注册链接	
	登陆链接	
	民办小学报名入口	
	公办小学报名入口	
	民办中学报名入口	
	公办中学报名入口	
	二级模块文章列表	
注册页		
登录页		
二级列表页	名模块入口链接	
	本模块文章列表	
后台管理		
角色管理	列表，查询	
	新增，编辑	
	删除	

续表2-6

后台管理		
	赋权	建立角色和可访问资源的关联关系
学校管理	列表，查询	
	新增，编辑	
	删除	
后台账号管理	列表，查询	
	新增，编辑	
	删除	
	重置密码	
前台注册用户	列表，查询	

（6）初中学生综合素质评价子系统

①产品形态

初中学生综合素质评价系统能够促进学生全面而有个性发展，促进学校培养模式转变，促进教育主管部门构建开放性、多元性和发展性教育模式。该系统可包含web端和手机端，可灵活配置评价细则、评价内容、评价方式，按需定制评价结果呈现，不仅能够为学校提供简化的评价工作，更能为教育主管部门提供便于参考的有价值的评价结果。

②评价过程

按照“甘肃省初中学生综合素质评价实施办法”中要求，本系统以学生写实记录为主，通过整理遴选，公示审核，形成学生综合素质评价档案。

③评价要素

A.思想品德：主要记录学生参加党团活动、公益劳动、社团活动和志愿服务等活动的情况。

B.学业水平：主要以记录基础性课程和拓展性课程成绩为主。

C.身心健康：按照《国家学生体质健康标准》进行过程记录。

D.艺术素养：主要以记录参加学校和教育相关部门组织活动的成果，课外掌握艺术特长的情况为主。

E.社会实践：主要记录学生参加社会活动的表现、成果等情况。

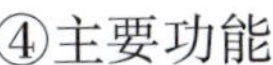

④主要功能

A.面向教育主管部门提供的功能

各地教育主管部门可按照省级教育厅实施办法，结合当地特色制定综合素质评价细则，随时可修改新建具体评价评分标准，同时按照要求监管督促各校评价实施情况，查看关于评价中公示、档案成果内容等，对统一形成的学生评价档案进行管理，为中高考招生录取工作提供依据。

❖ 评分细则

❖ 公示栏

❖ 档案管理

B.面向学校教师提供的功能

校方根据教育主管部门制定的评价细则，切实按照实施办法执行评价内容，教师可对学生记录的写实材料进行审核公示，对学生评价档案进行审核管理，系统提供教师对学生写实材料记录的审核，对各评价内容中写实材料的公示，对学生评价要素进行等级评分，对学生评价档案进行评语设置等功能。

❖ 公示栏

❖ 评价内容

❖ 学期评价表

C.面向学生提供的功能

为学生树立成长目标，充分记录学生自身全面发展情况和个性特长，学生可以进行成长记录，在平时的活动中记录成果物或获奖情况等，促进学生不断进步。

❖ 公示栏

❖ 成长记录

❖ 评价内容

（7）中考录取结果日常管理子系统

本系统用于中考录取结果的管理（如：考点信息管理，准考证信息管理、录取信息管理等）。该系统功能全面，操作简单方便、性能成熟稳定，可较好地满足我市中考录取结果信息管理的需要。

①录取管理

❖ 录取数据设置

在录取工作开始前，整合报名、志愿、成绩基本信息，检查招生计划，准备推优生录取名单，开始招生录取工作。

❖ 调档

依据均衡生、特长生、统招生、择校生的流程，遵循志愿顺序，兼顾考生分数，由录取用户按照计划和调档参数开始调档。

❖ 调档退档退录处理

录取管理用户根据政策或者特殊情况，针对单个考生进行调档、退档操作，系统会详细记录日志。

❖ 调档信息确认

录取用户对调档数据进行分析判断，确认调档正确无误后，开始放开调档任务。

❖ 打印录取去向册

根据提供的格式为招生学校打印考生录取去向册，由招生学校现场完成录取手续。

❖ 打印录取通知书

根据格式分录取学校打印录取通知书，也可打印单个考生的录取通知书。

❖ 录取状态查询

每个招生学校都会分类别产生一条录取任务，管理用户可查询录取任务的实时状态信息。

❖ 考生录取信息查询

管理用户可根据准考证号查询单个考生的基本信息和录取信息、便于实际应用和分析判断。

❖ 录取结果统计

系统可分录取批次对招生学校的录取数据进行统计，并可根据需要查询或者打印。

❖ 录取数据下载

管理用户可下载已经完成录取的数据信息，便于分析判断或者用于实际工作。

❖ 招生管理

学校录入新生信息并进入学籍库，学校可以进行新生分班等后续学籍管理。

②志愿管理

❖ 志愿填报状态查询

查询考生填报状态，便于管理部门掌握填报志愿的进度，毕业学校可对本校内未填报志愿的考生进行提醒。

❖ 考生志愿信息查询

查询考生登录、填报状态、具体志愿，毕业学校用户可查询到本校填报人数和未填报人数，未填报的考生显示准考证号和姓名，便于学校及时掌握填报情况。

❖ 打印志愿信息确认表

打印（分校、分班、个人）考生志愿信息确认表，由考生和家长同时签字并交回学校存档方为有效。

❖ 毕业学校确认志愿

毕业学校根据收回的考生志愿信息确认表，在系统中进行人数确认，防止漏报，考生志愿信息确认表用于存档，防止后期录取时因志愿信息引起纠纷责任不清。

❖ 恢复考生确认状态

管理部门在实际工作中可根据情况需要恢复考生已确认的志愿信息状态，返回可修改状态，由考生自己修改，管理部门不直接修改考生志愿信息。

❖ 志愿信息下载

管理用户可根据权限和需要，下载本单位内志愿信息表，便于人数统计等工作需要。

③成绩管理

❖ 成绩查询

系统根据权限和政策需要，可对导入或者录入系统的文化课成绩、体育考试成绩、综合素质测试成绩进行查询。

❖ 政策照顾

由毕业学校设置本校政策照顾考生的照顾项目和加分，毕业学校应认真仔细，反复校对，上报教育局后学校将不能修改，必须由市级管理员更正维护，并保存书面材料留档。

❖ 政策照顾名单打印

毕业学校可以打印本校政策照顾类考生名单和统计表，将打印好的报表签字盖章，上报教育局。

❖ 成绩导入

根据标准格式导入考生文化课成绩、综合素质测评成绩。

④异动管理

❖ 学生信息维护

学校可维护学生的基本信息、家庭成员、考评信息、奖励信息、处分信息、学生简历、入学信息等，对学校、学生情况进行全面了解和掌控。

❖ 学生信息导入

学校可在该模块中可以查看或维护学生的基本信息、家庭成员、考评信息、奖励信息、处分信息、学生简历、两免一补、入学信息等。可以为用户分配相应的权限，有权限的用户才能维护学生信息。

❖ 数据导出

选定需要的学生信息，即可将学生信息从本系统导出，形成EXCEL文件。

❖ 学生异动报表

快速的生成学年学期的学生异动情况报表，可以导出、打印，供业务需要使用。

❖ 学生人数统计表

快速生成学校学年学期的学生统计表，可以导出、打印，供业务需要使用。

❖ 在校生档案查询

可以按学籍号、姓名、身份证号码等多种方式查询学生的电子档案信息，包括学生的基本信息以及学生家庭信息、考评信息、困难补助等综合信息。

❖ 学籍变动详况

可灵活查询下属所有学校的学籍变动详况，包括学生基本信息、异动类型、来源、去向。

❖ 学籍变动统计

按异动类型统计学校内的学生变动的统计信息。

❖ 离校生档案查询

对于毕业、结业、转学、休学等各种原因离校的学生，可通过离校生档案查询，查询离校生的电子档案，可以按照学籍号、姓名或者身份证号码等多种条件来查询，包括离校生的基本信息以及离校生具体的家庭信息、考评信息、困难补助信息，并提供打印、导出等功能。

❖ 学生综合查询

按学籍号、姓名或身份证号等多种方式查询学生的综合信息。

2.数据交换系统

数据交换系统提供开放式，标准化的API，实现对第三方应用的标准化接入，应用可直接调用平台的各种能力，完成了平台对应用的整合以及数据的交换（业务流程如图2-16）。

合作方 → 产品配置中心

第一步:合作方自接入配置

配置成功,生成AppKey、AppSecret

第二步:全作方自测

测试成功,提交发布申请

第三步:合作方发布申请

第四步:教育云平台管理员审核发布

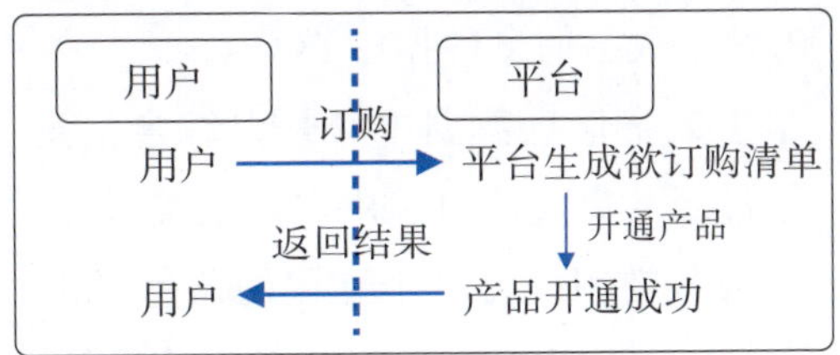

图2-16　业务流程

注：AppKey为应用的唯一标示码，Appsecret为应用密钥，在信息传递加密的过程中使用，为了标识应用的唯一性和应用数据交互的安全性。

应用自接入为合作方提供应用自接入配置管理功能，实现合作方对应用基本信息、属性信息、计费方式等信息的配置。为合作方提供统一接入规范和接入接口，合作方根据平台提供的接入规范完成数据的配置。

为合作方提供应用自测试环境，实现应用在线上的受理开通等业务的自测。实现对应用配置、应用测试的自动化管理，应用自测为合作方提供自测模版和自测流程指导，合作方通过自测模块完成应用的加载测试，包括应用的订购开通、变更、退订、使用等业务的测试。

为了提高平台对应用接入的扩展性和灵活性，同时根据应用实际情况能自由的适配，教育云根据应用对受理开通数据的依赖情况和数据获取需求，提供两种开通数据的共享方式：

（1）对于有些应用需要获取用户开通应用的业务数据，包括开通的用户、学校信息以及应用相关属性信息，在应用开通时通过应用提供的接口将开通信息透传给应用。

（2）对于有些应用的用户管理、用户认证等均由业务支撑平台承担，不需要在应用侧存储用户受理信息，只是在用户登录应用后进行简单信息的显示情况，在用户登录应用时，通过实时查询接口由应用调数据交换系统的接口来查询。

应用自接入、自测试业务流程如图2-17所示：

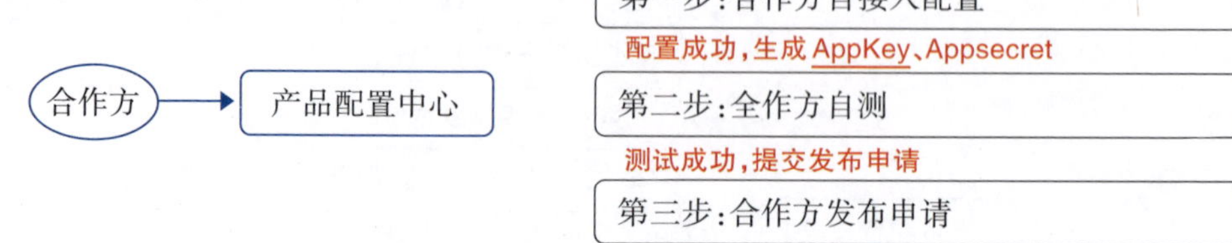

图2-17　应用自接入、自测试业务流程

3.学生数字信息数据中心

学生数字信息数据中心是以综合信息门户网站作为各类应用系统的统一入口。通过服务集成接口、用户认证接口与教育信息化、教育管理等各类系统进行整合，为各类用户提供个性化的角色门户，承担用户信息的汇聚、承载、认证、信息共享，对用户基本信息、教学信息等进行统一管理，形成用户数据中心。

（1）用户统一认证：为各应用用户登录使用提供统一的认证鉴权；

（2）用户信息共享：提供各个维度的用户信息检索，包括获取班级下学生信息等；

（3）学生管理：对学生用户信息进行维护管理，包括学生年级、班级、学校等信息；

（4）用户批量导入：实现用户批量导入开通，导入用户时可以选择默认为用户开通的应用；

（5）用户权限管理与控制：对用户使用应用、应用功能、资源等权限进行管理与控制；

（6）用户活跃统计：以接口方式提供用户活跃给维度的查询。

4.网络安全防护

（1）下一代防火墙

下一代防火墙NGAF是集合传统防火墙，入侵防护，漏洞防护，WEB防护，反病毒等功能于一体，不但可以提供基础网络安全功能，如状态检测、VPN、抗DDoS、NAT等；还实现了统一的应用安全防护，可以针对一个入侵行为中的各种技术手段进行统一的检测和防护，如应用扫描、漏洞利用、Web入侵、非法访问、蠕虫病毒、带宽滥用、恶意代码、应用层DOS/DDoS攻击等。

下一代防火墙的灰度威胁识别技术不但可以将数据包还原的内容级别进行全面的威胁检测，而且还可以针对黑客入侵过程中使用的不同攻击方法进行关联分析，从而精确定位出一个黑客的攻击行为，有效阻断威胁风险的发生。灰度威胁识别技术改变了传统IPS等设备防御威胁种类单一，威胁检测经常出现漏报、误报的问题，可以帮助用户最大程度减少风险短板的出现，保证业务系统稳定运行（如图2-18）。

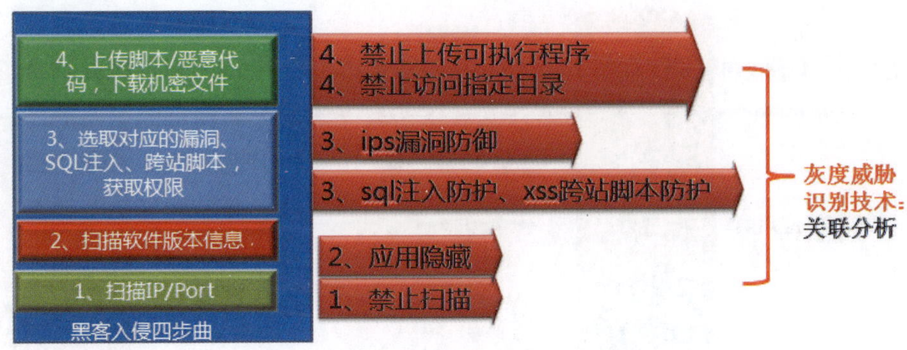

图2-18　网络安全防护关联分析

下一代防火墙可以为业务系统提供端到端的安全防护，防护对象涵盖了终端、服务器、网络设备等，防御的威胁种类包括了：

★漏洞利用类威胁：各种通过操作系统、应用系统、协议异常等漏洞，进行传播的蠕虫、木马、后门、间谍软件，进行攻击和入侵的DoS/DDoS攻击、缓冲区溢出攻击、协议异常攻击、蓝屏攻击、权限提取等；

★Web应用类威胁：专门针对Web应用面临的各种最新的威胁提供额外的安全防护，包括SQL注入、XSS攻击、OS命令注入、CSRF攻击、口令爆破、弱口令探测、应用信息探测、非法上传威胁文件等，从根源上解决了Web系统被入侵、数据被篡改的可能性；

★病毒类威胁：除了传统的HTTP、FTP、SMTP、POP3等协议，还可以针对商务应用（文件共享等）传输的文件进行精确的木马、病毒、蠕虫查杀；

★终端内容威胁：为了避免终端访问Web应用内容而被窃取隐私等信息或被用作肉鸡，需要有效过滤恶意网站、恶意文件、恶意控件、恶意脚本等内容威胁的访问；

下一代防火墙的灰度威胁识别不但具备4000+条漏洞特征库、数十万条病毒、木马等恶意内容特征库、3000+Web应用威胁特征库，可以全面识别各种应用层和内容级别的单一安全威胁；而且灰度威胁识别技术还提供了20+典型的黑客入侵行为的模板，可以有效关联各种威胁进行分析，最大成地提高了威胁检测精度。

相比传统防火墙功能薄弱的缺点，部署下一代防火墙，可以针对省级和市级互联网出口进行2-20层的一体化安全防护更加全面，安全可靠（如图2-19所示）。

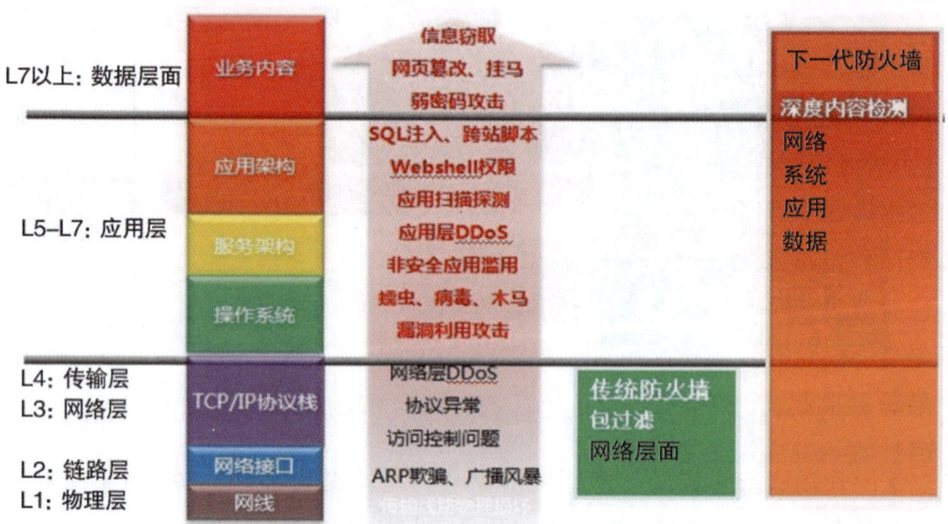

传统防火墙：无法防御应用层攻击

NGAF：解决运行在网络传统防火墙对应用层协议识别、控制及防护的不足。

图2-19　一体化安全防护

★保证网络性能：由于传统防火墙只是实现网络层的防护，防护功能有缺陷，防护能力差，缺乏对应用层及漏洞防护的能力。目前互联网攻击中有7-8成的攻击，都是采取应用层攻击的方式，传统防火墙在这些攻击面前束手无策。

要解决防护功能的缺陷，又要解决多防护设备串联以后所带来的性能下降、单点故障、各设备之间的智能联动等问题，同时，还需要考虑优秀的性价比和简易的操作维护等问题。

下面这种传统的部署成串糖葫芦的模式，如图2-20所示，已经不能解决这些问题。

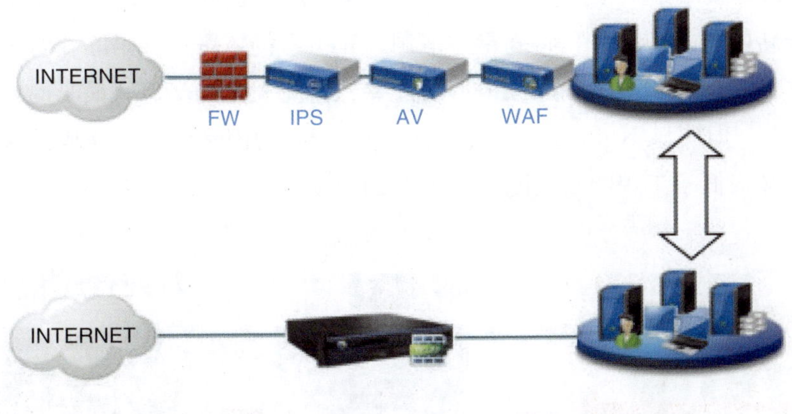

“串糖葫芦式”“打补丁式”建设

❖成本高：环境、空间、重复采购
❖管理难：多设备，多厂商、安全风险无法分析
❖效率低：重复解析、单点故障

图2-20　“串糖葫芦的模式”防护

为了保障网络整体的安全性，同时不会因为安全防护设备造成网络性能的低下，下一代防火墙抛弃了传统防火墙NP、ASIC等适合执行网络层重复计算工作的硬件设计，采用了更加适合应用层灵活计算能力的多核并行处理技术；在系统架构上，下一代防火墙也放弃了UTM多引擎，多次解析的架构，而采用了更为先进的一体化单次解析引擎，将漏洞、病毒、Web攻击、恶意代码/脚本、URL库等众多应用层威胁统一进行检测匹配，从而提升了工作效率，实现了万兆级的应用安全防护能力。

★多核并行处理架构：下一代防火墙的多核并行处理技术进行了大量的优化工作——减少临界资源的访问，除了在软件处理流程的设计上尽量减少临界资源以及临界资源的访问周期，还需要充分利用读写锁、原子操作、内存镜像等机制来提高临界资源的访问效率。

★单次解析引擎：要进行应用层威胁过滤，就必须将数据报文重组才能检测，而报文重组、特征检测都会极大地消耗内存和CPU，因而UTM的多引擎，多次解析架构工作效率低下。因此，下一代防火墙所采用的单次解析引擎通过统一威胁特征、统一匹配引擎，针对每个数据包做到了只有一次报文重组和特征匹配，消除了重复性工作对内存和资源的占用，从而系统的工作效率提高了70%～

80%。但这种技术的一个关键要素就是统一特征库，这项技术的难度在于需要找到一种全新的“特征语言”将病毒、漏洞、Web入侵、恶意代码等威胁进行统一描述，这就好比是八个不同国家语言的人要想彼此无障碍交流，最笨的办法是学会7种语言，但明显不可行；因此，需要一种全新的国际语言来完成，从既提高可行性，又降低了工程的复杂度（如图2-21）。

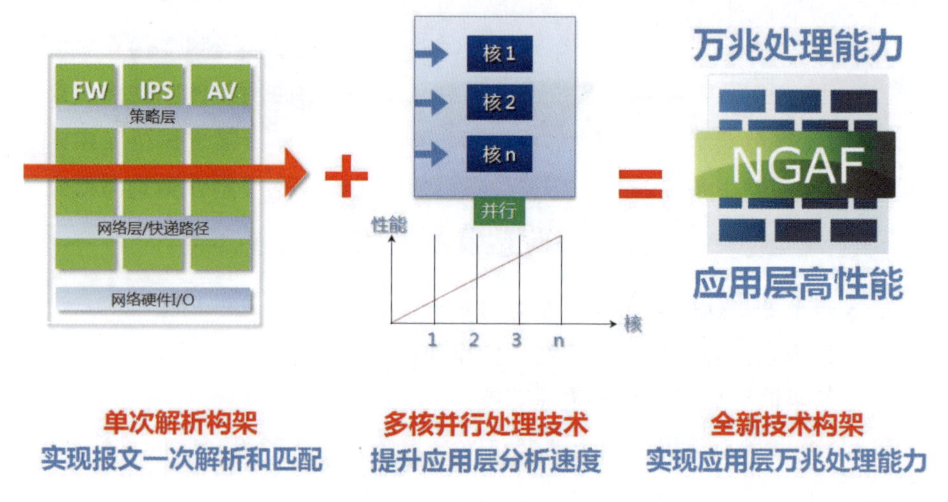

图2-21　全新技术构架

传统的网络建设模式，不同产品模块，会存在一部分的功能重叠，那么这对于用户来说都是重复性的投资，如此多设备的网络建设，必然会造成大量的投资浪费。通过部署下一代防火墙，可以避免这些重复浪费的投资，具有更优秀的性价比。

（2）安全出口统一管理平台

全面集中管理，整网统一远程维护：通过集中管理平台，可方便地对所有的上网行为管理设备进行管理和配置，一个IT管理员随时随地就可以同时部署和维护所有设备，节省了大量人力成本，真正实现了集中管理。

专业的硬件集中管理平台：集中管理平台采用专业的网络硬件设备作为承载体，对比与软件形式的集中管理平台，集中管理平台有着更高的稳定性和更高的性能，能够为日后系统的扩展提供更好的可扩展性。

全面集中管理：集中管理平台能增加人管理上的方便，将分布在网络中所有上网行为管理设备的管理集中在一个系统平台之上，通过一个GUI管理界面将整个网点全部纳入管理的范围。通过集中管理平台，可以统计出各在线网点目前用户，流量的排名，以及设备内置库的情况（见图2-22所示）。

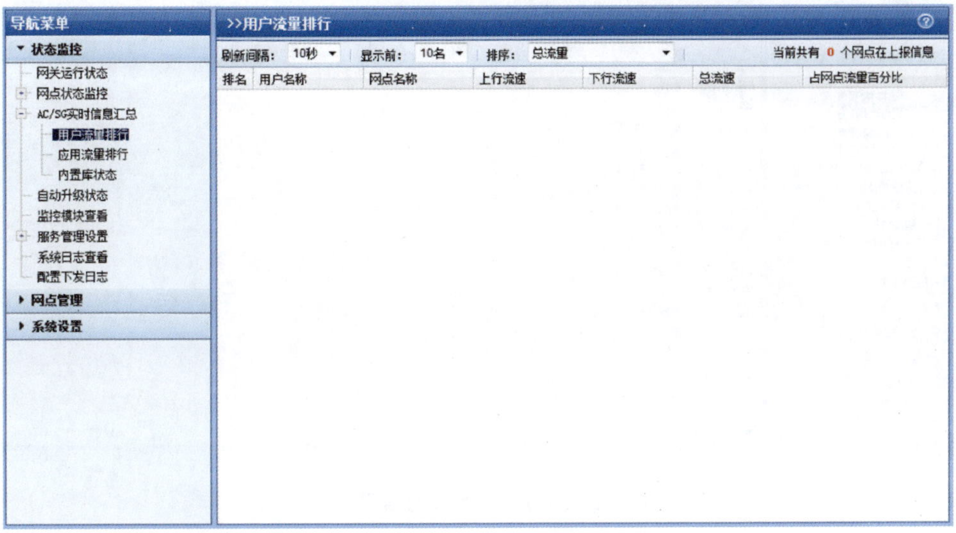

图2-22 用户最大流量排行

「显示」：显示当前所有在线的网点前10/20/30名最大流量的用户。刷新「用户流量排行」，每个在线网点将本地的前10/20/30名流量最大的用户上报到SC控制端，然后再排出流量最大的前10/20/30个用户显示。

「排序」：选择根据总流量，上行流量，下行流量，用户占网点流量百分比进行排序。

在线设备网点用户流量排名

网点实时信息

「网点实时信息」包括「停止服务」、「过滤条件」、「搜索」等相关模块。此页面显示当前所有连接中心端的受控设备状态、CPU占用率、磁盘占用率、内存占用率、外网发送/接收流量、VPN隧道发送/接收流量、VPN隧道数等相关信息（如图2-23、图2-24）。

导航菜单 | >>网点实时信息

过滤条件 | 服务状态：运行中 | 停止服务 | 搜索：

网点名称	状态	资源占用率(%)			外网流量(Bps)		VPN隧道流量(Bps)		
		cpu	磁盘	内存	发送	接收	发送	接收	VPN隧道总条数…
中山路分店	离线	-	-	-	-	-	-	-	-
华山路分店	离线	-	-	-	-	-	-	-	-
user1	离线	-	-	-	-	-	-	-	-
user2	离线	-	-	-	-	-	-	-	-
user3	离线	-	-	-	-	-	-	-	-
东北2店	离线	-	-	-	-	-	-	-	-
东北1店	离线	-	-	-	-	-	-	-	-
lhm-sg	离线	-	-	-	-	-	-	-	-
lhm-vpn	离线	-	-	-	-	-	-	-	-
lhm-ac	离线	-	-	-	-	-	-	-	-
A	离线	-	-	-	-	-	-	-	-
深圳分公司	在线	1	17	25	366	297	0	0	0
分店	离线	-	-	-	-	-	-	-	-
vpn-分	离线	-	-	-	-	-	-	-	-

第1页 共1页 | 当前显示1/1页 共14条

图2-23 网点实时信息

网点名称	状态	所属模块	监控参数	当前值	更新时间
华山路分店	在线	ac	网点状态	上线	2011-04-12 05:18:38
华山路分店	在线	ac	网点状态	下线	2011-04-12 05:18:28
华山路分店	在线	ac	网点状态	上线	2011-04-12 03:00:51
中山路分店	在线	sg	网点状态	上线	2011-04-12 03:00:46
中山路分店	在线	sg	网点状态	下线	2011-04-12 03:00:26
华山路分店	在线	ac	网点状态	下线	2011-04-12 03:00:26
中山路分店	在线	sg	网点状态	上线	2011-04-12 00:56:41
中山路分店	在线	sg	网点状态	下线	2011-04-12 00:56:36
中山路分店	在线	system	cpu占用率(%)	100	2011-04-12 00:43:37
中山路分店	在线	system	cpu占用率(%)	99	2011-04-12 00:42:33
中山路分店	在线	system	cpu占用率(%)	99	2011-04-12 00:41:30
中山路分店	在线	system	cpu占用率(%)	100	2011-04-12 00:40:28
中山路分店	在线	system	cpu占用率(%)	99	2011-04-12 00:39:27
中山路分店	在线	system	cpu占用率(%)	99	2011-04-12 00:38:25
中山路分店	在线	system	cpu占用率(%)	99	2011-04-12 00:37:23
中山路分店	在线	system	cpu占用率(%)	99	2011-04-12 00:36:21
中山路分店	在线	system	cpu占用率(%)	99	2011-04-12 00:35:17
中山路分店	在线	system	cpu占用率(%)	100	2011-04-12 00:34:15

图2-24 网点异常实时信息

集中管理选项

当受控端接入集中管理之后，可以使用密码退出集中管理，此时可以使用集中管理选项生成解控密码。只有Af和SG受控端方可使用此密码进行解控（如图2-25）。

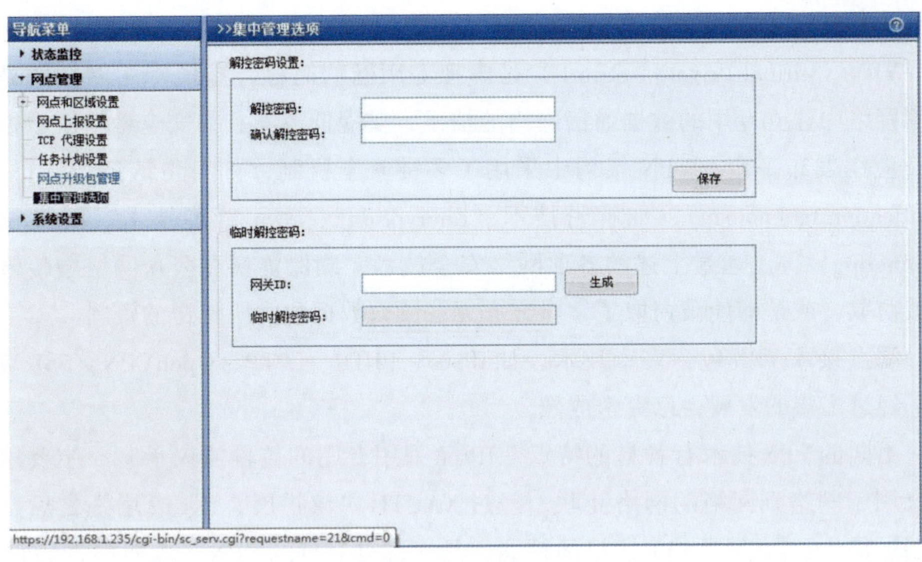

图2-25　集中管理

上网策略

根据用户的需求，对上网行为管理的上网策略，采取合并型策略进行配置。

合并型配置：区域、网点和受控端都可以配置，并且最终在受控端组合生效。比如上网策略就是一个合并型配置。举一个例子：假设网点D属于ALL区域，当中心端ALL区域配置了X上网策略，受控端本身还存在Y上网策略时，当下发成功后，受控端最终将会存在X，Y两条上网策略。

其中X为我们需要统一的模板型策略，Y为各分支端自身配置的上网策略（如图2-26）。

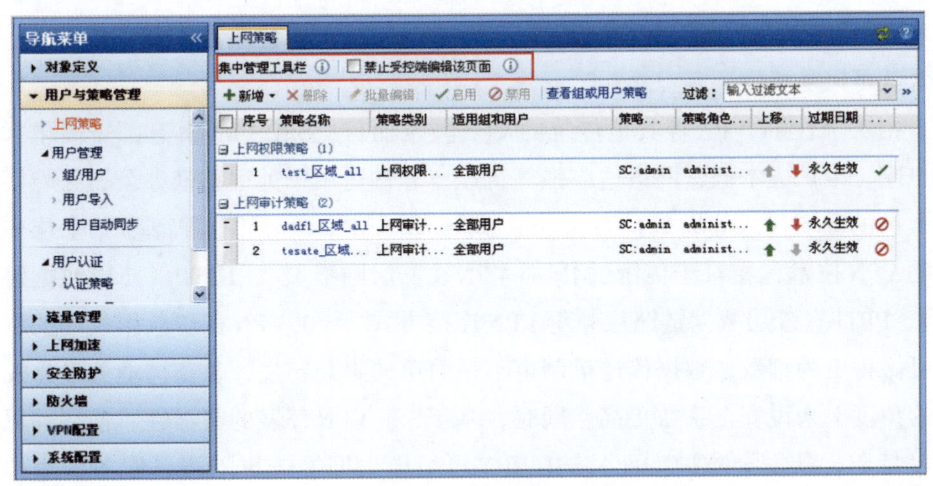

图2-26　上网策略

（3）SSL VPN

VPN（Virtual Private Network）是虚拟专用网的简称，虚拟专用网指的是在公用网络中建立专用的数据通信网络的技术，实现低成本、高安全地解决数据传输及应用发布平台。VPN 架构中采用了多种安全机制，如身份认证技术（Authentication technology）、加解密技术（Encryption）、密钥管理技术、隧道技术（Tunneling）等。通过上述的各项网络安全技术，确保资料在公众网络中传输时不被窃取，或是即使被窃取了，对方亦无法读取数据包内所传送的资料。

端点接入 VPN 包含多个技术，如 IPsec、PPTP、L2TP、OpenVPN、SSL VPN 等，经过多年的发展，已完全成熟。

不同的 VPN 技术有各自的特点。IPsec 采用专用的传输协议承载，主要用来进行用于网络到网络的网络互联，经过 XAUTH 协议扩展、IKEv2 增强之后，支持端点接入；PPTP 是 PPP 协议的扩展，是一种点对点的 VPN 接入协议；L2TP 实在 PPP 基础上的一种进一步优化，较多用于运营商的 VPDN 业务，对运营商核心网支持良好，可通过与 IPsec 结合支持加密；OpenVPN 是一种开源的 VPN 技术，主要场景是设备的远程 VPN 接入，主要用于个人 VPN 接入场景。

SSL VPN 是 VPN 的主流技术之一，即指采用 SSL （Security Socket Layer）协议来实现远程接入的一种新型 VPN 技术。

SSL 协议是基于 WEB 应用的安全协议，它包括：服务器认证、客户认证、SSL 链路上的数据完整性和 SSL 链路上的数据保密性。对于内、外部应用来说，使用 SSL 可保证信息的真实性、完整性和保密性。目前 SSL 协议被广泛应用于各种浏览器应用，也可以应用于 Outlook 等使用 TCP 协议传输数据的 C/S 应用。正因为 SSL 协议被内置于 IE 等浏览器中，使用 SSL 协议进行认证和数据加密的 SSL VPN 就可以免于安装客户端。

相对于 IPsec VPN 等其他传统的 VPN 技术而言，SSL VPN 具有部署简单，无客户端、维护成本低、网络适应强等特点，非常适用于远程移动办公、无专门管理人员的分支接入等场景。而从 OSI 七层模型来看，SSL VPN 是基于第七层应用层的 VPN 技术，相对于传统的 IPsec VPN（三层网络层）、L2TP（二层数据链路层）、PPTP（二层数据链路层）等 VPN 连接方式，SSL VPN 在对应用权限的划分上可做得更为细致，数据传递机制也不是简单的封装转发，从整体业务发布安全性的角度上来说安全系数更高。同时，基于 SSL VPN 部署的灵活性、使用的灵活性等特质，从安全防护方面，SSL VPN 可引申出网络逻辑隔离、服务器隔离保护、应用系统强认证等多种安全解决方案，为用户提供多方面价值。

结合实际情况，建议采用SSL VPN设备进行全网组网/移动办公，具体网络部署（如图2-27）：

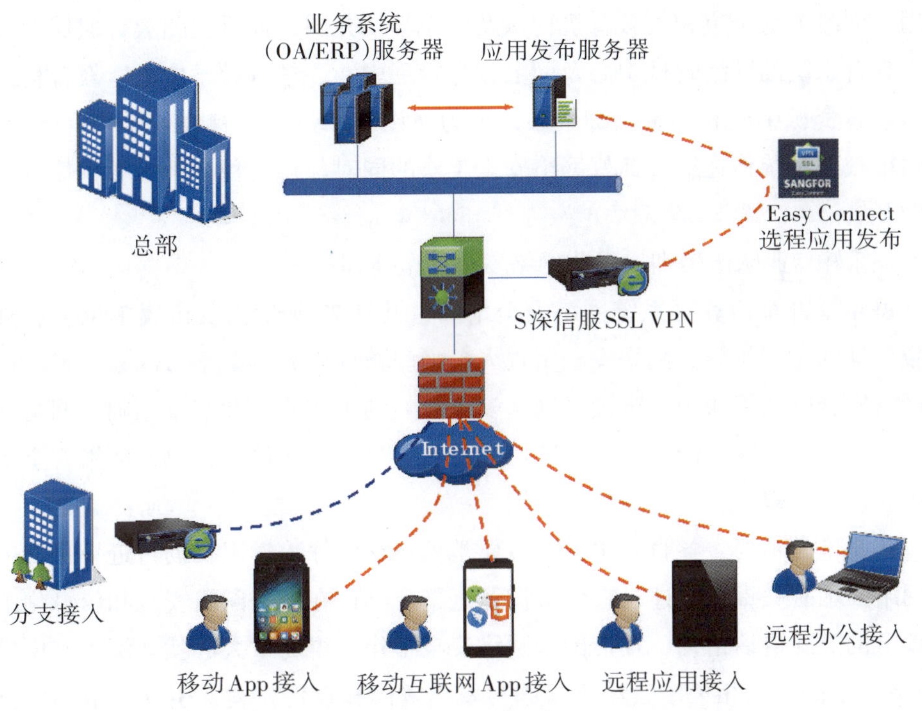

图2-27 网络部署情况

案例3：网络安全建设相关工作

近年来，网络安全工作与教育信息化建设工作密不可分，在抓紧提高全市信息化建设总体水平的同时，兰州市教育系统也依据甘肃省教育厅下发的关于网络安全的相关文件坚决文件精神，在稳步推进教育信息化工作开展的同时，抓好网络安全工作。

一、强化网络安全防范意识，推动兰州市教育信息化工作健康有序发展

通过制定“教育专网三年滚动”建设规划，兰州市逐步构建了先进、高效、实用的数字化教育基础设备网络。目前兰州教育城域网出口带宽为：中国教育科研网1G、中国电信1G、中国移动2G，拥有千兆防火墙、高端路由综合网关、万兆核心路由交换机构成的IPV6/IPV4双协议网络传输体系，中心机房存储容量约300T，基础教育资源6000多G。

兰州教育城域网基本实现全市教育系统信息发布、协同办公、教育管理、师资培训、远程教学、网络教研、互动交流、资源共建共享等教学及管理的网络化应用。同时覆盖全市相关教育机构以及中小学幼儿园，促进兰州教育城域网成为全市教育系统的网络管理中心及网上教育管理中心、教育教学中心、教育科研中心、教育资源中心和师资培训中心，成为建设教育强市的有效载体和重要标志。兰州市教育系统将在继续抓好网络安全工作的同时，持续稳步推进教育信息化工作的开展。

1.抓好专业队伍培训，强化网络安全防范意识

每年举办全市教育系统网络安全培训，共计77所学校及市属单位、三县七区教育局的主管领导、网络安全负责人参加。培训内容围绕学习国家、省、市有关网络安全的政策法规；解读《网络安全法》的重要意义和基本原则；网络安全等保测评工作、网信制度建设、队伍建设、应急预案建设等；以及网络安全案例分析、研讨、解读。

兰州市教育局、各直属单位、市属学校将继续深入学习贯彻习近平总书记关于网络强国有关重要论述，宣传贯彻习近平总书记在全国网络安全和信息化工作会议上的重要讲话精神，宣传国家网络安全工作取得的重大成就。深入宣传贯彻《网络安全法》及相关配套法规，编写发放解读和宣传材料，引导全市师生自觉遵守信息安全管理有关法律、法规，不泄密、不制作和传播有害信息，自觉抵制网络低俗之风，净化网络环境。通过展览、讲座、知识竞赛等多种形式，以及校报、校刊、网站等传播渠道，发动教育系统师生广泛参与网络宣传教育活动，普及网络安全知识，提升师生网络安全意识和防护技能。

2.提高信息安全保障能力，强化网络管理与责任制度

（1）规范管理，出台制定网站信息管理制度

进一步加强和规范网站管理，兰州市教育局将根据市政府有关文件要求，制定并实施信息发布审核制度、信息保密审查制度、网站链接审批制度、网站日常巡检，以及上网信息复查制度、网站值班制度等一系列管理制度，使网站管理更加规范化、制度化。

同时，进一步明确了“先审后发”制度，规范了信息发布审核、信息保密审查、网站互动信息处理、网站日常巡检及上网信息复查等管理制度。明确网站管理、维护部门及岗位职责。要求技术维护人员认真监控和检查网站运行状况，信息采编人员及时提供相关信息资讯，确保链接正确有效、网站安全平稳运行，确保公众能够及时获取政府信息、获得便利的在线服务。

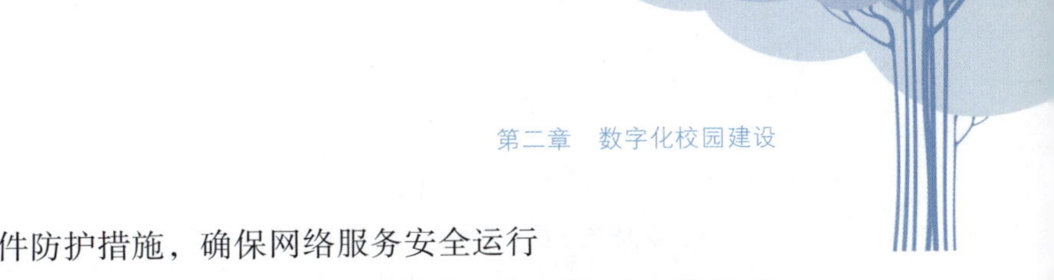

(2) 强化信息系统软硬件防护措施，确保网络服务安全运行

为保障网站安全，兰州市电化教育中心2014年对机房进行了防火、防盗的改造，并且使用了硬件防火墙对外网访问进行有效控制，同时每个服务器都配置安装了专业杀毒软件，加强了防篡改、防病毒、防攻击、防瘫痪、防泄密等方面的有效性。及时对系统和软件进行更新，对网站重要文件、信息资源做到每天一备份，并且做了数据异地备份，当网站数据被篡改或者破坏后，能够迅速地对其进行恢复。定期联系相关高级技术人员对网站进行软、硬件升级和优化，对服务器系统进行检查、杀毒、升级，确保其运行安全性。

兰州市教育局各处室业务系统中，目前只有基教一处《中考考务系统》属于等保测评三级范畴。2018年6月通过第三方机构对兰州市学生大数据管理平台一期暨中考考务系统项目进行等保测评，过程中发现很多不足和问题，已做了相关的整改，并在2019年依据等保测评报告对不足之处进行了网络安全防范提升。

除此之外，兰州市教育局每年下发专门文件，对各直属单位、各市属学校网络日志存储制度，内部网络实名制度，网络安全测评工作，网站安全应急处置流程、处置权限，应急技术支撑队伍，技能训练，网站应急演练等工作进行明确安排和要求，并组织专人或陪同市公安局网安大队对预计存在问题较多的中学进行突击检查，对问题严重且没有及时处理解决的单位、学校进行通报和问责。

3.落实重大舆情监控与应急处置预案制度

为营造全市教育工作全面健康发展的良好舆论环境，依据有关法律法规，教育局制定了《兰州市电化教育中心重大舆情监控处置预案及处理制度》，大力落实重大舆情监控与应急处置预案制度。

要求各学校、县区教育局、局直各单位要对本单位可能引发重大舆情的突发事件、热点敏感问题要及时搜集掌握有关真实情况，做好应对处置准备，增强工作前瞻性和时效性。各学校、县区教育局、局直各单位发现重大舆情后，要按照快速、畅通原则和逐级报告、双重报告等要求，及时将情况报告单位负责人、本单位分管领导、学校重大舆情监控处置工作办公室。同时立即启动应急预案，组建专门工作组，召开碰头会，制定并落实应急处置措施，快速及时将事情缘由、事实真相、事件处置情况等组织成汇报材料，并做到30分钟内口头汇报和90分钟内书面汇报。重大舆情根据上级要求，在请示教育局相关领导后，将材料上报上级主管部门，及时沟通有关情况。

面对媒体出现的突发重大舆情，按照信息内容的不同，在严格执行保密法律法规、新闻宣传纪律等规定的基础上，分类处置。

涉及全市教育系统的舆情监控分析。会同电教中心等单位对涉及我市教育系统的重大舆情信息进行监控，坚持做到第一时间发现、第一时间研判、第一时间报送、第一时间处置。建立与各级媒体、重点门户网站的沟通协调和会商处置机制。建立健全网络评论员队伍工作机制。

第三节　成就与差距

一、当前的成就

项目采用“云”“网”“端”一体化统筹架构的建设模式，主要有以下特点：

一是“云”的建设，将承载教育应用系统大融合。教育城域网将“云”建立在中国移动兰州分公司新区IDC机房。云资源规模按CPU总量1090 GHZ、内存41000 G、存储1400 TB进行部署，可以将局机关各科室及局直单位的各类应用平台，包括OA办公系统、财务管理系统、中考考务系统、招生系统、兰州市中小学综合素质评价系统、新高考走班排课、电子班牌信息发布系统、科研课题管理系统、安全管理系统，以及我们的名师在线、名师云课堂等，都部署在云平台上，融合计算、存储为一体，通过统一管理平台进行分析、管理，实现多平台对接，从而获得全面、可靠、可信的教育数据，在节约人力物力的同时，极大提高了服务效率和管理效能。学校最直观的感受便是每年的网费不用学校单独缴纳，统一由电教中心缴纳网费，极大节约了学校的财力。除此之外，学校也不用专人管理维护网络，资源的使用只需在云上申请，无须采购。云端部署了相应的网络安全设备，为校园网隔离了网络风险，极大节约了学校信息化管理教师的时间与精力。

二是“网”的改造，使教育网络更加安全稳定。“网”指教育城域网的改造升级，此次教育城域网的改造采用GPON技术，为学校接入互联网提供专线线路。网络线路采用万兆主干、千兆桌面、无线校园网全覆盖，全面支持互联网和物联网相关协议。统一规划路由器、防火墙、核心交换机配置及IP地址规划，通过构建逻辑网络进行业务承载和隔离，在统一的IP网络上，划分出多个逻辑上相互独立、相互隔离的业务专用网络，实现不同业务的安全统一承载，从而实现学校监控、IP广播、电子班牌、多媒体等设备的多网融合。光网的搭建实现市属学校校园内无线网络全覆盖、无感知漫游；实现学校之间的互联互通；实现互联网千兆进教室到桌面，学校网络访问体验度显著提升并得到了学校教师的一致好评（部分学校领导和教师反应网络速度达能达到百兆）。除此之外，光网升级为兰州市2020年初中信息技术学业水平考试、兰州市2020年初中生物实验操作考试提供了流畅的网络保障，大大降低了网络延时。城域网核心机房统一部署了防火墙、流量清洗、入侵检测、上网行为审计、数据库审计、网页防火墙等一系列网络安全软硬件系统，使网络安全管理体系更加完善，保障了云中心的网络环境安全，为学生接受基础教育提供了健康、文明、有序的网络学习环境。

三是“端”的应用，使优质资源实现最大范围共享。“端”不仅局限于传统的PC端，更可拓展到如手机、智能可穿戴设备等一切可以与平台进行交互的终端设备。“端”与“端”之间借助“云”和“网”连接起来，形成畅通的数据流，保证了跨空间、跨地域、持续的双向视频课堂等教育教学应用的网络服务质量。学校能感受到电子班牌、电子白板、平板终端等设备的使用以及智慧课堂的开展，让教师端、学生端的体验更加流畅；学生在“名师在线”平台上课，即使上线人数再多，疫情期间网络卡顿的困难也会迎刃而解；我们正在实施的“名师云课堂”项目，市属3所学校与农村偏远学校开展的网络同步课堂，优质资源的推送更加精准，城区一所名校同时带动多所农村学校提升教学质量的效果将更加明显。因此，城域网的建成，确保了优质教育资源协同调配，最大范围共享，进一步推动城乡义务教育均衡发展，促进教育公平。

教育城域网的建成，将加快数字校园的建设进程。2020年，我们建设了7所数字校园示范校，目前正在稳步推进中。建成后的数字校园，通过云计算、物联网、大数据、VR/AR人工智能等新一代技术与教育教学实践深度融合，实现智慧校园、AI教室、智慧班牌及微校园系统、校园智能化安全管理、智慧办公、智慧评价、智慧教务等信息化功能，达到优化教学、教研、管理和服务的目的，促进师生全面发展。这又是“端”的另一种体现形式。

二、存在的差距

总体来说，兰州市教育信息化的起步较晚，与发达地方相比还存在一定的差距。在数字化校园建设方面，依托现有的教育城域网基础网络建设和学校无线全覆盖，虽然保障了数字化校园建设的网络信息通道，但是如何更进一步智能化数字校园网络，设置和调节学生的上网时间，保障学生有充沛的精力学习。除此之外一旦出现网络故障，可以及时报警，确保师生用网的安全。学校的教职工可以随时随地连接网络，学生可以定时、定点上网，访问学校的网络还值我们得更进

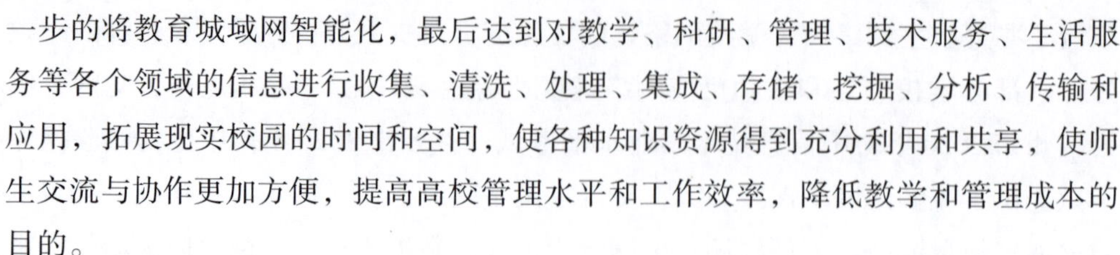

一步的将教育城域网智能化，最后达到对教学、科研、管理、技术服务、生活服务等各个领域的信息进行收集、清洗、处理、集成、存储、挖掘、分析、传输和应用，拓展现实校园的时间和空间，使各种知识资源得到充分利用和共享，使师生交流与协作更加方便，提高高校管理水平和工作效率，降低教学和管理成本的目的。

第四节　问题与思考

当前是一个科技创新不断涌现的重要时期，信息科技成为推动教育发展和知识传播应用的重要引擎，云计算、大数据、虚拟现实、区块链等带来了深刻的技术变革，物联网、移动互联网技术延展了数字校园信息技术应用的深度和广度，网络技术成为学校信息化发展的主要推动力，兰州市教育城域网络基础设施逐步完善，如何将互联网、5G技术、无线宽带网络、无线传感等多个网络整合为泛在的信息网络，值得我们去进一步的思考和研究。

附件1：

兰州市中小学校园信息化建设与应用现状调查问卷

您好!欢迎您参加兰州市校园专网建设项目综合问卷调查，此问卷旨在了解各学校目前校园专网建设的现状，结合目前现状制定校园专网建设方案。问卷仅供研究分析，敬请如实填写，对于您的支持，我们表示衷心的感谢!

填表日期：　　　年　　月　　日

一、学校基本情况

1.学校名称____________________

2.学生人数____________人

3.教师人数____________人

4.学校班额数____________个

5.学校教室数____________个

6.学校功能教室（图书馆、实验室、机房等）数____________个

7.学校性质（1）□小学　（2）□初中　（3）□高中　（4）□九年一贯制学校

二、学校网络接入及应用现状

1.您所在学校接入带宽

A.□0～50M　B.□50～100M　C.□100～200M　D.□200以上

2.您所在的学校无线网络是否全覆盖

A.□是　　B.□否

3.您所在学校的桌面带宽是多少

A.□10 M　B.□50 M　C.□100 M　D.□100 M以上

4.您所在的学校功能教室是否接入网络

A.□是　B.□否

5.您所在的学校自建的应用平台有几个，分别是_______________，访问地址是________________________所属的类型是________________________

A.□资源管理　B.□学情分析　C.□校务管理　D.□巡课管理

三、校园网建设现状

6.您所在的学校有没有使用电子校徽

A.□有　B.□无

7. 您所在的学校有无电子班牌

A.□有　B.□无

8. 您所在的学校是否有校园物联网

A.□有　B.□无

若有，都有哪些方面

A.□学生健康　B.□温热　C.□学校资产智能化　D.□智能定位　E.□智能照明　F.□智能门锁　G.□智能节电节水

9. 您所在的学校有下面哪些校园媒体系统

A.□门户网站　　B.□微信公众号

B.□校园资讯发布系统　　D.□校园文化展示系统

10. 您所在学校采用的是下列哪种家校互通服务系统

A.□微信　B.□QQ　C.□短信　D.□其他

11. 您所在的学校是否签订光纤入班协议

A.□是　B.□否

若签订了，是与哪家公司签订的____________（移动、电信、联通），是否已经施工完成

A.□是　B.□否

四、学校目前终端配置的现状

1. 您所在的学校“生机”比是

A.□1∶1　　B.□1∶2　　C.□1∶3　　D.□1∶4

2. 您所在的学校“师机”比是

A.□1∶1　　B.□1∶2　　C.□1∶3　　D.□1∶4

3. 您所在的学校有多媒体教室______间，有计算机______台，有电子备课室______间，录播教室______间，多功能厅______间，学生用pad______个，智慧教室______间，学校LED电子显示屏______块。

五、校园安防系统现状

1. 您所在学校共有视频监控头______个，是否覆盖全学校

A.□是　B.□否

2. 您所在学校有以下哪些校园安防系统

A.□入侵报警　B.□出入控制　C.□电子监考　D.□电子巡更

E.□消防报警　F.□紧急呼叫　G.□紧急广播　H.□其他

六、教室终端环境现状

1.您所在的学校是否有班班通设备

A.□是 B.□否

若有，型号是______________；类型是______________。

2.您所在的学校教室终端含有下列那些设备

A.□教师机 B.□投影 C.□中控设备 D.录播监控摄像头

七、功能教室建设现状

1.您所在的学校是否有专递课堂教室

A.□是 B.□否

2.您所在的学校是否有电子备课室，开展网络同步教研

A.□是 B.□否

3.您所在的学校是否有名师课堂专用教室

A.□是 B.□否

4.您所在的学校是否有智慧课堂专用教室

A.□是 B.□否

5.您所在的学校是否有机器人教学专用教室

A.□是 B.□否

6.您所在的学校是否有3D打印专用教室

A.□是 B.□否

7.您所在的学校是否有“三模一电”（航海模型、航空模型、车模、无线电测）

A.□是 B.□否

8.您所在的学校是否有手工创作专用教室（木艺、陶艺、纸艺、布艺、书画等）

A.□是 B.□否

9.您所在的学校是否有影视创作专用教室

A.□是 B.□否

八、学校开展信息化应用现状

请简单描述你校开展信息化应用方面的情况：

学校智慧校园建设模块需求程度调查问卷

请根据实际情况依次由弱到强在下表中的需求程度上划√。

学校名称：

功能模块		需求程度
智慧教学环境	学校区域无线全覆盖	◎ ◎ ◎ ◎ ◎
	网络课堂(直播、点播课堂;名师辅导;在线答疑)	◎ ◎ ◎ ◎ ◎
	智慧课堂平台	◎ ◎ ◎ ◎ ◎
	"人工智能+"教学环境	◎ ◎ ◎ ◎ ◎
	电子班牌系统	◎ ◎ ◎ ◎ ◎
	电子校徽系统	◎ ◎ ◎ ◎ ◎
	无感知快速体检和运动量采集系统	◎ ◎ ◎ ◎ ◎
	录播教室(实时录播)	◎ ◎ ◎ ◎ ◎
	学生人脸点名	◎ ◎ ◎ ◎ ◎
	师生行为分析、专注度分析	◎ ◎ ◎ ◎ ◎
	协同教研(网络备课)	◎ ◎ ◎ ◎ ◎
智慧教学资源	STEAM创客空间	◎ ◎ ◎ ◎ ◎
	AI教室、电子阅览室、仿真实验室	◎ ◎ ◎ ◎ ◎
	题库、网络阅卷及成绩分析	◎ ◎ ◎ ◎ ◎
	网络学习空间人人通平台	◎ ◎ ◎ ◎ ◎
	学习资源智能推送	◎ ◎ ◎ ◎ ◎
	教学资源智能推送	◎ ◎ ◎ ◎ ◎
	3D打印教室	◎ ◎ ◎ ◎ ◎
	机器人少儿编程教室	◎ ◎ ◎ ◎ ◎
	AR/VR教室	◎ ◎ ◎ ◎ ◎
	书法教室	◎ ◎ ◎ ◎ ◎
	名师工作室	◎ ◎ ◎ ◎ ◎
	教育管理(智慧教务、智慧校务、智慧办公)	◎ ◎ ◎ ◎ ◎

<table>
<tr><th colspan="2">功能模块</th><th>需求程度</th></tr>
<tr><td rowspan="6">智慧校园管理</td><td>教师队伍建设(教师管理、研修、成长档案、教师培训)</td><td>◎ ◎ ◎ ◎ ◎</td></tr>
<tr><td>教育改革管理(生涯测评系统、走班排课系统、考勤管理系统)</td><td>◎ ◎ ◎ ◎ ◎</td></tr>
<tr><td>远程巡课及平安校园建设</td><td>◎ ◎ ◎ ◎ ◎</td></tr>
<tr><td>办公OA</td><td>◎ ◎ ◎ ◎ ◎</td></tr>
<tr><td>家校互通平台</td><td>◎ ◎ ◎ ◎ ◎</td></tr>
<tr><td>基础设施(校园网、数据中心、终端)</td><td>◎ ◎ ◎ ◎ ◎</td></tr>
<tr><td rowspan="2">基础支撑</td><td>基础支撑平台(平台规划、教育基础数据库、身份认证中心数据交换中心)</td><td>◎ ◎ ◎ ◎ ◎</td></tr>
<tr><td>网络安全管理</td><td>◎ ◎ ◎ ◎ ◎</td></tr>
</table>

第三章 智慧课堂建设

当前，云计算、物联网、大数据、人工智能、区块链等新一代技术与教育领域结合得更为紧密。创客教育、智慧教育、未来教育等一系列新概念在不断更新着传统教育的教学观念。从整齐划一到兼顾个性化表达，从注重掌握知识到关注解决问题。信息技术的迅速发展不仅成为推动学习方式变革的强大外力，更成为智能社会发展新型育人模式的内生动力。

第一节 课堂教学进入变革时代

课堂作为学校教学活动的基本载体，作为培养人才主渠道，日渐成为学校教育信息化关注的焦点。在当今教学过程从关注知识传授到注重解决问题，人才培养途径从强调整齐划一到侧重创新能力发掘，学习型社会对学校的教学质量和人才培养方式提出了新要求。探索出基于信息技术的新型教育教学模式与教育教学服务供给方式，正成为当下教育发展面向教育现代化、面向未来教育的强烈诉求。

一、传统课堂面临新挑战

传统课堂教学是指教师以班级为单位，给学生集体讲授知识和技能的全过程。相对“个别教学”而言，传统的课堂教学也称作“班级授课制”。胡庆芳等[1]曾对传统课堂教学的标准化过程做过这样的描述：“教师按照教案里的步骤，逐

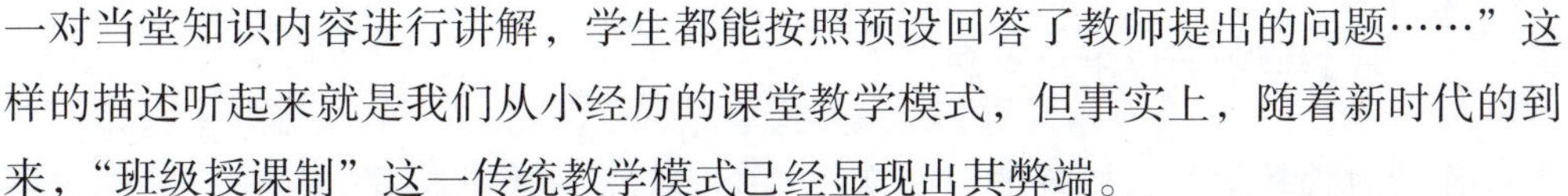

一对当堂知识内容进行讲解，学生都能按照预设回答了教师提出的问题……”这样的描述听起来就是我们从小经历的课堂教学模式，但事实上，随着新时代的到来，“班级授课制”这一传统教学模式已经显现出其弊端。

（一）学情分析缺乏数据支撑

由于课前没有渠道去了解学生对相关知识的掌握情况，传统课堂中教师对于学情的分析与教学的预设得不到动态数据支撑，完全是依赖教师已有经验，这就导致教师只能靠平时积累的主观印象和感觉，难以对每个学生的具体特点和学习需求做出准确判断。这种模糊而缺乏针对性的学情分析和教学预设必然是“粗放式”的，其达到的效果也是大打折扣。

（二）教学过程难以照顾个体差异

集体授课模式下，全体学生采取统一的课程标准和学习进程，并用相同的考试评价进行评测。这个做法本身就忽视了学生的个体特征，违背了学生个性化学习规律。在这种标准化模式下，根本不可能照顾到每个学生的个体差异，完全不能满足数字化新生代的教育与学习的个性化学习要求。

（三）学习过程受到时空限制

大多数不住校的学生放学后各自回家，当他们在课外完成作业遇到问题时，缺乏与老师、同学沟通交流的有效手段，不方便随时向教师和同学进行信息交流和互动，不能满足学习型社会“人人皆学，处处能学，时时可学”需求。

（四）缺乏人际协同

班级授课中通常是灌输式教学，要求学生只能跟着教师的进度去听课，按照教师要求完成课堂任务，只能进行单向师生互动。课内学生间没有相互协作、学习交流，学习效果十分有限。当学生遇到问题时，不能尝试合作探究，使得学生在课上获取信息的渠道受阻，具有很大的局限性。

（五）学习评价及反馈滞后

为了检验学生是否掌握了课堂知识，教师会采用个别提问、随堂练习、课后作业等方式。前两种评价方式是通过个别学生的情况来评判全班学生的学习情况，结果必然是片面的。而课后的作业批改和讲评要等到第二天教师批改完作业以后才能反馈到学生手中，使得评价信息反馈的时效性无法保证。

传统教学的三个中心“以教材为中心、以课堂为中心、以教师为中心”的教学理念和方式，导致出现传统课堂教学与“互联网+”背景下，形成性教学评价体系不相协调现象。

二、智慧课堂的提出与兴起

作为教育教学的重要阵地，课堂教学中的信息技术的构建与应用，是师生感受智慧科技最为直接，也是最为常见的一个情境，因而也成为推进智慧教育、构建新型课堂教学模式的基础手段。

（一）智慧课堂的提出

教育的最终目的在于培养人才，而贯穿这个过程的始终的是一节节课程的讲授，而课堂正是连接学生和民族未来的纽带。当下，智慧课堂的出现作为智慧教育理念实现的重要途径，已成为面向未来教育的目标追求[2]。

从中国知网CNKI数据库中以“智慧课堂”为关键字对文献进行检索和分析，可以看出智慧课堂早期研究更多使用的是基于教育视角[3]的智慧课堂概念。其中，靖国平[4]最早提出了“智慧课堂”概念，他认为课堂教学的过程不仅是知识的单向传输，更要注重培养“智慧”生成，教育的最终目的在于将知识内化为智慧；吴晓静等[5]提出，智慧课堂教学模式是在课堂教学过程中的教学内容和教学策略等，均以促进学生的智慧发展为最终目的，并将之贯穿教学预设、教学实施和教学评价的整个过程。可见，智慧的发展必须要依托相应的学习环境下，故智慧课堂在助推新课改、促进知识转化过程中担负着非常重要的使命。

（二）信息化背景下智慧课堂的兴起

智慧课堂能够全面、快速发展，是以信息技术为其构建了富有智慧的学习环境为前提。基于信息化视角的智慧课堂源于2008年IBM提出的“智慧地球”（Smarter Planet）战略，此概念在全球迅速得以广泛应用，并随之引出了“智慧城市”“智慧教育”“智慧课堂”等新概念。国内最早建设“智慧课堂”的是2010年上海市虹口区推出的“电子书包”项目[6]，由于电子书包改变了传统的教学模式和学习方式，故这种课堂被称为“智慧的课堂”。张彤[7]指出，赋予“智慧”的技术可以应用在校园建设的诸多方面，如智慧课堂、虚拟学习、智慧图书馆等。自2013年起，研究者陆续对信息化“智慧课堂”进行了理论探索，如林利尧[8]对基于电子书包的“智慧课堂”系统进行了研究；赵辉等[9]设计了智慧课堂教与学系统；唐烨伟等[10]指出，智慧课堂有效促进了智慧能力的培养。中国知网CNKI数据库文献检索结果显示，2015年以后，信息化“智慧课堂”呈现井喷式发展。

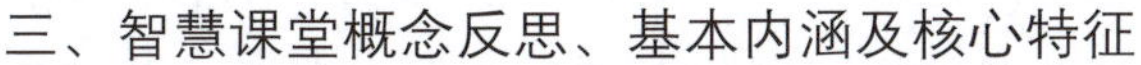

三、智慧课堂概念反思、基本内涵及核心特征

（一）智慧课堂概念反思

从各自不同的视角出发，梳理当前诸多智慧课堂的概念发现可以大致分为以下三种类型。其一，基于教育学视角，认为智慧课堂是主动发现生活中的问题，通过合作探究的方式最终解决问题，能够有效处理“过程与结果”“直观与抽象”“情境性与知识系统性”这些要素之间的关系[11]；或是“通过创建一定的课堂学习环境而实现学生智慧全面、可持续发展的课堂”[12]。在此种意义上，智慧课堂强调通过教学实践获得智慧的方式，进一步培养学生智慧的生成，已达到“转识成智”的目的。[13]其二，在心理学视角下，智慧课堂是培养学生创造性思维能力和解决问题能力的课堂[14]。这表明智慧与能力是有关联的。因此，基于智慧课堂不再是知识单向传输的学习活动，而是通过运用知识解决问题来促进学生的心智改变，依据不同类型的教学活动培养学生相应的心智能力。由此看来，人的能力的形成与发展在一定程度上体现其智慧程度。相应地，智慧课堂就要围绕学生能力的提升与智慧的生成而进行。其三，在信息化视角下，智慧课堂指“利用大数据、云计算、物联网等新一代信息技术打造，能够实现课前、课中、课后全过程应用的智能、高效的课堂”[15]。也就是说，信息化视角下的智慧课堂是以提升教学质量的课堂为目的，结合现代信息技术为学习者创设符合新型教学理念的学习环境，从而实现课堂教学以及学生学习的智能化。这类智慧课堂的概念有四十多种，大体上可分为四个子类，即基于物联网技术应用的、基于电子书包应用的、基于云计算和网络技术应用的、基于技术支持的课堂目标分析的[16]。这些定义的形成与技术的发展与应用紧密相关，相对而言具有较强的主观性，强调环境对课堂的影响，突出物联网、大数据、云计算等技术化手段在课堂中的作用。

这些定义无论是基于心理学视角、教育学视角还是信息化视角，都从智慧不同层面的理解和对智慧与课堂的关系的认知出发，较好地对智慧课堂的内涵与外延进行了界定。不过，这些界定在方式上还存在各自的局限性（如界定出发点不同），在三类视角下各自有关于智慧课堂概念的不同侧重点。教育学视角下侧重通过教学实践促进学生智慧生成，其中智慧意指高效互动的活动状态。心理学视角下侧重学生解决问题能力的形成与发展，这里的能力相当于智慧。信息化视角下侧重智慧的环境创设，其中智慧指富有智能化的技术运用。正因如此，三种类型的概念分别描绘了智慧课堂的不同侧面，未能完全、准确地描述智慧课堂的内涵与外延。更为重要的是，关于智慧教育概念的界定起点立足于对“智慧”一词的理解以及对智慧与课堂之间关系的把握，在一定程度上忽视了课堂以教学活动育人的基本立场，从而导致智慧课堂的概念弱化了课堂的育人功能，并且难以充分地体现课堂中教学活动与学生发展之间的内在关联[17]。

（二）智慧课堂的基本内涵

在分析已有智慧课堂概念的基础上，立足“以教学活动育人”可以更好地突出“育人”这一核心价值，智慧课堂的本质也可以得到更为准确地描述。与传统课堂相比较，智慧课堂一方面更加强调课堂所具有的智慧特性，尤其着眼学生的智慧生成；另一方面，更加注重信息技术对于课堂产生的驱动作用，在人工智能时代突出的表现是以信息技术的智能化运用为标志。由此看来，智慧课堂的内涵集中表现在以下两个方面：

1.智慧课堂本质上是充分激荡智慧的育人课堂

要理解智慧课堂的本质，就要追本溯源，体悟智慧的内涵，才能感受课堂中“智慧”的魅力所在。智慧的内涵非常复杂。一是认为智慧是完满的知与全知，表现为在知识领域拥有极高的造诣。二是认为智慧可以策略地指导实践活动有效展开。此外，智慧还具有反思性、批判性和创新性[18]。由此看来，智慧是活动主体基于丰富的知识而生成的，可以有效地处理实践活动的策略性品质，并表现出特有的反思性与创新性。将智慧的含义引申到智慧课堂的概念中，实际上进一步明确了课堂的智慧特性，这就要求智慧课堂更加完美地激发与显现课堂的智慧特性。智慧课堂要充分地激荡智慧，需要引导学生掌握丰富而完整的知识，为激发学生的智慧而做好充分的准备；也需要师生更加灵活、策略地创设与参与教学活动，实现教师高效教与学生高效学；还需要师生更加有效地评价与反思教学活动，通过“以评促教”与“以评促学”，从而创生出更加高效地促进学生发展的教学活动。显然，虽然智慧课堂是因信息技术深度嵌入教学活动而来的，甚至完全改变了课堂的形态与时空，但是还没有改变在教师的引导下学生利用课堂环境及资源开展学习的基本做法，仍然以人的生成和完善作为教学活动的出发点。当然，由于信息技术的深度嵌入，智慧课堂更加凸显了学生的智慧生成，进一步完善了由知识掌握、能力发展、情感激发、智慧生成等而构成的教学活动功能促进“链条”。

2.智慧课堂形式上是智能化运用信息技术的课堂

实际上，智慧既是一种目的，也是一种手段[12]。从智慧是一种目的的角度看，智慧课堂本质上是充分激荡智慧的育人课堂；从智慧是一种手段的角度看，智慧课堂形式上表现为信息技术的智能化运用。智能化指运用技术手段使得事物具有自动甚至“能动”地满足人的需求的属性。在智慧课堂中，信息技术的智能化运用就是利用互联网、大数据、人工智能等技术，使得课堂自动甚至“能动”地满足学生发展及教师引导学生发展的需求，进而更好地引导学生通过知识掌握、能力发展、情感激发、智慧生成等而发展自我。信息技术的智能化运用使得技术与人之间的关系更加偏向人这一端，可以更好地让信息技术服务人和发展人。莱文森认为“信息技术体现总体上是解放人、增加人的选择”[19]。课堂中信息技术的智能化运用极大地提升了师生使用信息技术的方便性、快捷性和灵活性，进一步清除师生因对信息技术的理解与感知不足而造成的操作性障碍，从而增加了师生在教学内容及课程资源、教学组织形式、教学方法与手段等方面的选择性，为满足学生发展及教师引导学生发展的需求而赋予更多的机会与创设更大的空间。这有利于师生更多地以技术控制和运用主体的身份出现在课堂中，实现由以技术为中心向以人为中心的更大转向。在这个意义上，智慧课堂中信息技术的智能化运用具有特殊性。

第一，作为一种手段、一种工具，信息技术进入课堂不再是教师为了使用技术而使用技术或将技术强行塞入课堂的刻意行为，而是教师利用信息技术选择性地改善教学环节中的不足之处，将信息技术作为弥补课堂教学手段的辅助性工具，进而提升课堂的教学效果[20]。

第二，作为一种资源，信息技术可以为学生提供形式多样、种类齐全的学习资源；也可以根据学生的个体差异以及个性特点，为学生个性化地推送所需的学习资源，降低了学生被大量资源干扰、获取无效资源的概率，从而提升学生个性化学习的效果。

第三，作为一种教学方式，信息技术可以“自动”引领学生的发展，尤其是人工智能教师使得智慧课堂中通过信息技术引领学生的发展真正变为可能。人工智能教师可能承担批阅作业、诊断学情、评价能力等任务，在未来还会成为人类教师的互助同伴，与人类教师相互协作而构成未来教师共同体[21]。这就促使人类教师的角色由知识的传授者向能力的提升者、情感的孕育者、智慧的催生者转变，实质上更加突出人类教师利用信息技术激荡智慧的育人能力。

实际上，信息技术的智能化运用在实践中表现为信息技术与人的有机融合，使得作为人和世界联系中介的信息技术不断趋于“透明化”，与人的行为融合为共生的统一体，呈现出一定的特征。具体指技术与人的自然融合，当技术与人融为一体，“人类的知觉或身体经验通过技术中介而发生改变”[22]。因此，在智慧课堂中，活动主体通过与信息技术的有机融合而优化教学活动，同时，也通过信息技术这一中介从课堂情境中吸入信息而改变自身。也就是说，在实现人和技术深度融合的过程中，智慧课堂创设出具身化的课堂情境，而学生通过作为中介的信息技术有效地链接课堂情境，从而潜移默化地发展了自己的身体感知、认知能力、思维方式等。总的来说，激荡智慧的育人理念赋予智慧课堂内在的生命力，引导学生在知识掌握、能力发展、情感激发、智慧生成等方面充分发展。而信息技术的智能化运用丰富了该课堂的外在形式，充分提升了课堂育人的智能化水平。由此看来，智慧课堂是通过信息技术在课堂中的智能化运用，将人的智慧与技术智能融合为一体，引导学生充分发展的新型课堂形态。

（三）智慧课堂的核心特征

"互联网+"时代，基于物联网、大数据、云计算等新一代信息技术构建的智慧课堂相较于传统课堂，在信息技术与教学的融合创新及应用上具有重要的特色，其核心特征包括以下四个方面[23]。

1.教学决策数据化

智慧课堂始终以学校构建的信息技术平台为支撑，基于动态学习数据的收集和挖掘分析，对学生学习全过程及效果进行数据化呈现，使得教学过程从过去依赖于教师的教学经验转向依赖于教学中的客观数据，依靠数据精准地掌握学情，基于数据进行决策，方便教师有的放矢地安排及调整教学。

2.评价反馈即时化

智慧课堂教学中采取动态伴随式学习评价，即贯穿课堂教学全过程的动态学习诊断与评价，包括课前预习测评与反馈、课堂实时检测评价与即时反馈、课后作业评价及跟踪反馈，从而实现了即时、动态的诊断分析及评价信息反馈，重构形成性教学评价体系。

3.交流互动立体化

智慧课堂教学的交流互动更加生动灵活，教师与学生之间、学生与学生之间的信息沟通和交流方式多元化，除了在课堂内进行师生互动外，师生还可以借助云端平台进行课外的交流，在任何时间、任何地点进行信息交流和互动，实现师生、生生之间全时空的持续沟通。

4.资源推送智能化

智慧课堂为学习者提供了形式多样的富媒体资源，包括微视频、电子文档、图片、语音、网页等极为丰富的学习资源，而且可以根据学生的个性化特点和差异，智能化地推送针对性的学习资料，满足学习者富有个性的学习需要，帮助学生固强补弱，提高学习效果。

四、核心素养驱动下的智慧课堂走向

核心素养和智慧课堂是当今基础教育的两大热点问题，核心素养是从学习结果的角度提出的教育目标，智慧课堂是教育环境支持系统，探索二者在教学实践层面的深度融合意义深远。核心素养和智慧课堂是紧密联系在一起的，在人工智能等高新技术高速发展的今天，掌握和使用新技术既是进行核心素养教学的关键手段，也是培养学生核心素养目标的一个维度。而技术的学习只有在使用技术的过程中才能发生，教学实践中应该创造条件适当地使用教育技术和智慧教育环境。

（一）核心素养与智慧课堂深度融合的现实基础

核心素养及据此提出的学科核心素养不仅是对教学目标和教学内容的要求，更是在本质上提出了从知识本位到育人本位、从学科本位到学生素养发展本位的学习方式和教学模式的根本变革。2018年1月《普通高中课程方案和全部学科课程标准（2017年版）》发布，提出了各学科核心素养，把发展学生核心素养的课程理念和内容渗透到课程目标、课程内容、课程文本以及课程评价之中，这标志着以核心素养为培养目标的课程改革完成了课程转化的理论部分。所谓课程转化就是“将具有价值的抽象理念，依据教师教学与学生学习的原则，逐步规划成具体、可行的课程，以供教师有效教学、学生有效学习的过程”[24]。学科核心素养是核心素养在学科中的具体体现和细化，各学科教学是落实核心素养的一种重要载体，核心素养落地，就是要完成学科核心素养课程转化的教学实践。这种转化需要诸多条件的共同保障，其中，“智慧课堂”有望成为“让教师便利、让学生着迷的教学工具”[25]。技术视角的智慧课堂已经进入教学实践且在不断成熟，其友好性和低门槛使得师生可以在短时间内适应和习惯，智慧课堂正在从实验层面走向实践层面，二者的深度融合将有效促进学生的全面发展。过去，技术是一种“支持性”作用的辅助性工具，大数据、云计算、人工智能、“互联网＋”教育出现以后，教育信息化就不再仅仅是一种简单的技术支撑，而是与教育本身形成了深度融合，成为核心教学行为不可分割的部分[26]。

（二）核心素养与智慧课堂深度融合教学模式建构

建构“核心素养与智慧课堂深度融合教学模式”（简称深度融合模式）如图3–1所示，该模式按照教学发生的先后顺序分为课前精准教学设计、课中智能教学实施、课后泛在课堂延伸三大模块。

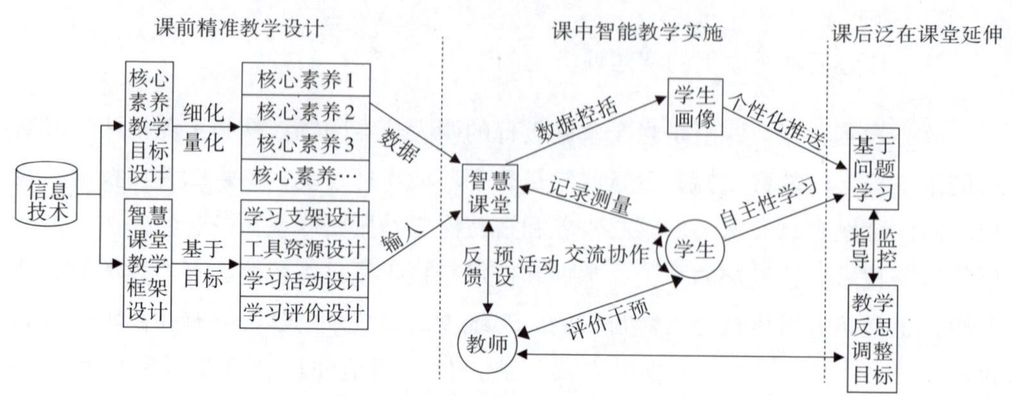

图3-1 核心素养与智慧课堂深度融合教学模式

1.课前精准教学设计

课前精准教学设计包括基于信息技术的核心素养教学目标设计和智慧课堂教学框架设计两部分。

核心素养教学目标设计。教学设计是从分析教学内容和学生基础、确立教学目标开始的，明确教学目标既是实施教学的逻辑起点，也是检验教学效果的重要依据。传统教学模式下，教学目标更多关注的是面向人才选拔的“知识与技能”的培养，在常规教学中，“过程与方法”基本上退化为讲授法，“情感态度与价值观”在教学目标中或表述不清，或流于形式。且由于缺乏数据的支持，“知识与技能”教学目标的确立主要依赖于教师对学生的了解和对学生答题情况的统计，这两类本应量化表达的教学目标在实际教学设计中的表述往往是模糊的。在核心素养与智慧课堂深度融合教学模式下，教师根据学科核心素养及深度学习各维度（认知、自我、人际三个领域）进行教学目标设计，确定培养学生哪些方面的能力和素养。在智慧课堂环境下，教师可以获得学生学习的连续性可视化数据，对核心素养各个维度分别进行“精准教学目标”设计。在对认知领域的核心素养目标表述中避免使用“掌握、了解、理解”等模糊词语表述。在对自我领域和人际领域的核心素养目标表述中，视技术的成熟程度可采用“量化”和“质性”相结合的“半精准教学目标”设计。如果拥有能对学习者的面部表情、客观行为（例如眼动、手势）以及声音等特征进行监测与预警的可穿戴数据采集设备，则可设置更偏向量化的教学目标。

智慧课堂教学框架设计。培养哪些核心素养，采用什么教学策略，选用哪些教学资源，是以核心素养为目标指向的智慧课堂需要重点考虑的问题，这需要程序化的核心素养教学过程框架，即通过智慧课堂进行核心素养教学的流程与规则。传统课堂教学是教师与学生通过纸笔和对话方式进行的一维线性交流，测量、评价、反馈、干预的实效性和精准性严重受阻，在对学生学习过程的评价和生成性的教学策略选取上有两个无法逾越的障碍：一是用抽样学生（以个别学生的问答）替代班级整体，二是以教师的主观感觉和经验替代学生练习结果的客观统计。前者通常会导致教师以偏概全，后者则容易造成重难点把握不准。智慧课堂将一维线性模式变成了“教师—技术平台—学生”之间的闭环立体交流模式，它具有多元性与选择性、即时性与交互性、生成性与发展性、泛在性与时空突破性、智慧性与创造性、虚拟性与真实性、趣味性与进阶性、可视性与友好性以及研创性等特征，可以彻底消除上述两种障碍，使得以静态、预设、单向信息传递为主的传统教学模式转变为动态的、生成性的和高互动性的智慧课堂教学模式。由于技术平台的上述特征，尤其是时空突破性特征，使得课堂形态已经发展到了任何人在任何地点任何时间可以学习任何内容的“泛在教育”模式，课堂含义大大延伸。故智慧课堂教学框架的设计应该考虑课前、课中及课后的“泛在课堂”三个教学过程。基于核心素养教学目标，深度融合模式设置了学习支架设计、工具资源设计、学习活动设计、学习评价设计四个栏目。

第一，学习支架设计。支架式教学是以维果茨基的“最近发展区”理论为基础的一种新的建构主义教学模式，它是指针对学生学习过程中可能遇到的问题，教师通过提供起支撑、承载、联结等作用的支架[27]，把管理学习的任务逐渐由教师转移给学生自己，最后撤去支架。类似我们常说的“授人以鱼不如授人以渔”和“教是为了不教”，就是要培养学生学会学习和维持学术意念的能力。在支架教学中，教师作为文化的代表对各个教学环节进行控制、管理、帮助和指导，使学生掌握、建构、内化那些能使其从事更高认知活动的深度学习能力。典型的支架包括：情境型支架，设置情境帮助进入学习；问题型支架，创设问题情境，引发思维；实验型支架，演示实验、学生实验、家庭实验等；知识型支架，主要是提供评价和产生新的经验和信息的框架；程序型支架，是指做事的顺序；策略型支架，指在不同教学条件下，为达到不同教学效果所采用的手段和谋略；范例型支架，指典型事例和范例；训练型支架，指通过指导和练习强化学生认知理解，提升学生学习能力[28]。在智慧课堂环境下，教师在进行支架设计时要充分考虑技术手段在教学中所起的作用。

第二，工具资源设计。智慧课堂是在信息技术支持下所构建的个性化、智能化、数字化的课堂学习环境，信息化技术工具的使用和全球化教育资源的整合共享是智慧课堂的突出特征。信息技术工具的选择包括人工智能、虚拟现实、增强现实、物联网、可穿戴设备、移动终端等硬件工具，也包括如图形计算器、几何画板、思维导图、电子教材、各类题库系统、教学动态数据和教育管理信息等各种支持学科教学的专用软件工具和网络资源。秉承智慧教育“开放共享”的理念，学校或个人可以通过引进、购买、交换或自建等多种方式，实现全球范围内优质教育资源的无缝整合与无障碍流通[28]，如慕课（MOOCs）、网易公开课、可汗学院公开课、个性化题库、教师自建微视频、多媒体课件等。当然，智慧课堂对传统课堂是向上兼容的，并不排斥传统的有利于学生学习认知的工具和资源。

第三，学习活动设计。课堂教学是由一系列的教学活动串联而成的，按照建构主义学习理论，认知和学习发生在各个活动的任务完成或问题解决的过程之中。深度融合模式主张在教学过程中更多地设计基于项目的活动、基于问题解决的活动、实景体验式活动等以学生为主体、教师为主导、技术平台为手段的教学活动。从时间跨度上讲，设计教学活动时应注意包括课前、课中和课后三个时段，课前活动如教师发布微课、课件、文本、图片等教学资源，学生进行预习、讨论、分享等；课中活动如课题导入、合作探究、展示与分享、实时测评与反馈、精讲与点评等；课后活动如个性化练习、交流分享、在线答疑等。

第四，学习评价设计。如果说教学目标既是一节课的出发点，又是归宿，教—学—评则是基于目标展开的专业实践[29]，学生的学习能力和学习兴趣往往不是教师教出来的，而是好的评价评出来的，有教必须有评。好的教学评价，有利于帮助学生产生学习兴趣、提高自我效能、激发学习动机、客观认识自我，进而达到“以评促学”之目的，教师在设计教学内容时要注意把评价内容考虑进来。教学评价按照评价方式分为形成性评价和总结性评价，按照评价功能分为工具性评价和诊断性评价，按照评价性质分为量化评价和质性评价，按照评价主体分为学生自评、同伴互评和教师评价。为了促进学生核心素养的发展，在深度融合模式中，强调更多地使用符合教—学—评一致性的形成性评价、诊断性评价。课堂中生成性的量化评价因“智慧课堂”中的物联网、云计算、大数据等信息技术而成为可能，为教师对学生学习效果的把握、教学策略的选取提供了“精准”（即时、准确）指导。由于教育面向的对象是有主观能动性的发展的人，对于分析、评价、创造、元认知等高阶思维能力的达成状况必须要结合质性评价方式；从评价主体的角度，深度融合模式建议多种评价方式配合使用。评价的设计要注意发展性、科学性和一致性，要注意培养学生善于提问的好奇心、坚持科学实证的责任心、勇于批判质疑的好强心、积极自我反思的进取心以及尊重自然科学的敬畏心，使学生从多角度的思辨之中，以科学严谨的态度和勇于担当的责任去理

解科学、社会与个人之间的关系。

2.课中智能教学实施

创造性思维能力绝对不是学会知识转化为能力培养出来的，而是学生自己会发现、会构想、会综合应用形成的[10]。深度融合模式正是致力于借助技术平台创设学习环境，真正促进学生主动建构学习的发生。基于课前精准教学设计，进行以学生为学习中心、以核心素养为目标导向、以教学活动为线索、以智慧课堂为技术支持、以教师为促学者设计智慧课堂的教学实施。由于智慧课堂的闭环互动交流模式的诸多特征，教师可以实现精准测量、精准评价、实时反馈、精准干预、精准预测、个性推送、真实情景模拟等教学活动。如表3–1所示，教师、技术平台、学生在教学实施过程中具有不同的角色分工和作用。

表3–1　教师、技术平台、学生在教学实施环节中的作用

项目	教师	平台	学生
作用	组织、引导、指导、管理、评价、讲解等	数据采集、数据挖掘、可视化分析、个性化内容推送、学习效果预测与评价、测量、反馈、记录学习行为、提供学习资源、辅助教学决策、知识分类、教学管理与服务、教育信息管理、教学分析与评价等	团队合作、自主学习、主动建构、发现与归纳问题、综合运用、讨论、分享等

3.课后泛在课堂延伸

传统教学中教师面向全体学生统一布置作业，不同学生的学习情况不同，必然会有大量无效或低效的重复性劳动。虽然也有学校和教师尝试进行分层次教学，但通常只能模糊地将学生分成几个等级，很难及时地把握和顾及每个学生的个体差异，且极易造成学生的心理失衡。基于深度融合模式中的教学分析与评价，平台自动为学生推送个性化的复习资料和学习资源，学生课后可以在平台上自主学习，独立完成个性化作业或合作完成小组任务，并与教师或同学在平台上进行交流、讨论、分享、总结反思、提交作业、反馈问题等。同时，教师则通过各类生成的结构化数据进行个性化辅导、针对性教学、指向性资料推送，并进行教学反思、技术改进，以及改善教学方法和制订下一步的教学计划。

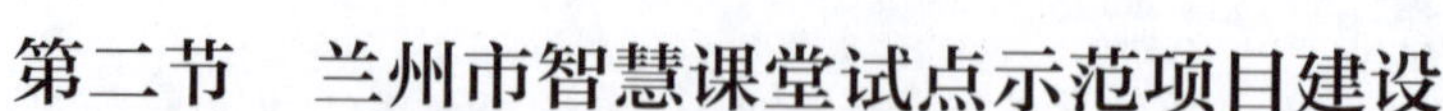

第二节　兰州市智慧课堂试点示范项目建设

智慧教育是当前我国教育信息化研究的热词，有学者将其称之为教育信息化发展的新形态、新境界、新阶段[12][30]，将智慧教育研究提到了相当高的高度。利用信息化手段将课堂教学、资源平台、应用软件、智能硬件和大数据有效组合在一起，让其更好地为教学服务。综观我国当前学术研究与一线教学，各类智慧课堂教学模式层出不穷，对教学起到了一定的促进效果。

一、国内智慧课堂发展现状分析

尽管智慧课堂教学模式百花齐放，但众多一线教师与研究者们仍然难以明晰智慧课堂教学模式究竟何如。于是，我们不得不进一步追问两个基本问题：一是，现有的各种类型的智慧课堂教学模式适用性如何？或者说，各种模式是否有其适用的边界？二是，从整体上看，智慧教育发展具有阶段性，从局部来看，各地智能化或信息化发展程度有较大差异，那么，与之相对应的智慧课堂教学模式在不同阶段所呈现的样态是否有差异？如果有差异，是否存在进阶式发展的可能？其实践进路如何？进阶式进路的探讨，或许可为当前中小学校从传统教学向智慧教学转型提供可能性发展路径。

（一）智慧课堂发展的阶段性特征

影响智慧课堂发展的两个特征要素

智慧课堂是智慧教育的特定产物，是一种新型课堂表现形态。由此可以看出，信息技术与教育教学的融合发展不仅是其区别于传统课堂的根本特质，也是智慧课堂发展的重要标志。具体到智慧课堂实践层面，智慧课堂具备两大特征要素，一是智能化技术，二是智慧化教学。智能化技术与智慧化教学是相互交融、相互促进、相伴而行的。智能化促进智慧化的发展，智慧化引领智能化的进步。

1.智能化技术

《教育信息化2.0行动计划》将智慧教育正式写入官方文本，并指出智慧教育发展应依托各类智能设备及网络，这与前述智慧教育是教育信息化发展高端形态的思想是一致的。可见，智能化技术是影响智慧课堂发展的重要因素。尽管目前智能化技术对智慧课堂的变革性影响尚不显著，其与教育本真的地位之争也由来已久，但毋庸置疑，智能化技术的发展对教育教学已经并正在产生着深刻作用，技术的迅猛发展使得常规手段下难以完成的个性化学习、实景式学习、沉浸式学习、终身学习等理念得以真正实现。智能化技术发展呈阶段性特征，根据智能化的强弱程度，大致按照传统智能、人机协同、人机融合智能这一进路演进。

2.智慧化教学

之所以称之为智慧化教学，主要是为了与智慧教学、智能化技术加以区分。这里的智慧化教学主要指教学以学生作为人之主体的智慧（分析性、创造性、实践性智慧）发展为目标。根据智慧化教学的演进过程，大致呈现为传统智慧化教学、交互型智慧化教学、理想型智慧化教学等形态。传统智慧化教学可追溯至苏格拉底、柏拉图、孔子时期的智慧教学，以智者自知、仁者自爱等为标志，将认知、情感、文化、行为相统整；交互型智慧化教学则带有现代教育学的烙印，除了关注传统的智慧形态以外，还关注数字智慧这种新型智慧形态的培养与发展；理想型智慧教学则把信息技术作为智慧教学的内在要素和内生动力，信息技术不再外化于教学，而是与智慧教学其他要素处于共生状态，追求数字时代技术对学生智慧的极大支持与学生智慧的极大发展。

（二）智慧课堂发展三阶段

1.三阶段划分

联合国教科文组织（UNESCO）于2005年将信息技术与教育融合发展过程划分为起步、应用、融合与创新四个阶段[31]（如图3-2）：在起步阶段，一般以基础设施建设为主，信息技术只是作为一种辅助工具协助教师进行课堂教学，目前我国绝大部分中小学校已经度过了这一阶段；在第二阶段的应用阶段，主要体现为教育教学广泛利用信息技术来提升质量和效率，学校虽然已经具备了信息化基础设施条件，但缺乏足够的优质资源和先进的教育教学理念。我国部分中小学校当前正处于这一阶段；在第三阶段的融合阶段，主要体现为信息技术与教育教学的融合。在这一阶段，教师将信息技术与课堂教学充分融合，进行“以学生为主体”的教学设计，通过精心设计与引导，使学生在学习活动中习得知识，教师自身信息技术教学能力也得以不断发展。我国中东部经济发达地区的大部分学校已经进入这一阶段；在最后的创新阶段，信息技术和智能技术深度融入教育教学全过程，教学模式、教学组织等要素得以重构，技术的全面支持对教育教学产生了重大结构性变革。我国绝大部分中小学校目前距离这一阶段还有较大差距。

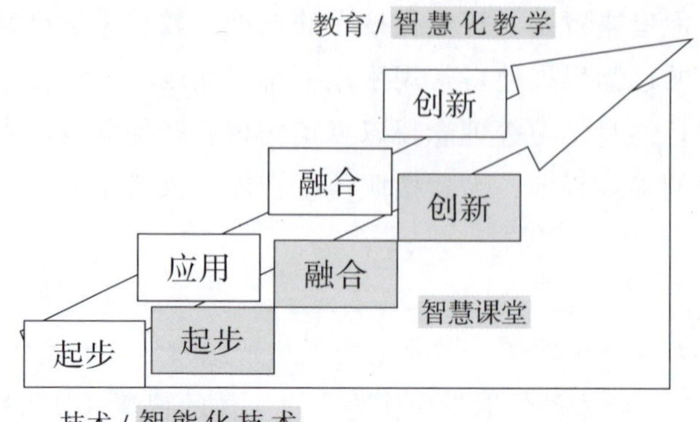

图3-2　信息技术与教育融合智慧课堂发展阶段

参照该发展阶段论，从智能化技术与智慧化教学两个维度，我们将智慧课堂发展过程划分为三个阶段：起步、融合与创新（如图3-2）。其中，起步阶段对应信息技术与教育融合发展过程的起步与应用阶段，这一阶段在智能化技术方面表现为配备常规多媒体网络教学环境，智能化程度稍低，初步具备交互功能（如，电子交互白板），智慧化教学方面表现为教师有改进教育教学方法、优化教学、培养学生能力的意识，但对智慧教学理念理解程度不足，难以真正提升学生智慧。目前我国绝大部分学校都处于这一阶段；融合阶段对应信息技术与教育融合发展过程的融合阶段，这一阶段在智能化技术方面表现为以智慧教室为代表的智慧学习空间初具规模，有云计算、大数据、人工智能等技术的支持，配备移动智能终端，师生可进行良好交互，智慧化教学方面表现为教师明晰智慧的含义，能够真正以学生智慧发展为目标开展教学设计，学生的高阶思维能力与问题解决能力在精心设计的活动中得以不断发展。我国中东部部分学校目前处于这一阶段；创新阶段对应信息技术与教育融合发展过程的创新阶段，这一阶段的智能化技术方面表现为以智慧教室为代表的智慧学习空间常态化，人机融合、深度态势感知、人机智慧和谐共生，智能导师助理（教育机器人）出现，智慧化教学则表现为以学生数字智慧即技术增强型智慧发展为目标，技术与教学深度融合，你中有我，我中有你，教学方式、方法手段等完全为理想教学服务。

2.阶段含义：兼具整体与个体发展之要义，根据《现代汉语词典》中“阶段”被解释为“事物发展进程中划分的段落”[32]。对于智慧课堂发展进程而言，这里的“阶段”至少有两层含义：一是有整体发展之意，即根据我国智慧课堂整体发展进程，可分为起步、创新阶段；二是有个体发展水平之说，鉴于各地各学校信息化（智能化）程度与（智慧化）教学理念的差异，作为个体的各中小学校智慧课堂发展水平不同。当前兰州市教育信息化发展已基本实现宽带网络校校通、多媒体教学设备班班通，基础设施建设成效显著；优质教学资源共建共享取得阶段性成果，智力资源共享初现端倪；教育信息化对基础教育综合改革和教育现代化建设的支撑作用日益凸显，全市教育信息化工作取得一定发展。但对比“互联网+教育”发展趋势及教育信息化2.0目标要求，全市基础环境建设发展尚不均衡，部分学校基础环境建设不能有效满足教育教学需求，创新环境与智能环境建设应用有待提升，区域间、校际间环境建设参差不齐。优质资源供给思路没有理清，地方平台与国家教育资源公共服务平台没能实现互联互通、协同服务，部分县区平台资源孤岛问题较为突出，资源供给服务范围及质量有待进一步提升。推进深化应用动力有待激发，信息技术尚未从影响教育发展的外生变量转化为内生变量，广大师生和教育管理者的应用动力和主动性有待进一步激发，信息素养亟须全面提升；启发式、探究式、参与式、合作式等教学组织模式应用尚未充分开展；创客、人工智能、STEAM等信息化应用探索开展有限，尚未形成区域特色，有待进一步落实推广。信息化的有效运维亟须保障，学校设备故障和受损频发，无法为教育教学和管理信息化应用提供有效支持，设备运维、更新升级、网络资费、教师培训、资源选购和应用研究等方面没有固定的、长期的资金支持等。

二、项目建设情况

为全面贯彻党的教育方针和完成立德树人根本任务，全面推进教育现代化建设，发挥信息技术对教育改革的支持引领作用，推进新时代教育信息化发展，结合国家“互联网+”、大数据、新一代人工智能等重大战略的任务安排，根据《教育信息化十年发展规划（2011—2020年）》《教育信息化“十三五”规划》《教育信息化2.0行动计划》《中国教育现代化2035》的要求，结合兰州市当前教育信息化发展不均衡、应用不深入、特色不突出等实际问题，制定本计划。旨在强调教育信息化的建设已经进入了新的发展阶段，强调以全面推进、深度融合、促进师生发展为导向。站在时代发展的角度，摒弃多年来以教育信息化“物”的建设为主而忽略“人”的发展的做法，根据学校实际情况调整理念，以应用为导向开展教育信息化建设。兰州市电化教育中心以党的十九大精神和习近平新时代中国特色社会主义思想为指引，贯彻落实全国教育大会精神，以立德树人为根本任务，坚持信息技术与教育教学深度融合的核心理念，按照需求导向、破解难题、特色鲜明的总体思路，构建高位均衡和可持续发展的兰州市教育信息化发展体系，推动教育理念更新、模式变革、体系重构，全面提升教育信息化发展水平和支撑服务能力，实现更加公平而有质量的教育。本着面向未来，育人为本的原则，面向新时代和信息社会人才培养需要，构建以学习者为中心的新型教育生态，促进学生全面发展，实现公平而有质量的教育。统筹规划，破解难题。加强系统规划，为所有学习者提供多样化的学习支持与服务，破解区域教育发展不均衡等难题，为办公平而有质量的教育提供解决方案。坚持需求导向，实现基于技术的教育教学创新和基于数据的精准管理，提升教育教学质量和教育治理水平，突破教育公平、个性化教育等难点。聚焦兰州市教育信息化发展核心问题，积极开展理论与实践探索，总结经验。探索兰州市"互联网+教学"模式，建设智慧课堂项目示范校，依托高校研究力量，支持教师更好地以各类数字教学资源应用为基础组织实施教学，建立以学生发展为本的新型教学关系，构建基础型、拓展型和创新型课程体系，探索翻转课堂、基于互联网的自主学习、互动探究等新型教学模式，变革教学组织形式，为学生提供形式多样的学习机会和学习内容，改进教师教学方式和学生学习方式。

（一）项目概况

兰州市中小学智慧教育融合应用试点示范项目2016年底启动建设，2017年遴选兰州市第五十六中作为试点学校运行，2018年被甘肃省教育厅立项为省级项目立项建设，新增兰州市外国语学校和兰州市城关区水车园小学2所示范校2019--2020年，兰州市智慧课堂试点示范项目范围持续扩大，新增示范校5所，智慧实验班17个。2021年预计在原来基础上再增加示范校2所，智慧实验班20个。

项目的开展实施是以配备设备的智慧班为单位，通过"云、网、端"的信息化手段，实现"三段式"教学新模式。智慧课堂以教学资源平台为支撑，依靠数据分析精准地掌握学情，方便教师有目标地调整教学节奏。智慧课堂教学的交流互动更加灵活多样，师生在自己方便的时间、地点进行交流和互动。智慧课堂平台除了开通教师、学生、家长模块，还专门为学校或者区域管理者开通专有模块，以网络大数据为支撑，教师教学行为数据和学生学习行为数据实现可视化，后台监管一目了然。

（二）资源平台介绍

1.智慧课堂是互联网+时代的移动教育教学解决方案，以云学习、大数据系统为依托，以知识库为基础、组件技术为核心，紧抓资源创新主线，能够快速开发出互动探究式学习资源的个性化学习系统、一站式教学平台，融合课前课中课后三个环节、校内和校外两个场景，为老师提供集备课、教学、测评、教研、交流为一体的一站式办公空间服务；为学生提供集上课、答疑、测评、交流为一体的一站式学习空间服务；为家长提供全方位了解孩子成长的互动空间服务；为学校提供集学校信息发布、教学教务管理、资源管理为一体的综合化管理空间服务。让老师、学生、家长之间的沟通跨越时间和空间的约束。

通过构建智慧教学的支撑环境，支撑优秀教师教学智慧的物化与传播，促进教师能力水平提升，提升教学质量；支撑学生开展自主、个性化、协作、泛在学习，让学生在学会知识与技能的同时，提升创新性思维能力，使学生轻松、愉快、主动、高质高效的学习，培养智慧型人才。

2. 智慧课堂集“智慧课堂云平台、网络环境及移动端工具”三大应用/工具为一体，通过智慧课堂PC客户端、智能平板APP及手机端APP可链接包含触控大屏终端、电子白板、电脑、平板电脑和手机等各类终端装备，通过“云、网、端”的应用，实现教室内多种终端设备的无缝连接和智能化运用，进而改变课堂结构，实现教与学的变革。

在上课过程中，教师的教学终端（教师平板、一体机、电子白板等）和学生平板间进行通讯与交互，教师及时通过大数据分析即时获取准确的学情信息。教学终端和学生移动设备的即时屏幕内容可以通过视频流的方式相互推送，教师可把教学资源推送到学生的移动终端。将课堂教学全过程行为数据全程记录，通过大数据中心计算处理后，形成新的教学资源，通过智慧课堂云平台实现资源云端共享，实现评价反馈即时化、交流互动立体化、资源推送智能化，全面变革课堂教学的形式和内容，构建大数据时代的信息化课堂教学模式。

❖ 教师端

教师端融合云计算、移动端（云+端）等多项技术，为教师全新打造集“备、教、改、导、管”于一体的应用工具。

教师备课模块提供多种优质的教学资源，教师可直接打开使用，同时可利用教师智能终端制作包括课件、微课等媒体资源，结合预习测试的发送与反馈，全面地了解学生的预习情况，合理调整预设与生成，满足常态化、个性化的备课与教学的需求。

借助于网络便捷的将教师端内容投射到大屏幕设备中，为教师提供实现教学课件无线投射、移动电子板书、课件（含动画、视频）播放、课堂互动、拍照讲解、移动实物展台和微课录制等方式的课堂教学应用，实现在教室任何角落的实时讲解。

基于作业发布批改模块，教师可完成预习作业、课堂测试、课后作业等教学任务的智能推送与批改，实现作业的布置与批改。同时，对学生完成任务的情况进行综合统计与数据分析，形成评价报告反馈给教师或者学生，为教师的教学和学生的学习提供数据依据，提高教学的整体效率。统计分析模块为学生课业学习、德育表扬、专项训练提供数据统计，教师可按照本周、本月，或自定义范围查看统计数据。

老师可以发布班级最新通知，与家长及学生进行发言交流，查看班级相册，共享资料。

❖ 学生端

学生端支持作业平台、错题本、好题本、学习成长、信息平台、互动课堂、家校互通等多种课堂内外的学习应用，课堂内教师可以分享相关教学资源，学生随时记录教师授课重难点用于学习；课堂外，支持学生在线完成教师布置的作业、在线观看教师推送的微课视频和其他有关资源，并实现包括开关机、输入法等在内的底层控制，使学生智能终端成为不折不扣的学习机。

❖ 家长端

家长通过移动终端登录，实现和学校、教师、学生的即时交流沟通，及时了解学生学习情况、老师评价等，增加亲子互动和家校互动，使学生家长更关心学生的成长和学校的发展，并同学校一起共同努力，为学生营造良好的学习环境。

❖ 管理端

从管理平台上，可以清晰地了解教师为学生布置作业、推送微课及素材的详情，为教学管理者的决策提供数据依据。

（1）查看各个学校老师使用电子书包平台备课次数、备课时长。

（2）查看各个学校老师使用互动课堂次数、互动任务数量、累计时长。

（3）查看各个学校、各个学科通过电子书包平台发布在线作业次数。

（4）通过学校管理平台进行本校学科管理，教师、学生管理以及校本教材、校本资源的管理。

（5）各项统计数据准备，完整，为教育管理及决策提供有力依据。

（三）项目进展情况

各项目学校领导都十分重视智慧课堂试点示范项目，成立了专门的工作小组，由校长任组长。结合本校实际情况制定了实验班教师管理、电子设备使用等相关制度保证设备最大程度发挥效用。积极尝试搭建集学习资源、移动终端、学习平台为一体的开放、互动、共享的数字化教育模式，构建数字化学习环境，尝

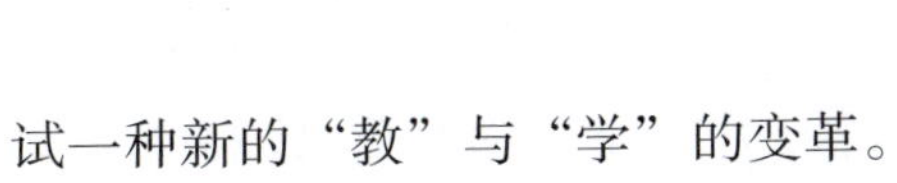

试一种新的“教”与“学”的变革。

案例分析：作为第一个试点的项目学校——兰州市第五十六中学

1.项目落地启动，助力教师成长

现代信息技术在教学中的应用，为教师与学生搭建了一个共同合作、教学互助的平台，是教学的助动力。为了使实验班教师尽快熟练设备的使用，市电教中心组织参与项目的教师针对两个不同品牌资源平台的相关功能，如激活账号，教师功能模块的使用，上课前的准备工作，如何利用资源平台组织课堂教学等内容举行多场次的教师培训。

作为第一个试点的项目学校——兰州市第五十六中学为项目的顺利实施做了大量工作，在制定实施方案之前下发了智慧课堂学生学习兴趣的调查表，根据需要设计出智慧课堂学生学习兴趣现状的调查表，发放教师调查问卷31份，回收问卷31份，有效问卷31份；发放学生调查问卷420份，回收418份，有效问卷412份。通过问卷了解学生的学习态度、学习方法，了解学生获得知识的途径和方法，了解学生自主学习时对学习机的使用方法和效果，从而初步了解试点校学生的学习现状。经过数据汇总分析：发现绝大多数学生对智慧课堂这种新型教育教学模式有较浓厚的兴趣，73.2%的学生听从老师安排，能够按照老师要求按时较好完成学习任务，课堂发言主动，对待问题时能主动地进行思考和想办法解决。课后能坚持经常复习，利用学习机有效进行课后知识拓展；15.5%的学生不但能按时完成教师布置的学习任务，遇到不会的问题还会通过学生终端询问老师、查找资源等，有学习小窍门。鉴于调查结果，联系教学实际，最终制定了实施方案。但也同时发现中学生课业负担较重，通过智慧课堂的实施，绝大多数学生产生了比较浓厚的学习兴趣，通过学习终端和老师同学积极交流。但由于学校课程资源开发较少，导致挖掘不深，仅停留在个别学科。在了解智慧课堂对学生学习兴趣的影响的基础上，领导小组会议确定项目进一步开展的三个关键点：智慧课堂对学生学习兴趣的影响、探究形成具有地区/学校特色的智慧课堂教学模式以及智慧课堂教学模式的问题改善策略。为促进项目在学校的积极推进，兰州市第五十六中学组织开展了多种活动。查阅资料、学习外校先进经验，定期业务学习，丰富自己知识水平。学校安排实验班老师到其他省市学校进行学习考察，同时多次邀请高级研究员到学校开展专题讲座，示范操作等教科研活动，将学习的先进经验带回来。结合学校的实际，进行教学研究，提升教师的教学能力和教育科研水平。组织课题组教师定期培训学习，组织教师观看名师教学录像，观摩、总结学习智慧课堂教学经验，印发学习资料，书写业务学习笔记。

深挖智慧课堂教学平台资源，丰富教学内容，开展形式多样的教学活动。

在语文学科方面，利用学生终端有效开展课外学习，拓宽学生阅读、诵读的视野，让更多的学生走进来，找到适合自己的阅读材料，同时开展“智慧课堂之‘经典内容我知道’征集活动”“‘颂经典’古诗词朗诵大赛”“课前诵读十分钟”等活动。通过组织学生有效利用学生终端读与说，增强学生自信心，学生读书积极性空前高涨。有的孩子还把自己喜欢的图书通过智慧课堂很好地分享给了其他同学。孩子们读书多了，积累多了，学习积极性也提高了，学风也就逐步形成了。

英语对话作为“诵读”的一个延伸，通过人机对话让更多的学生参与到不同的活动中。课题小组积极思考、研讨，共同努力开展 “智慧课堂英语角”“英语园地”“智慧课堂我们都来说英语”“英语竞猜”等一系列活动。通过以上英语活动的开设，我们发现孩子们学习英语也不再是满脸发愁的表情，越来越多的孩子课下会主动地通过学习机进行人机口语练习，单词记忆等。

班刊是学校的特色刊物。在班主任、各学科老师和全体学生的努力下，创设班级刊物。通过近两年的“班刊”创办，兰州市第五十六中学现有《金色少年》《花开的声音》《明天的太阳》《美文我最爱》等十余种刊物，每个班都有自己的特色。通过智慧课堂的实施，我们将学校的班刊电子化，用学习机的互联性很好地实现了学生课外学习资源的共享。学生可以随时随地通过学习机阅读同学写的优美文章，共同学习，共同进步！这一活动的开展提高了学生阅读的兴趣，习作的兴趣，提高了写作能力。学生习作、绘画作品经过班刊编委会审核后，才能通过智慧课堂提交在班刊发表。通过研究发现，每个孩子都有被认可的心理需求，渴望成功，希望自己的作品能够被老师、同学、家长赞扬与鼓励。在制作班刊的过程中，无形中提高了学生的审美能力、设计能力、动手能力和搜集整理资料的能力，同时满足了孩子们的心理需求。

每周一节的“智慧大讲堂”校本课程，授课内容由教师自己确定，教导处审核通过后，按照课程表上课。授课方式灵活，不再局限于一个老师只面对一个班，更多的时候一个授课教师会为两三个班，或者全校师生讲课；授课内容宽泛，教师授课内容不局限于教材，更多的老师选择课本以外的知识授课。例如：刘海军讲授的“通过智慧课堂如何来学习数学”，张亚莉讲授的“利用学生终端进行有效化学实验操作”，刘小锋讲授的“信息化2.0时代如何进行智慧学习”等，得到听课师生一致好评。授课地点随机，有时候讲授的内容针对年级性较强

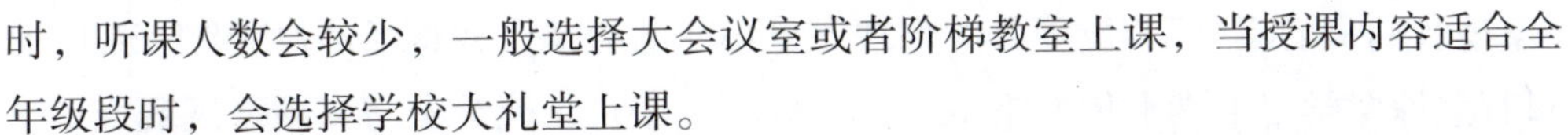

时，听课人数会较少，一般选择大会议室或者阶梯教室上课，当授课内容适合全年级段时，会选择学校大礼堂上课。

智慧大讲堂为教师提供了更丰富的展示平台，为学生提供了更多的知识面。师生交流逐步平等。孩子们喜欢多变的授课方式，对学习兴趣越来越大，为孩子们展示自己提供了更多的渠道与榜样。

各项目学校教导处也精心安排了实验班课表，使实验班授课教师之间有充足的互相学习、交流讨论时间，还专门组织建立了智慧教研组定期开展教研活动，细扣上课环节课，分享教学反思。教师利用丰富的信息化技术开展智慧课堂教学活动，引导学生进行互动讨论，开展小组协作、提交成果并展示。通过展示进行问题诊断，得到实时反馈。有效地甄别出需要“精讲”的内容。将原来的“由教定学”，变成了现在的“以学定教”，使教师从传统课堂中的知识传授者和管理者变成学习的服务者和促进者。

2.深入探索运用，学生受益匪浅

智慧课堂资源平台极大地丰富了教学资源，有效提高了学生学习积极性，给学生更大的发展空间，为每一个学生提供了展示自己的舞台；智慧课堂学习资源平台提供的便捷学习资源，能更方便地实现师生互动，为孩子学习提供了新的学习途径，新的学习方式。

智慧课堂也很好地激发学生学习兴趣，让学生处于兴奋状态，使学生对新知识有强烈的期待。对于电子设备辅助授课的新模式，学生表现出很高的积极性，简单培训之后就能熟练操作设备配合老师完成教学任务。以智慧课堂为手段，通过生机协作，师生探究，达成课堂教学任务，提高课堂教学效率，培养学生独立学习能力。

项目学校老师还巧妙设计了智慧课堂综合实践活动之体验性学习实验。学生综合实践活动体验性学习研究主要以班级为单位开展，由各学科实验教师与班主任协同策划、组织、实施、研究，充分发挥各自主动性和学科的优势。在项目实施过程中可将课堂延伸到教室外的校园中，甚至可以延伸到学校以外的家庭、社区机构、社会生活场所、科研单位等，深入到现实生活中的事件、现象与情境之中，密切教育与生活、学校与社会、教学与实践的联系。活动成果及时通过学习终端与网络空间进行资源共享，极大地拓展学生的学习活动范围，为学生全面、健康地发展开辟无限广阔的空间。

七年级学生开展智慧课堂小课题综合实践活动，主要活动场地在教室、校园内部。根据七年级学生认知水平组织“我是一名合格的初中生”“我爱我的学校”

"整理我们班的桌椅""垃圾分类整理"等小课题活动，并将活动过程照片及时通过智慧课堂学习终端上传网络空间，有效促进家长、社会参与互动。既锻炼了学生动手动脑能力，也帮助学生树立了爱国、爱你、爱我、爱大家的意识，逐步形成健康、正确的人生观、价值观。

在教师指导下，以学生为核心，组织八、九年级学生开展研学性综合实践活动。学生走出学校，走进田野、社区、社会，在体验中学习，在学习中体验，逐步积累成长经验，提高动手动脑能力，使学生健康成长。让学生充分体验全新学习方式，感受"智慧课堂"的奥秘，如探究、调查、访问、考察、操作、服务、劳动实践和技术实践等。学生通过实践活动，增强了探究意识和创新意识，学习科学研究的方法，提高综合能力。增进学生与社会的密切联系，通过亲身体验进行学习，积累和丰富直接经验，培养创新精神、实践能力和终身学习的能力，培养学生的社会责任感。通过社区服务与社会实践、多学科深层次的学科整合等综合实践活动的开展，帮助学生获得各种体验与能力，结合智慧课堂学习模式，形成适合自己的学习方式。

在研究实践中，项目学校教师致力于通过智慧课堂培养学生尝试相关知识的综合运用，实践科学结论，发现新的知识；培养通过多种手段、多种途径获取信息，以及运用科学方法分析处理信息的能力；培养创新意识，发展创新能力，获得亲自参与研究探索的积极的情感体验；培养了解他人、理解他人，与人沟通与合作的精神和能力；培养正确的科学态度和科学道德，发展对人、对社会的责任心和使命感。

学生各种能力大幅提高。资料收集技能：如倾听、观察的技能；记录、调查、提问的技能；文献检索的技能等。分析和推理技能：如辨别事物异同、识别文本的逻辑要素及其相互关系的技能；对文本的有效性、可靠性、相关性进行鉴别的技能；分类整理、归纳概括的技能。操作技能：如制作的技能、演示的技能、实验的技能等等。传达与交流的技能：如利用多种方式（如绘画、工艺制作、多媒体）有效地向他人展示和交流探究的成果的技能，均能在活动体验中得到锻炼与提高。

学生学习兴趣、习惯、态度、心理倾向等发展。如追求知识、爱好知识的浓厚兴趣和态度；相信自我、独立思考、敢于质疑的学习习惯；从实际出发、尊重事实、团结协作的科学态度与精神；不怕失败、勇于挑战、追求卓越、乐于创新的心理素质等等。

通过研究活动，实验教师改变了传统的角色。教师长期以来高高在上，"传道、授业、解惑”的地位发生了变化，教师从知识的权威成为平等参与学生的体验学习，指导学生在综合实践活动中体验学习，从知识的传递者成为学生学习的促进者，组织者和指导者。促进师生关系的改善和互动，体验性学习将学生吸引到综合实践活动中来，使教学成为学生生动活泼的自我需求，个体互动，教师的传统权威变成了教师与学生之间的合作、协调、共享，师生关系因而变得民主、平等、和谐起来。学生和教师一起获得了在活动中才有的体验性学习的乐趣、发现的乐趣、感悟的乐趣、创造的乐趣。教师转变了自己固守了几年甚至几十年的教学策略。在教学活动中，教师发生了四大改变：即由重知识传授向重学生发展转变；由重教师“教”向重学生“学”转变；由重结果向重过程转变：由统一规格教育向差异性教育转变。教师们在教学活动中，重在引导学生不断地提出问题，使学习过程变成了学生不断提出问题、解决问题的体验探索过程；重在指导学生收集和利用资源，帮助学生设计恰当的体验学习活动，并针对不同的学习内容，选择不同的学习方式，比如接受、探索模仿、体验等使学生的学习变得丰富而有个性，营造了支持学生学习的积极的心理氛围。

社会处处皆学问，哪里有生活，哪里就有学问。“放飞”学生，把生活引进课堂，把课堂引向生活，这才是智慧课堂教学模式所要达到的效果。在教师的引导、点拨下，让学生自由地思考、观察，自主地探究、发现与解决问题。

通过综合实践活动研究，孩子们在获得体验的同时，人生观、价值观得到升华。体验到了创造性学习的乐趣，各种能力也得到了有效锻炼与提升。

探究能力

调查活动中，学生首先学会留心观察，发现问题。有的学生每天在自己选定的地方观察半小时，观察环境状况、人们的环保意识与行为。学生还认真思考环境污染的危害、原因，人们的环保意识与环境污染的关系，如何改善环境状况。在思辨、评判中，对现实世界的探究意识与能力增强了。

交往合作能力

实践活动中，学生走向生活，进行采访调查，学会如何与人交往；小组同学分工合作，共同出谋划策，分享实践学习的酸甜苦辣，学会谦让、协调，又培养其团结合作精神。

信息处理能力

实践活动中，学生学会从智慧课堂学习终端、课外书、环保专家、电视、广播等途径中搜集资料，制成卡片，或输入学习机，并根据考察需要，对搜集的资料进行筛选与整理，提高了获取与处理信息的能力。

科学态度

有的学生为了验证水污染对动植物的危害，动手做实验，取不同河道的水养金鱼，从金鱼的存活情况看水污染的程度；有的学生在家长或自然老师的帮助下，取不同河道的水，测出沉淀物的量，绘制图显示水污染的程度；还有的学生站在市区主干道旁，统计了10分钟内的车流量，从资料上查到每分钟汽车排放废气量，计算出每小时城市主干道的废气量，一连串的数据，让人感到大气污染给居民生活带来的危害……学生在研究性学习过程中，学会认真踏实地探究，实事求是地获得结论，养成严谨的科学态度。

社会责任感

实践中，学生耳闻目睹了环境现状，为环境污染、为当今人们环保意识的淡薄、为未来人们的生存环境等深深忧虑，也深感只有提高人们的文明素质，环保意识，才能真正净化、美化环境。综合实践活动使学生学会关心自然与社会，学会思考人类、自然与世界如何和谐发展，形成了积极的人生态度。

创造性地搜集信息

实践活动中，学生在获取信息方面表现出极大的创造性。事先，我们只提醒学生从课外书中查阅资料，学生却广开思路，查书籍、看电视、听广播、问亲人、访专家，甚至上网搜集各种环保信息，丰富作文素材，积累语言，为语言的再创造（表达）做好充分的准备。

创造性地论证

学生在实践活动中创造性地运用多种表述和说明方法进行论证。

创造性地作文

以往作文，总是闭门造车，记事或写人，陈词滥调居多。参加完活动后，孩子们再写作文，也有话写了，能够把整个过程写完整。有的写记叙文，记述整个调查活动的经历；有的写调查报告，“问题的提出、调查的方法、统计的数据、问卷的情况、图像、调查后的思考”几部分组成，条分缕析，生动又有说服力；有的写《小河的哭泣》《鱼儿的对话》等童话，通过丰富合理的想象，批评人类对水资源的破坏；有的写倡议书，倡导人们保护环境；有的写演讲稿，以充沛的感情，真挚地呼吁人们保护环境；还有的以一组观察日记组成文章，形式新颖……

教学过程中所使用的电子书包在信息网络化环境提供的文字、影像等资源的共享，提高了学生的参与兴趣，达到了理想的教学效果。提高了学生有效收集、整理、应用信息的能力，从而达到了培养学生依托网络自主、探究、合作的新型学习习惯，提高了独立学习能力的目的。毋庸置疑，智慧教育的实践，学生是最大的受益者。平台的使用使学生们完成作业的质量明显提高，学生们也都很乐意、积极地完成作业。同时，学生在学习中得到成功的体验，各种能力也在活动中得到了提高。

3.推进常态化应优化教学生态

实验班教师通过总结和评讲学生“课前自学”检测情况作为上课的接入口，突出重点、突破难点，利用学习终端进行随堂检测，通过课堂测试，即测、即评、即导，迅速了解全班同学的知识掌握情况，就重难点和易错题着重进行讲解分析和巩固拓展，让老师的教学管理更高效，让教学更轻松、让学习更快乐、让沟通更便捷。通过一段时间的授课，兰州市第五十六中学结合自学·议论·引导教学法初步形成了“两环五步”（如图3-3）的兰州市初中阶段智慧课堂新型教学模式，即课前、课后两个环节以及“学、测、评、导、展”五个步骤。

图3-3　智慧课堂“两环五步”教学模式

智慧课堂教学模式提高了课前、课后两个环节的时效性，课中优化了“学、测、评、导、展”五个步骤的实施。“两环五步”的应用提升了课堂的宽度和深度，让老师的教学管理更高效，让教学更轻松、让学习更快乐、让沟通更便捷。

传统课堂是先教后学，教学结构分为课堂内与课堂外，课堂内完成知识传递，课堂外完成知识消化。而智慧课堂改变了这种教学模式，与传统课堂不同，先学后教。智慧课堂把过去教师上课知识传递的部分迁移到课前，让学生在课前预习，预习完在课堂讨论，不懂的问题首先由小组内同学帮助，还不能解决的问题由教师来辅导。课前，教师通过推送微课和配套习题等资源，将课堂内容前置，让学生带着对所学知识的了解和疑问走进课堂。同时，教师在对学情掌握并进行了二次备课的情况下走进课堂（如图3-4a、4b）。

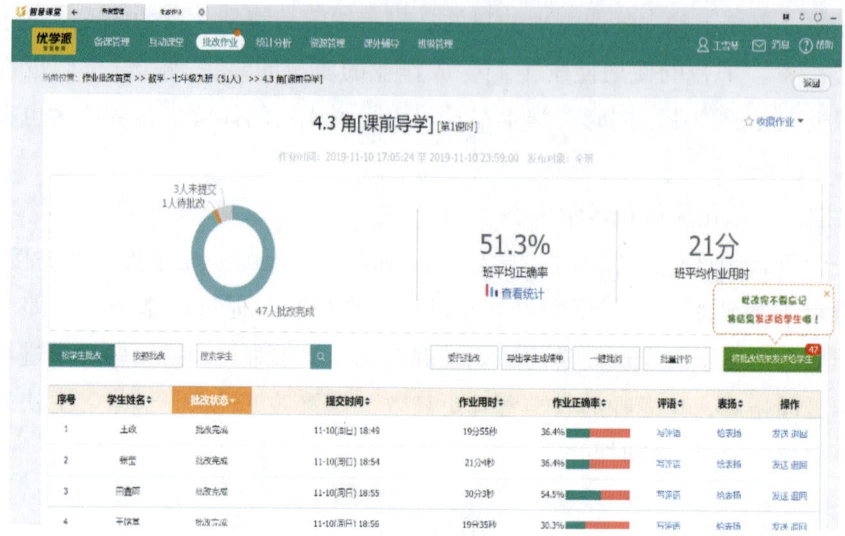

图 3-4a　智慧课堂课前测试统计情况

图 3-4b　智慧课堂课前测试统计情况

在课中，过去课堂上主要是知识讲解，现在是做练习，教师过去是主要是讲课，现在是做个性化点拨。通过大数据分析，多元学习评价和“云网端”模式下信息技术平台的运用，智慧课堂教学的要素及流程结构发生了重大变化。师生之间的互动交流更加丰富多样，充分体现了“互联网+”时代信息技术支持下课堂教学变革的趋势。围绕“以学生为中心”，注重“教”与“学”的互相渗透融合，构建“教学统一”的智慧课堂流程模式，在基于平台的教学互动中促进和提高学生发现问题、提出问题、质疑问题、解决问题的能力。智慧课堂资源平台构建创新型的高效课堂，为老师提供了全方位的智能化、多样化的备授课资源工具，大大增加了老师的备课效率。搭建的区域共建共享资源平台，协助学校创建校本、联盟和公共资源库，减轻老师备课负担。智慧课堂以学情分析为基础，优化教学设计，实现以学定教。通过资源平台向学生推送微课视频、学习课件、预习测试题等预习内容，通过数据分析精确地掌握学情信息，便于教师进行教学目标预设以及教学设计调整。在课中阶段，传统课堂教学就是教师讲课和提问，学生听课和部分代表回答问题。而智慧课堂教学中，关键是基于平台开展多种形式的师生互动、生生互动。主要包括：(1) 在情景创设上，可以采取多种方式创设学习情景导入教学课题。(2) 在课堂探究上，由教师通过信息技术平台下发新的学习探究任务和要求，并组织和指导学生展开合作学习，提交成果并展示。(3) 在评价反馈上，教师通过平台对学生的学习过程得到即时的诊断评价。(4) 在总结提升上，教师根据课堂探究和随堂测试反馈信息，进一步深化师生互动交流，培养学生的创新思维和能力。以总结和评讲学生“课前自学”检测情况作为上课的接入口，突出重点、突破难点。利用平台中的互助教学软件、互动题板、小组任务等功能进行知识的延伸、生生的互动、师生的互动以及随堂检测。通过这些活动，即测、即评、即导，提高了全班同学对知识掌握的深度和广度，也帮助老师再次掌握学生学情，以便调整下一步的教学（如图3-5a、5b）。

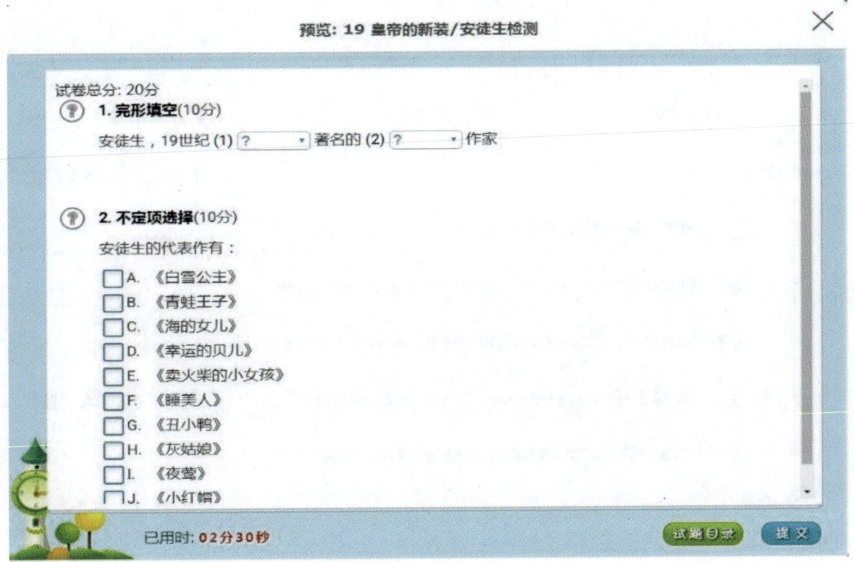

图3-5a　智慧课堂课中发布随堂检测

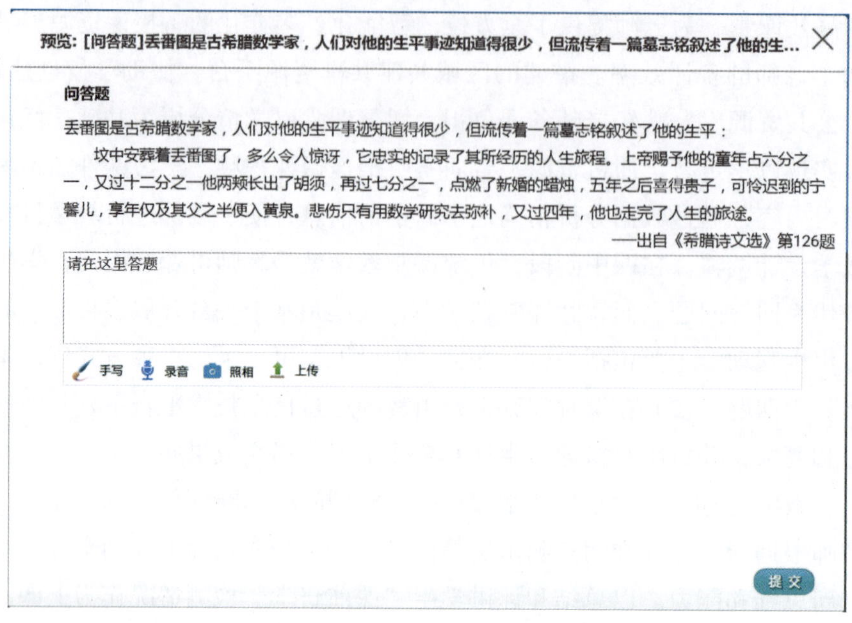

图3-5b　智慧课堂课中发布随堂检测

课后，通过发送分层作业，就重难点和易错题着重进行有针对性训练和巩固拓展，提高了课后环节的实效性（如图3-6a、6b）。

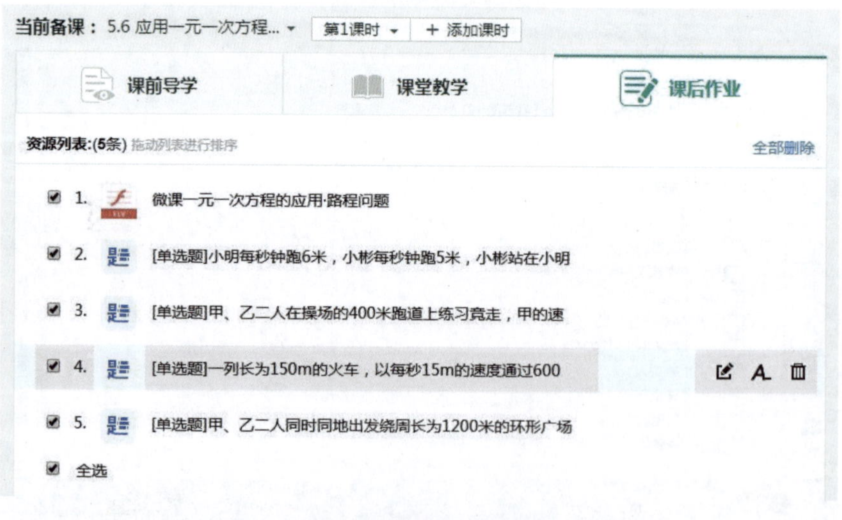

图3-6a　智慧课堂课后作业发布及批改

图3-6b　智慧课堂课后作业发布及批改

智慧课堂与传统课堂最直观的对比就是对于教学效果的及时反馈。每个学生在不同的智力水平下，所收获的知识和技能是有差异的。利用智慧课堂的数据反馈功能，能清晰地看到学生的收获曲线，能收集学生整体情况和个体差异的数据。教师通过对数据高峰值和低谷值的分析和比对，在讲解的环节中，精准地把握教学的短板、把握学生的所需所求，进行个性化的、科学的课堂讲练，建立科学的、务实的课堂。在大数据和小数据的催化作用下，实现课堂的精讲。

通过研究发现，采用学习终端、智慧大讲堂、综合实践等活动手段，可以激发学生学习兴趣，使学生始终处于良好的学习状态。使学生对新知识有强烈的期待，更能通过学习终端、智慧大讲堂、综合实践等各种活动培养学生多种能力，帮助孩子树立正确的人生观、价值观，提升正能量。学生每学期结束时，再把整本书认真研读一边，强化知识点的复习，并把整个学期学过的，每一个学科知识用一张树形图总结、归纳起来，方便系统复习，提高复习效率。这样可以加深记忆，使学到的知识温故而知新，更有利于逐步培养孩子们的抽象思维能力。逐步形成具有学校特色的智慧课堂教学模式，让学生浓兴趣、多活动、高效率，减轻学生课业负担，形成学校特色，提升办学品位，为在兰州市进一步推广提供实践基础。

4. 总结推广经验，发挥最大效能

为有效推动和提升中学教育信息化和智慧课堂应用的深度开展，项目学校更加积极主动地探索、创新，总结出了具有学校特色智慧课堂教学新模式。从2017年项目开展以来，电教中心牵头企业与各项目学校，每年举办一次智慧课堂校际观摩交流研讨活动，邀请专家讲课、外地名师送课，开阔眼界，打开思路，提高任课教师理论水平和信息化素养。

通过整理项目成果，我们发现通过智慧课堂学习终端的引入，极大地丰富了教学资源，能够有效提高学生学习积极性，给学生更大的发展空间，为每一个学生提供了展示自己的舞台。智慧课堂学习终端提供的便捷学习资源，能更方便地实现师生互动，为孩子学习提供了新的学习途径，新的学习方式。各种综合实践活动，让孩子们学会团队合作，帮助孩子学会仔细观察，认真研究，塑造了坚定的品质，形成了正确的人生观、价值观。通过每周一节的智慧大讲堂，加深了孩子对智慧课堂的理解，增加了积累，能够高效地实现学习的目的。在这些成果的基础上，我们逐步形成兰州市初中阶段智慧课堂教学新模式，并在项目试点校进行了推广验证。

（1）“智慧”指知识和能力，智力和非智力因素和谐发展。

我们通过研究发现，采用智慧课堂学习终端、智慧大讲堂、智慧课堂综合实践活动等手段，可以很好地激发学生学习兴趣，让学生处于兴奋状态，使学生对新知识有强烈的期待。通过智慧课堂学习终端、智慧大讲堂、智慧课堂综合实践活动等各种活动培养学生综合能力，满足孩子学习需求，帮助孩子树立正确的人生观、价值观，提升正能量。

（2）智慧课堂教学法：以智慧课堂学习终端为载体，以智慧课堂为手段，通过生机协作，师生探究，达成课堂教学任务，提高课堂教学效率，培养学生独立学习，课外学习的良好习惯和勤于动手，敢于实践的综合能力。

第一步，课前学习。这一步主要是让学生学会预习，要求利用学习终端，根据老师推送的知识点，完成课前的学习准备即可。

语文课，课前根据智慧课堂学习平台提供的学习资源，跟读一遍课文，解决生字、生词，读通课文。

数学课，通过学习机资源查找，了解本节课所需要的知识储备，全部掌握。

英语课，跟读单词、课文，利用学习机查找陌生单词注释，记忆并利用学习机预习检测进行自我测试。

其他课，课前利用学习机进行趣味学习，了解大概内容。

第二步，课堂学习。利用学习终端，教师及时推送探究任务，学生小组合作探究，将探究成果通过学习机网络终端全班展示，教师点评补充。在拓展提升环节设置抢答功能，学生可以抢答老师推送的练习题目，结果可以通过终端传到大屏幕，全班进行分析纠错。通过人机协作探究，充分调动学生的学习积极性，发挥学生的学习主体地位，达到了智慧课堂的高效率结果。

第三步，课后复习。在学习完课堂内容后，及时进行有效复习。查漏补缺，巩固所学新知识。此时学习终端将充分发挥它的电子设备优势，教师已经前置推送好了相关复习任务到学习机学生端，学生可以通过学习机进行及时复习，在完成老师的复习任务后，学有余力的同学还可以选择性地进行学习机学习资源复习。

第四步，每周拓展学习。学生每周六、日把一周来学过的内容再通过学习机知识回顾功能进行一次完整重现，将学习的知识点整理、总结、掌握，以利于下一步复习、巩固。学有余力的学生还可以将一周的学习成果以电子版的形式在学习机网络平台共享。

第五步，每月交流学习。要求学生每个月末，把一个月以来所学内容再一次利用学习机进行有效梳理，加深记忆。每月在老师指导下自行组织一次智慧课堂实践活动，或参加一次综合实践活动。让学生在实践活动中提高自身能力，提高学习兴趣，获取相应知识。

第六步，学期总结学习。要求学生每学期结束时，再把整学期内容通过学习机学期整合功能全面系统复习，强化知识点的复习效果，提高复习效率。

通过实验，参加课题研究的教师们也意识到，原来的课堂教学是比较落后的教学方式，已经不能完全适应学生发展的需要，应该及时地尝试新的、高效的教学方式。参验教师能够融入学生，站在学生的角度看待问题，组织教学。实现了以学生为主体、教师为主导的新型师生关系。智慧课堂学习终端教学资源的合理利用，搭起了师生沟通的另一个桥梁，师生互相学习，共同提高，传统意义上的教师教和学生学，逐步让位于师生互教互学，彼此形成一个真正的“学习共同体”。课题组成员和实验班教师全面记录教学和学习过程，积极参与对学生的调查，积累教学设计和学习过程的各种资料，大量参加教学研究活动还要求经常总结经验、撰写论文。教师通过积极实验、不断探索，积累了经验，使参与教师理论水平明显提高，教育教学水平得到了大家认可。

5.开展专项调研，推进项目建设

项目落地后市电教中心定期开展专项调研，在中心领导带领下，应用研究部工作人员深入项目学校，采取座谈、听课、电话采访学生家长等形式对项目实施的情况进行全面了解，及时梳理存在的问题，为进一步推进“智慧课堂”项目积累经验，制定下一步工作计划。同时收集学校、教师、学生、家长在项目开展过程中遇到的问题，并针对出现的问题提出了初步解决方案，保障项目稳定运行。

通过调研，我们可喜地发现，项目学校都能利用项目配发的电子化设备开展新型教学模式的尝试，改变了传统的教育理念，培养学生的自主学习能力，充分利用优质数字教育资源，使网络教学、智慧课堂实现常态化应用。尤其是电子书包的互动和作业统计功能，让教师可以全面、精准掌握学生的学习情况，从而及时调整教学内容，强化训练薄弱环节，提高了教学效率，为教学带来了巨大的帮助

（1）为教师的创造性教学提供了帮助

资源平台里的教学资源极大丰富了教学内容，并且教师根据实际情况增加或者删除部分内容，充分发挥教师的创造性，便于因材施教，提高课堂效率。

（2）有利于教师开展课后培优、补差的分层教学

使用电子书包创建虚拟电子小组，将不同层级的学生分到不同的小组，这样就打破了传统班级限制，实现了平台的统一管理。针对不同层级的知识点和难点录制微视频，进行细致讲解，推送给不同层级的学生，并配以相关的试题练习，让学生自主学习。

（3）提高学生学习兴趣，丰富课堂教学模式

相对于传统的教学方式，电子书包的互动题板、动画操作、抢答、随机抽查、小组互评等模式，大大丰富了课堂的乐趣性和生动性，激发了学生参与课堂的主动性。畅言教师机可以实现同屏操作，便于老师离开讲台，走近学生，与学生进行深度交流。英语的即点即读功能让学生接触到更纯正的英语语音，有效提高学生英语的听力水平和口语发音水平。语文识字教学用Flash动画播放，极大地提高了低年级学生的识字兴趣，激发了学生对语文课堂的热爱。音乐教学中的节拍视频深受老师和同学的喜爱。

（4）及时了解学生学习情况，提高教学效率

利用大数据全面掌握学生学习情况，及时调整教学内容，对薄弱环节强化训练，提高教学效率。其中点赞评价、攻克错题功能，让学生感受到成功的喜悦，对学生的学习起到了很好的激励和监督作用。家长通过智慧课堂资源平台系统及时掌握学生当天的学习情况，增进了家校之间的互动。

（5）储存教学内容，便于教学反思

课后，老师可以将所有操作过程和结果都储存起来，形成个性化的授课纪录。教师及时发现问题，针对问题进行教学，便于教师反思、分享，便于学生回顾复习。

6.家校共育，守护成长

项目学校分不同主题召开了专题家长会，会上就家庭教育的重要性、信息化

课改介绍、家长模块功能介绍及操作，学生平板激活及学生平板功能板块等问题对学生和家长做出详细介绍。家长可以查看孩子的所有作业，包括详细的作业内容，完成情况，以及老师批改评语。家长通过移动终端登录，实现和学校、教师、学生的即时交流沟通，及时了解学生学习情况、老师评价等，增加亲子互动和家校互动，使学生家长更关心学生的成长，并同学校一起共同努力，为学生营造良好的学习环境。

为进一步完善设备管控制度，做好《甘肃省综合防控儿童青少年近视实施方案》等政策的宣传和解释工作，控制平板每节课的使用时间。加强家校合作，班主任在设备使用时长方面做出硬性要求，学生回家以后只能在规定时间内使用平板。家校双方共同培养孩子良好的用眼习惯，建立学生科学合理使用电子产品的意识。

（四）项目前景展望

1.增加项目学校间交流，拓展示范校辐射面积

在项目资金保障前提下，未来计划继续拓展示范校和实验班辐射面积，联合企业举办“走出去，请进来”活动，邀请专家名师讲课、为项目学校老师争取外出学习机会，更新项目学校教师教育教学理论水平。通过整理项目开展以来各类教研活动，进一步提升课堂的宽度和深度，让老师的教学更高效，让学生的学习过程更有效，并继续鼓励项目学校教师在智慧课堂教学方面开展课题研究。

2.智慧课堂助力“新中考”

新中考对实验操作的要求很高，但是传统实验教学的成本高、实效低。市电教中心将与平台沟通扩充实验操作方面的资源，同时也鼓励示范校教师开发出更多实验操作学习内容以扩充本地资源库，如实验微课、模拟实验等。

新中考将在英语学科考试中添加了人机对话部分。目前，学校在人机对话的日常教学方面存在一定困难，积极组织学校和资源平台沟通，在软件方面优化语音识别系统、开发出一套贴合兰州市中考的人机对话教学系统，满足日常教学需求。同时，新的综合素质评价方案对学生的过程性评价的精准程度要求有所提高。引导项目学校充分利用智慧课堂资源平台的数据分析、管理优势，通过对学生学习过程痕迹的管理实现对学生学习过程的精准评价。

3.实现对教师的过程性评价

通过智慧课堂项目，积极鼓励学校教务部门通过平台数据第一时间掌握教师的备课情况、作业批改情况以及学生掌握情况，从而更客观、更便捷地实现对教师的过程性评价，同时通过评价手段的改变，推动教师在更多关注学生学习过程

的前提下促进学生核心素养的达成。

四、案例：智慧课堂应用之实践

本节精选了兰州市第五十六中学实验班教师应用“两环五步”智慧课堂教学模式开展课堂教学的经典案例，呈现了一堂堂信息技术与教育教学的深度融合的高效课堂。

（一）解决生活中实际问题——《认识一元一次方程》教学案例

本案例是王玮老师的教学实例的部分内容，她在该校七年级数学课《认识一元一次方程》运用课堂信息化平台进行了教学改革，取得了良好的效果。

教学过程

1.展示课前预习：蕴藏在故事中的方程问题《丢番图的墓志铭》，引出问题。〖课前预习环节的展示〗（如图3-7a）。

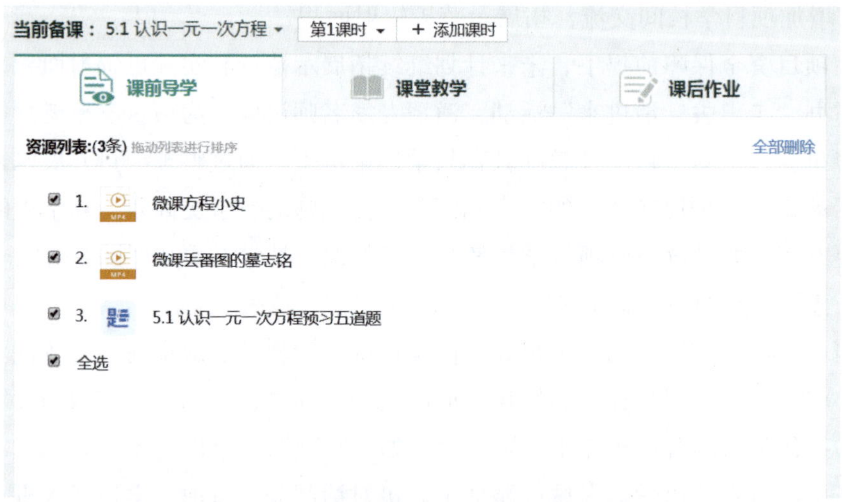

图3-7a　初中数学课智慧课堂教学环节展示

2.讲授新课

（1）从算式到方程：〖独立自主学习〗

问题：用60米长的铁丝围成一个长方形，使长方形的宽是长的一半，求这个长方形的长。

归纳：列算式：只用已知的数，表示计算过程，依据是问题中的数量关系。

列方程：只用已知数和未知数，表示相等的关系，依据是问题中的等量关系，从算式到方程是数学的一大进步。

（2）认识方程：含有未知数的等式叫作方程。〖引导思考探究〗（如图3-7b）。

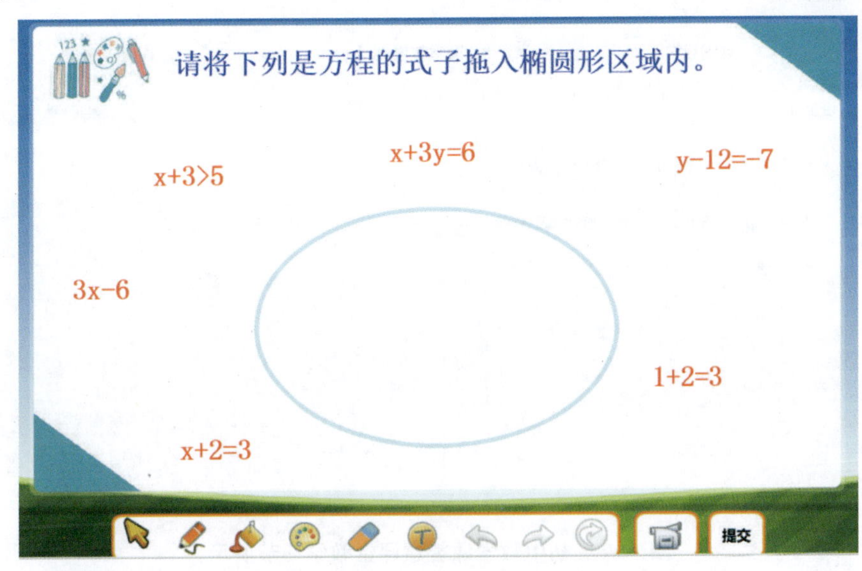

图3-7b　初中数学课智慧课堂教学环节展示

（3）根据下列问题，设未知数，列方程：〖引导思考探究〗

问题一：猜年龄的游戏；

问题二：小颖种了一棵树苗，开始时树苗高为40厘米，栽种后每周树苗长高约5厘米，大约几周后树苗长高到1米？

问题三：一台计算机已使用1700小时，预计每月再使用150小时，经过多少月这台计算机的使用时间达到规定的检修时间2450小时？

（4）一元一次方程的定义：在一个方程中，只含有一个未知数，而且方程中的代数式都是整式，未知数的指数都是1，这样的方程叫作一元一次方程。

（5）方程的解：使方程左、右两边的值相等的未知数的值，叫作方程的解。

（6）想一想：怎样用方程的思想解决实际问题？列方程的依据是什么？〖分析总结拓展〗

（7）解决预习问题：小组协作完成，展示结果。〖检测与评价〗

3.课堂练习〖检测与评价〗(如图3-7c)。

图3-7c　初中数学课智慧课堂教学环节展示

(二) 走进童话世界——《皇帝的新装》

本案例是彭蕾老师的教学实例部分内容，她在该校七年级《皇帝的新装》语文课运用课堂信息化平台进行了教学实践，取得了良好的效果。

教学过程

1.推送预习〖课前预习环节〗

生字词。

2.导入

由《假话国历险记》这个讲述谎言与真实的故事引入《皇帝的新装》。

3.作者，文体介绍〖常识学习步骤〗

(1) 作者与作品了解(智慧课堂平台推送检测题目，检验学生预习情况)(如图3-8a)。

(2) 体裁介绍

童话是儿童文学的一种，它通过丰富的想象、幻想和夸张来塑造形象，反映生活，对儿童进行思想教育。往往采用拟人的手法。

4.预习检测〖预习测评步骤〗

(智慧课堂平台推送预习题目，检测学生预习情况)(如图3-8b)。

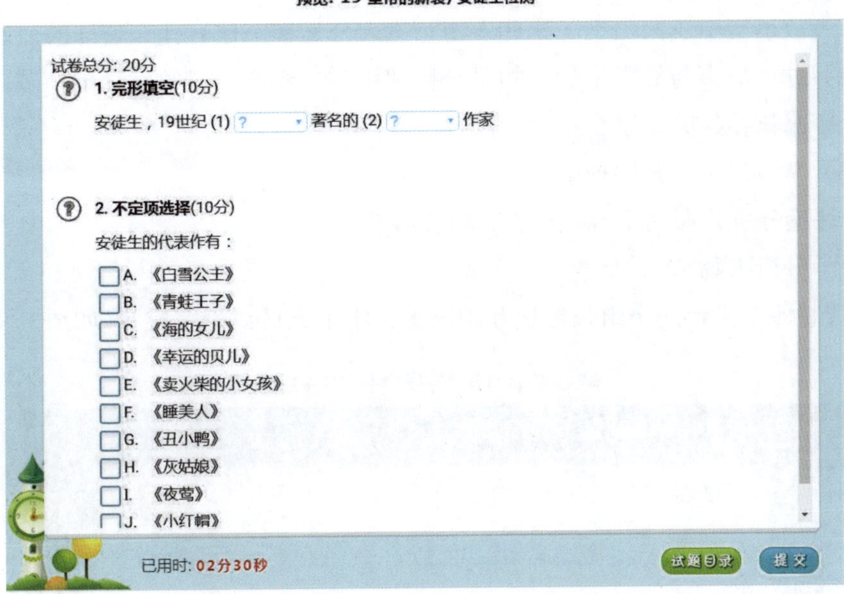

图 3-8a　初中语文课智慧课堂教学环节展示

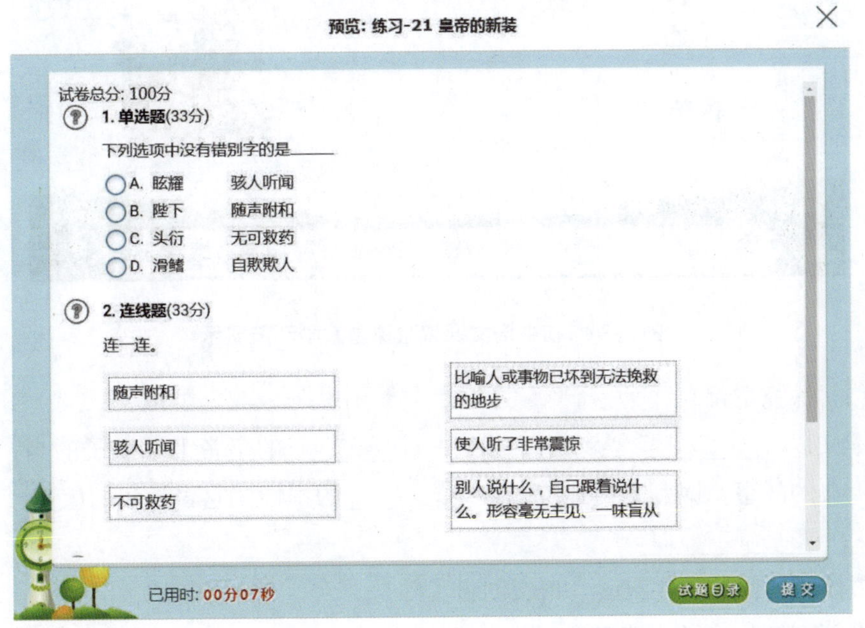

图 3-8b　初中语文课智慧课堂教学环节展示

5.引导思考，快速阅读〖引导学习步骤〗

快速阅读要求：快速阅读要求同学们每分钟阅读400～500字。理清故事脉络，掌握主要情节。

（1）故事当中总共出现了哪些人物？主人公是谁？他有什么特殊的爱好？

（2）这个故事与故事中的人物是怎样编织到一起的？有关童话的情节，如果用一个字来概括，哪个字合适？

（3）学生讨论，归纳理解。

6.评论分析，探究主旨〖拓展分析步骤〗

（1）分析人物

（智慧课堂平台向小组长推送互动题板，小组成员讨论完成）（如图3-8c）。

图3-8c　初中语文课智慧课堂教学环节展示

（2）探究主旨

本文以“________”为线索，描写一个________的皇帝上了骗子的当，参加游行大典的故事，讽刺了封建统治阶级________的本性。它告诉我们应该________
________________________。

7.拓展延伸，个性阅读〖拓展创新步骤〗

全新理解，演绎这篇童话（分小组抢答）

（1）假如皇帝是佯装被骗……（想象一下，皇帝为何这么做？）

（2）故事中到底有多少个骗子？

（3）骗子的下场会如何？

8.课后拓展〖课后复习环节〗

（1）进一步完成之前的个性解读，写一篇300字的小论文。

（2）阅读安徒生的作品：《野天鹅》《白雪皇后》与《柳树下的梦》，体味三篇作品主旨的异同。（智慧课堂资源平台推送）（如图3-8d）。

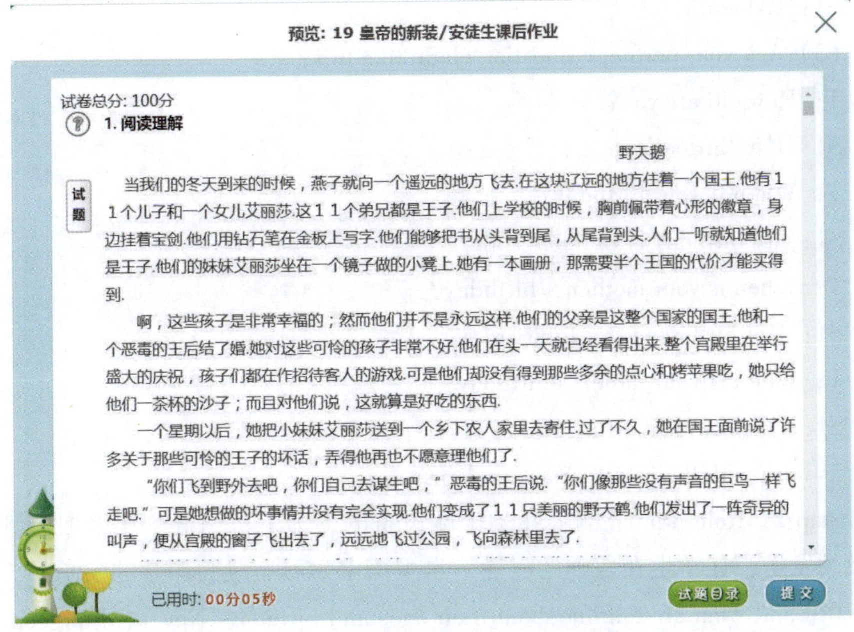

图3-8d　初中语文课智慧课堂教学环节展示

（三）“模拟生日”创设真实语言环境——《Unit8 When is your birthday?》

本案例是吴燕老师的教学实例，她在该校七年级《Unit8 When is your birthday?》英语课堂运用信息化平台进行了教学实践，取得了良好的效果。

教学过程

Step 1：Warming-up〖学：在学生学习的过程中，利用电子白板和学生端平板，同步进行课件和视频的播放，营造情景，下达“虎口拔牙”的任务，进一步熟悉重点句型When is your/his /her birthday? --It's on…〗

Daily greetings to students.

Warming-up and revision.（截屏发送功能）

（1）Let's review the cardinal numbers together.Count from first to thirty-first.

（2）Play a number game：

T：Your partner says a ordinal number and you say a cardinal number.Then exchange roles.

S1：eleven

S2：eleventh；twenty

S1：twentieth；thirteen

S2：thirteenth；sixteen

S1：sixteenth

（3）Ask your partner a question chain like this：

T：How old are you?

S1：I'm thirteen.

T：When is your birthday?

S1：My birthday is October 16th.

T：When is your mother's birthday?

S1：Her birthday is on June 3rd.

T：When is your father's birthday?

S1：His birthday is July 5th.

Ss work with their partner ask and answer in a question chain.

Step 2：Role-Play〖测：在学生端设备的助力下，引导学生及时测评，互动题板的发送，让学生在教师的引导下自主探索学习。成为课堂的主角〗

Bill and Alan are talking about their ages and birthdays.Now read the conversation and fill the chart below.

（1）Check the answers with the class.

（2）Practice the conversation with your partner.

（3）Let some pairs act out the conversation in front of the class.

Step 3：Grammar Focus

Let students read the items in Grammar Focus.

（游戏组件）（如图3-9a）。

图3-9a　初中英语课智慧课堂教学环节展示

Tell them the grammar of “When is your birthday? My birthday is on May 2nd. When is his birthday? His birthday is on January 17th. When is Alice’s birthday? Her birthday is on September 5th”

Tell them What is Ordinal Numbers.And the different usages between Cardinal and Ordinal numbers.

Step 4：Practice〖评：在每一个活动结束后，利用智慧课堂资源平台的实时评价系统，对学生的测试结果及时进行评价。对学生正确或错误的答案给予充分和及时 的肯定和修正。加强学生之间和相互评价，增强学生之间的交流。〗

（1）Now let’s work on 3a.Read the questions and answers then match the questions and answers.

（互动题板）（如图3-9b）。

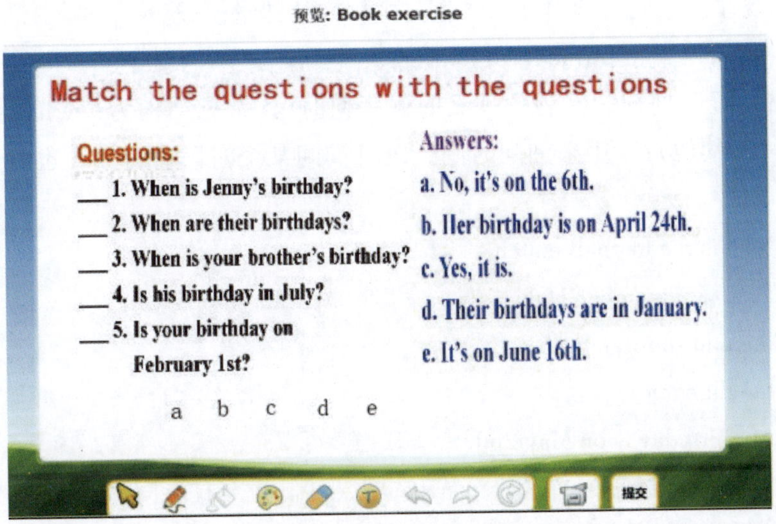

预览: Book exercise

Match the questions with the questions

Questions:

___1. When is Jenny's birthday?

___2. When are their birthdays?

___3. When is your brother's birthday?

___4. Is his birthday in July?

___5. Is your birthday on February 1st?

Answers:

a. No, it's on the 6th.

b. Her birthday is on April 24th.

c. Yes, it is.

d. Their birthdays are in January.

e. It's on June 16th.

a　b　c　d　e

提交

图3-9b　初中英语课智慧课堂教学环节展示

（2）Ss read the questions and answers. Find the answers to the questions. Then check the answers with the class.

（3）Complete the conversation and practice it with your partner.

（4）Ss work with his or her partner.Ask and answer the questions.

Step 5：Pair-work.（3c）

（1）Task in 3c.

T：Do you know your classmates’ ages and birthdays? Now let’s make a survey of your ages and birthdays.Then line up from the youngest to the oldest.

（2）Ss ask and answer about each other's ages and birthdays.

—How old are you?

—I'm …

—When is your birthday?

—My birthday is on...

（3）Make a report.

... students' birthdays are in January. ... students' birthdays are in February. ... students' birthdays are in March...

（4）Then line up all the students from the youngest to the oldest.

Step 6：Language points（grammar）and summary〖导：利用广泛的教学资源，对语法知识进行框架式的总结和引导。鼓励学生发现中序数词变化的规律，并自我总结出规律。形成教师引导，学生自主探究的课堂模式。〗

（1）When is your birthday，Linda?

when是疑问副词，意为“什么时候；何时”，常见结构为“When + be/助动词 +主语（+其他）?”用来询问时间，既可询问某个时段或时刻，也可询问具体的日期。如：

— When is the football match?

— It's on September 15th.

— When do you watch TV?

— At eight o'clock.

（2）My birthday is on May 2nd.

表达具体日期通常为“月份 + 序数词”，月份为专有名词，首字母必须大写、书写时日期可以是序数词，也可以是基数词。如：

6月8日　June 8th 或 June 8

8月3日　August 3rd 或 August 3

【拓展】英语中表示具体年、月、日的方式通常有两种：“月 + 日 + 年”或“日 + 月 + 年”。年份要用逗号隔开。如：

2014年9月9日可表达为：September 9th，2014；9th September，2014

（3）It's on January 5th.

A. 月份后有具体的日期时，前面的介词用on；若只有年、月就用介词in。如：on May 22nd 在5月22日

in October　　在10月

in 2012 在2012年

B.该句中的it用来代指时间。如:

It’s August 1st today. 今天是8月1日。

It’s six o’clock now. 现在是6点钟。

(4) At three this afternoon.

介词at意为“在……”,在本句中表示时间,其后一般跟表示钟点的词。如:

at 6:00 在6点 at 7:15 在7点15分

【辨一辨】 表示时间的介词at,in与on

A.at常用于时刻前或一些固定的习惯用语中。如:

at 9:00 在9点钟 at noon 在中午

B.in用在月份、季节、年份等前面,也可以表示“在早上、在下午、在晚上”。如:

in May 在五月 in 2014 在2014年

in the morning/afternoon/evening

在早上/下午/晚上

C.on用在日期、星期几、节日前,也可用来表示具体某一天的上午、下午或晚上。如:

on November 1st 在11月1日

on Children’s Day 在儿童节

on Tuesday evening 在周二晚上

(5) 序数词变化规则(如表3-2)〖展:利用拍照上传的功能,将小组活动的展示任务,通过图片的模式,形成小组学习的汇报展示图。并让学生在活动中懂得关心他人的情感升华〗

表3-2 序数词变化规则表

序数词:表示事物顺序的词,其前常加定冠词the。		
数字	序数词变化规则	例词
1、2、3.	特殊记	one →first two → second three →third
4~19	基数词词尾加-th	特殊:five→fifth;eight → eighth;nine→ninth twelve → twelfth
		four→fourth six→sixth seven→seventh nineteen → nineteenth

续表 3-2

序数词:表示事物顺序的词,其前常加定冠词 the。		
20，30，40，50，60，70，80,90	-ty 变为-tie 再加 th	twenty → twentieth thirty → thirtieth forty →fortieth fifty → fiftieth sixty → sixtieth seventy → seventieth eighty → eightieth ninety → ninetieth
其余两位数	将相应基数词的个位改为基数词	twenty-one → twenty-first; thirty-nine → thirty-ninth; forty-six → forty-sixth

第三节　关于兰州市智慧课堂试点示范项目的思考

一、成就与经验

兰州市智慧课堂试点示范项目自2017年开展以来，在市电教中心领导带领下，在各项目学校教师共同努力下，取得了丰硕的成果。在结合自身特色的基础上总结出了符合本校学情的教育教学新模式，例如兰州市第五十六中学结合自学·议论·引导教学法总结出的“两环五步”智慧课堂教学模式、兰州新区舟曲中学的2-5-2智慧课堂模式等。教学业绩得到提升，实验班级的成绩也大幅提高，受到学生、家长、社会的好评。通过项目的实施，项目学校老师们也意识到，原来的课堂教学是比较落后的教学方式，已经不能完全适应学生发展的需要，应该及时地尝试新的、高效的教学方式。参与项目的老师能够融入学生，站在学生的角度看待问题，组织教学。实现了以学生为主体、以教师为主导的新型师生关系。智慧课堂资源平台中资源的合理利用，搭起了师生沟通的另一个桥梁，师生互相学习，共同提高，传统意义上的教师教和学生学，逐步让位于师生互教互学，彼此形成一个真正的“学习共同体”。实验班教师全面记录教学和学习过程，积极参与对学生的调查，积累教学设计和学习过程的各种资料，大量参加教学研究活动，经常总结经验、撰写论文。教师通过积极实验、不断探索，积累了经验。参与教师的理论水平明显提高，教育教学水平得到了大家认可。在各级各类课题申报、竞赛比赛中，项目学校教师以智慧课堂应用为导向获得的成果也斩获颇丰。在项目学校参与老师的共同努力下，突破了以下难题，进一步提升了教学质量。

（一）由课堂应用向全过程调控学习延拓

依据学科学习目标库，确定学科学习大数据框架，并在教与学动态过程中，为每位学生建立起完整的学习大数据，为每位教师和班级建立起教学情况大数据，为每个年级、学科组和全校建立起教学、教师整体情况大数据等。依据学生学习大数据，建立起学生每个知识点、单元册和整个学科的学习调控体系，帮助学生及时调整学习层次、学习方式，使学生找到适合自己的学习层次和方式，完成相应问题和任务的学习。依据全班学生总体学习情况大数据，教师及时调整教学计划和安排，及时调整为学生个性化学习所提供的学习和建议的学习方式。依据所有教师实际教学情况数据，教研部门将有共性问题的教师组织在一起开展有针对性的研修活动。真正通过大数据和“互联网+”实现教学和学习的精准调控和管理。

（二）由面对面教学向全覆盖应用延伸

传统的面对面教学使学生无法得到教师的个性化指导和帮助，也很难找到最佳学习伙伴进行共同交流，即使得到了教师的指导，也不一定适合每个学生。因此，在常规教学条件下，解决高位均衡问题是不可能的。借助“互联网+”、大数据、虚拟仿真和人工智能等技术，按照每个知识点听讲、自主导学和探究等不同学习方式的需要，分类建立个性化学习路网，包括支撑资源与工具，挖掘出最好的教师，形成分层讲解和指导的微课、学生学习经验分享的微课等，改变优质师资教学智慧和学生典型学习经验的供给形态，最大限度地将优质师资资源和典型学生学习经验随时随地提供给有需要的学生，这才是真正的“互联网+”思维方式，才能真正给教育带来一场深刻的革命。实现由专用教育资源到教育大资源的转变，即由课件+题+素材向应用套件+生成资源+大数据扩充。

虽然智慧课堂项目在持续深入但仍任重道远，智慧技术要发挥对教学创新与课堂改革的作用，最终还应落地于课堂教学的实践。随着各级教育行政管理部门对信息技术教育创新应用的重视，同时也借助于不断成熟的技术解决方案和学术研究成果的指导，智慧课堂的实践与应用也正成为各级、各类学校课堂教学改革与教学创新探索中的重要阵地。要“加快教育数字化转型发展，以信息化引领教育现代化”，从信息化基础设施、资源、师训等方面着手进行了面向未来的教育信息化发展规划，其中在课堂教学环节，要“运用信息技术优化教与学方式”，开展精准教学试点示范，开展数据驱动的学业诊断和评价，使“教师实现基于学情精准诊断的个性化资源推送”。[33]

二、需要厘清的问题

和其他领域一样，教育领域的学术与研究同样也扮演着前沿趋势把握与创新模式探索的功能，并以研究成果引导教育教学的实践。因此，对于智慧课堂研究的现状与未来走向进行梳理，是折射智慧课堂应用实践的一个重要视角。从文献调研的结果来看，体现今日所述之“智慧”的智慧课堂（Smart classroom），实际上自2010年才真正出现[34]，并在之后迅速发展成为一个热点研究主题，如仅在2019年度，以智慧课堂为关键词在“中国知网”共能检索出相关论文已达818篇。从此领域已有研究的主题与成果内容来看，关于智慧课堂领域基本问题、智慧课堂技术解决方案，以及智慧课堂在各级、各类学校中的应用实践成为研究者最为关注的问题。在智慧课堂领域基础理论问题的研究上，主要研究者已经对智慧课堂的实质与核心形成基本的共识，认为当前关注的智慧课堂是伴随着移动学习终端的应用而产生[30]，依赖人工智能、大数据等智能信息技术的发展，借助课堂教学大数据的挖掘分析，支持教师教学决策与学生个性化指导的一种技术[35]，并且随着技术的成熟，正逐渐由“课内应用向全场景教学应用”转变。综合不同研究者的观点，智慧课堂技术解决方案在前端广泛地采用整合移动学习终端、内置个人计算机的交互式一体机等设备，这些技术终端在提供师生访问界面的同时，也常常结合传感器、联网技术以及软件系统学习记录等形式作为课堂教学数据的采集终端；在后端则依赖基于互联网建立的教学资源库、学习行为数据库以及教学策略的智能决策系统为智慧课堂的实施提供支持。关于智慧课堂实施模式的研究也成为本领域中另一个热门研究主题，从研究取向来看主要呈现出两个主要的思路：一是立足于传统课堂模式，借助于智慧技术进行改良的思路，即“课堂+智慧”的模式，如邱艺等结合智慧课堂技术特点，对个性化学习、翻转课堂、生成性教学等不同的教学模式提出了改进建议。[36]二是一些学者将智慧课堂视为一种新的教学情境，从技术赋能教育（Technology empowered education）的角度开始思考基于这一新的教学实施情境重构课堂教学模式，即“智慧+课堂”的模式，如刘邦奇等提出围绕教学决策数据化、评价反馈即时化、交流互动立体化和资源推送智能化等技术赋能，结合学科特征来进行智慧课堂教学新模式的探索[37]。

目前，大多数区域和学校的教育信息化工作，从全面普及的层面看，都取得了极大的进展[38、39]。但是，从深度融合，特别是融合创新应用的层面看，还存在很多需要进一步研究和解决的问题。从教学应用范围、层次和教学资源、教育均

衡发展以及管理等工作看，主要的应用情况及问题如下：

（一）信息技术教学应用范围有待扩大

在教学应用方向与范围方面，大多数应用集中于课堂教学。在课堂教学教师教授方面，有相当比例的教师使用范围较广、频率较高，但整体来看还未真正进入大规模、常态化应用状态。在课堂互动教学、课后个性化学习、教学质量监测与评价等方面，有一定的应用，但比例相对较低。

（二）信息技术有效支撑教学缺乏工具手段

在信息技术与教学融合的方法和层次方面，以支持已有教学体系为主，信息技术的应用多数是快速呈现知识和获得信息，目的是提供知识和信息有效获取的途径，大大提高教学效率[40]。对于教学和学习关键问题，尚未形成在“互联网+”、人工智能和大数据等支持下的有效解决体系。大多数教学应用采用PPT、资源包等形式，以文本、图片和音视频资源为主，层次相对较浅。对于知识深层次理解所需的资源，尽管已有一些虚拟仿真工具，但多数是基本原理的模拟，方式比较单一。因此，缺乏从不同角度讲解知识的支撑工具，缺乏知识深度理解、体验和探究的有效支撑工具，缺乏课堂教学效果实时获取和调控的有效支撑手段等。

（三）支撑教师备课资源获取方式单一

在教师备课资源方面，教育局统一建设或共享的资源使用人数较少，使用频度较低。一些学校针对课堂教学和中高考需要，为教师购买了网上学科课件资源和试题资源服务，但是大部分教师获得资源的方式仍是网上搜索，部分教师会在学校购买的网络资源服务上下载，但最终使用的课件仍是简单的资源拼凑。通过共建共享方式提供的资源，大部分层次较低，即便有一些高质量的课件资源，但其设计者的意图往往难以获得，且大多数课件很难与教师的实际需要完全吻合。因此，现有的教师备课及资源服务支撑体系难以支持教学常态化应用，更难以实现教育信息化2.0所提出的教学和学习创新。

（四）在线学习与培训方式应用收效甚微

在线学习与培训方面，主要通过远程互动课堂、在线课堂、微课等方式传播优秀教师的教学智慧。远程互动课堂可以在一定程度上帮助实验班任课教师的学校解决一些问题，但是，覆盖的学校数量和学生数量较少，通过这种方式解决教学问题的应用并未常态化。另一种方式是为共享名校名师教学智慧提供支撑环境。因此，这种环境的应用方式与在线课堂的应用方式基本一致。这两种方式除了它的实时特点以外，与名师云课和微课基本相似。这些做法，对于课堂教学没有起到任何作用。因此，从课堂教学的角度来看，还是没有通过信息化真正解决教育均衡发展的问题。网络培训课程大多数是为完成继续教育学分准备的，针对性不强。研修平台大多数是信息技术部门组织建设的，教研部门感觉比较茫然，无从下手。

（五）试点项目学校以及实验班级数量较少，难以形成规模化教学

2019新增项目学校每校都配备2个智慧实验班，在项目启动之初每个学校只能配备一个智慧实验班，实验班级的老师除了用智慧课堂新模式组织教学外还需要按照传统课堂的教学模式，在普通班级备课上课，这就导致了智慧班级教师工作量的增加。因为实验班级数量非常有限，不能与同学科智慧班级教师交流，往往只能是智慧教研组里混合学科教师讨论，很多时候教研效果收效甚微。项目学校数量较少，跨学校的区域性教学教研交流不够，影响了教师发展缓慢。

三、项目持续推进的努力方向

（一）学术界需给予智慧课堂实践者更多基础理论供给

智慧课堂是一个新事物，并且因人工智能、大数据等技术的整合以及今天计算终端泛在化、大众化的特点，它在形态上与之前的教育信息技术存在极大的差异，要发挥智慧技术在课堂教学情境中的应用潜能，需要教师极大地变革甚至是重构传统课堂的教学组织模式与师生参与方式。作为新知识探索的前沿阵地，学术与研究者需要在已有的研究成果基础上，开展更加深入的研究，为教学实践者与教育决策者提供更多理论与方法论层面的支撑。

（二）助力教师尽快完成向智慧课堂实践者的角色转型

在可见的未来，教师在课堂教学中的地位依然不可替代，也就是说，教师依然是智慧课堂的核心。实际上，智慧课堂的实践要不断深入，发挥在教育改革中的更大价值，需要依赖广大的教师转型为智慧课堂的实践者。当前，随着智慧课堂实践逐渐成为各地教育信息化推进中的重要内容，成为智慧课堂实践者的中小学校和教师队伍也正在不断壮大。但是需要看到，较之教师队伍的总量，这一规模还非常之小。更重要的是，当前智慧课堂实践不论在形态上还是效果上还未达到智慧的水平；同时，学生课堂行为管理，班级授课制下如何实施多样化教学，为学生提供个性化教学指导等新问题也需要教师应对与解决。因此，智慧课堂的实践探索空间依然十分巨大，需要广大的教师以积极开放的心态重新审视课堂生态，更新理念、技能。

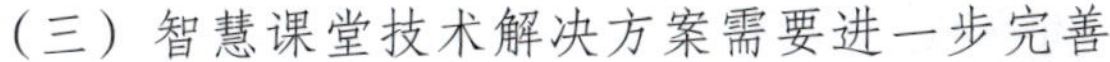
（三）智慧课堂技术解决方案需要进一步完善

技术解决方案是开展智慧课堂应用实践必不可少的基础条件，随着政策的引导、需求的驱动，越来越多的教育信息化服务商投入智慧课堂技术解决方案的研发工作中。应当说今天的技术解决方案在课堂中的内容呈现、师生互动、评价反馈等教学实施环节的支持上，较好地发挥了移动学习终端、互联网、数据采集与分析等技术的优势，为传统课堂教学的变革带来了新的思路。但同时也应看到，智慧课堂实施最为核心的课堂教学数据的采集与价值挖掘仍有待突破。这既需要方案提供者在技术研发上做出创新，但更重要的是在方案的设计思路上，应将智慧课堂视为整个智慧教育生态全场景、教育全过程中的一个节点，采集更丰富、与教学决策关联性更高的教学数据，构建学习者模型与知识地图，并以此为基础构建智能诊断与推送机制，为教师智慧地教、学生智慧地学提供支持。

（四）尝试建设本地化资源库

关于资源建设，从前文对教学信息化普遍存在的问题分析可以看出，通过现有的资源服务体系支持教学和学习大规模、常态化、创新性融合应用有着一定的难度。现有的资源供给途径主要是购买企业开发的资源，或者通过“一师一优课、一课一名师”等活动共享的资源等。企业提供的资源包括素材、试题试卷、案例、工具及仿真实验室等，活动共享的资源大多是案例。大多数教师需要快速获得与自己教学相吻合的案例资源。但是，无论是企业提供的案例资源还是活动共享的案例资源，大部分难以满足教师的实际需要。教师自己开发课件又存在很多困难和障碍，如信息技术能力有限、没有充足的时间等。因此，改变现有的资源服务体系是势在必行的事情。问题的关键是，资源服务体系朝着什么方向改进？如何改进？涉及两个方面的问题，一个问题是什么样的资源是好的，另一个问题是如何按照教师的需要，常态化供给好的、满足教师实际需要的资源。

对于什么样的资源是好的，需要从教学的实际需要入手进行分析[41]。不同的教学安排，所需要的资源是不尽相同的。目前，现有的资源大多数不是好的资源，主要原因是信息技术的应用，更多的是将技术贴在原有的教育教学上。如果教师教和学生学的思路、方式方法等方面存在问题，这种情况下，无论如何通过信息技术也解决不了问题。因此，好的资源首先需要针对问题研究出新的教学和学习思路、方式方法，甚至重新定位学习目标，再根据新教学体系的需要进行研发。但在常规条件下，大多数问题根本不可能找到新思路、新方法。在没有新手段、新条件的情况下，要想找到可操作的新思路、新方法，几乎是不可能的[42]。其次，在深入研究信息技术创新教学和学习有效途径的基础上，应用技术建设资源。只有这样，才可能研发出好的资源。

目前，项目学校教师授课所用资源大部分来自资源平台的公共资源，实验班老师也上传了一部分校本资源，但是数量较少没有形成一定规模，也不系统。针对这个问题，市电教中心拟组织各个项目学校建立校际联盟，在充分掌握本地学生学情基础上充实本地资源库，建立一套完整的便于开展符合智慧模式课堂教学的资料系统，上传课前课中课后等各个环节需要的材料，如微课小视频、自主学习任务单、课前测试试题、多媒体课件、导学案、合作学习任务问题等内容，提供给授课教师能很好体现备课意图的资源，提高备课质量，减轻教师备课负担。同时也能根据学生的不同层次，课后智能推送学生分层作业任务，提高学习效率。项目学校在资源和平台使用实践中总结经验，提供反馈信息，逐步改进和完善资源和平台的建设。进一步完善智慧课堂试点示范项目管理，为项目的实施和开展提供宝贵的第一手资料。

智慧课堂的应用需要在信息基础设施上有较高的投入，也对教师的教学理念、技能等提出了较高的要求，针对兰州市现阶段总体情况而言还是限于少数地区和少数教师的层面，要使其“飞入寻常百姓家”，仍有较漫长的道路要走。

参考文献

[1]胡庆芳等.精彩课堂的预设与生成[M].北京：教育科学出版社，2007.1.

[2]高琳琳 谢月光.“互联网+”背景下智慧课堂教学设计研究[J].教育理论与实践，201939（20）：10-12.

[3]刘邦奇.“互联网+”时代智慧课堂教学设计与实施策略研究[J].中国电化教育，2016，357：51-56，73.

[4]靖国平.让课堂充满智慧探险[N].中国教育报，2004-6-5（3）.

[5]吴晓静，傅岩.智慧课堂教学的基本理念[J].教育探索，2009，（9）：11-13.

[6]余祖江.上海八所学校试点电子书包“智慧课堂”改变传统教学模式[J].中国教育信息化，2011，（18）：93.

[7]张彤.营造智慧的校园[J].中国教育网络，2011，（11）：1.

[8]林利尧.中小学智慧课堂建设与应用研究[J].中国现代教育装备，2013，（20）：38-39.

[9]赵辉，曾倩.智慧课堂教与学系统设计[J].软件导刊（教育技术），2013，（7）：13-15.

[10]唐烨伟，庞敬文，钟绍春，等.信息技术环境下智慧课堂构建方法及案例研究[J].中国电化教育，2014，（11）：23-29，34.

[11]刘军.智慧课堂："互联网＋"时代未来学校课堂发展新路向[J].中国电化教育，2017（7）：14-19.

[12]祝智庭，贺斌.智慧教育：教育信息化的新境界[J].电化教育研究，2012（12）：5-13.

[13]成尚荣.为智慧的生长而教[J].中国校外教育（理论），2007（1）：1-2.

[14]唐烨伟，樊雅琴，庞敬文，等.基于网络学习空间的小学数学智慧课堂教学策略研究[J].中国电化教育，2015（7）：49-54.

[15]孙曙辉，刘邦奇，李鑫.面向智慧课堂的数据挖掘和学习分析框架及应用[J].中国电化教育，2018（2）：59-61.

[16]孙曙辉，刘邦奇.智慧课堂[M].北京：北京师范大学出版社，2016：42.

[17]王天平，闫君子.智慧课堂的概念诠释与本质属性[J].电化教育研究，2019，（11）：21-27.

[18]孙正聿.哲学修养十五讲[M].北京：北京大学出版社，2004：7.

[19]保罗·莱文森.信息无羁[M].何道宽，译.北京：商务印书馆，2001：130.

[20]吴康宁.信息技术"进入"教学的四种类型[J].课程·教材·教法，2012（2）：10-11.

[21]余胜泉.人工智能教师未来角色[N].中国教师报，2019-05-01（12）.

[22]王美倩，郑旭东.具身认知与学习环境：教育技术学视野的理论考察[J].开放教育研究，2015，21（1）：59-60.

[23]刘邦奇."互联网+"时代智慧课堂教学设计与实施策略研究[J].中国电化教育，2016，10：51-73.

［24］吴清山，林天祐.课程转化［J］.教育资料与研究，2011（10）.

［25］COMMOM CORE. Curriculum maps based on common core standards released for public feedback [EB/OL] .[2019-02-02]. https：//www. aasa. org/uploadedFiles/Resources/files/CURRICULUM-MAPSPublic-Comment-Press.doc.2014-06-10.

［26］朱永新，徐子望，鲁白，等."人工智能与未来教育"笔谈（上）［J］.华东师范大学学报（教育科学版），2017，35（4）：15-30.

［27］杨现民.信息时代智慧教育的内涵与特征［J］.中国电化教育，2014（1）：29-34.

［28］闫寒冰.信息化教学的学习支架研究［J］.中国电化教育，2003

（11）：18-21.

［29］崔允漷，雷浩.教—学—评一致性三因素理论模型的建构［J］.华东师范大学学报（教育科学版），2015，33（4）：15-22.

[30]黄荣怀.智慧教育的三重境界：从环境、模式到体制[J].现代远程教育研究，2014，（6）：3-11.

[31]杨宗凯，杨浩等.论信息技术与当代教育的深度融合[J].教育研究，2014，（3）：88-95.

[32]中国社会科学院语言研究所词典编辑室.现代汉语词典[M].北京：商务印书馆，2015.

[33]浙江省教育厅.浙江省教育信息化三年行动计划（2018—2020年）[EB/OL].（2019-04-13）.http：//jyt.zj.gov.cn/art/2018/12/17/art_1532985_27500568.html.

[34]余祖江.上海八所学校试点电子书包“智慧课堂”改变传统教学模式[J].中国教育信息化，2011（18）：93.

[35]孙曙辉，刘邦奇，李鑫.面向智慧课堂的数据挖掘与学习分析框架及应用[J].中国电化教育，2018（2）：59-66.

[36]邱艺，谢幼如，李世杰，等.走向智慧时代的课堂变革[J].电化教育研究，2018，39（7）：70-76.

[37]刘邦奇，李新义，袁婷婷，等.基于智慧课堂的学科教学模式创新与应用研究[J].电化教育研究，2019，40（4）：85-91.

[38]吴砥，李枞枞，周文婷，等.我国中部地区基础教育信息化发展水平研究—基于湖北、湖南、江西、河南、安徽5省14个市（区）的调查分析[J]中国电化教育，2016（7）：1-9.

[39]夏琪，沈书生，王家文.区域基础教育资源应用现状与建设新思路—基于对南京市江宁区的调研[J].中国电化教育，2018（5）：103-109，124.

[40]钟绍春，王伟.关于信息技术促进教学方法创新的思考[J].中国电化教育，2013（2）：106-110.

[41]钟绍春.关于教育信息化一些关键问题的思考[J].电化教育研究，2005（10）：4-11，24.

[42]钟绍春，唐烨伟，王春晖.智慧教育的关键问题思考及建议[J].中国电化教育，2018（1）：106-111，117.

第四章　起航名师在线

2019年度兰州教育“十大要闻”发布，“兰州智慧教育·名师在线”项目位列第六要闻的“名师在线便民利生，智慧教育共享资源”（如图4-1）。在本次评选活动中，兰州市教育局遴选出23条年度兰州教育要闻，邀请广大师生、家长和社会各界参与投票，共同评选出2019年度兰州教育“十大要闻”（如图4-2），评选活动得到58万余人次的关注，全市近38万人参与投票。

图4-1　“兰州智慧教育·名师在线”项目

图4-2　兰州教育“十大要闻”发布会现场

第一节　科学决策　精准实施

自20世纪80年代中期以来，随着互联网技术的发展和广泛应用，尤其近几年随着大数据、物联网、移动互联网等新一代信息技术的应用及其与课堂教学深度融合，使得技术支持的课堂教学发生了结构性变革，大大促进了课堂教学的网络化、智慧化发展。教育部《教育信息化“十三五”规划》中指出：“十三五”期间，坚持“四个全面”战略布局，坚定不移贯彻创新、协调、绿色、开放、共享的新发展理念，构建“网络化、数字化、个性化、终身化”的教育体系，建设“人人皆学、处处能学、时时可学”的学习型社会；创新推进“名校网络课堂”建设，各地教育行政部门要制定有关规定，鼓励名校利用“名校网络课堂”带动一定数量的周边学校，使名校优质教育资源在更广范围内得到共享，让更多的学生享受到高质量的教育。

为推进兰州市“名校网络课堂”建设，2016年兰州市电化教育中心成立专家组进行专项调研，综合兰州市财政状况、经济水平、教育规模、学校分布情况、现有网络系统技术指标，经过充分考察论证，最终启动了“兰州智慧教育·名师在线”项目建设。项目建设伊始，就被兰州市政府确立为十大民生工程之一，并明确该项目是“互联网+教育”的具体实践，是以促进教育公平，办好人民满意的教育为目标，集中市域名师优势，利用课余时间、双休日和寒暑假，通过互联网对学生开展远程实时课后辅导，为学生提供适时、精准、有效的教育服务，让全市师生共享名师教学智慧，促进教育均衡发展，全面提升教育质量。

一、项目进展概况

2019年1月14日上午9时，“名师在线”项目正式启动，寒假期间的名师课程正式上线。该项目在寒假期间开设初一至高二年级的语文、数学、英语、物理、化学课程，共计193次（90分钟/次）；80位教师参与授课，全部课程向市域范围内的中学生免费开放，学生参加在线学习达12万人次。

从本期辅导班在线学生人数统计图表中（图4-3）可以看出，初一、初二年级的学生是名师在线课程的主要学习者，其他年级的学生面临中、高考等原因，参加人数相对较少。

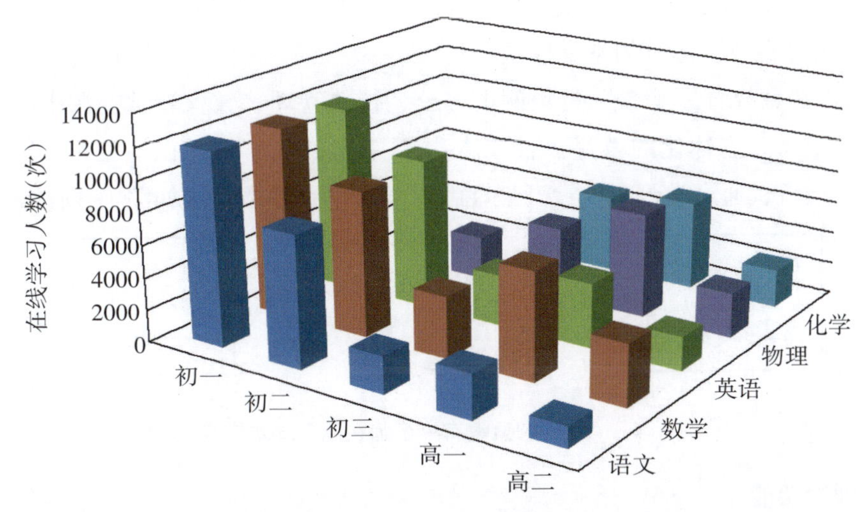

图4-3　2019年1月“兰州智慧教育·名师在线”

截止到2019年底共举办四期（寒假、春季、暑假、秋季）“名师在线”课程辅导班，开设初一至高三年级的语文、数学、英语、物理、化学、历史、地理、生物、政治（道德与法治）课程，共计885次（90分钟/次）。参与授课的教师共505位，全市102所学校中参加学习的学生达55万人次，取得很好的社会效益。

二、项目软硬件建设

1.制度保障

名师在线项目实施初期，兰州市教育局选择了6所试点学校，从2018年11月10日开始，利用双休日在兰州智慧教育云平台对“名师在线”网络课程进行试播，并收集网络平台运行中出现的问题，积累经验。11月26日，兰州市教育局发布了《兰州市智慧教育·名师在线实施方案》（以下简称“方案”），标志着“名师在线”项目成为重点项目。方案就工作的意义、目标、内容和步骤，做出了明确的要求。接着又下发了《兰州智慧教育·名师在线运行规程（试行）》（以下简称《规程》）和《兰州市中小学教师线上教学行为规范（试行）》（以下简称《规范》），从制度、标准、程序层面对“名师在线”教师教学行为规范、课程设置、教师管理、学生管理等做出明确规定。《方案》《规程》以及《规范》的颁布，为保证这项工作持续、有效、规范开展打下了坚实基础。

2.“名师在线”运行的基本模式

“兰州智慧教育云平台”是集网上办公、行政管理、教育教学资源中心等全方位、多层次、立体化的教育云服务体系。“名师在线”依托在“兰州智慧教育云平台”运行，通过学习平台，开展在线教学活动，基本模式如图4–4所示：

图4–4　“兰州智慧教育·名师在线”基本模式

教师端功能：

①教学更便利：支持PPT、Word、Excel等格式的课件制作或上传，多媒体教学与传统课堂无差别。

②原笔迹板书：矢量化学科符号让老师画图省心，原笔迹手写板书呈现真实板书效果。

③互动无障碍：音视频与学生互动，用语音、图文等形式实现实时答疑，媲美真实课堂。

④管理简单化：万人课堂，轻松管理，课堂签到、点名、锁屏等功能实时监督学生学习情况。

图4-5　“兰州智慧教育·名师在线”直播教室（教师端）

学生端功能：

①提前预习：可下载老师上传的资料课件，方便预习，找准课程难点。

②参与度高：与老师板书桌面共享，紧跟老师解题思路；音视频、图文多种互动形式，提问的积极性和参与度更高。

③有效复习：课堂作业在线完成，系统自动批阅并建立个人错题本，学习更高效，增强复习针对性。

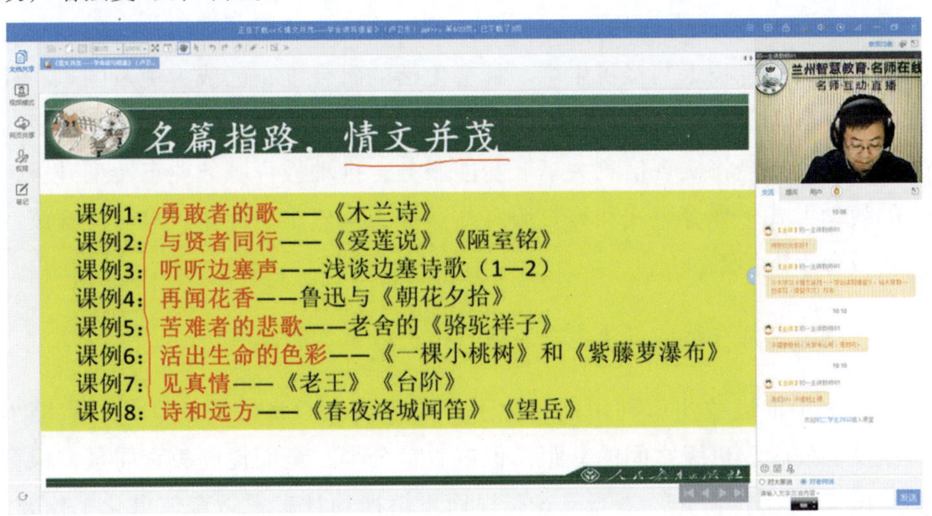

图4-6　学生端上课界面

3.“名师在线”直播教室

兰州市电化教育中心利用财政拨款，经过公开招标方，已建成16间专用直播教室，配置高性能计算机及专用外围设备。千兆带宽网络出口，以确保“兰州智慧教育·名师在线”教学活动正常进行（如表4-1）。

表4-1　“兰州智慧教育·名师在线”直播教室配置表

序号	产品名称	基本配置
1	在线学习平台软件	课程直播录制，支持视频格式、清晰度、录制模式、分辨率设置
2	手写屏	21.5英寸屏幕（配无源电磁笔）
3	直播主机	i5处理器，8G内存，1T硬盘，集成显卡
4	视频采集	1080P高清摄像头
5	音频采集	高清晰度麦克风
6	教室配备标准	10平方米教室，桌椅（1.5 m×1 m）及1.5匹空调，吸音板墙面，线路布置（强电），网络线路布置（弱电），标准照度灯具，紫外线消毒仪，兰州教育及兰州智慧教育·名师在线统一标识

第二节　开拓创新　组织保障

“没有信息化就没有现代化”。今天，信息化已经拓展了现代化的内涵；互联网的普及度，信息技术与经济生产、社会生活的融合度，已成为衡量国家、社会现代化程度最为重要的标志之一。“互联网+”为教育提供了不同的生态环境。虚实融合的教育环境将实现信息共享、智能服务，推动教育服务业态转型升级，创造新的教学方式、教育模式和教育服务新业务，构建出个性化、灵活、开放、终身的新教育生态体系。

一、构建名师在线信息化生态系统，推进教育均衡发展

为进一步推进兰州市利用信息化手段实现优质教育资源共享，逐步缩小区域、城乡、校际、班级之间的差距，促进教育公平，全面提高教育质量，根据国务院《国家教育事业发展“十三五”规划》精神和甘肃省教育信息化工作要求，结合兰州市教育信息化发展规划，制订了“名师在线”工作方案。

（一）总体目标

“兰州智慧教育·名师在线” 是“互联网+教育”具体实践，是以促进教育

公平，办好人民满意的教育为目标，集中市域名师优势，利用课余时间、双休日和寒暑假，通过互联网对学生开展远程实时课后辅导，为学生提供适时、精准、有效的教育服务，让全市师生共享名师教学智慧，全面提升兰州市教育质量。

（二）基本原则

1.素质教育和提升教育质量相结合的原则

“名师在线”的课程建设及教学活动，既体现素质教育的要求，又着力发挥名师在学科教学上的优势，重在帮助学生梳理学科知识结构，理清知识点，改进学习方法，提高学习效率。

2.政府主导与社会多方参与相结合的原则

“名师在线”是一项公益性、普惠性工程，坚持“政府主导、多方参与”的运作机制。“政府主导”主要是把握网络课堂的目标、方向、课程内容，组织名师团队，调控运作情况；“多方参与”是社会组织负责网络课堂的日常运作和服务。

3.试点先行和全市逐步推进相结合的原则

“名师在线”在2018年试点运行的基础上，自2019年起，利用双休日和寒暑假，由金城名师通过互联网面向全市市属中学开设学科辅导课程。课程内容涵盖素质教育和学科重难点指导，旨在提升学生的学习兴趣、学习能力和学习水平。

（三）实施意义

“名师在线”采用在线直播的远程教育模式，打破时间空间的限制，造就足不出户的名师实时课堂，是学校5天课程的有效延伸，为教学内容扩充、强化、查漏补缺谋得时间，最终实现5+2>7，有效提高教育质量。

1.形成优质资源共享机制，推进教育公平

突破地区名师资源有限瓶颈，跨越时空，利用先进的信息技术，集结成一股强大的区域优秀师资力量，为学校、学生打造一个主动参与、公平优质的教育环境，从而实现优质教育资源共享，实现教育高位均衡发展。

2.有效抵制有偿家教，满足课后学习

公益性质，对学生免费。学生通过收看“名师在线”教师辅导讲座，既满足了学生课外学习的需求，又能有效抵制培训机构乱收费、师资良莠不齐、收费较高、监管困难等问题，起到“堵后门，开前门”的作用，用“佳教”抵制“家教”。

3.促进教学方式变革，提高教学质量

学生可根据学习情况，选择薄弱科目，在名师指导下对掌握欠佳的知识进行学习和巩固。把学习的选择权交给学生，化被动学习为主动学习、自主学习，发挥学生的主观能动性，提高教学质量。

4.省时、省钱、省师资

学生在任何地点都可以通过互联网进行学习，节省了大量因交通拥堵浪费的时间和精力；家长不需要出任何费用，就可以让孩子享受到区域名师的辅导；名师可同时为成百上千的学生进行辅导，大大提高了名师的效能。

5.加强校际间教师交流与合作

"名师在线"授课教师打破了校际间限制，成立学科备课组，共同制定网络课程的课时计划，编写教材内容。加强与同行教师的交流沟通，为教师专业化发展提供了有效途径。

（四）职责分解

兰州市教育局统一领导，基教一处、师资处具体安排和指导，电教中心、学科中心教研组、名师工作室及学校分工合作，确保"兰州智慧教育·名师在线"项目的顺利运行。

1.基教一处

统筹规划、协调项目管理工作。制定有关"名师在线"项目在兰州市开展的通知文件。在试点示范基础上，不断优化完善，在全市教育系统全面推进。

2.师资处

制定绩效考核指标，对项目进行监督考核。根据教师授课绩效考核、平台测评满意度等对授课教师进行评比，以市教育局名义颁发"名师在线"优秀教师证书。

3.电教中心

（1）制定项目实施方案，负责"兰州智慧教育·名师在线"项目的系统平台建设、试点运行和全面推进。

（2）负责"名师在线"授课教师的教学管理工作。

（3）负责本地IDC机房建设，提供"名师在线"所需软硬件设备，确保网络直播运行流畅、便捷。

（4）提供"名师在线"授课所需直播教室、办公设备等。

4.学校

（1）各校成立以校长为组长的工作领导小组，做好相关组织管理工作。制定相关政策，根据"名师在线"授课老师的教学情况，对优秀教师在评优选先时优先考虑，适当奖励。

（2）年级组长、班主任及时向学生及家长做好“名师在线”宣传答疑工作，鼓励学生积极参加“名师在线”的学习活动。

（3）建立完善的管理机制，及时给项目办公室提交反馈意见、建议。

5. 专家团队

专家团队由各学科中心教研组牵头成立。根据各校推荐，依托名师工作室选拔优秀教师，建立名师团队，制订教学任务、目标、进度及计划，指导“名师在线”备课、授课工作，依据教学效果对名师团队进行动态管理。

6. 名师团队

名师团队由专家团队在名师工作室和学校推荐基础上择优组建。负责按照既定的教学任务、目标和计划组织实施教学，开展教学研究，不断总结和改进教学方法，提高教学质量。

（五）实施步骤

1. 制定项目建设方案（2017年1月—2017年3月）

考察、调研并制定项目方案；召开专家论证会确定项目建设方案。

2. 平台建设（2017年3月—2017年12月）

招标采购，硬件环境、软件平台、直播教室建设，软硬件系统调试、试运行和技术人员培训。

3. 先行试点（2018年3月—2018年12月）

选择兰州市第三中学、兰州市外国语学校等6所学校进行试点，为正式开播积累重要经验。

4. 开设假期辅导班（2019年1月）

2019年寒假在兰州市属学校选择初一、初二、初三、高一、高二五个年级，针对语文、数学、英语、物理、化学五门学科正式开播。

5. 全面推进（2019年1月—）

组织研讨会，总结“名师在线”前期运行情况，进一步优化完善。充分利用周末和寒暑假时间在全市初高中全面开设各学科辅导课程。

（六）工作要求

1. 加强领导，高度重视

各校要高度重视“名师在线”管理工作，认真组织本校师生积极参与“名师在线”教育教学活动。

2. 积极动员，广泛宣传

各校及时向学生及家长做好“名师在线”的宣传及答疑工作，确保优质教育资源惠及广大师生。

二、加强组织领导，统筹项目推进

“兰州智慧教育·名师在线”是一项惠民工程。2018年12月26日兰州市教育局下发《关于印发〈兰州智慧教育·名师在线实施方案〉的通知》（兰教电〔2018〕492号），全面系统地阐明了此项工作的意义、目标、内容和步骤。为了持续、有效、规范开展工作，充分发挥“名师效应”，促进全市教育均衡发展，根据国家及省、市有关规定，制定了“名师在线”规程。

第一条　严格按照教育部颁布的国家课程方案、课程标准，制定开课计划，杜绝“超纲教学”“提前教学”“强化应试”等行为。

第二条　兰州市电化教育中心组织兰州市教育系统学科中心教研组、名师工作室成立各学科“名师在线专家组”（简称“专家组”），负责制定每学期（假期）开课学科、教学内容，确定授课教师，审定课程安排。

第三条　名师在线直播课春季班（3～6月）、秋季班（9～12月），利用双休日开设初一至高三各学科课程，每科5～10次；暑假班（7～8月），开设初一语文、数学、英语，初二语文、数学、英语、物理，高一语文、数学、英语、物理、化学，每科8～10次；寒假班（1～2月），开设初一语文、数学、英语，初二语文、数学、英语、物理，初三到高三年级语文、数学、英语、物理、化学，每科8～10次。

第四条　授课时间及课时安排：

上午 8：30--10：00，10：30—12：00；

下午 14：30—16：00，16：30—18：00。

每次90分钟，分两课时，每课时40分钟，课间休息10分钟。

第五条　各学科“专家组”须委派1名联系人，负责与兰州市电化教育中心应用研究部协调本学科教学安排相关事宜。

第六条　“专家组”联系人应在规定的时间内，按规定的文档格式向兰州市电化教育中心应用研究部提交本学科的教学安排表。

第七条　兰州市电化教育中心应用研究部根据各学科“专家组”提交的教学安排表，编排名师在线直播课的各年级课表，拟定《名师在线开课通知》相关文件报请主管领导签发，并在兰州市教育局OA系统上发布。

第八条　“专家组”应在每年6月15日前提交暑假和秋季学期教学安排表，在12月15日前提交寒假和春季学期教学安排表；每年的6月30日和12月31日

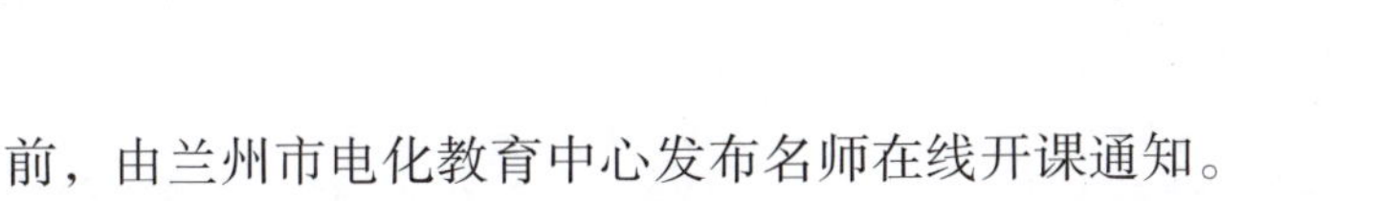

前，由兰州市电化教育中心发布名师在线开课通知。

第九条 各校要高度重视此项工作，认真组织本校师生积极参与“名师在线”教育教学活动，及时向学生及家长做好“名师在线”的宣传及答疑工作，让每一位学生都能了解该平台，鼓励学生积极参与到平台的学习中，确保优质教育资源惠及广大师生。

第十条 名师在线主讲教师必须具备以下条件：

1.热爱教育事业，全面贯彻党的教育方针，师德良好、爱岗敬业、为人师表。

2.认真履行教师职责，教学理念先进，教学方法科学有效；熟悉任教学科课程标准和教材，业绩突出，反映良好，近五年年度考核全部合格。

3.持有教师资格证，10年以上教学经历并具有一级教师以上职称；获市、县（区）级骨干教师、学科带头人、教学新秀等荣誉称号之一。

4.熟练应用现代教育技术，能够将信息技术整合运用在学科教学中，教育技术能力达到国家规定的标准和要求。

第十一条 每年1月，符合条件的教师可向所在学校提出申请，学校经过综合考评，每学科·年级可推荐出1～2名教师，并于3月底前，将推荐表上报兰州市电化教育中心应用研究部。学校须对在“名师在线”承担教学任务的教师予以大力支持，并在评优选先时优先考虑，适当奖励。

第十二条 每年6月，兰州市电化教育中心组织召开“名师在线”专家组会议，评选出合格教师组成新一届主讲教师团队，任期一年。往届主讲教师提出申请者可以优先进入新一届主讲教师团队。

第十三条 名师在线各学科课程的主讲教师由专家组从主讲教师团队中选派，每名主讲教师可以与1～2名助教合作完成教学任务，每学期（假期）各学科主讲教师和助教名单将在“名师在线”开课通知中公布。

第十四条 助教由“专家组”选派，要认真履行《“名师在线”助教岗位职责》，积极辅助主讲教师完成教学任务。

第十五条 主讲教师完成规定教学任务可获得兰州市教育局颁发的“教学公开课”荣誉证书，主讲教师和助教按国家的有关规定和标准获取补贴。

第十六条 学校应在每年9月1日前按规定的文档格式将初一、高一年级学生信息填报至兰州市电化教育中心应用研究部，并开通账号。

第十七条 兰州市（含三县六区）范围内七年级以上学生经由所在学校上报个人信息后，自动取得“名师在线”学习平台的免费学习资格，学生可自主选择学习内容。

第十八条 已经报名参加学习的学生，须在每次课程开始前15分钟登录学习平台，测试本人学习终端（PC、PAD、移动通信工具）的运行状态，确保能够正常使用；在听课过程中要遵守课堂纪律，不得迟到、早退，不得在信息交流区域发表与学习内容无关的言论。

第十九条 在授课时间段内，教师会采用点名、提问等方式考核学生的听课情况。当学生端屏幕出现点名"提示框"后，学生应在倒计时结束前点击"确定"按钮，否则视作听课"不认真"。学习平台"学生评价系统"会做记录，在90分钟的教学时间内，有3次听课"不认真"记录的学生，系统会自动向该学生家长手机号码发出短信提醒。

三、强化教师信息素养提升，规范线上教学授课行为

（一）坚定政治方向。坚持以习近平新时代中国特色社会主义思想为指导，拥护中国共产党的领导，贯彻党的教育方针。不得在线上教学中，发布有损害党中央权威、违背党的路线方针政策的言行。

（二）传播优秀文化。带头践行社会主义核心价值观，遵守法律法规，弘扬真善美，传递正能量。不得有损害国家及社会公共利益，或违背公序良俗的言论，不得发表、转发错误观点，或编造散布虚假、不良信息。

（三）执行课程标准。落实立德树人根本任务，严格依据国家课程标准实施教学，遵循教育规律和学生成长规律，把科学的质量观落实到教育教学全过程，着力培养学生核心素养。不得违反课程标准规定，进行超前超限超纲在线教学。

（四）优化教学设计。要针对线上学习特点和学科特点设计教学，做到目标明确，重难点突出，教学思路清晰，教学环节严谨，体现科学性、趣味性、实践性和适切性。不得违背学科教学规律设计教学，严禁内容超量、要求失当、教学过度。

（五）培养学习能力。要充分关注学生学习能力培养，采取多种途径加强学习指导，培养学生线上学习的专注与自律意识，引导学生自主学习、积极思考、创新实践。不得违背学生学习规律、忽视线上学习特征进行机械训练。

（六）科学安排时间。要依据不同年龄段学生的特点开展线上教学，小学生每次线上教学活动持续时间原则上15～20分钟，中学生25～30分钟。不得强行要求学生每天上网"打卡"、上传学习视频等，不得随意增加学生不必要的负担。

（七）严审教学资源。要加强教学资源审核，合法引用教育资源，线上教学

链接或资源必须渠道正规，出处明确。不得照抄照搬他人课件或劳动成果，不得发送与教育教学无关的内容，不得链接不健康音视频、图文资料及恶意插件。

（八）规范线上操作。要立足实情，因地制宜，综合考虑教师及学生端网络传输、设施设备等因素，因简就便，熟练操作。不得随意要求家长购买设备，增加学生家庭经济负担。

（九）注重仪容仪表。仪容仪表整洁，衣着庄重得体。遵守课堂教学礼仪规范，保持良好的精神状态。授课背景要朴素、整洁、活泼。不得着奇装异服，严禁与授课无关的声音、场景、人员进入镜头。

（十）坚守廉洁自律。面向学生推广使用的线上教育资源必须全部免费，合规合法，有助于学生学习。不得利用线上教学服务的机会，与第三方机构合作，进行商业宣传、推销辅导资料及误导学生参加校外培训等活动。

第三节　总结实施经验　凝练应用成果

"新冠"疫情之下，一些新兴产业展现出更为广阔的发展前景，数字化技术的支撑作用愈发凸显。互联网时代数字化技术的崛起，正在重塑产业格局，引领创新趋势，深刻影响着人们生活和工作的方方面面。

为助力新兴产业加速领航未来经济与社会高质量发展，在历年中国"互联网+"优秀案例征集活动的基础上，人民日报社全国党媒信息公共平台联合腾讯云，聚焦战"疫"，再度发起案例征集活动，拟推选出在医疗健康、教育服务及社会经济复工复产支撑服务等方面表现突出的行业标杆案例，分享科技战"疫"成果，推广好典型、好标杆，以开拓创新模式引领行业发展，充分发挥数字技术的支撑作用，促进技术的普惠应用，助推新兴产业创新升级。

数字化，新浪潮。以数字化转型为标志的全球科技浪潮蔚为壮观。今天，人类的抗疫故事有了新的叙述，数字化科技战"疫"不仅彰显了中国人民在严峻考验面前屹立不倒的尊严与伟力，还将持续赋能国民经济发展模式转型升级。疫情防控期间，兰州市智慧教育名师在线网络授课平台化危为机，按下战"疫""快进键"，抓住数字化转型拐点，助力战"疫"，优势凸显，影响不断扩大，获得了全市师生、家长以及媒体的广泛认可。经过层层筛选，兰州市申报的《同心战"疫"共创佳绩——兰州市教育局线上教学战"疫"纪实》案例在科技战"疫"——2020中国数字化转型成功案例征集活动中荣获"十大教育服务类数字

图4–7 “兰州智慧教育·名师在线”荣获全国“十大教育服务类数字化转型成功案例”

化转型成功案例”（如图4–7）。

如果将疫情比作一场没有硝烟的战争，那么“停课不停学”恰似教育行业战“疫”的集结号，而“名师在线”则扛起了当时兰州教育的大旗。所有数据的背后都是兰州教育的审时度势、超前谋划，是兰州教育的战“疫”策略，也是兰州教育的快速应急反应和动态化部署，以及全市教育信息化建设成果的集中释放。

兰州市教育局为了响应党的十九大做出的优先发展教育事业、加快教育现代化、建设教育强国的重大部署，开启了“兰州智慧教育·名师在线”项目。该项目历经两年多的策划、调研、论证并在部分学校试点的基础上，于2019年1月14日正式启动，标志着全市“互联网+教育”服务模式朝着既定目标迈出了关键性步伐，取得了实质性进展。该项目被兰州市政府确立为2019年十大民生工程之一。

该项目由兰州市教育局统一领导，兰州市电化教育中心具体实施，集中市域名师优势，利用课余时间、双休日和寒暑假，通过互联网免费对学生开展远程实时课后辅导，让全市师生共享名师教学智慧。为保证给全市学生提供最优质的教学资源，“兰州智慧教育·名师在线”项目将授课教师的选拔资质确定为兰州市教学新秀，省、市级骨干教师，“三名人才”工作室核心成员。所有授课教师均具有较高的教学素养和学科影响力。

“兰州智慧教育·名师在线”项目授课平台以全面适切的功能部署和安全稳定的运行质量，更好地满足了学生通过信息化手段进行学习的愿望，为师生提供了高效、便捷的资源和技术服务。授课平台可实现：名师直播实时授课，音视频互动，单个课堂同时可在线上万人，并能保存老师课件和板书，形成教学资源库；学生实时听课，课后回看，通过文字、语音、板书、视频等方式与老师进行交流，对老师、课程、服务做出客观评价；助教通过实时点到、桌面锁定、不认真提醒等方式实现与现实课堂一样的监管作用；家长通过手机可以随时了解学生迟到早退、课堂练习、认真程度等情况。

2019年，“兰州智慧教育·名师在线”项目共组织安排505名主讲教师讲授

1770节课，涵盖初一至高三6个年级的9门课程，截至2019年12月，在线报名选课人数达到552874人次。课程开播以来效果良好，学生反响强烈，深受家长欢迎，在一定程度上打破了地域、学校等空间因素的限制，达到了优质教育资源在全市范围内同时段、无差别的公平配置。

2020年新年伊始，突如其来的新冠肺炎疫情令全国各地学校不得不延迟开学。为在疫情防控期间落实教育部“停课不停教、停课不停学”的意见要求，兰州市教育局立即谋划，充分利用“兰州智慧教育·名师在线”项目，在2020年2月10日全面公开直播寒假初一至高二5个年级9大学科的原有方案基础上，从2月3日起又新增高三年级的全部课程，为兰州市广大学生提供假期线上学习的优质教育服务，做到防疫学习两不误，力争将疫情对学生学业影响降到最低，解决广大家长的后顾之忧，用实际行动助力疫情防控工作。

一、凝心聚力多措并举实现线上教学有保障

为满足学生的学习需求，保证广大学生居家学习的质量和效果，充分发挥互联网线上教学优势，兰州市电化教育中心多方协调，在甘肃省教育厅、甘肃电信、兰州移动、浙江万朋等单位的大力支持下，全力做好平台技术支撑与服务保障工作。周密部署，圆满完成网络排课、学生信息录入、报名选课和教师授课期间助教服务、疫情防控等相关工作。各学科中心教研组成立专家团队，依托名师工作室选拔教学一线优秀教师建立名师团队，确保课程顺利开播。

针对13万学生、772万人次在线直播教学，兰州市电化教育中心高度重视。为确保每一个环节不出错，在春节轮休期间调集全部力量，除精心组织课前师资培训、老师上课、学生听课等复杂细致的一线工作外，还安排专人对供电、网络、教师防疫等环节进行全力保障。由于正值疫情防控期间，为尽量减少授课名师来中心上课的次数，最大限度地保障上课老师的安全，兰州市电化教育中心应用研究部全体工作人员迎难而上，主动承担每天40节课的助教工作，随时在线解答师生提出的问题。

二、勇于担责，精心施教，确保线上教学有品质

在同新冠肺炎的这场无硝烟战争中，全市505名党员教师面对疫情，毫不畏惧，无私奉献，争做抗疫逆行者。他们纷纷主动请缨，积极参与“兰州智慧教育·名师在线”项目课堂授课，用自己的实际行动诠释着教育工作者的责任与担当。抗击疫情的关键时刻，他们每一个人都是战士，不需要豪言壮语，没有鲜花

和掌声，他们只是在这关键时刻冲锋在前，忘我工作，非常时期要非常努力，迎战更要赢战，付出一颗心，愿得学生优。授课名师觉悟高，理论功底好，教学经验丰富。面对重大疫情，他们可以选择在家远程上课，但是为了保障线上教学效果，无论家住何处的授课老师都主动要求前往位于兰州市电化教育中心的名师在线专用直播教室上课。他们想方设法克服防疫特殊阶段（如：时间太早无公共交通工具、小区封闭式管理无法外出、家人不理解等）各种各样平时难以想象的困难，提前到岗，认真备课，按时开播。

各学科教学团队在接受授课任务后，均能提前谋划，共同商讨教学内容与教学进度。为提升在线教学质量，确保教学实际效果，所有教学团队负责召集组内教师，就线上教学的组织形式、内容选择、课堂调控、学习检测等进行深入讨论，集百家之长，汇教育合力，最终制定出适合所在学段、学科的线上教学方案。任课教师精心设计、反复推敲、研制课件，并在教学过程中充分利用讲授、演示、问答、练习等多种方式与学生进行交流互动，严谨不乏生动，深受学生认可。经课后在线调查，学生反馈“满意”超过90%。

三、社会关注，舆论监督，力求线上教学有实效

2020年“兰州智慧教育·名师在线”项目寒假课程截至2020年4月17日授课教师共408名，设置初一至高二文科、高二理科、高三理A、高三理B、高三文A、高三文B等10个层级，共计2352节次（45分钟/节）课程。自2020年2月3日开播以来，兰州市三县五区、兰州新区、高新区近13万名中学生（含补习生、职高生）积极参与网络在线学习，合计772万人次学生参加在线学习。高峰期间单课堂平均在线听课7405人，多数课堂超过万人，初一年级最高1.8万人；同时在线学习人数保持6万人以上，峰值达11万人。

万人同上一堂课，不仅引起了全市家长的关注，也吸引了省市众多媒体的关注，报纸、电视、广播、网站等媒体记者纷纷参与，对“名师在线”进行了多角度、多侧面的宣传报道。据不完全统计，有10多家省市媒体、30多名记者参加报道工作。除甘肃日报社、每日甘肃网、兰州日报、兰州晨报、省市电视台等省市媒体外，人民网、中国教育报——中国教育新闻网、腾讯新闻、澎湃新闻等知名媒体对此也进行详细报道。各大媒体一致认为兰州市教育局组织实施的“兰州智慧教育·名师在线”项目开创了教育教学的新样态，用线上教学的形式拓展了学校的影响半径，融合了社会各界力量，建立了师生深度互动、家校友好联系的网络课堂，彰显了兰州教育的快速应急反应和动态化部署的能力，更是在特殊时

段的重重困难下，以高度的政治站位与责任感集中释放了全市教育信息化建设的成果。

昨昔山河有恙，延后开学，师生线上相聚话学问；今朝庠序无忧，按期复课，家校云端联手增智识。春回大地，夏风又来，兰州教育人始终不忘初心、牢记使命，直面特殊挑战，用超强的行动力和执行力积极应对突发事件，与家长、学生并肩奋战，坚信众志成城，必能与社会各界共克时艰，走出疫情的阴影，走进收获的季节。

第四节　在线教学的利弊分析与解决对策

“互联网+教育”的趋势不可避免，在线教学作为传统教学的有益补充，展示出智能性、交互性、开放性、便捷性等无可比拟的优势，教育部《关于加强“三个课堂”应用的指导意见》（教科技〔2020〕3号）强调，要以习近平新时代中国特色社会主义思想为指导，全面贯彻党的教育方针，落实立德树人根本任务，发展素质教育，促进信息技术与教育教学实践深度融合，推动课堂革命，创新教育教学模式，促进育人方式转变，支撑构建“互联网+教育”新生态，发展更加公平更有质量的教育，加快推进教育现代化。以优质学校为主体，通过网络学校、网络课程等形式，系统性、全方位地推动优质教育资源在区域或全国范围内共享，满足学生对个性化发展和高质量教育的需求。

一、线上教学的主要优势

1.适应现代教学的发展趋势

互联网、云计算等技术的快速发展给教育的信息化建设带来了深刻的影响。线上教学中，教师可以借助信息技术的手段，将学科知识以直观方式（VR、AR、MR）或者是情景教学的方式呈现出来。

2.打破了教学的时空障碍

线下教学中需要选用固定教室、固定时间组织教学，而线上教学的模式节约了学校在组织教学中所需要的教学基础设施。线上教学方便了师生之间的教与学，而且直播视频可以保存，随时回放，学生即使因为个人原因无法按时上课，也不会因此错过本节课学习，这在很大程度上方便了学生对知识的巩固和复习。网络授课平台实现教学跨学校甚至跨地区的沟通和交流，使学生在家也可以接受更多优秀教师的教学。

二、线上教学的主要弊端

1.要求学生高度自律

学生在家上课，没有课堂氛围和有效的监督措施，因此，学生上课容易走神溜号，如果自律性不强，很难保证学习效果。

2.课堂效果反馈不及时

线上教学以手机、电脑等为媒介，学生若不能及时或积极响应教学交互活动，教师将无法了解学生的学习情况。

3.教师在教学中存在的懈怠现象

对于线上教学而言，课后作业需要精心的布置。为了提高学生学习的自主性和自觉性，有些教师会布置一些弥补学生课堂知识缺口的作业，但也不乏一些教师对作业布置不细心，以完成教学任务为目的，不能认真、及时地检查并总结学生作业，作业的作用与功能很难发挥出来。

三、改进线上教学的建议和思考

1.线上教学模式分类及应用方式

线上教学大体有两种形式，录播和直播。对于录播课程，教师授课过程一气呵成，听课学生不受时间限制，可以随时暂停也可以反复收看，同时也可以让更多学生共享优质教育资源。对于直播课程，保持了班级授课的基本模式，教师借助技术平台，将以往的线下课堂教学转为线上进行，授课过程中教师可以借助平台的互动功能与学生进行交流。

对于录播课程，教学内容以单元教学或专题教学为主，教学目标大多基于课程标准，并结合相应的考试要求。由于授课时间的限制，教学过程聚焦重点内容和典型问题。为了使受众群体最大化，这类课程的教学对象是某个具体年级。而同一年级学生的学习情况差异很大，如何保障不同认知基础学生的学习效果，也是此类课程的最大问题。

对于直播课程，在线教学中，老师通过平台的互动功能，利用技术可以快速地收集学生作答信息，帮助老师及时准确地了解学生情况。但在课堂学生人数较多时，老师给的题目只能以选择题和填空题的形式呈现，因为学生没有办法快速反馈更多的信息。比如，数学当中的复杂符号和图形等信息学生不会上传，所以老师必须将复杂问题分解，以便学生回答。那么，课程改革中提倡的开放性问

题、探究性问题以及结构不良问题该如何在这样的课堂中实施？

录播课程中，对于一个问题，可以针对不同水平的学生设计不同层次的讲解内容，发挥出线上教学“小单位、即时沟通”的优势。比如，对基础薄弱的学生需要对背景材料中的某些概念或信息进行详细说明，对于基础较好的学生可以增加一些扩展内容等，也可以通过链接的形式，为不同层次的学生提供帮助和指导，学生根据实际需要点击收看。对于直播课程，由于学生固定，授课教师比较了解学生的实际情况，教学中要设计一定的提问、小组讨论等互动交流环节，增加学生“出声”“出镜”的机会，营造课堂氛围，增强仪式感，让学生时刻感受到“正在上课”。

在课程设置上应以直播、录播交互使用。第一，对于学习愿望强、目标强、自律性强，学习有独立能力的学生，复习课时建议使用录播课（优点：课程精良，内容专一，语言简练，随时暂停、播放、整理笔记、独立思考。缺点：交互弱，无法具备课堂监督管理功能）。第二，对于常规课程、新课讲解，学习查漏补缺辅导，试卷讲解等直播课程会更加有效。第三，对于较大班额的直播课程适合常识知识教学、学习方法指导、通识类课程等。

课前指导要让学生知道学习本节课需要具备的知识基础，如果学生忘记了，可以提前预习，以提高学生的听课效率。课后要有作业，帮助学生明确应达到的学习目标，安排教师答疑，这是保证学生学习质量的重要环节之一。对于课堂上不爱表达、不爱交流、比较沉默的学生，及时了解他们的思想状态，对于出现的具体问题及时提供帮助、指导。这样即使是线上教学，师生不能真正做到面对面交流，也要让学生感受到“我在集体中”。

2.通过技术发展，为教学提供更专业的服务

作为现代教育的发展趋势，无论是什么样的教学形式都需要技术支撑。信息化教学运行要覆盖全体教师，学习运用要覆盖全体学生，数字校园要覆盖全体学校，教育信息化水平和师生信息素养要普遍提高。要在信息化条件下实现差异化教学，个性化学习，精细化管理，智能化服务。目前，很多在线教育平台的基本功能和结构大体相似，下一步需要考虑的是：如何向精细化、专业化的方向发展。一方面，习题的呈现、信息的收集等还受制于技术，有的平台功能多但使用复杂；另一方面，据PISA测试结果分析：大力投资信息和通信技术用于教育的国家和地区，学生在阅读、数学或科学方面的成绩没有明显改善，技术在弥合优势学生和弱势学生之间的技能鸿沟方面帮助不大。因此，还需要专业人士以科学严谨的态度进行深入研究：究竟什么样的技术能对教育教学有帮助。

3.通过理论实践化，提升教师专业素养

无论线上教学还是线下教学，理论体系从课程、教学到评价还有很多方面需要进行深入研究。国务院办公厅《关于新时代推进普通高中育人方式改革的指导意见》中提出，注重加强课题研究、项目设计、研究性学习等跨学科综合性教学。这些教学改革的要求，在线下教学时，很多教师缺少相应的教学实践，缺少可以直接利用的资源，缺少相应的学习经历。面对线上教学的实际需求，信息技术如何为深化课堂教学改革的措施提供支持，一线教师迫切需要具体的，可操作、可模仿的典型实践案例。教学方式的变化势必带来评价方式的改变，在学生的学习过程中，不仅要有针对性地开展形成性评价，还需要与教师培训等一系列的相关活动相结合，使一线教师真正理解和掌握并运用到实践中，真正做到推进信息技术与教育教学的深度融合。

4.“互联网+教育”是未来教育的发展趋势

传统教育的发展理念、教学模式、学习方式、课程管理等都在发生着深刻的变革。改进课程设置，优化课堂教学，推进教学模式研究，设计合理的教学质量监测系统，改进评价反馈方式，使教学、监测、评价形成有效闭环，对提升“兰州智慧教育·名师在线”的效益，促进兰州市教育信息化发展具有积极的意义。

第五节　让“名师在线”平台惠及每位师生

在线教育是教育信息化发展的重要表现形式，教育信息化有助于促进公平发展，逐步缩小教育差距。参与“名师在线”项目的教师从不同的层面对在线教育进行了有益探索（如图4–8）。

一、认识篇

借力“名师在线”平台 优化网络教学生态

中国科学院兰州分院中学　王彦强

兰州教育“名师在线”项目在兰州市教育局统一策划组织下，由兰州市金城名师、骨干教师、教学新秀等优秀教师组成授课团队，利用网络平台对学生进行在线学习指导。学生可根据自己的学习需求自主选择，查漏补缺。授课内容以知识梳理、学法指导、复习总结和思维拓展为主，能够有效帮助学生提升学习能力。相比其他城市，该项目理念超前，回应群众关切，在智慧城市建设、提高城市品位等方面发挥着不可替代的作用。

图4-8　教研员在线教学

“名师在线”项目是一个完全免费的公益项目，倡导“佳教”抵制“家教”，实现名师教学资源共享。学习过程多点互动，既能满足学生课外学习的需求，又能有效抵制培训机构乱收费、师资良莠不齐等问题，为学校、学生打造出一个主动参与、公平优质的教育环境，为名师资源的有效放大，优化教育发展环境，规范教育行为和办学行为，促进兰州教育高质量发展以及师德师风建设提供了高效优质的信息化服务平台。

在抗击新冠肺炎疫情期间，兰州市“名师在线”项目更是发挥了其他教育形式无法代替的作用。兰州市教育局积极回应广大家长、孩子的需求，按照“停课不停学”的总要求，适时完善“名师在线”项目，结合各个年级学生的不同需求，调整科目设置，增加授课次数，让全市中学生能够在安心居家的同时，自主选择，各取所需。而在艰难抗击疫情的同时，我们也欣喜地看到兰州“互联网+教育”的生态在“名师在线”平台的引领下，正在逐渐构建。面对广大学生的需求，我们刻不容缓。

我校积极推荐优秀教师承担“名师在线”项目的教学任务，同时对参与教师给予支持、帮助。在谈到网络教学的感想和体会的时候，我校承担该项目教学的梁艳、唐楷等老师动情地说道，上了多年的课，从来没有过“名师在线”教学带来的巨大挑战和压力，也从来没有过这种快速地成长与成功。每堂课在设计时，既要研究教学内容、学情教法，还要研究网络平台、软件使用，更要研究网上互动、隔空交流等，设计好的一堂课还要反复和同伴们集体磋商备课、反复修改，定稿后的课堂设计还要一遍又一遍地“临摹”试讲。晚上温习要讲的课，常常导致失眠，每堂课结束后，如释重负，回味无穷。一想到几万名孩子同时在听我的课，一种满足和自豪感油然而生……

在积极参与“名师在线”项目的同时，我校按照兰州市教育局的整体安排，全面开发和落实线上教学活动。学校整体谋划，因地制宜，三个校区同步实施。

在学生自主选择线上课程的同时，一方面要求所有教师按照授课进度做好学生课后的答疑和作业讲评工作；另一方面调动校内资源，合理布置“疫情防控”“亲子阅读”“体育锻炼”“心理疏导”和“家务劳动”等劳逸结合、内容丰富的作业。在学习文化知识之余，极大地丰富了学生的居家生活，有效促进了学生的体育锻炼，调整了学生的心理状态，改善了亲子关系，践行了我校“科学治业，中正育人”的教育理念。

语文教研组结合假期作业，布置了适量的“亲子阅读”校外阅读任务；体育教研组根据学生身心特点，录制了相应的体育运动视频；心理健康老师也编排了有趣的心理游戏，积极调适学生的心理状况……

在线教学工作跟平时的教学工作量相比成倍增加。老师们全员跟进，和孩子们一起全身心地投入线上学习，老师们感慨地说道：“这种听课方式，可以促进学生的成长，是学无止境、教海无涯。”老师们面对小小的电脑屏幕，握着发烫的手机机身，仍然目不转睛地批改作业，指导学法。班主任老师更是加强与每一个家庭和孩子的沟通，认真指导每个孩子的学习情况，一丝不苟，爱生如子。

“名师在线”项目和我校开展的系列在线课程，深受家长和社会的认可。特殊时期，这些在线课程解决了很多家庭和学生的燃眉之急，对有效培养学生独立思考的学习习惯，促进学生自学能力的提高有深远的意义。尽管线上学习要求自觉自愿，但我校学生基本全员参与。许多家长生怕误掉一节课，一遍遍问老师上课时间，也有许多家长和孩子一起共同学习、共同成长，线上学习对改变家庭教育现状也有很大的帮助……

疫情即教材，生活即课堂。特殊时期，我们要教育学生，通过读书珍爱生命，敬畏自然；通过读书认识社会，学会担当；通过读书学好科学，改造自然。

二、教学篇

刍议如何上好网课

兰州市第三十二中学 秦国柱

非常战“疫”期间，教育部倡议中小学延期开学，利用网络平台开展在线教学，即“停课不停学”。兰州市教育局利用网络平台“兰州智慧教育·名师在线”为广大中小学生提供优质的网络直播课。我有幸承担八年级教学任务两节：《物体的尺度、质量及其测量》《密度》。我翻开八年级的教材，似乎内容有些单薄，有些简单，但真是如此吗？如何在有限的时间内，高效引导八年级的学生进行复习，犹如一头“拦路虎”摆在我的面前。虽然从教至今已有25载，但“网课直播”对我们70后而言也是头一回啊！为此，我积极查阅课外资料、多次翻阅教材，再结合多年的教学实践，最终敲定“网课”教学策略。首先，利用知识网络梳理，让学生对知识有整体认知，再深耕细作，并结合每一个具体知识点精选例题、渗透方法，以期举一反三。其次，设置实战演练，立足于“当堂训练，当堂反馈，当场完善”；最后，紧跟时代，通过“中考链接”，进一步引导学生体味新时代物理核心素养之所在。

说一千，道一万，没有付出，便不知其中之艰辛。正如同行的小伙伴，化学老师陈洁所言：“在没有完成授课任务之前，每天都要对自己的网课课件格外的关心，格外的费心劳神，以期不断完善。”例如“单位换算”对于八年级学生而言就是易错点，他们不是弄错单位，换错关系，就是张冠李戴。为此，采用图表方式，辅之以口诀“单位换，数字算。”“大换小，指数正；小换大，指数负。”再结合典型例题，如“例1：人类生存的地球是宇宙天体家族中的一员，其半径约为6400 km=（　）μm。”“例2：‘双黄连口服液’对抗病毒有一定的疗效，一小瓶双黄连口服液的体积为10 mL=（　）m^3。”最终通过实战演练，中考链接练习巩固，相信听课的学生应该对此有所突破。天平的使用，教材中的知识散乱，而我们采用口诀归纳出“先水平、游拨零、后平衡，物左码右两盘盛，增减砝码再平衡，砝码、游码细读认，防超、保洁要留心。”在理解中记忆，在理解中实践而形成能力。有关密度知识的应用比较灵活，我们先夯实基础，再拓展延伸，如在进行例题6解析时，不仅小题大做，而且一题多解，具体如下：

例6：（2019·扬州）在测量液体密度的实验中，小明利用天平和量杯测量出液体和量杯的总质量m及液体的体积V，得到几组数据并绘出如图所示的m—V图像，下列说法正确的是　　　　（　）

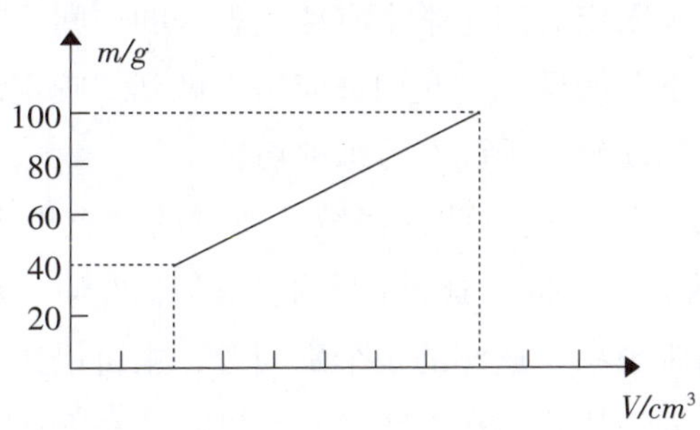

A.量杯质量为40 g；

B.40 cm^3的该液体质量为40 g；

C.该液体密度为1.25 g/cm^3；

D.该液体密度为2 g/cm^3。

方法一：纵坐标表示“液体和量杯的总质量”，横坐标表示“液体的体积”；

（1）设量杯的质量为m杯，液体的密度为ρ，由图可知，当液体体积为20 cm^3时，液体和杯的总质量40 g，故有：

ρ×20 cm^3+m杯=40 g　　①

（2）当液体体积为80 cm^3时，液体和杯的总质量100 g，故有：

ρ×80 cm^3+m杯=100 g　　②

联立①②解得：ρ=1 g/cm^3，m杯=20 g，由此可知选项ACD均错误。

当液体的体积40 cm^3，则液体的质量：$m=\rho V$=1 g/cm^3×40 cm^3=40 g，故选项B正确。

方法二：由题可知，纵坐标表示“液体和量杯的总质量”，横坐标表示“液体的体积”。当液体的体积为20 cm^3时，液体和量杯的总质量为40 g，而选项A为“量杯质量为40 g”，故错误；

当液体的体积为40 cm^3时，液体和量杯的总质量为60 g，但此时该液体的质量究竟是多少，好像无法得知；如果灵活处理一下，问题将迎刃而解。

当液体的体积为20 cm^3时，液体和量杯的总质量为40 g；当液体的体积为60 cm^3时，液体和量杯的总质量为80 g。由此可得：液体的体积为V=40 cm^3时，液体的质量为：m=80 g−40 g=40 g，液体的$\rho=m/V$=40 g/40 cm^3=1 g/cm^3，由此可知选项CD错误，而选项B正确。

尽管是网课，但是在教学中，怎样积极利用“无限宝”系统平台组织学生积极参与互动，很是关键。如针对选择题，先测验，再根据统计的正确率情况来解析；针对填空题先发布抢答，在学生“直抒胸臆”之后，再进行点评、讲解；至于作图、实验计算，先限定时间让学生有独立思考的空间后，再进行分析。无论是“线上”还是“线下”的课堂，我们都应努力做到“咬定课堂不放松，该说该写立刻动；最是学生勤动手，千读万写练神功！”

当然，我首次参与网课还有些许遗憾，遗憾的是有极个别学生“抢”而不“答”，浪费了有效的教学时间；遗憾的是我们的课件与“无限宝”系统略有出入，导致屏幕显示错版现象；遗憾的是个别问题，主讲语速可能过快，甚至有些问题还亟待商榷，等等，让我们在实践中，反思之，完善之。

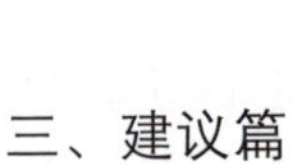

三、建议篇

在线教学从“应急”走向“规划”

——“兰州智慧教育·名师在线”停课不停学教研感悟

兰州市教育科学研究所　田　黎

2020年初，因为新型冠状病毒的影响，全国各地学校延时开学。根据《教育部办公厅、工信部办公厅关于中小学延期开学期间“停课不停学”有关工作的通知》、甘肃省教育厅《关于做好疫情防控延期开学期间网络教育有关工作的指导意见》及兰州市教育局《关于做好全市延迟开学期间中小学生居家线上学习工作的通知》等文件精神，兰州市教科所根据兰州市教育教学的实际情况，有针对性地制定了初中年级疫情防控期间教学工作方案，组织广大名、特、优教师从2020年2月24日起，以星期为单位，利用“兰州智慧教育·名师在线”平台为初一到高三的学生提供线上学习课程，保障初中各年级学生在疫情防控期间“停课不停学”。我作为初中英语教学团队的组建者、在线教学的实践者、线上教研的参与者，也作为一名初中在线学习学生的家长，全程参与了线上教学、教研和学习。

截至2020年4月17日，“兰州智慧教育·名师在线”平台已提供“停课不停学”8周的课程，近13万名中学生积极参与网络在线学习，累计在线学习达772万人次。单课堂最高听课1.8万人，单日同时在线峰值达11万人。初中英语课堂学习人数单课超过1万人次。我作为初中英语团队中的一员，在磨课、授课、听课中，对“线上教学”有了深刻的感悟和理解。

线上教学一对多的特点，相对可以集中优质教师资源。“兰州智慧教育·名师在线”的教师在遴选上由各学科教研员严格把关，在兰州市“三名人才”、专职教研员、学科带头人、教学新秀、基地校领衔成员、兼职教研员等专家库中，充分考虑各方因素，确定授课人员。为了更好地了解和指导线上教学，兰州市教科所教研室初中段教研员全员参与内容设定、组织集体备课、参与授课，保证了授课教师在思想上能够高度重视，认真对待授课任务。授课教授在课前进行积极准备，了解和熟悉操作平台，精心细致地制作课件。授课过程中教师的仪表和着装端庄大方，教学语言清晰，表达准确，体现出了较好的专业素养。

授课教师在授课的前期，仍然会感到线上教学和线下教学的区别，针对线上教学的实效性、线上教学方法的突破、线上教学的艺术等方面，教师从教学角度，教研员从教学观察和指导的角度，教育行政部门从高层设计的角度，都感到培训的重要性与迫切性，真正从内而发地想要获取相关的知识和经验。故在每期的线上教学之前，授课教师均参加了兰州市电教中心举办的有关线上教学的相关培训，不断学习熟练使用线上教学的教学平台与教学工具。兰州市教科所课题室及时跟进，于2020年2月23日做了“兰州市中小学新冠肺炎疫情期间居家学习状况调查统计”，并将相关的调研结果向在线教学的授课教师公布，以帮助教师不断调整教学方式和手段。兰州市教育局出台了《兰州市中小学教师线上授课行为规范》《兰州市中小学线上课程规范流程》。兰州市教育局还开启了兰州市中小学教师线上教学能力提升专项培训工作，有23000名教师参与培训；兰州市乡村教师线上教育教学实践能力培训，近1000名乡村教师参加培训。通过国内知名专家的讲座和本土在线教学经验的分享满足教师的成长需求，解决线上教学遇到的实际问题，提升农村学校师资水平，决战决胜教育脱贫攻坚战。

本次兰州市初中“名师在线”各学科授课内容的设计采用“专题”为主导的原则，帮助学生建构学科知识体系，在巩固旧知识、铺垫新知识中提升学生所需的学习能力。初中每节课时长不超过25分钟。在学科类课目的基础上，每天都有半天的时间安排公共课，内容涉及爱国主义、疫情期间的防护、安全教育、音乐欣赏、模型制作、传统文化、信息技术、心理健康、学习方法等多个层面，引导学生正确认识人与社会、自然的关系，尊重客观世界，科学理性行事，培养学生爱党、爱国、爱人民、爱社会主义的思想情感。从近8周的授课中，作为授课老师也深切地感受到学生的思想变化。因为网络授课，评论区可以匿名评价，授课初期还有部分学生有厌学，肆意发布心中对线上授课不满情绪等行为。这样能发泄出来，也可以让教师了解到部分学生真正的心理状态，通过学科授课时的正确引导，后台助教的帮助和公共课的教育，来提升学生对线上授课的认可度，同时，学生对教师的尊重程度也有改善。

在这段时间的实践中，我们初中英语团队集体备课也有了更深的认识。因为各年级的教学团队都由来自不同学校的老师组成，所以在起步阶段他们将重点放在短期内容的设定上，由于复课时间的不确定，总是在关注“应急”，教师教学方式各异，不同教师对重难点的理解也有不同。我们发现这样的教学效果有待提升，所以从第二周开始我们慢慢从“应急”走向“规划”，由学科教研员领衔，对本学科各年级的教学内容以学期为单位进行再设计，对教学设计进行在线研讨，共同确定教学重难点和教学方式，再由教师分别进行二次备课，力求课堂教学设计合理，教学目的明确，教学内容丰富，满足初中学生对学科知识的学习兴趣及需求量。

反思5周的教学实践，问题也存在不少：

“学生主体”有待加强。当在线学生人数较多时，平台传送能力往往会受到限制，导致视频播放、传输和在线与学生的连麦互动等功能无法正常使用。在授课内容安排较多的情况下，教师为保证完成教学任务，在线课堂容易出现教师的“一言堂”，使“学生主体”无法很好地体现。教师为赶进度，从而忽视了直播教学中的师生互动、教学反馈、答惑解疑等问题，不能很好地发挥互动式网络直播教学的特长和优势。

“学生学习留白”不足。授课教师在授课时对自身教学的准备比较关注，但对学生线上学习方法的引导不够重视，很多学生在上课前没有做好充分的准备。授课过程中教师看不到学生的反馈，容易越讲越快，加之授课内容安排较多，所以在学生思维的节点上预留的时间太少，学生思考、记笔记的时间不足，如果再没有回播功能，就会使这种情况雪上加霜。学生课上没有记住或没有听懂的内容，课下也无法解决，线上学习的成就感就会受挫，进而影响学生的学习兴趣。

再者，线上教学容易前松后紧，初中每节课教学时间不超过25分钟，教师前半节课讲得慢，显得冗长呆板，后半节课又太赶，对精彩之处和重点内容的处理稍显粗糙。

最后，也是最难解决的，就是由于授课对象群体大、学习水平和能力差异大，导致部分学科，尤其是数学、英语、物理、化学等学科教学内容的选定和教学方法的选择有很大的困难，无法满足学生的个性化需求。学优生完全领悟感到无趣时，学困生对知识皮毛尚未了解，故导致不同学习情况的学生的学习兴趣受挫，从而也会影响学习效果。

综合以上的实践和反思，提出如下建议：

加强线上教学理论知识的学习。新冠肺炎疫情迫使线上教学从“渐进”走向“快进”，教学效果的保证需要有一定教学能力和学习方法的师生合力来构建。教师需要提升自身的信息化教学能力，对线上教学的相关理论进行了解和学习，对自己的线上教学不断反思，实践结合理论不断调整，方能有力引导学生进行有效的学习。

加强“他教”和“自教”的结合度。在线教学对教师的要求较高，从课前准备，到课中授课，再到课后跟踪各个环节都需要不断考虑对学生学习兴趣的激发和教学效果的监督。在整个教学环节的准备和实施中，教师时间、精力的付出要高于线下教学，给教师带来了不小的压力，故建议教师从“单一准备”走向“协同合作”，加强“他教”和“自教”的结合。同年级授课教师间不仅要加强协作，还需集合专职教研员、学科中心、“三名人才”、兼职教研员等专家团队的力量形成“名师优课”备课专家教学团队，来共同研发教学内容，将教学设计、在线教学、教育技术、教学效果评估与反馈等工作进行分工，减轻授课教师的负担，让教师成为学生线上学习的引导者和辅助者。除了集中的“他教”外，各校教师根据各校具体情况，应该开展合理、适当的“自教”，加强对不同学情学生学习效果的跟踪和再学习的跟进，以提升线上教学的效率。

加强“以教促学”，聚焦“任务驱动”。无论是线上教学还是线下教学，教学的任务应始终围绕对学生自主学习的促发。教师在线教学要以任务和问题为驱动，将学生和学习资源相联系。对教学的设计要聚焦学生的学习任务。这些任务需要能够承载课程目标、符合价值理论，有挑战性，可选择，与生活有连接，和学生的已有知识和能力有一定的联系，可分解，可操作，可检测，具有内在的一致性。教师通过自己精心设计的学习任务，来提高学生的学习兴趣，实现“以学促教”。

加强“专题教学”，重视“要素连接”。线上课程内容和资源的呈现宜模块化、专题化。这样有助于帮助学生构建学科知识体系，也为学科知识的掌握提供网格化的自选空间。教师可以根据学情和知识类型，重构教学逻辑，改变教学顺序和流程，在符合学科学习原则和特点的基础上，将线上教学内容和资源模块进行充分的整合，就每个专题，给学生推荐或提供3～5个资源，包括讲解视频、演示实验、教学案例分享、“文字+思维模型”等，便于学生自主安排学习时间和次序，以最大限度地实现学生的个性化学习。

加强“平台支撑”，助力师生互动。设备、平台和网络是线上教学的软硬件支撑。要实现师生活动、声文结合、多种资源并举，就需要加强线上授课的“平台支撑”，让各种教学行为和学习行为在线上成为可能。

四、思考篇

抗疫背景下的网络教学思考

兰州市教育科学研究所　马少峰

2020年新冠病毒的袭来，全民抗疫，蜗居在家。预防新冠病毒疫情的传播阻断了我们与外界的交往，打破了学生的正常生活与学习节奏。原本是开学季的3月，校园里空空荡荡。在很多人还在纠结何时开学的同时，一场互联网教学的热潮已经如火如荼地在广大师生中展开。以前只是观看网红直播的老师被迫走向直播前台，虽然说目前全国范围内的教师教学走上网络平台是非常时期的无奈之举，但是面对目前和未来学生网络化学习的需求，教育信息化建设进程的提速和教师信息化教学观念、方式的改变，势在必行。

但是对一线老师来说，大多数是不愿意上网课的。因为网课对于多数老师来说，是一个陌生的领域，老师们都已经习惯于站在课堂上和学生面对面的交流授课，突然让老师变成主播，面对网络背后的学生，授课的难度非常大。虽然说信息化网络教学的核心是教师教学方式的创新，但是初期来说技术和专业设备更为重要。为抗疫，教育部提出“停课不停学”的号召，各地教育行政部门纷纷响应，几乎所有的学校都通过各种网络平台开设“网课”。但是这些设备和平台不是专门为网络教学设计的，多数教师没有接受过相关的培训学习，都在自己琢磨。大多数网课由于主客观因素的制约，学习中更重要的预习、复习、作业、练习、巩固、总结等环节的缺失使我们的网课效果大打折扣。

这次疫情催生的网络直播教学热只能说是教育行业广大教师走网的积极尝试，其不能代表未来网络教学的全貌。我们将来的互联网教育是一个系统工程，它包括了技术与设备、内容与资源建设、大数据管理、综合评价改革、教学方式和教育理念的转变等多个方面。这一过程的实现，道路是曲折的，但是我们坚信教育信息化的前途是光明的。随着网络教学生态环境的改善，摆在广大教师面前的一个问题就是如何进行网络教学创新，让信息技术真正服务于学生的有效学习，助力基础教育教学质量的提升。

在网络教学实现方面，应该是在充分评估学生学情的基础上，在各方面相对接近的学校之间联片结网开展。为了优化教学管理，达到评价的一致性，区域内学校应该使用统一系统和设备，执行同一作息时间表、同一课程表、同一网络教学、同一教辅材料、同一作业、同一份试卷考试等。网络教学中肯定不是所有的老师都做直播，而应是团队集体协作教学。区域内教师与授课教师网上共商教学安排，探讨教法和学法，集优秀教师智慧于一体设计教学，由个别名师骨干进行直播授课，而更多教师可能将精力集中在组织管理和个性化辅导方面。网络教学面对的学生群体很大，学生的差异性普遍存在，不是每一个学生都能掌握得很好，这就需要线上授课教师及时发现问题点，进行线下有效补充，以解决因材施教的问题。为学有余力的学生做拓展延伸，为那些学习吃力的孩子解惑答疑，因此线上与线下教学的有机结合，个人教学智慧和团队教学智慧的融合将成为未来互联网教育的方向，只有线上线下的混合教学才能充分发挥智能设备的作用，增强课堂学生学习的交互性、合作性、探究性与趣味性，才能促进学生的有效学习。

随着疫情的结束，中小学开课复学时刻必将到来，我们广大教师又将回归到课堂和原来的授课模式当中，网络教学的热议也将成为过去时。但是广大教师教学尝试走网的意识不能变，因为互联网教育的浪潮必将到来，广大教师需要加强自身的信息技术学习和提高网络技能，不断地学会应用网络资源为教学服务。我们在补齐信息技术短板的同时，要积极尝试和创新网络教学方式，为迎接互联网教育的明天做好充分准备。

第五章　名师课堂行动

第一节　背景与政策

党中央、国务院高度重视教育信息化，十八届三中全会提出“要大力促进教育公平，构建利用信息化手段扩大优质教育资源覆盖面的有效机制”。习近平总书记指出“要因应信息技术的发展，推动教育变革和创新，构建网络化、数字化、个性化、终身化的教育体系，建设‘人人皆学、处处能学、时时可学’的学习型社会，培养大批适应信息社会需要的创新人才”。

根据教育部、财政部等五部委关于印发《构建利用信息化手段扩大优质教育资源覆盖面有效机制的实施方案》（教技〔2014〕6号），推进教育均衡，促进教育公平，提高教育质量，通过“专递课堂”，大力推广“一校带多校”的教学教研组织模式；通过“名师课堂”，充分发挥名师的示范、辐射和指导作用，加快提升广大教师的教学能力和水平；通过“名校网络课堂”，鼓励名校带动薄弱学校，使优质教育资源得到共享；努力实现以教育信息化手段扩大优质教育资源覆盖面，逐步缩小区域、城乡、校际差距，让成千上万的孩子共享优质教育资源，推进信息技术的有效应用。

以推进教育均衡和教育公平为基本宗旨，以提升教育质量为工作目标，以网络教研教学为方式方法，紧紧把握“互联网+”的时代潮流，通过模式创新、机制创新，努力提升教育惠民的效益和效率，既能完善和补充学校课堂教学，又能提升学校教师队伍的整体水平。让全市师生共享名师教学成果，提升教学质量，打造兰州市教育信息化有效应用的新亮点。在兰州市委、市政府、省教育厅信息化领导小组和兰州市教育局的正确领导下，依据《国家中长期教育改革和发展规划纲要》《甘肃省中小学信息化环境建设指导纲要》《甘肃省基础教育信息化深化发展指导纲要》以及《兰州市中长期教育规划纲要》等有关文件精神，兰州市教育信息化建设工作以教育信息化基础设施的建设和人才队伍的培养为基础，以教育改革与发展为关键，以教育信息资源建设和开发应用为重点，统筹规划，协调发展，注重实效，加速实现兰州教育信息化进程，为全面推进素质教育和实现兰州市教育跨越式发展做出了重要贡献。

兰州市学校数量众多，由于历史、地域、经济等多种原因造成教育资源配置不均衡，优质教育资源稀缺，导致薄弱学校的学生流失到优质学校，优质学校人满为患，薄弱学校人员减少、办学困难。教师资源分布不均衡现象在校际之间、城乡之间普遍存在。城区重点学校高职称教师和高学历教师的比例普遍高于其他薄弱学校。农村教师队伍中优秀骨干教师数量少，教育教学水平较低的现象普遍存在。

自2011年兰州市“三名人才”（兰州市金城名校长、金城名师、金城名班主任）的评选及工作室建设以来，“三名人才”已成为引领、辐射、带动全市教师队伍专业化发展的一项品牌。如何更好地发挥“三名人才”的作用，革新教学手段，促进校际交流，提升教育质量，惠及广大师生和家长已成为迫在眉睫的任务。

为进一步推进兰州市利用信息化手段实现优质教育资源共享，逐步缩小区域、城乡、校际之间的差距，促进教育均衡，全面提升中小学教师特别是农村教师的信息素养，提高教育质量，根据建立国家级《智慧教育示范区》的工作要求，结合兰州市教育信息化发展的现状，决定开展“名师云课堂”项目的试点示范工作。

该项目由兰州市电化教育中心资源制作部具体负责实施。旨在利用现代信息技术手段，实现城乡同步互动课堂及教研活动，助力教育脱贫，缩小数字鸿沟，促进教育均衡。“名师云课堂”项目的硬件建设主要是在各项目学校搭建具有互动功能的录播教室，依托网络环境，可以实现点对点、点对多点的视频同步互动课堂，主要包含课程点播、课程预约、课程观摩、教研交流、资源共享等功能，基于平台实现课表约课、一键上课、同步课堂互动资源自动回传、主讲端课件投屏、听讲端开机自动进入课堂、终端互动实时直播录播、PC端及手机端随时查看听课等。该项目是一个涵盖课前、课中、课后等多种应用的跨区域、跨时空的综合化解决方案。

“名师云课堂”强调共享性，主要针对教师教学能力不强、专业发展水平不高的问题。通过组建网络研修共同体等方式，发挥名师名课的示范效应，探索网络环境下教研活动的新形态，以优秀教师带动普通教师水平的提升，使名师资源得到更大范围的共享，促进教师的专业发展。

“名师云课堂”互动教学平台集网络教研、直播互动教学、资料传输、资源共享、即时通信功能于一体，支持教育系统内部完整的组织架构及单位、部门、用户信息实名制模式，构建绿色互动教学、科研平台，形成适用于同步课堂，课后辅导答疑，网络教研，优质课评选、示范以及在线家长会等多种情境的教学、学习、科研、交流体系。该平台突破了地区名师资源有限的瓶颈，跨越时空，利用先进的信息技术，集结成一股强大的区域优秀师资力量，可为学校的学生们打造一个主动参与、公平优质的教育环境，有效促进义务教育均衡发展，满足广大学生对优质师资的需求。

经过多方多次研讨协商，兰州市电化教育中心于2019年2月，下发了《关于实施“名师云课堂·教育扶贫”项目遴选项目学校的通知》（兰电教〔2019〕8号），2019年3月对永登县教育局和榆中县教育局推荐的12所偏远山区学校进行了前期的实地调查走访和现场测试，最后确定了具有网络条件和发展积极性的9所农村学校、3所城区学校，共12所学校为项目试点学校，2019年5月底下发《关于“名师云课堂·教育扶贫”项目确定项目学校暨实施方案的通知》。项目结对学校为：

兰州市外国语学校结对县区初中学校，分别为永登县民乐乡初级中学，榆中县新营乡新营初级中学。

兰州市东郊学校结对榆中县区学校，分别为榆中县上花学校，榆中县高崖镇高崖小学，榆中县贡井乡吕家岘小学，榆中县马坡乡马坡学校（小学部）。

北京第二实验小学兰州分校结对永登县区学校，分别为永登县柳树镇韩家井小学，永登县武胜驿镇中心小学，永登县通远乡中心小学。

2019年6月完成项目设备的招标工作，由甘肃鼎之润科贸有限责任公司于2020年8月底完成项目学校设备的安装调试，9月中旬完成项目的验收工作。2019年9月各项目学校陆续开始试运行。

第二节　平台建设及主要功能

兰州智慧教育·名师云课堂以中小学基础课程为主，采用主教室+分教室的应用模式，利用多媒体教室、网络设备及网上课堂软件平台，将主教室名师授课活动实时直播到其他班级教室（同校或异校），消除地域、班级的界限，形成数字资源同步大课堂，课堂内的所有学生均可同步共享到名师的直播课程及相关优质资源，并可参与实时音视频教学互动，同时支持视频的录播、点播。

一、平台建设

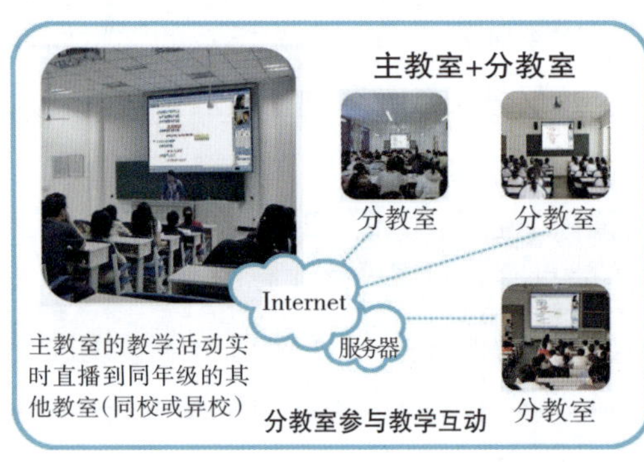

图5-1　兰州智慧教育·名师云课堂构成

图5-2　兰州智慧教育·名师云课堂应用示例

二、平台特色

1.各个教室可通过安装、登录客户端进入系统，根据角色不同可获得不同的使用和管理权限。举办公开课的名师可以实现网上课堂的开设，其他教室的教师可以登录自己能够参与的课程，与本班学生一起实现名师优质教学资源的共享。

2.智能教学跟踪系统能自动跟踪特定目标，跟踪过程不受外界干扰，且被跟踪目标无佩戴任何传感器，使用简单、可靠，性能稳定。

3.可以实时转发语音、视频数据，并能够处理各种复杂的媒体类型，提供各种音视频交互功能并支持多种设备接入，如：各种视频语音输入设备、手写输入设备等。

4.名师公开课互动教学平台能稳定地支持上万个教学班同时在线。

5.名师公开课互动教学平台是以课堂为主，采用主教室+分教室的应用模式，实现云课堂互动教学。

6.将主教室名师授课活动实时直播到其他班级教室（同校或异校），消除地域、班级的界限，形成优质数字资源同步课堂。

7.课堂内的所有学生均可同步共享名师直播课程及相关优质资源，并可实时参与课堂音视频的教学互动。

8.分教室可安排普通教师承担部分助教工作，改善教与学的效果，解决名师短缺问题，促进义务教育的均衡发展。

9.达到优于传统课堂的上课效果，为学生们打造一个主动参与、名师共享的公平教育环境。

10.实现线上线下教学课堂同步、动态PPT及白板实时互动、多路音视频广播、多方交谈讨论，学生随时举手提问、老师现场解答等功能。

11.创新高效的教学应用模式，强大的数据协作功能，几乎所有的电子文档都可以共享。支持多种学科符号标注，为教师在上课期间提供快捷的教学辅助工具；系统支持全屏高清晰度画面及摄像头远程遥控，支持显示最多9路视频图像。

12.录播教学可以形成本地化的校本资源、县级资源、市级资源中心。

13.准确完整的学校组织架构信息，师生实名制交流、随时随地即时聊天，可支持WAP格式。

14.实现学校之间、城乡之间优秀名师公开课的共享。

三、硬件、软件功能及教学优势

1.采用4K高清摄像机，可实现教师全景、特写，学生全景、特写四个画面的拍摄。教师在讲台区域走动，可实时拍摄教师的特定画面，主讲教师操作教学PC可自动切换为课件投屏画面；听讲端学生起立回答问题时，主讲端或听讲端都可以看到切换后学生的特写画面（如图5-3）。

图5-3　名师云课堂操作界面

2.一键上课：点击上课，程序自动查找当前时间段该教室能够加入的课堂。如果有可以加入的课堂，则会自动加入，否则会提示该时间段没有课程（在课程开始前10分钟内，参与互动的教室可以一键进入课堂）。在“我的课表”功能项可以查看当前主讲端所有课程表的安排及课程状态。

3.创建课堂：如无预先安排的课表，可实时创建课堂，简单、即时、快捷的开始一堂互动课程（创建课堂后，需分配全平台唯一的课堂标识“课堂号”）。

4.加入课堂：听讲教室可以通过查找课堂号加入到课堂（每个课堂都有属于该课堂的唯一一个课堂号），也可以通过课堂号加入一个课堂，双击输入框使用软键盘输入要加入的课堂号，点击确定即可进入课堂。

5.退出课堂：互动专用鼠标点击右键可看到退出、确认提示选项，点击确定即可关闭软件系统，回到操作系统桌面。

四、项目实施的目标及方式

智慧教育·名师云课堂平台以网络联校的形式，通过互动教学，结对帮扶，实现优质资源共享，达到教育均衡的目标。通过这样的方式，可以让薄弱学校的孩子享受优质的教育资源。同时，在互动教学的过程中，通过主讲教师、辅导教师的共同备课，教学反思，教学评价，实现教师的专业发展，同时实现优质资源的汇集。

以课程为中心建设联校空间，联校下的课程空间将课程空间的管理、维护权限交给课程团队，包括制定课程计划以及按照课程计划的课前、课中、课后过程，从而方便课程团队操作，支持常态化、大规模应用。通过统计逐渐向上汇总，实现优质资源逐层向上汇聚，进行多维度展示。

1.项目结对学校主讲端于每周五将下一周教学、教研等活动计划内容，在平台上创建课程表，并建立课程同步互动。

2.项目结对学校听讲端根据自身教学时间，可选择需要互动的同步课程，进行听讲、互动等课堂活动。

3.结对学校以市区学校为引领，辐射带动乡村学校，促进乡村学校更好地发展，同时提高教师的教学水平，可实现相互促进、共同进步，为新教育奠定坚实的基础。

4.结对学校携手探索跨地区信息化校际合作模式，扩大优质教学资源，促进教育均衡发展，为教育脱贫攻坚注入新的动力。

5.常态化互动、录播、直播终端平台与兰州市电化教育中心现有资源云平台进行无缝对接，可实现随时回看课堂影像。

第三节　成就与经验

在“名师云课堂”项目运行的过程中，各项目结对学校根据自身特点，积极探索符合自身的互动模式，以“优质学校带动薄弱学校、优秀教师带动普通教师”的模式，通过“异地同堂”教学及教研形式，帮助缺乏师资的偏远地区学校利用信息化手段提高教育教学质量，提高教师的教学和教研水平。该项目经过一学期的试验，效果显著，得到了广大师生的一致赞扬。该平台为两地学生的无障碍沟通搭建了桥梁，实现了城乡教育零距离的目标。

一、项目基本原则

（一）提升教学质量与实现教育公平相结合的原则

“名师课堂”将各名校的课程建设及教学活动通过互联网实现全市覆盖，着力发挥名校名师在学科教学上的优势，重在帮助学生梳理学科知识结构和知识点，掌握学习方法，提高教学质量。

（二）试点先行，逐步推进的原则

选取部分城乡学校进行试点，通过启动城区学校和乡镇学校云课堂的形式，发挥“名师云课堂”试点学校的带头作用。逐步实现校际帮带，整体提升乡镇教育质量，让名校名师资源惠及农村偏远学校，促进教育均衡发展。

（三）改造升级与投资新建相结合的原则

对现有网络、班班通教室和高清录播教室进行改造升级，实现高清录播和同步课堂互动教学的双重功能，以最小的投入发挥最大的效益。

二、项目实施办法

1.同步课堂互动教学原则上采用城区校一所带动偏远校两所的方式进行授课，科目在前期调研的基础上按照需求由项目学校沟通后自定。

2.互动教学的实施过程由兰州市电化教育中心资源部工作人员进行网络监控和协调。

三、项目实施步骤

1.2019年2月下旬，制作问卷调查表，部门集体讨论项目实施的可行性，确定项目实施计划，经与上级有关部门协商，草拟2019年名师课堂项目实施方案文件；选择榆中县和永登县为项目学校遴选对象，同时选取3所城区学校，其中小学2所，初中1所，做好项目学校遴选的前期准备工作。

2.2019年2月下旬至3月，组织相关人员到学校调研，进行项目学校的遴选。采取调查问卷、商讨和实地勘察的方法，经过对比产生项目学校，确定同步课堂教师和负责人。随后选择2～3家设备厂家进行模拟测试，根据测试结果确定设备供给公司，按正常手续进行招投标。

3.2019年4月至6月，进行互动课堂及网络教研的互动试讲，组织城区主讲教师或者项目负责人到对应的边远学校进行面对面现场教研，通过问卷调查法，总结经验，沟通交流。

4.2019年6月，制定互动教学课表，安排负责人进行具体分工。

5.2019年下半年新学期开始，按照计划执行互动教学。

“三个课堂”的建设与应用自2017年正式启动，通过前期考察、调研，确定兰州市东郊学校、兰州市外国语学校、榆中县上花学校为首批“专递课堂”的试点学校。项目于2018年年底前完成硬件设备的建设及改造。

2018年2月，确定“专递课堂”项目的前期开展工作，正式成立项目领导小组，明确组织机构，2月底前完成所有试点学校软硬件设备的调试及三次集中测试，保证了网络课堂的顺利实施。2018年3月，确定兰州市东郊学校陈秀兰老师为授课端教师，其所带数学课为试点课程，三年级二班为试点班；确定榆中县上花学校高艳老师为听课端教师，三年级一班为试点班。2018年4月上旬，完成相关工作人员及授课教师、听课教师的技术培训。

“专递课堂”项目，计划于2018年4月下旬完成1～2周的网络直播教学任务，根据开展情况及设备使用情况，组织协调兰州市东郊学校及榆中县上花学校制定下学期试点班的课程表，原则上实现帮扶校试点班整学期的一门课程以网络直播教学的形式完成。计划2018年5月组织协调兰州市外国语学校及榆中县上花学校通过网络互动，实现多种形式的教研活动。

四、名师云课堂优势

（一）城乡携手，实现“同步课堂”教学

同步课堂的教学形式让学生与优质资源、优秀教师实现“零距离”，在信息技术的支撑下推动城乡师生的不断进步，共同成长。

（二）资源共享，发挥“同步课堂”优势

本项目以网络同步直播、远程互动教学、在线网络教研相结合的方式进行，充分运用“名师云课堂”的资源，发挥同步优势，以研促教、互相促进，实现信息化和课堂教学的有机融合，让优质学校的资源能够穿越时空界限传递给乡村学校的学生，让乡村学校的学生也能享受到优质的教育资源，共同提高教育教学质量，为进一步推进全市创新教育做出探索。

（三）平台简洁，保证“同步课堂”运行

基于平台实现课表约课、一键上课，操作简易，同步课堂互动资源自动回传，方便学生、老师随时再次观看学习。平台可实现主讲端课件的投屏，支持主讲端以课表形式创建课堂，听讲端开机后可自动进入课堂，终端互动实时直播、录播，PC端及手机端随时查看。

（四）软硬件适应性强，可适应复杂环境

课堂画面流畅，音频清晰，视频码流主、副自动切换，若突遇网络不稳定，视频画面将自动切换为标清信号，从而保证声音的优先原则；使用1VN方式，在网络条件较好的情况下，可实现教学的互动。

（五）通过平台，一点带动多点

互动平台采用平台自带公有云方式进行部署，系统自动优先选择高带宽、低延时的服务器，保障课堂的稳定、高效运行。

通过推进“名师课堂”建设，逐步实现优质教育资源的普及共享，做好教育信息化的精准扶贫，提升乡镇学校的教育质量，让名校名师资源惠及农村偏远学校，促进教育均衡发展。通过推进“名师课堂”建设，充分发挥名师的示范、辐射和指导作用，“一校带多校、一校带多点”，加快提升广大教师的教学能力和水平，鼓励名校带动薄弱学校，使优质教育资源得到共享，努力实现以教育信息化手段扩大优质教育资源覆盖面，逐步缩小区域、校际的差距。

（六）线下交流，促进结对学校相互深入了解

在项目实施的过程中，结对项目学校进行线下交流非常必要。农村学校与名校相比，普遍存在办学理念、教师教学方法、教育观念等方面的差异，为了能够使农村项目学校更好地了解到城市学校的各方面优势，兰州市电化教育中心先后组织榆中、永登项目学校到城市结对项目学校进行线下交流。

案例一：北京第二实验小学兰州分校与永登县结对项目学校

《中国教育现代化2035》提出，要提升义务教育均等化水平，建立学校标准

化建设长效机制，推进城乡义务教育均衡发展。利用信息化手段助力优质教育资源均衡发展，促进偏远地区实现教育脱贫攻坚，成为教育现代化建设的重要目标。

为推动城乡教育的均衡发展，扎实做好脱贫攻坚工作，2019年11月13日，兰州市电化教育中心在北京第二实验小学兰州分校，举办了“名师云课堂”项目学校校长及项目负责人座谈会，开展观摩研讨，就进一步做好“名师云课堂”工作进行对接。参加本次座谈会的有兰州市电化教育中心项目负责人，永登县武胜驿镇中心小学、永登县通远乡星可侨心小学、永登县柳树镇韩家井小学校长及项目负责人，北京第二实验小学兰州分校校长及项目管理人员，共计18人（如图5-4）。

图5-4　永登结对学校校长参观北京第二实验小学兰州分校

活动伊始，与会人员观摩了许嘉蓉和王耀茹两位老师带来的两节网络在线课（如图5-5）。教学活动现场，学生精神焕发，思维活跃，气氛热烈；教师点拨巧妙，进退有度，拿捏精准，充分体现了学校“生本、对话、求真、累加”的课堂文化。北京第二实验小学兰州分校的老师在授课端教室进行在线授课，永登县通远乡星可侨心小学的一位老师在线下的听课端教室对学生进行现场管理，有效地提高了课堂效率及教学质量，使不同地域的学生能够享受同等的优质教育资源。通过这样的模式，更多的优质课程可覆盖到农村学校，惠及更多的学生，让农村学校的孩子与兰州的孩子同步上课，互相讨论学习，享受同等的教育。“送课下乡”的教学帮扶得以突破地域限制，实现两地教育教学优质资源共享。

图5-5　永登结对学校校长现场观摩在线互动课程

在学校办公室主任戴玉荣的引领和细致解说下，与会人员分别参观了育爱广场、以爱育爱雕塑、艺术空间、百鸟争鸣墙、勇敢者通道等开放空间（如图5–6）。一路走一路看，楼内柔和的圆角、明快的七彩、通透的走廊、连续的坡道，校园内无处不在的隐形教育资源，深深地吸引着大家的目光，与会人员对学校“简约、生态、人文、和谐”的设计理念有了更深层次的理解。

图5–6　永登县结对学校校长参观学校

参观结束后，与会人员来到学校小雅室，洪海鹰校长从学校的“爱慧”文化框架体系、学校“爱慧”课程体系、爱慧教师金字塔形“3+1+X”五级四段式教师成长体系，以及爱慧少年“10+N+3”的评价模式等几个方面向大家做了介绍（如图5–7）。洪海鹰校长表示：学校希望通过各类课程的开发与实施，引导师生在爱的教育中润泽彼此心灵，做最好的自己。

在兰州市电化教育中心资源制作部部长韩飞翔的主持下，永登县项目学校校长及项目负责人和北京第二实验小学兰州分校的校长及管理人员，进行了卓有成效的座谈交流（如图5–8）。永登县三所项目学校的校长就“名师云课堂”项目运行过程中的一些成功经验进行了分享，对项目开展过程中出现的一些问题也做了反馈，同时也对项目开展提出了自己的需求。洪海鹰校长结合共建学校领导的交流内容，表达了对永登县项目学校的欢迎，就项目开展过程中的一些事项做了沟通和说明。洪海鹰校长表示：学校一定会按照项目发展的需要，定期

图5–7　洪海鹰校长向永登结对学校校长介绍北京第二实验小学兰州分校情况

图5-8　双方座谈

开展线上教学、教研活动，同时也非常欢迎项目学校的老师来北京第二实验小学兰州分校参加相关的教育教学活动，通过线上和线下结合的方式助力项目学校发展。最后，兰州市电化教育中心资源制作部部长韩飞翔对本次活动进行了总结，并对今后“名师云课堂”项目的开展提出具体要求。韩部长希望项目相关学校，一定要重视“名师云课堂”项目的运行，创设良好的环境，促进项目学校之间的交流共建，通过“名师云课堂”的模式，让更多的优质课程覆盖到永登县的项目学校，惠及更多学生，实现两地教育教学优质资源共享。

接下来，北京第二实验小学兰州分校将和永登县项目学校携手探索跨地区校际合作模式，进一步扩大优质教学资源，促进教育均衡，为教育脱贫攻坚注入新动力。

图5-9　结对学校成员合影

针对“名师云课堂”项目，各个项目学校根据自身的实际需求制定各自的名师培养计划，依托于“名师云课堂”项目，打造自己的名师工程，完成“名师云课堂”项目，让名校名师资源惠及农村偏远学校，提升农村教师水平，促进教育均衡发展。

案例二：永登县武胜驿镇中小学规划的依托“名师云课堂”项目打造自己的名师工程方案

武胜驿镇中心小学打造名师工程方案

一、指导思想

“名师工程”是针对教师进行培训和管理的一项重要举措，是实现“质量立校、管理强校、科研兴校”的重要保证。名师是现代化名校的标志，也是学校的宝贵财富。充分发挥他们的带头和辐射作用，激发广大教师积极参与教育科研的热情，努力提高个人业务水平，真正落实“科研兴校”的战略思想。

二、具体目标

结合“名师云课堂”项目，用3年（2019—2022）左右的时间培养一定数量的学科带头人和优秀青年教师。

三、培养对象及选拔要求

1. 名师培养对象分为学科带头人培养对象、优秀青年教师培养对象两个层次。

2. 凡符合名师培养对象基本条件的教师，即作为本校名师的培养对象。

3. 名师培养对象应具备的基本条件如下：

（1）师德。能认真贯彻党的教育方针，爱岗敬业，遵守教师规范，关心爱护学生。

（2）教育教学情况。具有正确的教育理念，良好地完成教育教学任务，近两年内未出现大的教育教学事故。

（3）科研情况。具有参加教育教学科研的热情和能力。

（4）教学工作量标准。达到上级和学校规定的教学工作量要求。

（5）学科带头人培养对象应在四十五周岁以下，具有八年以上教龄和中级以上教师职称；优秀青年教师培养对象应在三十五周岁以下，具有三年以上教龄和教师职称。

四、组织管理

学校成立“名师培养计划”工作领导小组，组长由校长担任。日常工作由教导处负责。

五、培养模块

名师培养围绕教师专业精神、专业知识、专业技能三个方面展开，以提升执教水平与能力为核心。主要内容有教师职业道德、学科前沿知识及教学理念、课堂教学技术、课堂教学与管理能力、教育教学研究能力等。具体可分为六大模块：理论学习、实践教学、外出学习研讨、课题研究、送教下乡、成果汇展。

（一）理论学习模块

1.职业道德修养。通过开设关爱学生、职业规范等专题课程与讲座，使培养对象具有较高的职业承诺度、灵活的适应力及卓越的班组领导管理才能等。

2.学科知识课程。通过学科理论与体系、技能与方法、信念与价值，以及学科发展史与前沿的学习，使培养对象精准地把握所教学科。

3.教师教育课程。通过教育概论、课程开发、教学设计、教育技术、学科教育、教育研究法等专题科课程研习，使培养对象完全胜任教学与教研工作。

4.通识文化课程。通过中西思想史、文学艺术修养、科学研究方法等课程的研习，陶冶人文素养，培养科学精神。

（二）实践教学模块

1.课程开发与教学设计能力。通过实践教学使培养对象具有精准的课程标准与学生身心理解能力、深度的课程开发与组织能力、高超的教学策略与方法的选用能力等。

2.课堂决策能力。通过实践教学使培养对象具有精准的课堂组织管理能力、灵活教学环境调控能力、精准信息传递的能力等。

3.教学评价与反思能力。通过实践教学使培养对象能够娴熟地运用档案袋评价等形成评价方法及标准化考试等终结性评价手段，并能精确地从评价中获取信息，改进教学工作。

（三）外出考察学习研讨模块

采取走出去，请进来，搭建公开“亮剑”的舞台，开展各教学流派、教学特色、教学艺术的交流，进行教学思想、教学观点的碰撞，演绎具有我校教学风格、教学特色的经典课堂教学魅力，是名师成长的必由之路。

（四）课题研究模块

研究表明：只有善于发现教学中的问题，并积极寻求解决办法的教师才有可能成长为专家型教师。

为了鼓励名师培养对象积极从事教育、教学研究，特将课题研究列为课程。每位教师开学时须按要求上交“名师工程课题申请书”，学校评出重点课题20%，一般课题40%，其余40%。并将20%的重点课题申报省级、市级规划或个人课题。

（五）送教下校模块

充分发挥名师和学科带头人的引领与辐射作用，从而提高全镇的教育教学质量。

六、具体措施

经学校行政研究决定实施名师培养工程，具体培养内容如下：

（一）“一导向”——政策向名师倾斜

1.凡评为校级名师（学科带头人、骨干教师），学校颁发荣誉证书。在全校大会上颁发证书，通过专栏向社会广为宣传。

2.参与学校重大教育教学政策的制定。

3.优先参加上级安排的重要教育教学教研活动，优先公派外出培训和参观学习。

4.优先安排在学校重要岗位上工作。

（二）“二带动”——学科带头人，骨干教师带徒

青年教师是我校教育教学的主力军，为加快他们的成长，学科带头人和骨干教师有责任、有义务对青年教师进行指导。通过带徒过程让自身不断成长，这也是学科带头人和骨干教师成为名师的前提条件。为此，名师每学期执教不少于一节示范课，名师自己的课堂对年轻教师开放，随时推门听课，举办专题讲座，为年轻教师评课，辅助年轻教师书写教案等。

（三）“三搭台”——青年教师大比武，名师示范课，外出参加各级各类比赛

1.学校每学年举办一次青年教师大比武，评优大奖赛。此项活动分为两个阶段：第一阶段由各学科教研组组织实施选拔赛；第二阶段由学校统一组织邀请外校评委进行决赛。内容主要是课堂教学和其他某项技能比赛。

2.学校每学期举办几堂优质示范课。已评选出来的各类优秀教师有责任、有义务为大家献上一堂优质示范课，让全校老师学习他们的先进教学经验，让我校不断涌现更多的优秀教师。

3.学校尽可能地安排学科带头人、骨干教师外出参加各级各类比赛，使他们有更多的施展才华的机会，提高他们的专业水平，形成自己的特色。

（四）“四鼓励”——鼓励勇挑重担，课题研究，继续教育，定期研讨

1.鼓励名师勇挑重担，把他们放在学校重点班级任教，让他们在学校一些重要岗位上工作，如担当教研组长、备课组长和其他部门负责人等。

2.鼓励名师大胆创新，积极从事教育教学研究，让他们参加校级及校级以上课题研究，要求每人都要有一项自选的或参与的课题。在选题、开题、实施研究

和撰写研究报告的过程中发挥重要作用。

3.鼓励名师自我加压，不断参加继续教育培训和学习。要求他们每天必须坚持读书30分钟；每学期阅读一本教育专著；撰写1～2篇教学反思；在校刊上发表文章，同时参加县、市级以上的论文、课件、教学设计等评比活动。

4.鼓励名师定期研讨，每学期召开一次学科带头人及骨干教师的专题会议，总结交流经验。要求每人都要总结反思，以便将经验在校内传播。

5.鼓励教师制定个人发展计划，建立健全教师成长档案袋。

6.建立名师培养对象的确认、培养、考核和管理制度。

（五）“四把关”——严把选聘关、人格关、锤炼关、能力关。

1.第一关，严把选聘关

学校成立名师工程领导小组和名师选聘小组，由学校校长担任领导小组和选聘组组长，严格按照选评程序，从教学一线和教学三年以上的教师中进行选拔。每年评选一次。同时，采用动态管理，对不履行职责，或因工作失误，给学校造成一定影响者，学校随时撤销其称号。

2.第二关，严把人格关

教育工作者的全部工作就是为人师表。学校在培养和推选名师过程中必须克服重才轻德的倾向，要以师德为核心，严把人格关。名师首先要具有高尚的师德风范；要有忠诚教育事业的基本品质；要有勤勉的工作作风；要热爱学校，敢于奉献，勇于竞争，善于合作。

3.第三关，严把锤炼关

要成为名师，必须有扎实的基本功，教育理念新，创新意识强。所以名师必须不耻下问，向更优秀的教师学习，不断夯实自己的教育教学基本功，提高自己的教育教学水平，锤炼自己的能力。

4.第四关，严把能力关

七、本方案自2019年8月起实施

永登县武胜驿镇中心小学

2019年8月

最早开始参与“名师云课堂”项目的榆中上花学校，通过与东郊学校的互动，在提高农村教师的教学水平方面已经有了初步的效果。上花学校的王玮老师通过自己亲身经历体会来展现“名师云课堂”项目的效果。

我作为一线教师亲身经历了“名师云课堂”的创建与运用。“名师云课堂”

项目在我校运行过程中，我有如下想法。

1.我所在学校地处兰州市榆中县北部山区，条件艰苦。学校教师年轻化，大多数教师通过国家特岗考试来到学校任教。学校教师以本科生为主，我校研究生有两名。自“名师云课堂”项目实施以来主要以学生听为主，但我校的作息时间与结对学校的作息时间存在冲突。我所在学校的学生基础比较弱。在我校学生听结对学校上课过程的同时，我校教师也在学习城市学校的学习方法、上课思路、教学模式。通过学习，改变教学方法，让学生更容易接受。

我校主要用自学议论引导的教学模式，在我听外国语学校课程的过程中改变自己的上课方法，把外国语老师的教学方法运用到我自己的教学中去，学生更容易接受。我所带班级20名学生，在上学期期末考试及格四人，本学期，通过学习外国语教师的教学方法，在本次期中考试及格9人，优秀4人。学生还是那些学生，改变的是教学方法，成绩有了明显的提高。

2.填补了录课的空白。有评课，就需要录课。以前，我校只有一台录像机录课，录出的课件画面模糊，效果不明显。自录播机安装后，我校教师积极进行录课，并且画面清晰，自动合成的录像更是有了一个提高。2019年11月21日贡井学区新教师汇报课在我校录播室进行，参加的领导和老师对我们的录播设备给予了高度评价。

在项目进行的过程中，为了能让广大师生了解“名师云课堂”项目，进而能够惠及更多偏远农村学校。2019年12月12日“名师云课堂”召开项目推介会（如图5-10），并与由北京实验二小兰州分校以及永登武胜驿中心小学进行现场互动演示（如图5-11）。兰州市多家媒体进行现场报道，借助本地媒体的力量，将“名师云课堂”项目介绍给更多广大农村偏远山区学校（如图5-12）。

图5-10　“名师云课堂”项目推介会

图5-11　北京第二实验小学兰州分校互动课现场

A03 | 快报

2020年甘肃省艺术类专业统考昨日启幕

21253人报名应考，美术与设计学类达11147人

甘肃省市场监管局发布两年消费警示

市民购买蜜饯、豆芽要谨慎挑选

兰州市教育局"名师云课堂"项目起航

城区学校和乡镇学校"同上一堂课"

图5-12　兰州晨报报道"名师云课堂"项目推介会

第四节　问题与思考

2019年2月中旬，资源制作部针对"名师云课堂"项目进行了讨论，下发了《关于实施"名师课堂·教育扶贫"项目遴选项目学校的通知》，3月份对永登县和榆中县10所偏远学校进行了前期实地调查、走访和现场测试。对遴选项目学校有以下要求：

1.项目学校校长应具备教育技术素养，对该项目有积极的态度。

2.项目学校必须地属农村偏远地区，交通不便利。

3.项目学校要具有3～5年的生源招生条件。

4.项目学校每个年级至少要有一个班级。

5.项目学校学科教师师资力量薄弱。

6.学科教师要具备初步的信息技术素养，热爱教学工作，具有钻研精神。

最后确定了包括城乡共12所学校为项目试点学校，于5月底下发《关于"名师课堂·教育扶贫"项目确定项目学校暨实施方案的通知》，6月份完成项目设备的招标工作，并进行项目学校设备的安装调试，9月中旬完成了设备项目的验

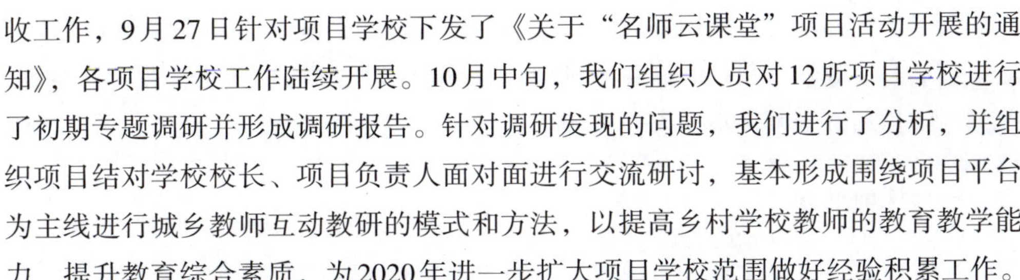

收工作，9月27日针对项目学校下发了《关于“名师云课堂”项目活动开展的通知》，各项目学校工作陆续开展。10月中旬，我们组织人员对12所项目学校进行了初期专题调研并形成调研报告。针对调研发现的问题，我们进行了分析，并组织项目结对学校校长、项目负责人面对面进行交流研讨，基本形成围绕项目平台为主线进行城乡教师互动教研的模式和方法，以提高乡村学校教师的教育教学能力，提升教育综合素质，为2020年进一步扩大项目学校范围做好经验积累工作。

一、调研中发现“名师云课堂”项目实施存在以下问题

1.农村师生对项目不熟悉，设备操作不熟练，影响正常听课。由于项目刚刚开展，设备安装时间不久，城区项目学校和乡镇项目学校的教师对项目认识不深刻，设备操作不熟练，不能顺利进行平台建课、约课和录课，影响网络互动课堂的听课效果。

2.课程安排和课程进度不一致，课程简介不明晰。由于各个学校有自己的课程进度安排，城区项目学校在安排网络互动课时，没有与农村项目学校进行提前沟通，在网络平台的课程表上只显示某年级什么学科，农村项目学校无法获得具体信息，教师无法提前针对性备课，有目的性听课。

3.学生情况不同，造成学生不能很好地融入课堂。由于城乡差距，造成学情不同，农村项目学校学生对网络互动课堂无法融入其中，他们面对城区学生在课堂上积极讨论的情景，自己却很难投入其中。

4.一般都是语数外教师兼职代课，有些学校只是利用网络视频或者音频进行简单授课，或者直接播放视频，让学生观看即可，严重影响农村孩子在体育艺术方面的认知和修养。

5.乡镇教师队伍的年轻化，导致教学经验缺乏。多数年轻教师刚刚步入教师行业，教学劲头足，但是走出校园学习先进的教学理念和教学方法的机会并不多，缺乏名师引导，教学经验不足。

6.互动课堂进度差异较大。城乡学校在上课时间上有差异，在听课效果上有差异，部分互动学科乡镇孩子普遍反映听不懂。如：城区学校一些校本课程，对农村孩子而言效果并不是很好。

7.城乡项目学校之间缺乏沟通，影响正常听课。项目学校之间缺乏沟通不仅体现在课程安排、课程进度上，还体现在学科选择和开课上。出现过城区项目学校安排自己的校本课程，而农村项目学校却无法听懂的情况；也出现过城区项目学校在网络平台上建好了课程，没有按预定的时间上课，农村学校空等的现象。

以下是东郊学校与榆中结对学校一次互动课时的案例。这节课内容为人教版二年级上册《数学广角——简单的排列》，由东郊学校与榆中结对学校共同完成。现以榆中县马坡学校（小学部）为例：

一、课前准备

因为榆中县马坡学校（小学部）的同步课堂设备在三年级教室，因此，三年级的学生这节课到二年级教室去上课，二年级的学生到三年级教室来上同步课程。二年级总共有六个学生，其中三个男生三个女生，学生座位为两排三列，一人一桌。老师说因为学生较少，平时都是这样安排座位。在课程开始之前教师让学生对齐桌子，准备好数学课本、纸笔和尺子。我询问教师是否提前了解这节课的所有内容，是否在课前与东郊学校教师进行沟通。任课教师表示："没有啊，我们就是上面通知了让组织学生来上这节课，这节课其实学生们都上过了，不过肯定城里老师上得好吧，我们也听听学习一下，这个也是对我们进行培训的嘛。"

从这里我们可以发现两处课堂学习机会的不公平。首先，城市学校并未在上课之前与农村教师沟通教学内容，将教学资料与农村教师分享。农村教师不了解课程内容，不能预设课堂情况，只能是边听城市学校教师讲课边观察学生的状态。其次，农村学校与城市学校的课程节奏不同，农村学校课程要比城市学校课程节奏快两到三周，这节课农村学生已经上过，但还是要跟着城市学校教师再上一遍，失去了第一次听课的新鲜感，也会占用学生的时间。

二、设备使用

十点半上课，十点二十设备已经连接，屏幕显示出"数学广角"的图片。这节课是由东郊二年级的数学教师主讲，同步课堂联结兰州市下属榆中县的四所农村小学一起听课。马坡学校小学教室左侧上方有液晶电视显示课程实况，黑板投影也显示相同画面。马坡学校仅点开了东郊学校PPT的页面，而没有显示对面的教师及学生的现场情况。马坡小学可以看到两个农村小学的现场情况，这节课虽然为同步课堂，但整体上并未出现城市教师与农村学生互动的环节，课堂中农村学生只能看着PPT，听到城市教师与城市学生的声音。课后我询问了马坡小学管理设备的教师为什么只显示东郊学校的PPT页面，而不显示对面教师上课的画面。马坡学校管理设备的教师对我说："之前给别的年级的学生上同步课的时候，放了对面课堂的窗口，但是效果不好，学生们的注意力容易分散，光盯着对面学生看，该看PPT的时候不看，跟不上对面的节奏，对面学生积极回答问题，我们这边的学生就怯生生的，人家回答问题，我们的学生盯着回答问题的人看，不想问题的答案。人家开始讨论了，我们的学生就看着人家讨论。这样影响听课，我们就光给他们放PPT窗口，别的也用不上。”

马坡学校管理设备的教师认为PPT窗口有用，课堂直播窗口用处不大。因此，农村学生只能听到对面老师和学生的声音，看到PPT的内容。在这样的信息技术环境下，学生就好像在听“别人家的热闹”，只能听到讲课教师的声音，看不到教师的肢体语言。在小学课堂中，教师的肢体语言非常重要，不仅可以吸引学生的注意力，同时起到强调的作用。管理设备的教师对于播放窗口的选择，实际上剥夺了学生的资格类学习机会，相比上同一节课的城市学生，农村的学生缺少了在课堂中看到教师行为的机会。

三、教学过程

1.导入环节

东郊学校数学教师精心准备了课程，以游戏形式展开教学内容。首先PPT中出现了蓝色城堡。

东郊学校教师声情并茂地问学生：“大家看看这座城堡！真漂亮！你们说漂亮吗?”

东郊学校学生一齐大声地回答：“漂亮!”

马坡小学学生看着屏幕，没有人说话。

东郊学校教师说：“那我们走进去看一看吧!”

屏幕显示蓝色城堡的大门，拱形门上写着“数学广角”。拱形门由铁栏杆构成，门中间的位置有两颗空着的星星形状，门下有一颗红色的星星和一颗黄色的星星。

东郊学校教师：“咦？星星钥匙怎么掉到地上了呀？我们帮他安上好不好?”

东郊学校学生大声回答：“好!”

马坡学校学生看着屏幕，没有人回答。

东郊学校教师说：“大家看，地上的钥匙有什么颜色?”

东郊学校学生抢答：“黄色和红色!”

东郊学校教师说：“大家有什么好的想法？怎么样选择钥匙呢?”

东郊学校一名男生回答：“红色的装在右边，黄色的装在左边。”

东郊学校教师说：“红色装右边，黄色装左边，还可以怎么样装呢?”

东郊学校另一名男生回答：“红色装左边，黄色装右边。”

东郊学校教师说："那我们一起来试试，首先，红色装右边，黄色装左边，门开了吗？"

东郊学校学生齐声回答："没有。"

东郊学校教师说："是不是没有开呀，这说明，装错了。那我们应该怎样做？"

东郊学校一名女生回答："就是……把红色装左边，黄色装右边。"

东郊学校教师："那就是把它们两个的位置……"

东郊学校学生抢答："把位置颠倒一下！"

东郊学校教师点击PPT，将两颗不同颜色星星的位置换了过来，拱形门的栏杆缓缓向下，大门打开。

东郊学校学生发出小小的欢呼声。

马坡学校学生在这一过程中盯着屏幕，始终一言不发，偶尔玩一下手中的尺子。

导入环节可以发现马坡学校和东郊学校的学生对于课程的反映截然不同。东郊学校的学生与教师熟悉，并且与教师在同一间教室内，可以观看到教师，所以在课堂中表现积极，并且因为是主课堂，城市学生更好像是课堂的"主人"，与教师的沟通大方得体，而马坡学校的学生像是课堂的"客人"，始终沉默，对于知识的渴求被"地位"的差而冲淡。

2.任务环节

因为前期马坡学校的学生在听课过程中始终沉默，这时马坡学校的教师开始介入课堂，对学生进行引导。

进入城堡大门后，出现一条小路，路旁有"数字城堡"和"智慧屋"两座建筑。

东郊学校教师："我们先去数字城堡看一看吧！（点击数字城堡，画面切换）同学们瞧，又有密码锁了，不让人进。怎样才能进入数字城堡呢？大家看到狮子大王了吗？他说了什么呢？一起来读一读。"

东郊学校学生齐读："密码是由1、2、3其中的两个数拼成的两位数，十位和个位上的数字不一样。"

马坡学校学生仍然沉默地盯着屏幕。

东郊学校教师说："同学们再来读一遍，大声地、有气势、整齐地读一遍。"

马坡学校教师这时从学生身边走过，小声提醒学生跟读，马坡学校学生开始很小声地跟读。

东郊学校教师提问："老师有个疑问，狮子大王说'十位和个位上的数字不一样'，你是怎么理解的呢?"

东郊学校教师让学生举手回答问题。

东郊学校一名女生回答："就是两个数字不能重复用两遍。"

东郊学校教师又问："那你能举几个例子吗？比如说?"

东郊学校这名女生回答："像11，22，33这样就不行。"

东郊学校教师问："大家同意吗?"

东郊学校学生齐声回答："同意!"

马坡学校有同学跟着点头。

东郊学校教师说："现在大家拿出2号作业本，把你们想到的有可能的密码写下来。听要求，30秒的时间，写出你们的答案。"

马坡学校学生这时还在看大屏幕，而东郊学校的学生快速拿出了作业本开始写，马坡学校老师连忙对学生小声说："快拿出本子写，快写!"

一位来自马坡学校五年级的学生说："我很喜欢同步课堂。同步课堂的教师讲得很详细。课程我们上过，之前上课觉得不太懂的地方，同步课堂的老师一讲，我一下子就明白了。同步课堂的老师还会讲我们班的老师讲不到的地方，就感觉那个老师讲得细、讲得好，我希望能多听几节课。上课的时候我都紧紧跟着那个教师，她提到的每个点我都写在课本上了，要是天天能听就好了。"

二、城乡学校对"名师云课堂"项目的实施提出建议

1.农村项目学校校长、教师对"名师云课堂"项目态度积极，特别是在教研方面，表示对其帮助比较大，能够体会到城区学校优质课对他们潜移默化的影响。他们希望增加网络教研、名师授课、专家讲座和线上相互听评课等互动环节，进一步提高教师自身教学能力和水平。

2.农村项目学校教师都有与城区项目学校教师线下交流的迫切意愿，希望参与到城区项目学校的教学、教研活动中，甚至愿意拜师学艺。

3.农村项目学校校长及教师希望能和结对学校建立教研微信群，充分利用"名师云课堂"项目，使课上和课下教学教研结合起来，通过听取城区学校教师的先进教学经验和理念，使他们能够更好、更快地成长。

4.城区学校一致认为"名师云课堂"项目开展之初，希望城乡校长和项目负责人能面对面交流，现场探讨项目发展路径。城区学校欢迎乡镇学校领导和老师到城区学校参观、观摩、研讨和交流。城区学校的教师也可以适时走访农村学

校、亲身感受农村学校的教研氛围，了解农村学校的教学情况，有针对性地进行指导和帮助。

5.网络互动课堂以教学研究为主，可以将城区学校的集体备课和学科组教研现场活动以互动的方式直播，乡镇学校教师可以参与到教研当中，也可以采取如同课异构、互换角色进行听评课等多种形式进行帮对。

6.充分利用“名师云课堂”项目互动平台，在城区学校行政会、班主任培训、班主任例会等各个方面，全方位地进行引导和辐射，多角度地帮助乡镇学校整体发展。

7.小学阶段可以采用循序渐进的方法，先以语文、数学为主要研究科目，随后带动英语等科目。

8.在乡镇每所项目学校挑选一名优秀骨干教师为主要培养目标，有针对性地帮助其成长，进而影响周围的教师共同进步。

三、解决问题的思路和办法

针对所有项目学校反馈的意见和建议，以及发现的问题，我们提出以下解决的思路和办法，并于2019年11月中上旬抓好落实。

1.针对存在的所有技术问题，如设备平台的录课功能、授课端和听课端的平台操作、建课约课、建课的明晰注解等问题。

做法：兰州市电化教育中心将责成中标商工程师尽快完善功能，搭建平台，制订操作手册，并对各个项目学校相关教师进行多种方式的培训。

2.针对城乡学校缺乏主动沟通的问题。没有理念的认同，就没有交流的畅通，项目开展初期，首先是城乡之间项目学校校长及相关教师要有理念认同，统一思想，要以提高乡镇教师整体业务水平为主要目的。

做法：兰州市电化教育中心积极搭建交流平台，组织乡镇学校领导和教师到城区学校参观，通过观摩课堂教学，参加研讨活动提升认识。组织城乡校长和项目负责人面对面进行交流，现场探讨项目发展的路径，促进项目高质量发展。

通过此次调研，我们认为，“名师云课堂”项目实施的目的是提升乡镇教师的业务能力水平和整体素质。主体是教师，教研是核心，互动课堂和线下交流是促进教研的手段，通过这种手段切实提高乡镇教师的整体教学水平，逐步缩小城乡学生的差距，使农村孩子真正受益。

四、“名师云课堂”的一些思考

（一）现代信息技术条件下通过网络异地教学、教研的思考

通过现代信息技术支持，在网络覆盖的范围内，完全可以实现远程的互动教学，也就是可以让国内最好的老师通过信息技术的帮助，远程给最偏远的学生上课，这一点当下在技术上完全可行。而随着5G技术的发展，远程教学不论在形式上还是内容上，都将有更加丰富多样的变化。但是网络互动教学是否就可以取代现场教学？

（二）传统现场教学优势

1.发挥教师的主导作用。在传统课堂内，教师是教学的中心，有利于教师发挥自己的专业水平。

2.与师生之间的情感交流。在传统的现场教学中，师生的情感交流是非常重要环节，而且，年级越低，这种情感交流越重要。在课堂上，教师一个鼓励的眼神，一个鼓励的动作，对于学生来讲，都将是非常重要的。比如，一个学生回答对问题，老师摸摸学生的头或者是拍拍肩膀，都是鼓励的表现，而学生在这个过程中所获得的激励感、满足感等都是无法替代的。

3.师生之间发生的灵感、思想的碰撞。在课堂上，教师和学生都处于同一个空间内，无论是相互交流还是课下请教、解答问题都非常便利。而在这个过程中，由学生和教师交流所产生的思想、灵感的碰撞对于教师和学生都将具有非常积极的意义。

（三）城乡学情不同

城市学生与农村学生最大的差别在于学情不同。城市学生自小所处的生活环境与所处的教育环境和农村学生相比有着本质的区别。

1.在精神生活方面。城市集中了绝大多数的精神文化生活，而在农村，精神文化生活相对比较匮乏，所以造成在对外认知上存在非常大的差异。

2.学生家长所营造的学习氛围不同。在城市，绝大部分家长都会为孩子尽可能地营造出一个良好的学习氛围，而在农村，家长在营造良好的学习氛围上就差了许多。

3.家庭文化背景的差异。家庭文化背景的差异决定着对教育的重视程度。城市家长大多在学生上学前就开始一些教育活动，而在农村，家庭往往只提供简单的衣食住行，对教育重视程度远低于城市。

（四）教育理念的不同

城乡学校在教育理念上存在着巨大的差异。由于城市学校在各类培训、教师培训投入，资源建设投入等各方面都比农村学校有着无法比拟的优势，教师所接受的各类先进的教学理念更是农村学校无法比拟的。

通过图5-13、图5-14对比可以看出，即使在使用现代信息技术的条件下，农村学校的网络互动课堂仍旧只是传统课堂的延伸，真正需要改变的是教育理念。

图5-13　农村学校网络互动课堂上课场景

图5-14　城市学校智慧课堂上课场景

“名师云课堂”运行之初，在考虑到网络互动课堂对于学生可能并不适合，所以制定出：通过网络互动课堂，提高农村教师水平。因为农村教师曾接受过正规的教育，再者教师作为成人，在接受程度上高于学生。

五、网络互动课堂常态化后城市教师的问题

（一）城市教师在面对农村学生时的困惑

每一个教师都是在学校内与学生朝夕相处，很了解学生的情况，进而根据自己学生的情况选择合适的教学方式和方法。而在网络互动课堂中，面对远端陌生的学生，无法了解和掌握学生的情况下，教师很难做到因材施教，备课也无法根据学生情况来备课，导致课堂效果大打折扣。

（二）城市学校教师面对更多的压力

网络互动课堂的模式是一点对多点，也就是教师上课时要面对2～3个班级的学生，学生数量达到60～70人，教师很难关注到每一个学生，所以造成课堂效率低下。

（三）学生配合度上给教师造成的困扰

同第一条，学生和教师朝夕相处，在配合教师方面也才有默契。但换到农村学生，没有经过和教师的磨合，在与教师配合度上欠缺很多，也使得教师在课堂

上难以深入讲解。

结束语

“名师云课堂”项目是依托于现代信息技术的发展，将城市与乡村的教师在空间与时间上拉近，消除了由于地处偏远，交通不便，使乡村教师在本地就可以享受到和城市教师同等的学习机会，促进农村教师教育教学水平的提高，进而提高农村学校学生的水平，为促进教育公平，提高农村学校教育质量提供新的思路和途径。未来，“名师云课堂”项目会覆盖更多的城市、农村学校，使城市学校优质的教育教学资源和先进的教育理念不断地惠及农村学校。希望通过“名师云课堂”项目，可以带动更多的城市学校与农村学校结对，为教育公平添砖加瓦。

第六章　融合与应用

本章节主要从智慧课堂试点、名师云课堂、名师在线、创新教育建设、教师信息素养与融合应用能力提升等方面，介绍兰州市教育信息化融合应用建设的推进情况，系统阐述了兰州市教育信息化融合应用的成就与经验，并对现存问题进行剖析，以期为西北地区教育信息化建设提供借鉴。

第一节　背景与政策

2012年3月，教育部《教育信息化十年发展规划（2011—2020年）》指出，“实现教育信息化的手段是要充分利用和发挥现代信息技术优势，途径、方法则是信息技术与教育的深度融合。”第一次明确地将“深入融合，引领创新”作为工作方针。至此，我国开启了以“融合创新”为目标和核心理念的教育信息化发展征程。

2015年，在国外创客运动热潮的影响与我国现实发展需求的推动下，“创客”一词及相关概念开始出现在我国相关政策文件里。2015年李克强总理在其主持召开的国务院常务会议上提出要大力支持发展众创空间，这也是在中央文件中首次提到“众创空间”这一概念。2015年3月国务院办公厅《关于发展众创空间推进大众创新创业的指导意见》中明确指出要“加快发展众创空间等新型创业服务平台，营造良好的创新创业生态环境”[1]。2015年9月，教育部《关于“十三五”期间全面深入推进教育信息化工作的指导意见》，首次提出要探索STEAM

教育、创客教育等新教育模式，其中提到了未来五年对教育信息化的规划，鼓励探索中小学STEAM教育、创客教育等新教育模式。2016年3月，教育部教育装备研究与发展中心根据教育部工作部署提出，把创客教育和STEAM课堂作为加强创新创造教育研究的中心工作。2016年6月，教育部《教育信息化“十三五”规划》进一步提出：“有条件的地区要积极探索信息技术在‘众创空间’、跨学科学习（STEAM教育）、创客教育等新的教育模式中的应用，着力提升学生的信息素养、创新意识和创新能力，养成数字化学习习惯，促进学生的全面发展，发挥信息化培养高素质人才的支撑引领作用。”鼓励探索创客教育跨学科学习（STEAM教育）新的教学模式。2017年5月，国务院印发的《新一代人工智能发展规划》提出，实施全民智能教育项目，在中小学校设置人工智能课程，推广编程教育，鼓励社会力量参与寓教于乐的编程教学软件、游戏的开发和推广，支持开展人工智能竞赛，鼓励进行形式多样的人工智能科普创作，鼓励科学家参与人工智能科普。2017年9月，教育部《中小学综合实践活动课程指导纲要》，鼓励学校建设如专用活动室和实践基地等形式的创客空间。

党的十九大做出中国特色社会主义进入新时代的重大判断，开启了加快教育现代化、建设教育强国的新征程。面对新时代新使命，为推动教育信息化转段升级，2018年1月，教育部举办新闻发布会介绍了《普通高中课程方案和语文等学科课程标准（2017年版）》，其中提到要创新课程体系，课程改革要注重培养学生学习兴趣与创新能力。2018年3月，教育部印发《教育部教育装备研究与发展中心2018年工作要点》，表明了在2018年的工作中，要持续关注STEAM教育和创客等对中小学教育、课程发展的影响，积极探索新理念、新方式，开展虚拟现实、移动学习、3D打印等现代技术在教育教学中的实践应用研究[2]。2018年4月，教育部《教育信息化2.0行动计划》中明确指出：“坚持信息技术与教育教学深度融合的核心理念，要发挥技术优势，变革传统模式，推进新技术与教育教学的深度融合，真正实现从融合应用阶段迈入创新发展阶段，不仅实现常态化应用，更要达成全方位创新[3]。”该《计划》对信息技术与教育深度融合提出了向创新发展的高要求，并要求加强对教师信息化教学能力的培训。2019年2月，中共中央、国务院印发了《中国教育现代化2035》，中共中央办公厅、国务院办公厅印发了《加快推进教育现代化实施方案（2018—2022年）》，明确提出将大力推进教育信息化，着手构建基于信息技术的新型教育教学方式，推动以互联网等信息化手段服务教育教学全过程。加快推进智慧教育创新发展，设立“智慧教育示范区”，开展国家虚拟仿真实验教学项目，实施人工智能助推教师队伍建设行动，构建“互联网+教育”支撑服务平台，深入推进“三通两平台”建设。国内3D设计与打印在教育领域中的应用已然走在了前列，并逐渐步入了批量应用阶段。全国各地区有多所学校加入到3D创客教育的潮流中来。

自2015年开始，教育部陆续印发了很多关于探索STEAM教育与创客教育、建设创客空间、普及推广编程教育等文件，通过政策积极引导创客教育在全国的全面实施。兰州市顺应教育改革浪潮，全面贯彻落实党的十九大精神，深入贯彻落实《教育信息化2.0行动计划》《中国教育现代化2035》精神，大力推进创新教育建设。为全面提升全市中小学科技创新教育水平，2018年4月，兰州市教育局印发《全市中小学科技创新教育五年行动计划（2018—2023年）》，其中提到了3～5年努力的方向，实现全市中小学校科技创新教育全覆盖，量化了中小学STEAM+课程教育、创客教室、成果展示平台等建设，鼓励学生积极参与全国、省市级的青少年科技创新大赛，优化教师队伍教育信息化创新能力。2018年8月，兰州市教育局印发了《兰州市教育信息化2.0行动计划（试行）》，将“深化信息技术教育融合应用工程”明确为重点工程之一，积极探索翻转课堂，基于互联网的自主学习、互动探究等新型教学模式，变革教学组织形式，从整体规划、课程研发、平台建设、教学支持四方面共建STEAM/创客教育服务体系。兰州市教育局全力推进信息技术与教育教学融合创新，积极探索建立智慧教育创新示范培育和成果推广机制，培育一批示范教学成果进行推广，建设一批“智慧教室、创客空间、STEAM课堂、3D打印、虚拟实验室”中小学示范学校，探索利用信息化推动兰州市信息化与教育融合应用的优质发展、特色发展。

第二节　过程与方法

为深入贯彻落实《教育信息化2.0行动计划》《中国教育现代化2035》《全市中小学科技创新教育五年行动计划（2018—2023年）》《2020年教育信息化和网络安全工作要点》等文件精神，推进兰州市创新教育融合发展，全面提升兰州市中小学生科技素养、“双创”精神和实践能力，促进学生核心素养体系的构建，兰州市教育局积极开展信息化环境下新型教学模式的试点工作，充分利用信息技术手段改革教学模式、创新学习方式、提升管理水平。兰州市教育局大力推进“翻转课堂”“专递课堂”“名师课堂”“名校网络课堂”等新型教学模式和新型载体的试点示范工作，分级分类推进新型教学模式的探索实践，以学习环境的改变带动课程、教学以及评价的改革与创新，促进学生创新素养和实践能力的提升，促进信息技术与教育教学的深度融合。

一、“智慧课堂”试点项目实现个性化精准教学

为深入贯彻《教育部教育信息化十年发展规划（2011—2020年）》和《教育信息化“十三五”规划》，促进兰州市智慧教育发展。2016年底—2017年6月，兰州市教育系统分别启动实施了兰州市中小学智慧课堂融合应用试点示范项目。2016年12月，兰州市教育局主办的“智慧课堂常态化应用观摩研讨会”在兰州市试点学校——外国语学校隆重举行。本次会议邀请中央电教馆、省市教育厅局领导和国家级专家亲临指导，促进全市中小学教师对“人人通”及“智慧课堂”教学模式有新的理解和认识，从而有效提升和强化全市中小学关于教育信息化和现代教育技术深化应用的认知水平，逐步推进网络教学、智慧课堂的常态化应用，不断创建兰州现代教育的新理念、新格局。2018年初，智慧课堂试点示范项目被甘肃省教育厅立项为省级项目建设。2020年12月，兰州市电化教育中心主办，兰州市五十六中学和兰州市外国语学校联合承办的“兰州市智慧课堂网络学习空间校际间交流观摩研讨活动”在兰州市第五十六中学隆重举行，会上兰州市第五十六中学校长表示：经过近两年的探索实践，学校目前已形成“优学预习，智慧可视导学；优学互动，智慧人机对话；优学反馈，智慧数据课堂”的智慧课堂教学特色，针对“互联网+大数据+智能终端”的智慧课堂开展有益的尝试和探索，积累了一些好的经验与做法。2019年，兰州市智慧课堂试点示范项目范围持续扩大，新增示范校3所，智慧实验班10个。2020年在原来基础上再增加示范校2所，智慧实验班7个。

智慧课堂是互联网+时代的移动教育教学解决方案。基于建构主义学习理论，以云学习、大数据系统为依托，以知识库为基础、组件技术为核心，紧抓资源创新主线，能够快速开发出互动探究式学习资源的个性化学习系统、一站式教学平台；融合课前、课中、课后三个环节，校内和校外两个场景，为老师提供集备课、教学、测评、教研、交流为一体的一站式办公空间服务。教师可以利用平台提供的各种服务，获得优质数字教育资源，实现网络备课，网络答疑，布置作业，完成教学的各环节；为家长提供全方位了解孩子成长的互动空间服务；为学生提供集上课、答疑、测评、交流为一体的一站式学习空间服务，学生在平台上可以获得名师提供的各种教学资源以及辅导，对学习中遇到的问题可以向全国的教师请教，可以根据练习的结果，选择个性化辅导；为学校提供集学校信息发

布、教学教务管理、资源管理为一体的综合化管理空间服务，学校能及时得到反馈，并根据学校实际，及时跟进和调整，实现教学效果的最优化。通过构建智慧教学的环境，支撑优秀教师教学智慧的物化与传播，促进教师能力水平提升，提高教学质量；支撑学生开展自主、个性化、协作、泛在学习，让学生在学会知识与技能的同时，提升创新性思维能力，使学生轻松、愉快、主动的高质高效的学习，培养智慧型人才。

智慧课堂使用场景包括课前、课中、课后以及课外（如图6–1）。智慧课堂可以实现课前学情的精准分析、课中教学的智能互动、课后练习的精准辅导、课外学习的个性成长，实现“以数为据，精准定教”的个性化教学与精准教学，全面提升师生信息素养，有效促进课堂教学改革，以电子书包为支撑的智慧课堂应用成效初显。

	老师	学生	家长	管理者
课前	教学设计 课件制作 同步备课 同步导演	同步预习 巩固训练 名师微课 自查自测	同步辅导 家长课堂 了解目标 亲子互动	资源管理 课程管理 目标管理 方案交流
课中	互动教学 学情分析 课堂训练 课堂应用	互动教学 随堂训练 翻转课堂 学习轨迹	课堂监测 成长轨迹	课堂监测 课堂记录 优课分享 云公开课
课后	网上作业 作业反馈 查漏补缺 调整计划 智能组卷	课后训练 错题攻克 查漏初缺 资源推送	作业辅导 学习报告 学习激励	学情分析 测试考查 智能组卷
课外	学科教研 答疑解惑 制作微课 家校互动 资源储备 经验交流 课外辅导	班级空间 答疑解惑 学习互助 经验分享 课外提升 成长记录	经验交流 专家辅导 家校互动	教学研究 教学交流 经验总结 家校互动 质量评估

图6–1　智慧课堂使用场景

智慧课堂项目的实施是以配备设备的智慧班为单位，通过“云、网、端”的信息化手段实现“三段式”教学新模式。项目自2017年开展以来，在兰州市电教中心带领和各项目学校教师的共同努力下，兰州市智慧课堂示范试点项目取得了丰硕的成果，总结出具有学校特色的教育教学新模式。例如：兰州市第五十六中学结合自学·议论·引导教学法总结出的“两环五步”智慧课堂教学模式、兰州市五十八中学“双育六环节”智慧课堂教学模式、兰州市第六十四中学“一导二主四联动”“翻转课堂”教学模式、兰州新区舟曲中学的“2–5–2”智慧课堂模式。

案例一：兰州市五十六中学“两环五步”智慧课堂教学模式

兰州市第五十六中学是兰州市第一批智慧课堂试点学校，以“先学后教，精讲多练”的教学宗旨，构建多元化的智慧课堂教学模式。下面介绍几个教师上课的案例。

1.语文老师刘丽课程展示——《河中石兽》。课前，刘老师通过自测导学，让学生自主学习。课堂上，通过随机抽取等提问方式了解学生对字词的掌握情况；随后在线发送检测任务，实时了解学生进度，根据平台测评结果进行了有针对性的讲解。整堂课将电子书包与教学完美结合，既活跃了课堂气氛，又充分调动了学生学习的积极性。

2.英语李建昌老师课程展示。首先，通过有趣的英语视频，创设情境，之后通过发送电子书包互动游戏闻英起舞检测学生听音辨词的能力；利用随机抽取，抢答功能让学生积极发言；借助电子书包，通过听、说、读、写四方面，全方位跟踪检测学生的掌握情况，让现场的老师们真正体验到了教育信息化下电子书包带来的高效智慧课堂。

3.数学韩林江老师课程展示。课前，韩老师推送了相关微课视频和同步检测试题引导学生自学。课堂上，韩老师通过总结和评讲学生“课前自学”检测情况作为上课的接入口，在突出知识重点、突破难点之后，利用电子书包进行随堂检测；然后待学生完成后，根据平台的测评数据统计结果，针对学生易错点进行讲解剖析；最后，再次发送有针对性的评测题，对本节知识进行巩固与拓展。

案例二：兰州市五十八中学“双育六环节”智慧课堂教学模式

兰州市五十八中学基于“高中新课程理念”的引领，结合学校自身文化特点制定了“双育六环节”智慧课堂教学模式。“双育”，即“育人”“育师”，全面优化课堂教学模式，突出“学生为本”。“六环节”指课堂教学中，在教师的引导下，学生自主学习的六种手段和方式，包括“引入、自学、交流、展示、练习、总结”。“双育六环节”智慧课堂教学模式从宏观上把握教学活动整体及各要素之间内部的关系和功能，突出了教学模式的有序性和可操作性。这一教学模式的提出及实践，旨在进一步提高教师的教学水平和教学效果，培养一支反思型、智慧型、魅力型的教师队伍，切实提升学校的教育品质。以下简要介绍“双育六环节”智慧课堂中几个青年教师的上课过程。

1.数学组郑竹君老师的《弧度制》公开课。郑老师借助学生们所熟知的篮球明星姚明，自然流畅地引入不同单位的转化，从而类比到角度的其他度量单位——弧度，点出本节课的核心知识点。郑老师在讲解概念的同时，又辅以多媒体视频，动态地演示了1rad，2rad……让学生对这个角度的新单位有了更加直观的认识。接下来，引导学生推导出角度与弧度的互化公式，并进行了及时演练。最后，让学生尝试推导在弧度制下的圆的弧长和面积公式，让学生体会到引入弧度制的优越性。

2.物理老师王敏的《向心力》公开课。王敏老师在教学中自制教具，利用乒乓球的圆周运动拉起水瓶，引出向心力，引导学生提出问题，分析问题，总结规律，实现了寓教于乐的目的。她在教学中设计圆锥摆的实验，提出方案，通过分组实验，借助Excel数据处理功能，对数据进行分析，得出其规律，最后对《向心力》一课进行了小结。

案例三：兰州市第六十四中学“一导二主四联动”“翻转课堂”教学模式

在“互联网+”的新背景下，遵循“先学后教”的教学理念，为推动信息技术与教育教学的深度融合，建立以学习者为中心的课堂教学模式和校际协作系统，实现课程改革的新跨越。兰州市第六十四中学结合本校的实际情况，总结了“一导二主四联动”“翻转课堂”的高效课堂模式。

1.谢雯老师《Unit11 How was your school trip?》打破了传统写作课的桎梏。课前，通过平板微课让学生自学本课知识点，提前感知教材内容。课堂上以读代写，使学生了解日记的特征，学以致用，当堂完成日记的写作，并通过平板拍照上传，分发给每个学生，实现学生间的互相批改，让每个学生都成为小老师，激发学生的学习兴趣，提高学生的参与度，真正做到把课堂还给学生。

2.杨玉军老师《算术平方根》。从11～20的平方计算引出开平方运算，从实例“已知正方形的面积求边长引出开平方后的正数x叫算术平方根”的定义，逐渐深入算术平方根的表示和计算，再从实际的计算中“被开方数和算术平方根的特点总结出算术平方根的性质——双重非负性”，将概念的简单应用和思维拓展由浅入深，循序渐进。课堂中，学生利用平板，拍照上传自己的解答过程并向同学们展示讲解，老师及时查看并了解学生的掌握情况，大大提高了课堂效率，不但活跃了课堂气氛，还体现了现代化教育技术的高效性。

3.裴春燕老师《带上她的眼睛》。学生提前准备自己喜欢的科幻小说并制作PPT，在课堂上通过互动平台投屏进行展示。这样的方法不仅使每个同学的语文素养得到提高，还能培养学生的自信心。在课堂中，裴老师多次利用互动平台上的抢答、点名、投屏等方式激发学生答题的兴趣。最后，裴老师引导学生展开大胆想象，为课文进行续写。通过互动平台的交流分享，师生互动频繁，课堂气氛活跃。

二、“兰州智慧教育·名师在线”推进课堂教学模式变革

“兰州智慧教育·名师在线”项目是兰州市政府确立的十大民生工程之一，主要目的是响应党的十九大做出的优先发展教育事业、加快教育现代化、建设教育强国的重大部署。2018年初，兰州市教育局在全市遴选6所试点学校进行名师在线课堂试运行，通过网络直播平台直播20节课程，涵盖小学、初中、高中不同学段共5个科目，其课程效果受到了师生、家长的一致好评，为网络课程的正式开播积累重要经验。2018年7月底，甘肃省委托第三方评估机构评估教育综合改革工作时，评估专家观摩名师在线直播课程后，给予了高度评价，认为“互联网+教育”共享名师优质资源成果，创出了智慧教育的特色亮点，有效提升教育创新发展、均衡发展和优质发展。在历经两年多的策划、试点、调研、论证，并在部分学校试点的基础上，2019年1月14日“兰州智慧教育·名师在线”项目在前期试点的基础上正式启动（如图6-2），面向全市中学生开设寒假辅导课程，受众年级逐渐覆盖初高中全年级，涵盖科目由语文、数学、英语、物理、化学五门逐渐覆盖初高中所有科目。“名师在线”寒假课程的顺利开播，引起社会广泛关注，人民网、甘肃日报社、兰州广播电视台等八家媒体争相报道。2019年“兰州智慧教育·名师在线”全年四期课程上线总人次达到55万多，备受学生、家长的好评。

图6-2　“兰州智慧教育·名师在线”启动仪式

2020年寒假期间，在全国抗击新型冠状病毒肺炎疫情的特殊时期，兰州市教育局在原定2月10日全面开播寒假初一至高二五个年级九大学科的基础上，又新增并直播了高三年级的全部课程。全市505名党员教师积极主动参与名师在线课堂授课，在严防严控疫情、延迟开学的前提下，成功实现了“停课不停学”，力争将疫情给学生带来的影响降到最低。未来“兰州智慧教育·名师在线”将持续为全市中学生提供便捷优质的线上课程服务。

“名师在线”项目由兰州市教育局集中市域名师优势，借助互联网+技术优势，利用课余时间、双休日和寒暑假，通过互联网免费对学生开展远程实时课后辅导，让全市师生共享名师教学智慧。授课教师均为兰州市教学新秀，省、市级骨干教师，“三名人才”工作室成员等，具有较高的教学素养和学科影响力。

“名师在线”授课平台可实现：名师直播实时授课，音视频互动，单个课堂同时可在线上万人，并能保存老师的课件和板书，形成教学资源库；学生实时听课，课后回看，通过文字、语音、板书、视频等方式与老师进行交流，对老师、课程、服务做出客观评价；助教通过实时点到、桌面锁定、不认真提醒等方式，实现与现实课堂一样的监管作用；家长通过手机可以随时随地地了解学生迟到早退、课堂练习、认真程度等情况。

三、“兰州智慧教育·名师云课堂”促进教育均衡发展

兰州市以“加强教育信息化扶智工程”为导向，以“兰州智慧教育·名师云课堂”项目为抓手之一，推进教育扶智工程，创新教育扶智新路径，有效促进教育公平和均衡发展。利用互联网将城市优质学校与农村薄弱学校结对，以城市优质学校为榜样，充分发挥名师的模范带头作用，实现异地同堂教学教研，带动和培养大批农村优秀教师，改变教学理念，提高教师的教育教学能力，提升农村学校的综合教育素质，促进教育公平和教育均衡发展。

2018年4月25日，通过网络直播方式，首次成功完成东郊学校与上花学校师生同上一堂课，实现上花学校师生足不出户就可以分享名师课堂教学的目的(如图6-3)。截至目前，东郊学校和榆中县的四所项目学校、北京实验二小兰州分校和永登县的三所小学、兰州市外国语学校与榆中县和永登县的三所项目中学多次进行同步课堂教学活动。下一步将继续扩大试点范围，逐步实现“一校带多校”的名师云课堂教学，让名校名师资源惠及农村偏远学校，促进农村学校教师教学水平和教学科研能力的提高，逐步缩小区域、城乡、校际差距，全面提升兰州市教育质量。

图6-3　“兰州智慧教育·名师云课堂”异地同堂

四、着力打造科技创新教育基地学校

为贯彻落实兰州市人民政府《关于实施中小学科技创新教育“飞天计划”的指导意见》，2013年兰州市开始实施《兰州市科技创新教育“飞天计划”实施方案》，鼓励广大中小学生积极参与科技创新活动，提升科学素养，培养创新精神，推动兰州市中小学科技创新教育广泛开展。在小初高三个学段遴选适应学校进行初步试点，对试点校教师进行创新教育技能培训以及互联网+教育模式引导。教师培训同期，要求在学校开展相应教学工作，以不拘泥于社团课、校本课等授课方式，边授课，边记录，边反馈，实现学生发展性评价记录，从而培养教师、学生基础的信息素养，开展以学习者为中心的智能化教学支持环境建设，推动物联网、人工智能在教学、管理等方面的全流程应用，实现学习方式和教育教学模式的创新。

自2013年开始，在全市范围内组建100个左右涵盖科技、企业、教育等多部门人才的中小学科技创新教育专家指导团队，指导教师转变教法与学生转变学法；连续开展五届中小学“小小科学家”评选活动，按照学校审核、县区教育局推荐、市教育局终评的评选程序，兰州市教育局聘请专业人员组成专家评审团，在全市中小学评选100余名“小小科学家”，分为“小小发明家”和“创业小明星”两类；开展“飞天计划”科技创新教育学校和科普教育基地评选活动，按照《兰州市科技创新教育基地学校建设标准（试行）》要求，抽取专业力量，对申请建设兰州市科技创新教育基地的学校进行了评估验收，切实发挥科技创新教育基地学校在中小学素质教育中的带动辐射作用。

“飞天计划”主要分为三个版本。“飞天计划”1.0版普遍提升了兰州市学生的科学素养。“飞天计划”2.0版以STEAM理念为指导，推进跨领域、跨学科、跨学段的融合，着力培养有梦想、有激情、有知识、有创意的一代新人。“飞天计划”3.0版将结合时下大数据、人工智能、区块链等技术，带动教育生态深刻变革。以科技教育为支点，撬动基础教育新发展；以核心素养为追求，构建深度学习新样态；以创新素养为核心，构建课程实施新体系；以科技手段为支撑，拓展教育发展新领域；以科技素养为目标，培养科学教育新教师。顺势而为，主动而为，拥抱新技术，推动基础教育的时代变革。

五、搭建兰州市创新教育云平台

（一）兰州市创新教育云平台概述

为贯彻落实国家“双创”要求和《中小学综合实践活动课程指导纲要》，兰州市教育局通过企业共建、合作运营的建设模式，依托社区平台在全国的成功建设和运营技术，搭建覆盖全市中小学的市级“创新教育云平台”，探索新媒体技术时代“创新教育”教学应用的新方式、新方法、新手段、新措施，从而实现以塑造人的核心素养为目标的素质教育，推动学生创新意识和实践能力的不断提升，打造专业创新教育导师队伍，营造让全市学校相互借鉴和相互提高的教学氛围，形成示范效应和后进者追赶先进者的效应，全面推进兰州市创新教育发展。

兰州市“创新教育云平台”建设，将打破传统教育模式，引进先进创新技术，为创客教育、“STEAM课程”提供教育装备支撑，为教师搭建创新成果展示分享系统、创新教育资源学习共享平台、创新教育师生展示交流系统、创新教育赛事资源系统、线上校园创客空间、创新课堂管理系统以及师生个人创客空间，提升全市教师信息技术应用能力、跨学科整合能力和教育管理水平，形成“广泛学习资源是以学生为中心、问题为中心、活动为中心的创新能力培养模式”。同时有助于宏观层面掌握全市学校创新教育成果、创新教育资源、创新教育大数据，指导全市创新教育实施。避免各区县/各学校分散建设、成果零散、投资浪费的问题，促进全市学校形成相互借鉴的教学氛围、全市家校互动氛围，打开创新教育应用的新局面，促进兰州市创新教育教学水平的提升和资源的均衡。

（二）兰州市创新教育云平台总体构架

“兰州市创新教育云平台”建设内容主要包括：全市创新教育作品分享平台、全市创新教育资源学习平台、全市学校创新教育成果展示平台、全市创客师生交流平台、全市创新教育大赛平台、学校创新课堂管理系统（SIM）、全市师生主页和云空间、与市教育资源服务平台链接，总体构架如图6-4。

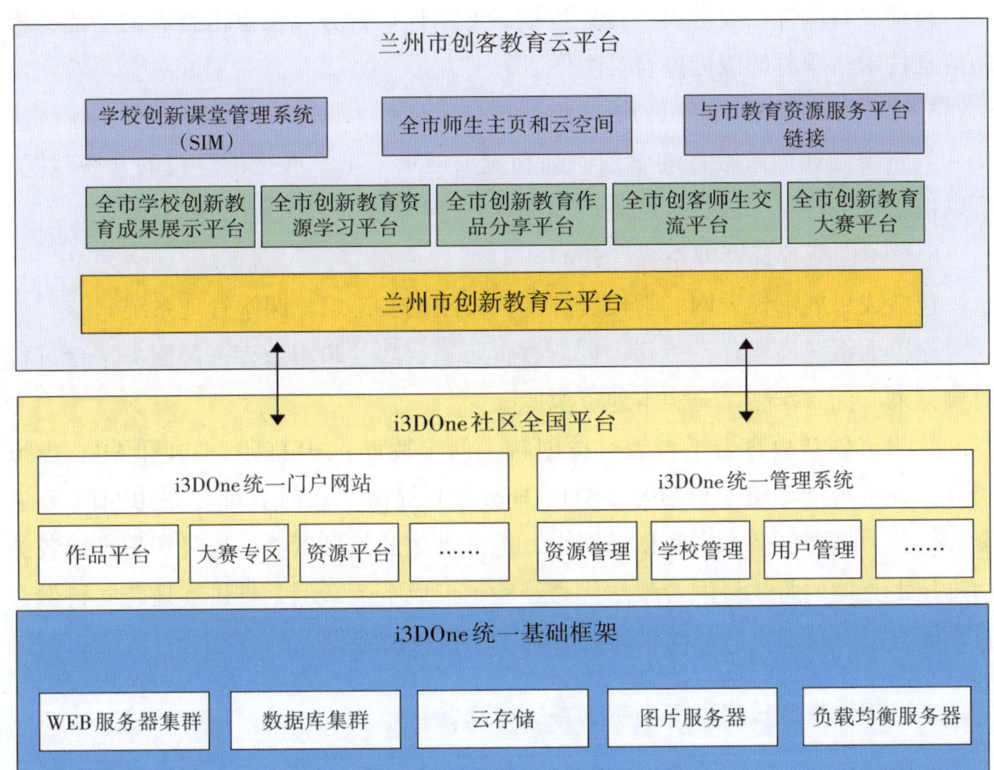

图6-4　兰州市创新教育云平台总体构架图

（三）兰州市创新教育云平台系统功能

1.创新教育成果展示分享平台

师生进行作品上传分享、点赞、点评等交流；可以按区县统计数量排名和筛选作品；可以按3D作品、开源硬件、机器人、编程等分类进行发布和筛选。

2.创新教育资源学习共享平台

教师可以在共享平台上分享课件资源和教学案例，其他用户可以根据系统规则在线学习、下载、点赞、点评；可以按3D设计打印、开源硬件、机器人、编程等分类进行课件发布和筛选。

3.创新教育师生展示交流平台

展示名师风采、优秀创客导师、优秀创客学生；可以按照区县进行查询和筛选。

4.全市创新教育大赛平台

教师参赛课件在线分类上传、审核、专家评审打分以及点击查看的功能，推动信息技术与学科的深度融合。

5.线上校园创客空间

兰州市开展创新教育的学校明细和成果展示，可掌握全市学校的开展状况；可以按学校关键字、区县进行查询和筛选。

6.学校创新教育管理系统（SIM）

包括成果展示校云网、学校资源库、校园创客论坛、课堂管理系统。

除以上系统模块外，兰州市创新教育云平台与兰州市教育资源服务平台进行对接，推广优秀作品，充实本地资源库。

兰州市创新教育云平台为科技创新、创客教育、3D打印、VR和AR、虚拟仿真、人工智能等跨学科学习（STEAM教育）提供“众创空间”，提供相关教学资源，着力培养创新意识和创新能力，提升学生的信息素养。通过积累本地各类信息技术支持的跨学科融合教学优秀经验，形成示范案例，推进本地跨学科融合教学能力提升培训资源与跨学科融合教学示范校的建设。

六、积极推进兰州市中小学创客项目建设

（一）创客教室建设

兰州市以创客活动为平台，以课程改革为载体，多形式常态化开展创客教育。按照“统筹规划、科学设计、试点先行、分步推进”的建设思路，在全市小初高三个学段遴选学校进行初步试点。开设创客课程，对试点校兼专业指导教师进行技能培训，支撑至少80%的试点学校在空间建设、师资、课程、评价等方面做到年初有目标，季度有任务，半年有汇报，年终有总结，发挥示范效应，带动本地中小学信息化创新教育全面发展。经市级评估达到要求的试点学校，授予“兰州市中小学创新教育示范校”的称号，给予表彰和奖励。与此同时，兰州市通过定期举办全市学生创客大赛活动，鼓励学生参与全国、省市级的“青少年科技创新大赛”“机器人竞赛”“青少年科学调查体验活动”“兰州市中小学小小科学家评选”“科技计算机表演赛”“科学实验论文赛”等系列科普竞赛活动，展示学生创客作品，表彰和奖励优秀创客，促进兰州市与国内外的创客交流，进一步推进学校创客教室建设，推进创客教育在兰州市中小学的普及与实施。截至目前，全市中小学已建成几十余间标准化创客教室，每个教室至少可容纳一个行政教学班的学生。

（二）创客教育课程体系建设

创客课程是实施创客教育的重要载体，科学合理的课程设计有助于引导学生更好地实施自己的创意，提高其动手能力。创客教育课程整合人工智能、编程教育、创意智造、机器人教育、STEAM课程等创客教育资源，立足学校发展目标，开展创客教育课程建设，初步构建具有学校特色的创客教育课程体系。

1.开好国家通用课程

认真落实国家课程方针，在各学段开好、开齐全国通用课程。技术类包括《劳动与技术》《综合实践活动》《信息技术》《通用技术》等基础必修课程。丰富“技术基础”“电子控制技术”“3D打印”“简易机器人制作”“建筑及其设计”等选修内容，把以上这些作为创客教育核心的基础课程。

2.探索创客教育与学科教学的整合

从小学一年级开始，开齐、开好科学课程，突出探究式学习，融入工程学等教育内容；在初中，注重物理、化学、生物、地理等课程实验活动与理论知识的结合；在高中，注重物理、化学、生物、地理、信息技术等课程中的研究性学习，充分利用各学科课程，培养学生的创客思维与创新意识。比如，兰州第三十四中学、兰州外国语中学将创客教育与信息技术课程、科学课程、综合实践活动课程进行有机融合。

3.研发创客教育普及校本课程

一是建设“创意训练课程”，主要包括创新思维方法、创新技法、最新科技与发明创意集锦等，引导学生“有想法”，帮助学生“做中学”；二是建设“创客入门课程”，首先要让学生知道什么是创客，其次是掌握创客设计的一般过程、材料与加工、结构与功能、专利与众筹等，引导学生“会动手”。

4.实施STEAM+课程教育

通过择优引进与自主开发相结合，探索形成适合兰州市学生需求和中小学衔接的STEAM+课程体系，引导学生以问题为导向，在观察、提问、设想、调查、分析、解释等探究过程中形成良好的创新实践素养，鼓励不同学科教师组建STEAM教学团队。

5.研发创客教育个性化校本课程

一是针对有学科兴趣特长的学生开发的校本课程。通过相关学科项目设计，充分利用校内理化生实验室、数字探究室、综合探究室、创新实验室以及生物组培教室，支持学生勇于尝试探索自己的创意。二是依托学校微机室、通用技术教室、机器人和创客空间、实训室，以社团活动的形式对不同的兴趣群体，进行技能提升训练，将创意变为成果，包括《3D设计与打印》《开源平台与智能控制》《编程基础》《机器人设计及制作》《快乐分享之摄影》《快乐分享之摄像》等一系列的课程。

6.规范创客教育课程管理

将科技创新课程作为开展素质教育的重要载体落实到位，提高学生的综合素质、学业水平以及提升学校绩效考核中科技创新教育的占比。在教育工作管理及教学活动中建立"大课程观"，加强学科间的相互配合与融合，实施跨学科、分层、兴趣化、专题化走班式教学。

（三）加强兰州市中小学创客教育空间建设

创客空间最早起源于美国，其前身称为"Fab Lab"，即微观装配实验室，是美国麻省理工学院比特与原子研究中心发起的一项新颖的实验，一个拥有几乎可以制造任何产品和工具的小型工厂。学者安德森提出："创客空间是指配备创客所需设备和资源的开放场所，创客在创客空间里完成他的产品。"创客空间可以被视作是能够创造新事物、分享知识的工作室、工作坊、实验室等。2013年前后，创客运动开始在中小学发展起来，越来越多的中小学开始建设创客空间。2015年，"创客空间"被基础教育版《地平线报告》列为K-12领域教育技术的六大重要进展之一。

谢作如对创客空间的概念界定为："为创客提供合作、交流和创造实践的开放实验室，创客们可以在创客空间里共享资源和知识，来实现他们的想法。"王佑镁、叶爱敏提出，"创客空间是创客聚会、活动和合作的场所，是开放交流的实验室、工作室、机械加工室，是创客进行创新创意分享、转化与实现的物理空间载体。"创客空间的典型特征表现在开放性、挑战性、实践性、创造性、共享性以及跨素养性。创客空间，作为创客活动的载体，是创客聚集在一起分享创意，进行制造的空间，是创客沟通交流的重要平台。

创客空间是创客活动的主要活动场所，融"做、创、学"为一体的跨学科、综合化、多功能的学习环境，是一个集"研究学习+动手实践+造物体验+交流分享"为一身的创客实验室，一般具有六个功能区：动手创作区、交流分享区、作品展示区、加工制作区、工具耗材区、智能多媒体区。兰州市从以下三个方面积极加强创客空间建设：

1.加强校园创客空间的建设管理

按照"需求引领、科学实用、因地制宜、量力而行"的原则，充分利用现有微机室、学科实验室、综合探究室、数字探究室、社团活动室、实训室、科技馆、社区教育学院、青少年宫等校内外功能用房，进行适当的布局调整和功能扩充，选择开设与学校自身特色相适应、能满足学生身心发展的创客课程；完善学科实验室的建设和管理标准，实施实验室与功能室改造升级工程，使学校物理、化学、生物、地理、数学、科学等学科实验室设备设施标准和应用管理水平达到相关标准；加大公共财政投入，鼓励公益基金会和企业多渠道支持学校建设各类创新实验室和创客室，根据实际引进和购置适合学校特色课程设置的数字化创客设施和器材，选择开设电脑设计、创意制作、人工智能、影视创作等领域的几项新的创客课程，为学生开展科技创新教育提供良好的条件，充分保障学生的实践（功能）活动需求。

2. 开发社会教育空间

组织学生定期到高校、科研机构、辖区企业、工程中心、实验室、科技社团的创客空间参观交流学习，促进中小学与高校的深度合作；定期开放实验室、陈列室、博物馆、植物园、科技基地和其他科技类场所空间和仪器设施，引导青少年走进科技空间，聆听专家院士讲座，感受科技魅力，提升科技教育水平。

3. 支持开展创新人才培养试验

支持全市各中小学、高中与高校或研究机构合作，开展青少年科技创新人才培养的试验，为参与试验的学生制定个性化培养方案，进行个性化培养，探索培养科技创新人才的新方式、新路径。

（四）鼓励各学校创客课程开发与应用

兰州市认真贯彻教育部关于深化课程改革的相关文件的要求，鼓励各学校根据自身实际，选择开设与学校特色相适应、与学生年龄身心发展相适合的创客课程。鼓励各学校按照国家课程方案和学科课程标准，根据自身的办学基础、学校文化、课程资源、学生需求等情况，科学合理地制定学校总体课程规划方案，形成包括课程主题、课程目标、课程内容、课程实施、课程评价在内的完整创客教育课程体系。对于普及课程，要结合创客教育活动特点，将创客项目与学科教学有机结合，找准切入点，以学科教学为载体（如：电脑制作、3D打印、程序设计等项目可以结合信息技术课，创意智造、手工创作可以结合综合实践，科学、美术课），形成多学科共同参与的课程机制；对于不易普及的课程，要通过引进改造、自主开发、个性生成等方式，形成小初学段有机衔接、特色鲜明的创客校本或社团课程。

案例一：创客教育我在行——兰州市第三十四中3D创意课程

2015年工业和信息化部、国家发展和改革委员会、财政部联合印发了《国家增材制造产业发展推进计划（2015—2016）》，特别强调3D打印教育在中小学的推广和普及。3D打印技术为教学提供了新的媒体形式。为全面响应国家政策，2015年12月，兰州市第三十四中学通过校企合作的方式将3D打印引进校园，探索3D打印在教育中的应用。2016年3月开始在高一、初一两个起始年级开设3D创意校本课程，截至目前，该校接收3D打印课程学习的学生已超过了2000人。本节主要展现兰州市第三十四中学依托STEAM教育理念如何实施3D打印校本课程的案例过程，并为其他学校开设创客教育的创新课程设计提供借鉴。

1. 开设3D创意校本课程的教学目的及意义

开设3D创意校本课程有助于激发学生的创新思维和想象力，提高自身竞争力。在教学实践中注重问题情境的创设，通过探究式学习和体验式学习的方式将抽象的概念更加立体化，激发学生对科学、数学尤其是工程和设计创意的兴趣，培养学生的科学素养、创新思维、动手能力以及解决问题的能力，以团队为单位完成特定主题项目，能够最大限度地培养学生的协作能力及团队精神，具体表现如下：

（1）培养学生的科学素养。主要是学生在学习、理解、运用科学知识和技能等方面所形成的价值标准、思维方式和行为表现。具体包括理性思维、批判质疑、勇于探究等基本要点。

（2）培养学生的创新思维。主要是学生在日常活动、问题解决、适应挑战等方面所形成的实践能力、创新意识和行为表现。具体包括劳动意识、问题解决、技术应用等基本要点。

（3）以社团为支点，撬动全校学生的创新思维，提升合作学习能力和动手能力。深化STEAM教育对学生的影响，拓展学生3D建模能力。

（4）使学生在空间想象、3D建模、创新等方面得到比较和谐、全面、可持续的发展，有更广阔的空间。

2. 兰州市第三十四中3D创意设计校本课程体系

3D创意校本课程是一门培养学生设计与创意的课程，与科学、数学、设计、技术等学科教学进行融合，核心理念为“做中学”。它能够最大限度地帮助学生从实际生活和情境化教学场所中学习知识，注重学生的体验，让每一个学生都能学习3D打印设计的知识，让更多的学科老师进行3D融合教学。兰州市第三十四中3D创意校本课程大纲的编写紧紧围绕这一核心理念，主要包括以下四个部分。

第一部分，明确课程的教学目的。主要是提高学生的空间思维能力，培养学生的创新意识，提高学生参与社会实践活动的积极性。

第二部分，制定课程目标。不仅包含了课程总目标，还基于三维教学目标，从知识与技能、过程与方法、情感态度与价值观三个方面确定了课程的具体目标。

第三部分，设计课程内容。首先要让学生知道什么是3D打印，掌握3D打印的基础知识，了解3D打印的原理；其次是掌握建模软件3D one的基本操作；最后能够使用3D one软件完成简单模型的创建。

第四部分，兰州市第三十四中学的3D创意校本教材就是围绕以上三方面进行开发，并针对实施过程中的意见与建议不断修正。

经过三年的教学实践，现已形成适合该校教学特点的完整的3D创意设计校本课程体系。首先，确立三级课程目标，一级目标激发学生兴趣、开阔学生的视野，引导学生了解科技前沿的相关知识及成果，使学生热爱科学、了解科学、探索科学；二级目标培养学生的创新意识、创新思维，培养学生科学实践精神；三级目标通过了解、认同甘肃文化，使学生热爱甘肃，形成文化自信。其次，依据三级目标设置不同类别的课程。通过在初一、高一年级开设3D创意设计的基础性课程，实现一级目标；在通识培训的基础上，针对学有余力的学生开展拓展性课程，实现二级目标；结合学生成长发展需求，以3D创意设计课程为手段，开展关于地方文化的专项研究性课程，实现三级目标。

3.兰州市第三十四中学高效开设3D创意校本课程的策略

（1）基于STEAM教育理念，教材的编写实现多学科的融合。

STEAM教育不是科学、技术、工程和数学知识的简单叠加，其教育的核心是：发现问题—设计解决方法—利用科学、技术、数学知识实施解决方法—将解决方法传达给大家。

3D创意设计校本教材的编写学习内容不简单局限于软件的基本操作，而是以创设情境为基础，每一节内容以问题的提出开始，同时明确学生要完成本节课的学习所具备的其他学科的相应知识。

（2）转变教学模式，形成创新教育的课堂。

在教学过程中遵循问题导向、学科整合、兴趣引领、小组合作的规则。在授课内容上尽量丰富学生的相关学科知识和提升综合能力的培养。从学生的兴趣出发，让他们能够在积极的心态中汲取更多知识，促使他们自主学习，自由探索。教师在讲授的过程中不仅仅局限于建模，更应该注重发展学生的立体空间思维，通过3D打印实体的触觉过程，建立新型的学习通道；引导学生观察生活，培养学生发现、解决实际问题的能力。

（3）完善评价体系。

根据学校不同的教学任务及教学目标对学生进行分类、分层评价。通识学习评价主要包括教师评价、自主评价、学生互评。

①教师根据每个学生参加学习的态度与成果进行评价，分为“优秀”“良好”“达标”“待达标”记录（也可分为ABCD四个等级记录），记入学生的学籍档案内。

②自主评价，学生在学习完成本节内容后填写评价量表，如表6-1：

表6-1　学生自主评价表

评分项目	评分等级
模型分解能力	☆☆☆☆☆
草图绘制、扫掠、移动	☆☆☆☆☆
制作心形球体能力	☆☆☆☆☆
创意设计能力	☆☆☆☆☆

③学生互评，学生互评主要是针对学生已经完成的作品从创意设计、软件技巧使用方面进行评价。

对于项目式学习内容的评价，主要围绕项目操作能力、信息资源利用能力、信息组织与表达能力、团队协作能力、创造力和表现力等六个维度，构建创客教育多元评价系统，并对这六个维度进行不同评价等级的划分，制定相应的评价量表，以求更加精准地评价学生。

4.兰州市第三十四中学3D创客社团建设

为进一步推进创客教育和科普工作在学校的开展，培养学生的创造性思维和科学思维能力，2016年3月成立了3D创客社团。社团秉承“弘扬科学精神、培养创新意识、锻炼实践能力、活跃学术氛围”的宗旨，以“全国三维数字化创新设计大赛”为主线，以“以人为本、勇于创新、敢于实践、深入学习、服务学校”为口号，以“互相学习、互相交流、互相信任”为精神，培养学生3D创新的设计能力和3D打印的实践能力，为学生的个性发展提供广阔的舞台（如图6-5）。

图6-5　社团活动

社团招募对象：面向初一、初二、高一、高二年级全体学生。

社团学习内容：

（1）教师选定制作主题，学生根据学习和生活经历，分组讨论设计样品，绘制纸质草图，分享讲解设计的可行性、科学性以及3D one设计中的困难，同时完成模型打印。

（2）鼓励社团成员积极参加全国电脑制作大赛、甘肃省创意创客大赛、兰州市科技创新大赛等各级各类创新大赛，依据大赛要求完成参赛作品的制作。

（3）将3D打印与开源电子、编程结合，完成创客课程的学习。

社团上课时间：每周周四第七、八节课。

5.取得的主要成果

自2016年3D创意社团成立以来，根据学生需求及技术发展不断更新活动内容，为学生提供广阔的平台，组织学生参加各类创新活动。在学校科技节中组织开展3D创意设计展，并多次组织学生参加兰州市第32—34届科技创新大赛、甘肃省第33届科技创新大赛、甘肃省第一届中学生创客创意大赛，共获得省市级一等奖6项、二等奖23项、三等奖9项，学校连续三年获得“科技先进校”荣誉称号（如图6-6—6-9）。

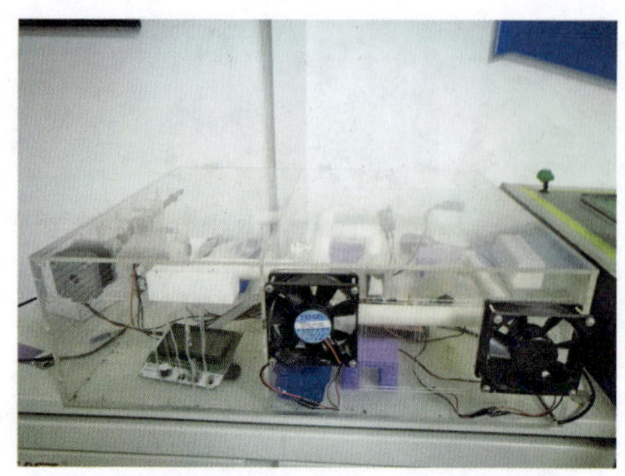

图6-6　甘肃省第34届科技创新大赛一等奖——PM2.5空气净化装置

图6-7　第甘肃省第34届科技创新大赛一等奖——盲人智能门禁

图6-8　甘肃省第一届中学生创客创意大赛一等奖——校园沙盘

图6-9　甘肃省第一届中学生创客创意大赛二等奖——六足机器人

案例二：创客教育我在行——北京实验二小兰州分校机器人特色社团

机器人活动是近几年在中小学中开展的新型活动项目，它是一门具有实践性、创造性的活动，融竞技、科学和娱乐为一体，富有诸多的教育功能。机器人活动能够提高学生对高科技的认识，培养学生热爱科学的情怀，促进学生动手能力、创新能力的提高。紧跟课程改革步伐，北京实验二小兰州分校将机器人课程纳入智能选修课——“爱慧课程体系”课程之一，供每一名处于低段（一、二年级）的学生根据自己的兴趣爱好和专长进行选择，担任智能选修课的任课教师除本校优秀教师以外，还邀请相关领域的知名人士及艺术家进行授课指导，努力培养“一专多能零缺陷”的学生。

机器人课程计划：基于乐高教育的小学科学与技术探究课程的解决方案，包括结构与力、简单机械、动力机械、能源转化的30个左右的活动案例，学生们亲自动手制作与日常生活密切相关的模型。通过这种方法，初步建立对相关基础知识、原理的认识与理解，让学生真正体验到实践成功后的喜悦和兴奋。通过解决问题的过程延伸到培养他们的创造力、合作能力、交流能力和获取新知识的能力。

课程目标：通过搭建一些结构模型，探索生活中的桥梁、塔等常见的结构，了解什么是强度、稳定性、力、负载等基本概念。强调学生在直接经验与亲身经历的基础上，通过观察、思考、设计、制作、试验等活动获得丰富的学生体验，解决生活中的问题。旨在提升学生运用科学方法解决实际问题的能力，激发学生创新潜能，进而培养和提升学生STEAM素养。

根据三维目标划分，课程目标细分如下：

知识与技能：初步了解机器人的基本结构，完成简单的机器人的设计、装配、程序编写与调试。

过程与方法：在教师指导下进行模仿和创意，小组合作制作机器人的过程，养成学生的合作交流能力。

情感态度价值观：通过对现代机器人知识的了解，养成热爱科学的精神。

课程内容：在这个课程中，孩子们将使用科学与技术基础套装，该课程大多侧重于培养孩子在社会生活中关于科学、技术、工程和数学的技能，培养他们的创造能力和与人沟通交流的能力。

2015年10月北京实验二小兰州分校机器人社团正式成立。学校每周安排两节社团集中活动时间，社团活动自开展以来，喜欢机器人的同学们以最大的热情投入到活动中，每一个孩子从最初的了解到现在的熟练操作付出了巨大的努力。在参与中求体验，从创新中求发展，在机器人课程开展的过程中孩子们受益匪浅，在机器人的学习和研究中渐入佳境。

该社团多次组织指导学生参加各级各类机器人大赛，在各项比赛与活动中大放异彩。荣获第十七届“共筑家园”全国青少年建筑模型教育竞赛综合团体一等奖（如图6-10）；第二十一届“驾驭未来”全国青少年车辆模型教育竞赛综合团体二等奖（如图6-11），四名同学荣获个人一等奖；荣获第十七届中国青少年机器人（甘肃赛区）FL工程机器人挑战赛二等奖，学校荣获机器人大赛2项专项奖；荣获第十八届“共筑家园”全国青少年建筑模型教育竞赛综合团体二等奖；第二十二届“驾驭未来”全国青少年车辆模型教育竞赛综合团体二等奖，八名同学荣获个人一等奖，八名同学荣获个人二等奖，七名同学荣获个人三等奖，十五名同学荣获优胜奖。

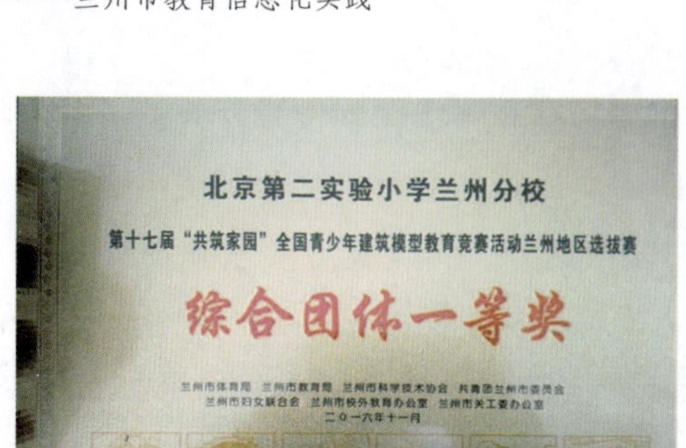

图6-10　第十七届“共筑家园”全国青少年建筑模型教育竞赛综合团体一等奖

图6-11　第二十一届“驾驭未来”全国青少年车辆模型教育竞赛活动兰州地区选拔赛综合团体二等奖

七、加强融合创新专（兼）教师队伍建设

兰州市为加大师资培训力度和专业人才培养，充分利用“国培”“省培”项目等平台，在物理、化学、生物、数学、信息技术、通用技术等学科教师中培育科技创新教育“种子”教师，加强对科技创新教育学科带头人、骨干教师的培养。联合省市科协、省市科技馆和省内高校等相关部门，以课程实施能力和创新发明指导能力为重点，邀请省内外科技教育专家、优秀教师，通过专题讲座、实践操作等形式，对全市中小学科技教师和校内外科技辅导员进行分层、分类专项培训，提升一线教师创客教育理论研究、学习经验交流、项目方案设计等能力，提高教师队伍和校外科技辅导员的专业水平，打造本地创新教育专家和名师团队。鼓励科技创新教师、辅导员积极参加线上科技教育培训，充分利用“科普中国”等在线资源，开展线上、线下相结合的青少年科技教育活动。定期举办教师科技课题、论文竞赛等活动，整体提升兰州市科技创新教师专业水平。

创客教师是创客教学和学生创客实践的领跑者。创客教师不仅要有创客学习知识、创客教学管理知识、信息技术知识，还要有整合信息技术的学科教学知识等。兰州市积极鼓励义务教育阶段的信息技术教师队伍转型发展，使之成为创客主力军。为鼓励相关学科专业教师的主动转型，兰州市按照德才兼备、自愿与推荐相结合的原则，每年遴选8～10名创新意识强、综合素质高、技术能力好的优秀教师组建创客教师队伍，逐步形成高素质、跨学科、富有创新精神的创客师资团队。我市还积极创建创客教育名师工作室，设立优秀创客教师创客空间（或工作坊）。鼓励有条件的学校还可建立创客教育教研组（中心），以“传帮带”“师徒结对”“校际手拉手”等，多途径、多形式地促进创客教师的快速成长。通过各区县和学校推荐、市教育局评审等多种形式，遴选一批创新意识强、综合素质高、技术能力好的优秀教师组建创客骨干教师队伍，对他们进行重点培训，提升教师的理论水平和实践技能，对全市及各校创客活动进行全面指导。

2019年4月25日—26日，兰州市教育局举办了全市首届科技创新教育骨干教师暨STEAM教育课程培训会，针对全市300余名中小学科技骨干教师进行集中培训，切实提高教师队伍和校外科技辅导员指导学生开展探究式学习、跨学科学习以及科学探究能力。会上邀请专业讲师对国家教育新政策、教育教学改革新形势进行了深入地分析、研判，对学校和科技创新教育工作者提出要求；邀请陕西师范大学教育学院副院长、数字化教育研究所所长张文兰教授做了《基于国家课程的项目式学习设计与实践》的专题讲座，结合丰富的实践案例，对“为什么要做国家课程的项目式学习”“如何设计开展基于国家课程的项目式学习”“如何实施基于国家课程的项目式学习”“实施国家课程项目式学习的成效”等方面进行了深入地讲解，并对民主西路小学、兰州市华侨实验学校、兰州市李勇科技创新名师工作室、兰州市外国语中学、兰州铁路第一中学5所学校的科技创新骨干教师就本校STEAM课程的开发与实践经验分享进行了精彩的点评与指导；邀请苏州大学教育学院副教授、STEAM教育研究者付亦宁教授做了题为《中小学的STEAM教育》的讲座，对“STEAM概念的历史变迁”“STEAM教育在基础教育中的中主要作用”等方面进行详细讲解，对课程组织实施，特别是实施过程中的记录、评价量规等内容进行细致讲解及演示，并通过《天衣无缝》STEAM示范课，完整地示范了STEAM教学设计与实施环节，如教学组织、模糊性任务、组织展示交流与评价等课程操作的细节问题，全面提升学校和科技创新教育工作者的科技素养，进一步推动了兰州市科技创新教育的发展。

为落实甘肃省电化教育中心《举办2019年全省创客教育导师实训班的通知》，兰州市积极安排市电教中心电脑制作竞赛活动负责人、市属学校报名参加“第二十届全国中小学电脑制作活动‘创客竞赛’”，并要求审核通过的参赛队指导教师以及市属学校已启动创客教育活动的骨干教师，参加2019年4月28日至29日举办的创客教育导师实训班。此次培训班将所有课程进行全程网络直播，邀请了全国创客教育领域的知名专家、省内一线创客教师，分别以《创客教育的后发优势和未来趋势》《中小学创客教育活动的组织与实施》《撬动高中拔尖创新人才培养的支点》等内容做了专题报告和经验分享，使广大教师进一步了解创客及创客教育的意义、创客教育普惠课程，找准创客教师的定位；会议还邀请上海蘑菇云创客空间、果方创学院、遨为数字技术有限公司的专家对全国中小学电脑制作活动创客竞赛流程及规则进行解读，分享了优秀作品案例，演示了激光切割课程、激光造物实操演练、3D打印课程、3D设计基础建模，并对部分作品进行赏析；组织创客马拉松活动和“创意智造”为主题的实训活动，进一步对第二十届全国中小学电脑制作活动进行了解读。通过一系列的培训活动，促进了兰州市创客教育骨干教师的队伍建设，提高了兰州市创客竞赛的水平与能力，加快推进全市中小学创客教育试验与创新。

八、以赛事促进全市师生教育信息化融合应用

兰州市积极组织开展《信息技术与学科融合课例暨课件比赛》《“新课程教学创新”教师交互式电子白板应用大赛》以及《全国中小学互动课堂教学实践观摩活动》等一系列活动，由兰州市教育局牵头组织，兰州市电化教育中心负责实施，并制定详细的实施方案和经费预算表，严格按任务计划表完成每个时间节点的任务。从市教育局名师专家库中聘请评委在线进行背对背作品评审，确保大赛评审结果的公平、公正性，根据评审结果按一定比例对优秀作品颁发获奖证书，同时为表现突出的县区颁发“优秀组织奖”奖牌。不断开阔广大教师的信息化视野，不断优化完善课堂教育教学效果，不断提升广大教师信息技术与学科课程的融合应用能力。以赛促培，鼓励教师利用信息技术改进教学方法，探索大数据时代的智慧课堂教学模式，促进信息技术常态化应用，全面提升教师信息素养。

兰州市组织开展“甘肃省中小学教师信息技术应用能力竞赛”市级评审活动。根据甘肃省教育厅发布《关于开展甘肃省中小学教师信息技术应用能力竞赛活动的通知》，组织所有市属中小学教师开展教育信息化大赛，邀请市教育局名师专家库中评委，对市属学校和县区提交的交互式教学公开课竞赛、教育技术论文竞赛、教师网络学习空间竞赛、教师微课竞赛、创客教学案例竞赛共五项竞赛的网上作品数量和质量进行在线背对背的评选，确定等次向省上推优，并发布获奖文件。

兰州市为贯彻中央电教馆及甘肃省教育厅发布《关于开展甘肃省中小学教师信息技术应用能力竞赛活动的通知》的精神，积极开展智慧教育创新发展行动，推动教师主动适应信息化、人工智能等新技术变革，促进全市中小学教室创新素养的提高。兰州市积极组织“甘肃省中小学教师信息技术应用能力竞赛”市级评审活动，以赛代培，以赛促培，创新教师培训方式，着力提升兰州

市中小学教师创新教育教学能力，全面促进兰州市信息技术与教育教学融合创新发展。

与此同时，兰州市鼓励学校组织校园科技活动主持人、科技项目介绍人等科技主题活动，与各级科技部门、科技实践场馆积极协调，定期选送学生到省市科技馆、博物馆、科技场馆等场所担任讲解员，选拔少年科普志愿者。鼓励学生参加全国、省市级青少年机器人大赛、青少年DI创新思维大赛、青少年科技创新大赛、中小学校科技创新教育交流活动、中小学科普宣讲员大赛等丰富多彩的科技创新大赛，坚持以赛事活动促应用、促创新、促融合、促发展，有效地促进信息技术与学科教学的深度融合应用。

第三节　成就与经验

一、加强顶层设计，快速协同发展

2007年，兰州市教育局成立了兰州市教育信息化领导小组，根据工作的实际情况多次调整成员及工作职责，由市教育局局长任组长，成员由各处室及局直属单位负责人担任，统一领导协调教育信息化的相关工作，保障项目的顺利实施。

为全面贯彻党的十九大精神，落实国家、省教育信息化发展规划，践行全国教育大会精神，全面深入推进兰州市中小学科技创新教育工作，根据国务院印发《新一代人工智能发展规划》，教育部印发《中小学综合实践活动课程指导纲要》精神，2018年4月，兰州市教育局印发了《全市中小学科技创新教育五年行动计划（2018—2023年）》，制定了中小学创新教育建设指导意见和推进计划，将科技创新教育有机地融合在学校课程体系建设中，以充分发挥中小学科技创新教育在立德树人、素质教育中的重要作用，逐步完善中小学科技创新课程体系，着力提升兰州市中小学生科学素养和创新能力。

2018年9月，兰州市教育局根据教育部《教育信息化2.0行动计划》《中小学数字校园建设规范》等文件精神，强化顶层设计与资源整合共享，规范信息化建设与应用标准，制定了《兰州市教育信息化2.0三年行动计划暨数字校园建设综合解决方案》。“方案”采用“云—网—端”架构，以“三全两高一大”为发展目标，以人为本，对智慧基础环境、智慧教学应用、智慧生活服务、网络安全等方面的建设与应用进行统一规划。兰州市教育局多次组织业内专家对该方案进行研讨论证，修订完善，最终顺利通过兰州市教育局党组会的审批。

2019年8月，兰州市教育局印发了《兰州市教育信息化2.0行动计划（试行）》，文件中指出，“深化信息技术教育融合应用工程，建设信息技术教学应用示范校，探索兰州市‘互联网+教学’，探索翻转课堂、基于互联网的自主学习、互动探究等新型教学模式，变革教学组织形式，为学生提供形式多样的学习机会和学习内容，改进教师的教学方式和学生的学习方式；通过名师引领、联片教研、校本研修等方式组织开展混合式主题研训活动，提高教师研训的针对性。”“STEAM/创客教育服务体系建设工程，构建STEAM/创客示范基地，从整体规划、课程研发、平台建设、教学支持四方面形成STEAM/创客教育服务体系。”

2019年8月，兰州市教育局制定了《兰州市教育现代化2035》，将“加快信息化时代教育变革，推动正式学习与非正式学习融合，优化教育资源配置，提升师生信息素养，促进信息技术与教育教学的深度融合，创新教育服务供给渠道、手段和内容”作为九大主要任务之一。2019年9月，兰州市教育局制定了《兰州市教育信息化2.0评估指标体系》，建立了相关的市、县、校三级评价指标体系，为兰州市教育信息化中长期发展规划提供指导。

2019年12月，兰州市教育局正式向市政府提交关于审定《兰州市创建国家级“智慧教育示范区”实施方案》的请示报告：以争创国家级智慧教育示范区为抓手，在继续深入推进教育信息化1.0的基础上，进一步整合优化各级各类教学资源，建成能服务全市的互联网+教育大平台；推动优质资源共建共享，促进教育公平；深化信息化教育教学应用，增强教育信息化治理能力；打造教育信息化核心团队，提高信息安全防护；努力建设一所职业教育和六所基础教育学校为智慧教育省级示范校，40所智慧教育市级示范标杆校，辐射带动兰州市智慧校园建设，逐步建立网络化、数字化、智能化、个性化、终身化教育体系，推动教学模式变革；构建人本、开放、平等、可持续的教育新生态，促进教育均衡与教育公平，引领和支撑兰州教育现代化。

这种立足于创新教育长远发展的顶层设计，为教育信息化融合应用提供了有力的政策保障。

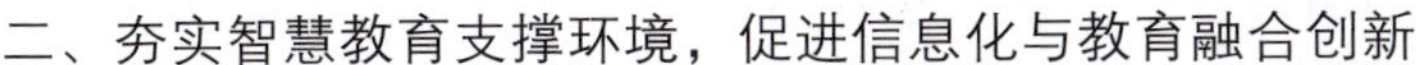

二、夯实智慧教育支撑环境，促进信息化与教育融合创新

（一）“三通两平台”建设取得可喜成绩

在教育信息化1.0时期，兰州市坚持信息技术与教育教学深度融合的核心理念，在甘肃省教育厅、兰州市政府和兰州市大数据局、兰州市财政局的大力支持，兰州市教育信息化工作领导小组的统筹安排和广大教育工作者的努力下，通过“兰州市中小学校园信息化建设项目”“兰州市城区优质教育资源供给三年行动计划”“普通高中改善办学条件项目”“甘肃省全面改善义务教育办学条件项目”等一系列项目的实施，兰州市教育信息化取得了可喜的成绩，“三通两平台”基本实现，基础建设日趋完善，教育信息化教学应用试点取得一定成效。截至2021年5月，全市共有学校810所（含教学点），所有教学行政班级班班通100%覆盖，宽带网络校校通100%覆盖，加快了“提速降费”和“校园无线网络覆盖”的进程，所有学校网络出口带宽均达到100M及以上，其中市属学校达到1000M。市属、安宁区、西固区学校均实现无线校园网全覆盖。同时，依托甘肃省基础教育资源公共服务平台应用的人人通空间，实现教师开通率达96%，学生开通率达91%。

建成了涵盖教育管理及优质教学资源的“兰州市数字教育公共服务平台”，创设新闻、视频、名师、图书、期刊、试题、文档、本地资源、培训、网址导航等多个栏目。平台现有视频67155集、图书107687册、试题3881387道、文档21036163份、名师5623位、期刊107574本。本地资源涵盖各类教学观摩视频资源（兰州市高中大集体备课视频资源、兰州市中小学教学开放周视频资源及市级骨干教师优质课录像），集聚各级各类教育资源3000多万条目，总容量约10TB，全市约3万名中小学教师成为注册用户，占全市中小学教师数的90%以上。平台现有生成性资源10997个，使全市最偏僻地区的教师也能跨时空分享到优质教育资源，并逐渐向学前教育和职业教育延伸。其中，80多位教师开设名师工作室，共有200余名成员，访问量超过80万人次，在全市乃至更大的范围传播，辐射了名师优质资源，各类基础教育教学数字优质资源总量约10T。所有学校的普通教室在能访问“省教育资源公共服务平台”“兰州市数字教育公共服务平台”等优质资源的同时，在班班通设备中内置一定数量的学科资源。

同时建成了“兰州市教育局网络协同办公系统”“兰州市教师管理系统平台”“兰州市学生学籍管理系统”“兰州市初中学生综合素质评价管理系统”“兰州市

新高考排课走班综合管理服务系统”等16套网络管理服务平台。全市基本实现教育信息化1.0提出的“三通两平台”的建设目标。

（二）加快数字校园建设，创设智慧教育环境

在智慧教育环境建设方面，全市教育系统整体采用“云网端”架构，以节约经费、分级建设、统一标准、个性发展、统筹推进为原则，加快智慧教育支撑环境建设，以解决教育信息化2.0提出的2022年数字校园建设的相关目标。

市级层面由兰州市电化教育中心牵头，依托“兰州市教育局教育城域网及数字校园示范校建设项目”，采用互联网、视联网、物联网等多网合一的思路，打造教育信息化2.0的信息高速公路，所有学校网络出口带宽均达到100M，市属达到1000M。打造万兆主干、千兆桌面的高质量教学环境，实现数据上云，服务下沉，实现无线校园网全覆盖，初步完成IPv4/IPv6网络安全体系建设，为今后基于互联网和物联网双网合一的应用奠定坚实基础和环境保障。

为消除信息孤岛，打通数据壁垒，实现各平台互联互通、各平台点单登录，以及全市跨部门数据共建共享、大数据精准决策等功能，亟须建设完善数据共享交换平台体系。2019年，依托“兰州市大数据管理局教育混合云项目”，建设兰州市教育混合云和教育大数据中心，为教育管理服务平台、网络学习空间、各类特色平台的集成部署提供支撑。正在建设“一站式”教育服务门户，融合资源、教学、管理三类平台，以实现“数据中心上移、服务下沉”和互联互通、共建共享、可持续发展，为教育管理服务平台、网络学习空间、各类特色平台的集成部署提供支撑。目前云端建设已基本完成。

全市各学校采用互联网、视联网、物联网等多网合一的思路，打造教育信息化2.0的信息高速公路。从班班通教室、网络教室、录播教室、安防监控、校园广播、办公电脑、电子书包等方面，夯实信息化基础环境建设，为促进教育信息化融合应用奠定良好的基础。

三、项目引领，促进教育信息化融合应用

近年来，兰州市教育局先后甄别、确定并实施了一系列成熟新型教育信息化融合应用实践项目，如“兰州市优学派智慧教育项目”“兰州市‘畅言教学通’教师机试点项目”“兰州智慧教育·名师在线”“兰州智慧教育·名师云课堂”“兰州市排课走班综合管理服务云平台”等。以“三个课堂”建设为着力点促进智慧教育应用发展和示范引领，大力推进“翻转课堂”“专递课堂”“名师课堂”“名校网络课堂”等新型教学模式和新型载体的试点示范工作，分级分类推进新

型教学模式的探索实践，以学习环境的改变带动课程、教学以及评价的改革与创新，促进学生创新素养和实践能力的提升，促进信息技术与教育教学的深度融合。

1. 2018年12月26日，兰州市教育局印发《兰州智慧教育·名师在线实施方案》。“兰州智慧教育·名师在线”是“互联网+教育”的具体实践，是以促进教育公平，办好人民满意的教育为目标，集中市域名师优势，利用课余时间、双休日和寒暑假，通过互联网对学生开展线上远程实时课后辅导，为学生提供适时、精准、有效的教育服务，让全市师生共享名师教学智慧，全面提升兰州市教育质量。

在历经两年多的策划、调研、论证并在部分学校试点的基础上，2019年1月14日“兰州智慧教育·名师在线”项目正式启动。

“兰州智慧教育·名师在线”的开播吸引了省市众多媒体的关注，报纸、电视、广播、网站等各路媒体记者全方位参与，对“兰州智慧教育·名师在线”进行了多角度、多侧面的宣传报道。据不完全统计，共有10多家省市媒体、30多名记者参加报道工作。除甘肃日报、每日甘肃网、兰州日报、兰州晨报、省市电视台等省市媒体外，人民网、中国教育报——中国教育新闻网、腾讯新闻、澎湃新闻等知名媒体也进行了详细报道。

2020年新冠肺炎疫情期间，“名师在线”惠及初一至高三年级，共有542位名师担任主讲教师，780万人次学生参加在线学习，撑起了兰州教育的半边天。这种“停课不停学”的教学案例，成功入选人民日报举办的“2020年中国十大教育服务类数字化转型成功”案例。在人民日报社举办的“科技战‘疫’2020中国数字化转型成功案例”评选活动中，成功入围教育服务类十大成功案例之一。

2. 依托“兰州智慧教育·名师云课堂”项目，通过网络互动直播的方式，将城市优质学校与农村薄弱学校结对，创新开展异地同堂教学教研活动，让名校名师资源惠及农村偏远学校，促进农村学校教师教学水平的提高。

3. 2016年底，兰州市教育局分别启动“兰州市优学派智慧教育项目”“兰州市‘畅言教学通’教师机试点项目”等智慧课堂融合应用试点示范项目。自项目启动以来，兰州市智慧课堂试点示范项目取得了丰硕的成果，实现“以数为据，精准定教”的个性化精准教学。

针对该项目中学校教师反映的资源来源零散、数量较少，没有形成规模的问题，兰州市教育局拟组织学校建立校际联盟，在充分掌握本地学生学情基础上充实本地资源库，建立一套完整的便于开展符合智慧模式课堂教学的资料系统，为授课教师提供更加优质的备课资源。联合企业举办“走出去、请进来”的活动，邀请专家名师讲课，更新学校教师教育教学的理论知识，增加课堂的宽度和深度，进一步扩宽示范校和实验班的辐射范围。

4.“兰州市排课走班综合管理服务云平台”推进新高考改革。现已完成兰州市排课走班综合管理服务云平台建设，为兰州市所有高中、市属中小学提供智能排选课预估、智能排课、智能选课、综合素质评价、云电子班牌等应用服务。对区域学校的学生学籍、教师信息、教室数据、课程信息、课表信息和家长信息等数据的采集统一标准。从各学校最核心的教务排选课工作入手，实现了“一人一课表”，为甘肃省新高考、兰州市初中教学改革全面实施，提供支撑保障。

四、多措并举，全面提升教师业务能力与信息素养

（一）组织开展各类信息素养的提升培训

开展管理人员教育信息化领导力的培训，增强学校主管部门和职业学校管理者的信息化意识，提升其规划能力、执行能力和评价能力。利用线上线下相结合的培训方式对教师进行专项培训、全员培训。兰州市教育局通过示范性培训项目带动教师信息化的全员培训，依托专家型学科教师的先行引导和示范作用，以点带面，全面推进信息技术与教育教学的融合创新发展。

（二）专家引领，助推专（兼）教师的专业成长

兰州市教育局全面统筹本市创新教育的规划与发展，不断加强创新教育领导力的建设，提高教育管理人员、校长（园长）以及专（兼）任指导教师的理念认识、领导能力与教学能力。借助国内外创客教育机构和专家，持续开展校干、教师信息化培训，如中央电教馆领导专家，陕西师范大学教育学院副院长、数字化教育研究所所长张文兰教授，苏州大学教育学院副教授、STEAM教育研究者付亦宁教授，全国创客教育领域的知名专家吴俊杰，海蘑菇云创客空间高级讲师王春秋，遨为（上海）数字技术有限公司培训师魏芳等教授专家，都是兰州市教育系统的常邀嘉宾，聘请他们来兰州市开展不同主题、不同规模的，具有前瞻性、针对性和可操作性的相关知识讲座，以指导教育信息化的发展，为创新教育发展提供思想理念、案例方法，为创新教育的趋势指明方向。另外，兰州市教育局还邀请国内知名创新教育专家，为学校管理者、教师提供与教育专家“零距离”接触以及面对面交流的机会，拓宽其教育理念、教学思路和教学方法，着力提升教

师专业素养和业务能力。

（三）激励机制，激发教师创新教育的热情

目前，兰州市中小学创新教育的专业师资力量不足，主要由数学、物理以及信息技术等学科教师兼任，大大增加其工作量。兰州市教育局为了激发中小学教师开展创新教育的热情，建立了一系列相应的激励机制。如：针对参与创新教育教学活动的教师，将其工作量计入学校日常教学工作量中，标准参照其他教师有关要求执行；针对在创客教育教学理论研究、课程建设、学生指导、创新活动等方面表现优秀的教师，在评先评优和晋职晋级等方面给予倾斜；建立创新教育教师工作的考评机制，加强中小学创新教育教师职务（职称）评聘办法，将重大科技活动、项目等科技教育工作纳入教师课时量，对长期（10年以上）担任科技辅导员的教师在先进教育教学工作者的评选中适当倾斜，形成良性循环，建造良好的兰州市创新教育教师发展的生态圈。

（四）以赛促教，提升教师科技创新素养

秉承“以赛促教、以赛促学、以赛促用、以赛促推广”的目的，由兰州市教育局师资处牵头，兰州市电教中心具体实施，积极组织开展《信息技术与学科融合课例暨课件比赛》《“新课程教学创新”教师交互式电子白板应用大赛》，以及《全国中小学互动课堂教学实践观摩活动》等一系列活动。针对市属学校和县区提交的交互式教学公开课竞赛、教育技术论文竞赛、教师网络学习空间竞赛、教师微课竞赛、创客教学案例竞赛共五项竞赛的网上作品数量和质量进行在线评选，不断开阔广大教师的信息化视野，优化完善教师的课堂教育教学效果，提升广大教师信息技术与学科课程的融合应用能力。

兰州市教育局充分利用国家、省、市青少年科技创新大赛，中小学电脑制作活动和省级创客交流展示平台，以及市级层面举行的优秀创客空间、创客校本课程评选和交流研讨活动，提高学校和教师参与的积极性。通过开展多项目、系列化创客竞赛活动，引导师生广泛参与，展示创客成果，分享创客经验，以竞赛带培训，以竞赛促水平。

兰州市教育局统筹组织和协调开展多种形式的信息化教学活动，鼓励教师落实以学生为中心的教育观，改变传统教育教学流程，利用信息技术改进教学方法、创新教学模式，推动“课堂用、经常用、普遍用”向“校校用平台、班班用资源、人人用空间”的转变，真正把技术与教学实践的融合落实到每个教师与学生的日常教学活动与学习活动中，促进教学方式从以教为主向以学为主的转变，从单一、被动的学习方式向多样化、个性化的学习方式转变。

（五）强化网络学习空间人人通应用

利用甘肃省基础教育资源公共服务平台，建设覆盖各级各类教育的个人及机构网络学习空间（学生空间、教师空间、班级空间、学校空间、教育机构空间、家长空间等）。以网络学习空间为纽带，贯通学校教学、管理与评价等核心业务，将空间作为基于信息技术的教育教学的基本环境，作为数字教育资源公共服务体系共享服务的主要渠道，作为先进文化建设和家校共育、校企共建的有效载体，综合运用信息技术解决教育教学中的实际问题，实现基于空间的教与学应用、教学管理、教育治理的常态化。

五、积极促进创客教育建设

（一）试点先行，有效推进我市创客教育建设

全面落实兰州市教育局印发《全市中小学科技创新教育五年行动计划（2018—2023年）》的精神，坚持“试点先行、典型引路、持续推广”的基本原则，分步实施，加快推进全市中小学创客教育的全面发展。各试点学校坚持信息技术与教育教学深度融合的核心理念，发挥试点的示范引领及辐射作用，以中小学创新教育活动和中小学生3D打印以及机器人比赛为导向，积极推进信息技术在创新教育中的深度应用。以应用促融合，以融合促创新，推动教育思想和理念的转变，以便更好地服务师生信息素养的提升，培养学生的创新能力，促进学生的全面发展。努力推进全市中小学创客教育的全面发展，全面提升中小学生科技素养、“双创”精神和实践能力，促进学生核心素养体系的构建，形成具有兰州特色的新型教育治理模式、人才培养模式与教育服务模式。

（二）社团引领，提升全市科技创新教育水平

由兰州市教育局牵头成立的全市中小学生科技创新教育教研中心和组建的科技创新教育名师工作室，成员由中小学科学、信息技术、物理、数学等学科教研员组成。教研员不仅研制出《STEAM+课程标准》，还积极组织实施STEAM课程培训，为全市中小学开展STEAM教育提供了有力的支撑。他们组织指导中小学组建科技创新社团，引导学生参加国内外各项相关赛事，全面提升了全市中小学科技创新的教育水平。

（三）校企合作，加强创新教育校本课程的开发

在“万众创新”的社会浪潮推动下，创新教育已经不再只是学校的自留地，生活中涌现出众多有特色的创新教育的机构，这些教育机构具有较强的系统性知识结构和多样化的教学方法，并且注重培养学生的创新思维和实践能力。兰州市

中小学创客教育课程体系建设中，始终坚持以培养未来“创造者”为目标，坚持“互联网+教育”“教育大数据”的新教育理念，以培养创新思维与实践能力为目的，采用“做中学、创中学”为主要的学习方式，充分挖掘校内外资源，积极将优质校外资源与学校创新教育很好地对接，引入校外机构优秀的教师和教学机制，共同开发适合中小学生科学素养发展的校本课程，积极促进校企合作，探索创新教育的可持续发展模式。

第四节　问题与思考

兰州市智慧教育建设应用面向教育整体发展战略与需求，在统一标准和规范指导下进行统筹规划，加强顶层设计，建立健全智慧校园建设与应用评估体系，强化融合应用。兰州市智慧教育在全面推进的过程中逐渐出现专项经费不足、信息孤岛、运维团队缺乏以及创新教育等问题，现对以上问题做如下剖析：

一、经费紧缺

兰州市教育信息化建设资金来源是财政拨款，尤其市属学校基数大，原有教育教学和基础设备达到或接近报废期限，急需更新，财政压力较大，资金投入不足。

二、信息孤岛现象严重

《教育信息化2.0行动计划》明确提出在继续深入推进“三通两平台”建设的同时，到2022年基本实现“三全两高一大”的发展目标。其中“一大”指建成“互联网+教育”大平台。现有各平台之间相互独立，不能实现单点登录和数据共享，存在严重的信息孤岛现象，亟须进行深度融合和升级对接。

三、相关专业运维团队缺乏

教育信息化在学校的运维工作比较繁重，学校技术人员大多是信息技术教师兼任，这些信息技术老师还带有教学任务。由于新技术的发展，原有人员亟须提高相关技能水平，进一步壮大专业人才队伍。

四、中小学创新教育面临的挑战

近年来，兰州市中小学创新教育主要以STEAM创客教育的形式进行，依托机器人教育为基础，利用3D打印、开源电子等新型技术实施课程教学。作为新兴的教育教学活动，面临着更大的挑战。

（一）胜任创新教育教师岗位的人员能力弱

与传统教学模式相比，创新教育对教育理念与教育方式，对学生与教师角色和关系等方面的界定保持了教育信息化和与时俱进的特征。创新教育不仅对学生的自主学习提出了新要求，同样也对管理者和教师的综合素质，尤其是对管理者思想认识与教师教学方法上的创新、信息技术和相关知识的掌控、利用信息知识与创客理念对教学模式的调整等能力、水平、质量等方面更加关注。目前，具有较高创新教育综合素养的管理者与教师比较匮乏，“人”的问题是教育信息化融合应用过程中的主要问题，主要表现为“人手不够、人力不足、人心不齐”。一方面学校管理者对推进教育信息化还心存疑虑，对教育信息化融合创新缺乏热情，不能及时规范引导学校创新课程的开展，任由学校自行发展；另一方面相当部分学校主要由计算机教师、物理或数学教师兼任创客指导教师，绝大多数教师由于疲于应付升学与考试，无法及时脱离“舒适区”，不能从传统的教学方式中解脱出来，难以保障教育理念与知识的及时更新。学校管理者与授课教师存在自身创新教育理念不足，创新教育方式、方法欠缺，创新教育实践能力薄弱等问题，直接影响着中小学创新教育的有效推进。因此，教师自身创新教育素养的欠缺，是创新教育亟须解决的问题。应从根本上避免头痛医头、脚痛医脚现象的发生，有效地解决中小学教师创客能力不足的问题。

（二）创新教育的教材和课程未标准化

创新教育在我国刚刚兴起，进入学校时间尚短，因为没有前期的积累，国家教育部门还没有规定明确的教学内容，市面上也很难找到开展创新教育的配套教材。目前，中小学所使用的创新教育的教材和开设的课程主要分为以下三类：一是Scratch编程课，主要使用的是中小学信息技术教材；二是开源电子和3D打印等课程，主要使用的是设备厂商提供的类似“设备操作说明书”，不具备教育性、科学性和实用性，缺乏系统的标准教材；三是直接作为科学课程、信息技术课程、综合实践活动课程的一部分。虽然国内外关于创客教育的研究文献比较丰富，也出现了关于创客教育的教材，但是这些教材都是在小范围内刚刚开始进行实验与试验，有代表性的、广泛认可的创新教育教材还没有出现。现有创新教育相关教材多是依靠培训、网络资源，或依据教学经验而得，同时网络上的教学资源多为成人创客学习资源，不适合直接用于中小学课堂教学，并且与中小学信息技术课程存在部分内容的重叠。与具体的教育内容相对应的有效且广泛认可的标准教材的缺乏，不仅制约着学校开展创新教育，还严重阻碍了创新教育的推进。

（三）创新教育的可持续发展

正如一些研究者所言，科技创新教育面临的最大问题就是其可持续发展的问题。一是，在“分数决定命运”的应试教育的影响下，广大一线教师更专注于应付升学考试。他们虽然清楚创客教育能够培养学生的创新能力，但是却更加关注其是否会影响学生的成绩和升学，这与创新教育的开展产生了相悖的力量。二是，现有创新教育指导老师均是身兼数职，如数学、物理属于升学考试科目，学科教师需要完成的教学任务较重，信息技术教师在完成该科教学任务之余，还需要做好学校网络维护、设备管理技术支撑工作，大大增加了其日常工作量。三是，创新教育属于新生事物，目前还没有成熟的课程体系和标准的教材，需要指导教师花费更多的时间和精力来设计课程、指导学生学习。这些都是实现创客教育可持续发展不可回避的难题。因此，应从多方面考虑创客教育的可持续发展问题，冷静思考，不可贸然跟随“创客教育风”，应充分借鉴国际创客教育的经验，从国家规划、政府支持、学校参与、社会互动等各个层面统筹规划、同步推进，以系统性的制度化安排带动实践。

（四）创新教育的理论发展不成熟

理论是行动的先导，具有激发和引导行为的作用。创新教育作为一种比较新的培养创新型人才的教育形态，对传统知识传授的教育产生了极大的冲击和影响。当前兰州市中小学创新教育的理念尚未成熟，而且还缺少自己特有的理论体系，严重阻碍了创新教育的可持续发展。创新教育的理论体系涉及了空间的建设、资源的建设与使用、创新教育的课程内容、创新教学模式与方法、创新教师的专业发展途径和创新教育的评价等多个方面，其内容多是新领域、新技术、新知识，已然不能套用传统的教学模式和学习方式，必须探索“互联网+”时代与之相配套的新型教学模式和学习方式，在与多学科融合的过程中逐渐形成较为完整、成熟的教育理论。

科技创新教育不仅对学生的自主学习提出了新的要求，同时对教师创新教育素养提出较高的要求。面向未来，推进教育信息化融合应用应以人为本，在不断提升教师创新教育素养的前提下，各级教育行政部门、高校与各中小学校协调联动，鼓励企业广泛参与，加大对学校专项师资队伍建设与培养，加强教材和课程标准化建设，引领兰州市中小学创新教育的快速、可持续发展。

参考文献：

[1] 国务院办公厅关于发展众创空间推进大众创新创业的指导意见：国办发〔2015〕9号[EB/OL].（2015-03-02）[2018-03-11]. http://www.gov.cn/zhengce/content/2015-03/11/content_9519.htm.

[2] 教育部教育装备研究与发展中心. 2018年工作要点[EB/OL].（2018-04-04）[2018-05-08]. https://www.caigou.com.cn/news/2018040441.shtml.

[3] 教育部. 关于印发《教育信息化2.0行动计划》的通知：教技〔2018〕6号[EB/OL].（2018-04-13）[2019-08-07]. http://www.moe.gov.cn/srcsite/A16/s3342/ 201804/t20180425_334188.html.

第七章　学科建设与评价

随着信息技术在日常生活与工作中的作用越来越重要，提升初中学生信息技术的素养迫在眉睫。新中考政策中，初中信息技术学科作为学业水平考试科目，被纳入综合素质评价标准。通过考试的手段“以考促学”，通过评价监测学习，是目前提升初中学生信息技术素养最有效的措施。

第一节　背景与政策

一、兰州市新中考背景

近几年，中国教育的改革在不断地推进。《国务院关于深化考试招生制度改革的实施意见》（国发〔2014〕35号）和《教育部关于进一步推进高中阶段学校考试招生制度改革的指导意见》（教基二〔2016〕4号），明确了国家将实行中考改革。

每一种新鲜事物的产生，都会对我们原有的、固有的思维模式带来巨大的冲击，不亚于一场刮过平原的飓风。而中考改革这件事关系到每个家庭的孩子，就会成为家长心中的一块心病。毕竟孩子苦学三年，临近中考，却说要改革，这样孩子几年的努力不都白费了吗？针对本次改革，很多家长和孩子心中不仅有很多的疑问，更多的则是担忧。中考改革，到底改什么？考试内容会不会改变？对孩子的升学考试会不会造成影响？

这里阐述两个小故事，帮助家长对中考新政策有更好的理解。

第一个故事：在蝌蚪密度大的池塘里，蝌蚪能从肠道中排出有毒物质，该物质到了一定浓度，就会使同一池塘的蝌蚪死亡率增加。这是由于同种个体之间，因食物、栖所，或其他生活条件的矛盾而发生的同种之间的残杀。

目前的情况是，教育的生态，与池塘里的蝌蚪非常类似。为了争夺好生源，有些学校想尽办法，到最后，争到好生源的学校，越来越强大，而没有好生源的学校，越来越衰弱，这违背了国家公平教育的原则。

因此，学校选择生源将受政策限制，而新中考政策对学校选择生源的冲动，将起到抑制作用。

第二个故事：教育改革最希望看到的结果是，孩子们都能选择家门口的学校，每天花在路上的时间只有10分钟。早上可以多睡，下午放学后，孩子们有更多的时间，可以踢球、唱歌、弹琴、玩游戏。没有择校，没有焦虑，大家在家门口的学校里快乐成长。

这印证了教育改革不希望看到学校选择生源，也不想看到家长们择校，更不想让择校产生的各种焦虑情感泛滥。

总结上面的两个故事，可以看出国家发展教育的趋势是：公平教育，均衡教育。这句话的解释是：学校不要选择生源，家长不要挑选学校。这就是这次中考新政出台的背景。

二、兰州市新中考依据

为贯彻落实《国务院关于深化考试招生制度改革的实施意见》（国发〔2014〕35号）和《教育部关于进一步推进高中阶段学校考试招生制度改革的指导意见》（教基二〔2016〕4号）精神，根据《甘肃省深化教育考试招生制度改革实施方案》（甘政发〔2016〕29号）和《甘肃省教育厅关于进一步推进高中阶段学校考试招生制度改革的实施意见》（甘教厅〔2018〕108号）要求，为了全面贯彻落实党的教育方针，进一步推进兰州市高中阶段学校考试招生制度改革工作，兰州市教育局印发了《兰州市关于进一步推进高中阶段学校考试招生制度改革试点工作实施方案》（以下简称《方案》）。通过深化考试招生制度改革，努力办好人民满意的教育，让教育为每个人的终身发展与美好人生奠定坚实基础。《方案》将“信息技术”课程正式纳入初中学业水平考试。

通过完善初中学业水平考试制度，建立健全初中学生综合素质评价制度，改革招生录取办法，到2021年初步形成基于初中学业水平考试成绩，结合学生综合素质评价的高中阶段学校考试招生录取模式和规范有序、监督有力的管理机制，实现中考合理分流，以促进高中阶段学校特色化、多样化发展，更好地满足不同潜质学生的发展需求，提高高中阶段教育普及水平，完善现代职业教育人才培养体系。

三、兰州市新中考政策

兰州市的新中考改革到底改了什么？这次改革的目标是逐步建立一个“初中学业水平考试成绩+综合素质评价”的高中招生录取模式，重在改变目前高中招生将部分学科成绩简单相加作为唯一录取依据的做法，克服唯分数论。本次改革将现行的初中毕业生学业考试、高中阶段学校招生考试规范作为初中学业水平考试，考试结果作为学生初中毕业和高中升学的基本依据。同时坚持“一考多用”，避免多次考试，减轻学生备考负担。

1.改变考试科目构成

将教育部《义务教育课程设置实验方案》所规定的科目全部纳入初中学业水平考试的范围，引导学生认真学好每门课程，确保初中教育的基本质量。科目包括：语文、数学、外语、道德与法治、物理、化学、生物、历史、地理、体育与健康、艺术（音乐、美术）、综合实践活动（劳动教育、信息技术教育、研究性学习、社区服务与社会实践）共12门课程。

2.改变考试内容

严格依据义务教育课程标准，确定初中学业水平考试内容，突出考查学科核心和主干知识及技能，渗透学科核心素养和思想方法，增强学习潜能考核评价。减少单纯记忆、机械训练性质的内容，增强与学生生活、社会实际的联系，注重考查学生综合运用所学知识分析问题和解决问题的能力。

3.改变成绩表达

成绩采取“分数”+“等级”的形式表达。初中学业水平考试成绩采取“等级”形式呈现，高中阶段学校招生录取计分科目成绩采取“分数”形式呈现。

高中阶段学校招生实行基于初中学业水平考试成绩计分、综合素质评价结果计分等的招生录取模式。录取计分科目，采取4（语文、数学、外语、体育与健康）+6（道德与法治、历史、地理、生物、物理、化学）模式，各科目实际成绩计总分，按照考生所填报志愿录取。把综合素质评价的结果以等级形式呈现，作为高中阶段学校录取的重要依据和衡量学生初中毕业标准的基本依据。

兰州市新中考政策的主要细则：

1.全科都要学，科科都要考。兰州市初中学校现行开设的12门课程全部纳入了考试范围，“信息技术”亦是考试科目之一。

2.完善初中学生综合素质评价制度。确定思想品德、学业水平、身心健康、艺术素养和社会实践等五个评价维度的评价要素，充分反映学生全面发展和个性特长，注重考查学生的日常行为规范养成和突出表现。从评价内容、评价程序、评价结果上做了细节完善，信息技术考试成绩纳入综合素质评价。

3.录取方式上，对加分项目和自主招生做了更细致、更严格的界定和完善。

新中考总的来说是要改变“一考定终身”，从招分转向招人。

兰州市新中考改革后，中考总分满分为740分。各考试科目的分值及构成如图7-1所示：

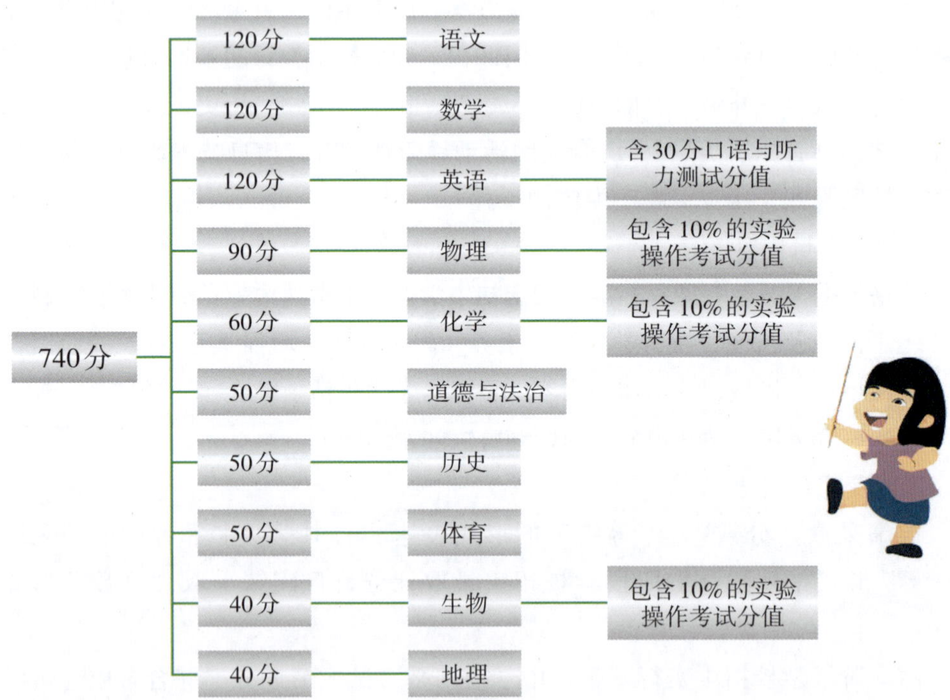

图7-1　兰州市新中考考试科目分值及构成

四、信息技术学科纳入初中学业水平考试的必要性

对信息技术课程纳入初中学业水平考试，社会反应不一，有人认为很有必要，有人认为不应该。有的考生和家长提出反对意见，认为信息技术只能作为一门校本课程，纳入中考不符合素质教育和为学生减负的思想。其实，这都是对信息技术的重要性认识不足造成的。没有教育信息化，就没有教育现代化。笔者作为兰州市信息技术主管部门的工作人员，结合工作性质，通过自身的切身体会，认为将信息技术纳入兰州市中考，通过初中信息技术学业水平考试来呈现，是必要的，也是必需的。将信息技术纳入中考，除了中考制度改革的必要性外，主要还是由信息技术本身的重要性决定的，主要体现在以下几个方面。

（一）社会发展的需要

1.人们的日常生活离不开信息技术

当今社会，人们的日常生活和信息技术息息相关，毫不夸张地说，人们的日常生活已经离不开信息技术。数字化、网络化、智能化生存业已成为人们不可或缺的生活模式和生存方式。交通卡、数字电视、通讯、网络、媒体、超市、图书管理，等等，都需要用到信息技术，手机报、手机定位、手机支付等手机多元化应用，刷脸支付、指纹认证等技术也开始逐渐普及。

2020年新冠肺炎疫情期间，在明确要求必须居家隔离的情况下，大多数中国居民仍然可以采购到食物和生活必需物资，并没有因此而额外增加传染人数，这些得益于我国成熟的线上支付方式。人们无须接触钞票就可以完成支付，大大降低了钞票流通造成的接触传染的风险。信息技术的发展已经深入到人们日常生活的方方面面，并开始改变人们的生活，许多城市居民可能无法想象没有信息技术的生活会是什么样子。

2.工作办公离不开信息技术

现代社会，人们日常工作对信息技术的依赖越来越强。与个人一样，各类单位之间也离不开沟通，在政府机构、企事业单位云集的城市中，信息沟通越来越频繁，越来越密集，没有信息技术是很难实现的。宽带已经成为企业和单位不可缺少的电子商务活动手段。网上办公、网上交易、网上查询等逐渐成为一种常态。

信息技术的发展大大提高了工作效率。计算机的快速计算能力，网络数据传输的瞬息可及，信息技术的发展使人们超越了前所未有的时空距离，让人们能够快速且大量地获取信息。“地球村”的名称也是由此而来。

随着2020年新冠肺炎疫情逐步得到控制，人们开始陆续复工，很多社区、住宅小区都要求开具复工证明。开具传统证明时的各种不方便且不说，纸质证明本身无形中就成了一个新的传播媒介，大大增加了病毒传播的风险。此时，健康码（出行码）的出现解决了这一难题。通过信息技术手段，结合大数据分析，大多数人足不出户就能得到当地政府健康委出具的健康出行码，随时可以查验，大大提升了工作效率。此外，在对密接人员的排查和寻找方面，信息技术及大数据分析也是功不可没，在疫情防控中再次彰显出其重要性。

（二）教育发展的需要

1.有助于加强多学科的深度融合

学科融合是一种现代教育思想，是能更好地完成教学任务的一种新型的教学模式。这种模式强调以人为本、以学生的发展为本，强调以信息技术服务于教学、应用于教学，使之既能增加教学良性效应，提高学习效率，又能帮助学生掌握更多的知识和能力，有助于发挥学生的主动性、创造性，培养学生的创新精神和信息素质，提高学生的综合学习素质。教学过程中需要把信息技术、信息资源、信息方法和教学内容、教学过程结合起来，有机统一在一个时空平台上。加强学科深度融合必须要在传统的教学过程中灵活运用信息技术，所以要充分认识信息技术在学科教学融合中的重要意义和作用，才能更好地为教学服务。

2.有助于深化课堂教学改革

提高学生学习的主动性和创造性，培养学生的信息加工能力、信息分析能力和思维的流畅表达能力，加强学生基本素质的培养以及提高学生对实际问题的解决能力，都是新课改需要解决的问题。教师通过信息技术手段，利用网络资源，进行信息分析、探讨，充分运用信息技术的优势，能促使教学任务更好地完成。信息技术和手段运用到课堂教学中去，有助于教师更加形象地演示教学的内容，使教学各环节衔接更自然，教师的讲解更生动，从而不断优化生成新的丰富多彩的教学资源环境，为学生获取信息、探索问题、合作学习、解决问题和构建新的知识提供新的认知工具，实现传统教学模式所无法实现的教学功能。因此，教师要更新观念，深刻理解信息技术在学科教学中的作用。

3.有助于促进家校共建

近年来，家长是否参与到教育中被认为是课程改革成败的重要环节。事实证明，只有家与校形成合力，教育效果才可能真正得到提高。信息技术不仅仅只是运用到课堂教学中，还可以运用到学校与家长之间，是构建家校合作的桥梁。利

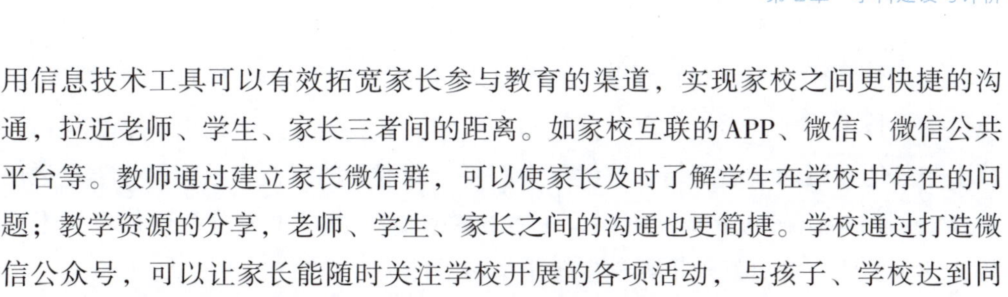

用信息技术工具可以有效拓宽家长参与教育的渠道，实现家校之间更快捷的沟通，拉近老师、学生、家长三者间的距离。如家校互联的APP、微信、微信公共平台等。教师通过建立家长微信群，可以使家长及时了解学生在学校中存在的问题；教学资源的分享，老师、学生、家长之间的沟通也更简捷。学校通过打造微信公众号，可以让家长能随时关注学校开展的各项活动，与孩子、学校达到同步，同时也能将学校品牌推广出去，增加社会关注度。

4.有助于推动信息技术学科的发展

信息技术教育是学生面对未来，接触社会的现代化教育之一，是中学生素质教育的重要内容之一。信息技术教育对于帮助中学生提早适应信息化社会，以及改变传统教育观念和方法，丰富教学内容、改进教学方式和教学模式，完善教育管理手段，提升教育教学质量具有深远的意义。在当今社会，信息技术课程是基础性学科，是独立的知识与技能的完美结合，是所有中学生都应学好的一门现代技术课程。信息技术课程能吸引并培养中学生对计算机产生浓厚的学习兴趣，从而提高他们的文化素质，帮助他们掌握计算机基础知识和实际使用技能。

尽管信息技术课程有以上的种种优势和优点，但目前的信息技术在中学的学科地位并不稳固，同语数外等主要学科相比，中学生对信息技术的重视度普遍不高。很多学生认为信息技术是门无关紧要的课程，大部分学生认为学习信息技术对其他方面的学习帮助不大，多数学生对于信息技术课堂上所学的知识技能对其学习、生活是否有用并没有明确的认识。

只有信息技术成为中考科目，信息技术老师才能更积极地进行信息技术教育研究的工作，才能促进信息技术教育的长足发展。有目标才有压力，有压力才能产生动力。新课改提出以培养学生的信息素养为总目标，但是由于大环境对信息技术学科的不重视，从事这方面教学的老师往往在课上只做知识和技能的讲解，学生学不到真正有用的东西。

信息技术成为中考科目，对学校而言，也要加大在软硬件设施上的投入，这样信息技术教育才会得到发展。对学生而言，能够加强他们对本学科的重视，提高学生的学习兴趣，有了基础和兴趣，才能有利于今后的发展。

（三）学生发展的需要

1.知识整合的需求

现代教育倡导学生全面发展。教育资源的共享，是一种人力、物力、财力的节约，同时也能使知识得到充分整合。互联网有储存容量大，媒体种类丰富，检索容易、快捷的特点，可以说是一个知识的宝库，是学生学习的一个良好载体。通过信息技术手段，学生可以充分利用互联网。在教学中，教师引导学生将信息技术与其他学科的学习相结合。学习中需要查找资料的时候，教师引导学生运用学过的网络知识在网上查阅资料，了解相关知识。教学中充分利用信息技术优势，注重实践，能更好地培养学生自主学习的能力。

2.创新精神培养的要求

互联网极大地丰富了学生的信息来源，也为个性化教学的实现提供了可能。利用现代信息技术，教师可以通过较大预设空间的课件，使学生从中选择适合自己的学习内容，为学生独立探索提供便利。通过探索学习，来发展学生的个性，培养学生的创新精神。借助信息技术手段，通过独立探究式的学习，鼓励学生在各种学习环境，尤其是个别学习环境中独立地、有目的地去获取知识，使学生养成良好习惯，学生的创新精神就能一步一步地被培养起来。

3.心理发展的需要

初中阶段是学生身体、自我意识、知识智力发展的关键时期，也是道德认识和世界观形成的重要时期。这一时期学生的探索欲空前强烈，沉迷网络是当前青少年工作的一大难题，不仅荒废学业，而且有害于身心健康。通过学校开设的信息技术课程，老师在讲授专业知识的同时，还可以渗透网络情感教育和德育教育，引导学生正确认识网络、合理利用网络资源。通过向学生推荐一些优秀网站和符合他们年龄特点的健康论坛，教给他们上网的方法和技巧，提高他们对有害信息的识别能力、抗干扰能力，让他们真正做到遵守网络规则、网络道德，做遵纪守法的好网民。

信息技术的重要性已经不言而喻，只有信息技术得到普遍的重视，有了足够的生长土壤，它才能快速发展。所以，让信息技术成为兰州市中考科目，将其纳入初中学业水平考试，这是社会发展的需要，是教育发展的需要，也是学生发展的需要，更是信息技术自身发展的需要。

五、中学生需要学好信息技术

自2000年以来，我国逐渐开始重视信息技术课程的普及。从教育部2000年颁发的《中学生信息技术课程指导纲要（试行）》（以下简称《纲要》）中课程名称的更改就能看出，课程由计算机课更名为“信息技术课程”。《纲要》中明确指出信息技术课程的性质是“知识性与技能性相结合的基础工具课程，应作为必修课单独开设”。自信息技术课程开课以来，我国的信息技术教育工作获得了长足的进步。伴随着课程的不断普及也产生了一些问题，其中，信息技术课程教学中学生的学习问题是无法回避的。

中学生信息技术学习有以下特点：

1.学习动机不明确，缺乏自我激励

中学生的学习兴趣是多种多样的。男生对于信息技术的学习兴趣普遍高于女性，同时，不同的学生对信息技术的学习兴趣和学习的内容也存在差异。一部分学生对图像处理和动画制作比较感兴趣，一些学生喜欢网页制作，而有些学生对编程却十分入迷。由于高中学习课程多，知识量大，使得很多学生即使对信息技术抱有极大热情，也没有过多的时间和精力进行系统的学习。另外，不可忽视的因素是学校、家长和社会对于信息技术课程的认可度不高，这也是影响学生对信息技术兴趣的重要原因之一。

由此可以看出，学生对于学习信息技术的自我激励是不够的，而自我激励是激发学生有效学习的最主要原因，能够激发和引导学生自主学习，同时使学生对所学内容有一定的指向性。教师需要提醒学生明确他们的学习目的，启发学生的求知欲，保特教学内容和教学方法的新颖性，利用学习反馈激发学生的积极性。

2.中学生学习能力差异大

中学生在信息技术课程开课之前，就从多种渠道接触和学习了计算机，掌握了一些信息技术的知识，有些学生还学有专长，计算机基础差异较大。在如今这个信息社会，电脑普及率越来越高，大多数学生家庭配备了电脑。尽管电脑及网络的普及以几何速度增长，但各地区对于电脑及网络的使用状况和成效均有不同，尤其以城乡最为明显。城市地区的学生对计算机的了解和操作远远高于乡镇地区。在城市生活学习的学生，大多能够轻松自如地操作word、excel等office工具，会简单地运行网页制作以及动画制作软件，同时对计算机基本结构有简单的认识和掌握，而偏远地区的学生大多只会进行简单的文件处理，对于图片处理工具，绝大多数偏远地区的学生从未接触过，还有不少学生对计算机的操作技能基本为零。

这种两极分化现象的产生，一方面是由于各地区教育策略和倾向的不同。普遍来说，城市地区信息化水平高于乡镇地区，对于信息技术在生活学习等方面的重要性上，有更加深入的体验及认识。另一方面，农村地区对信息技术学科重要性的认识还不充分，重视度也不高，有的地区中考甚至取消信息技术课程，也导致了学生学习信息技术的积极性降低以及老师的教学热情下降。尽管很多学校有信息技术课程，但大多数情况是信息技术课程被语数外等其他课程取代，这不仅剥夺了学生学习信息技术的机会，而且导致信息技术课程教学内容脱节，最终的结果是很多学生的计算机操作技能几乎为零。

3.不了解信息技术的特点，缺乏良好的学习方法

初中学生对信息技术课程学习的自我激励不强，学生之间的学习水平差异性很大，对信息技术学科特征的认识程度不同。中学生处于身心发展的最佳时期，大脑皮层和神经系统的结构与机能发展一日千里，同时为心理的迅速成熟提供了必不可少的生理基础。这个时期的中学生逐渐摆脱了对材料的依赖，他们会运用理论来指导抽象思维活动。有了深刻的思考能力，学生在这个阶段会出现思维的独立性和批判性，具体体现为喜欢独立思考、寻根究底和质疑争辩，思维日趋成熟。这些都恰恰与信息技术学科的特点相符，需要老师加以引导，逐步培养学生掌握好的学习方法。

初中生是朝气蓬勃，奋发向上的，他们正处于金色年华，其思维能力、学习能力都处于快速发展的阶段，他们对之前未接触过的知识点具有极强的接受能力，课堂上教授的操作要点也能快速地掌握。信息技术作为一门集发展性、综合性和实验性为一体的课程，对中学生的理解能力、动手能力是个考验。在这个阶段，学生从接受式学习转向发现式学习，主张独立学习、独立思考，自己发现问题，自己解决问题并得出结论。很多学生都希望老师在课堂上多给自由时间，让他们自己讨论如何操作、如何解决问题。教师在教学过程中要充分利用学生的这一特点对学生进行适当指导，多留时间让学生动手操作和自主学习，培养学生发现问题、解决问题的能力。

总而言之，历经多个阶段，信息技术课程的发展和普及取得了一定的成绩，信息技术课程的教学也在持续地发现问题和解决问题中逐步得到了完善。想要更好、更快地提升教学效果，只有通过深入了解学生的学习特征才能做到。初中学生对于信息技术的学习动机不强，学习兴趣和接受能力也不同，对于信息技术课程的特点了解不充分，没有找到自己的学习方法。但初中学生正处于身心均衡发展的最佳时期，学习能力强，接受速度快，作为老师必须对学生加以恰当的指引，提高学生学习信息技术的自我激励能力，鼓励学生多思考问题、多提出问题，养成良好的学习习惯，找到适合的学习方法，才能让学生更好地学习信息技术课程，掌握信息技术知识技能。

第二节　过程与方法

一、启动

2019年9月20日，《关于印发〈兰州市初中信息技术学业水平考试方案（试行）〉的通知》（兰教电〔2019〕437号）通过OA系统发布到兰州市各个县区及所有初中学校，这标志着“兰州市初中信息技术学业水平考试”工作正式启动。

2019年3月，兰州市教育局印发了《兰州市关于进一步推进高中阶段学校考试招生制度改革试点工作实施方案》，确定将信息技术学科纳入兰州市初中信息技术学业水平考试。兰州市教育局最终将此项工作交由兰州市电化教育中心负责组织实施。

兰州市电化教育中心在接到任务的第一时间，开始组织相关人员进行讨论，确定首要任务是制定《兰州市初中信息技术学业水平考试方案》（以下简称《方案》）。只有《方案》发布了，后续工作才能有据可依，逐步开展。

二、宣传

为保证兰州市信息技术学业水平考试顺利推行，兰州市电化教育中心多次在各种公开场合进行宣传讲解。

（一）中考改革推进会

为进一步推进全市高中阶段学校考试招生制度改革试点工作，加快推进各项中考改革重点任务落实，兰州市教育局于2019年11月14日，在兰州市第五中学召开了全市中考改革推进会议。会议主要对全市中考改革各项重点任务进展情况进行了通报，并安排部署全市下一阶段各项中考改革的推进任务。

中考改革推进会上，兰州市电化教育中心相关人员做了发言，对初中信息技术学业水平考试工作做了介绍，对工作进度进行说明，并对以后的工作提出了几点要求和希望。

1.考试实施

考试对象为八年级学生；考试时间为八年级第二学期结束前；考试内容依据现行教材确定。考试系统的建设由兰州市电化教育中心负责采购开发，并配置安装到全市所有初中学校。考试方式实行无纸化上机操作考查，满分50分，考试时间30分钟。

2.工作进度

制定与发布《兰州市初中信息技术学业水平考试方案》，为考试工作的顺利开展提供依据。调查摸底初中学校总数及八年级学生人数，确定考试对象。选调信息技术学科专家及县区信息中心和一线教师成立初中信息技术学业水平考试工作小组，保障具体业务及相关事务的顺利开展。编写《初中信息技术学业水平考试指导》用书，让学生明确考试内容，做到复习有据。

3.各初中学校的工作要求

对各初中学校的具体工作要求主要有：组织考生报名；布置考试环境；设置考点，编排考场；组织实施考试等。

4.希望

希望各县区和初中学校充分认识到考试工作的重要性，积极配合兰州市电化教育中心的各项工作任务，保障初中信息技术学业水平考试能顺利进行。

（二）初中信息技术学科研讨会

为进一步深化教育教学改革，充分认识和了解兰州市初中信息技术学业水平考试，适应新环境下的考试要求，提升课堂教学水平，兰州市信息技术学科中心组和白云名师工作室举办了2019年初中信息技术教学研讨会。研讨会以“聚焦课堂教学，深化课程改革”为主题，通过研讨交流，分享经验，解决疑难问题，提高课堂效率。本次活动由兰州市教育局教师工作科和兰州市电化教育中心主办，兰州市信息技术学科中心组协办，兰州市第八十一中学和兰州市白云名师工作室承办。研讨会做了师德讲座、信息技术核心素养专题讲座，交流研讨了初中信息技术教学法，并对兰州市初中信息技术学业水平考试进行了政策解读，让初中信息技术老师对考试有了更充分的认识。

三、展开

（一）高度重视，精心部署

兰州市教育局高度重视考试工作。2019年9月成立了由主管副局长挂帅、各相关科室和单位负责人为成员的“兰州市教育局初中信息技术学业水平考试工作领导小组”，全面负责考试的宏观指导，制定相关政策措施，协调解决实施过程中的问题，推动考试工作的顺利进行。领导小组在兰州市电化教育中心设立了办公室，主要负责考试工作的具体组织、实施，过程督查，成绩认定，协调处理实施中的有关问题等。

各区县、各学校高度重视考试工作。他们均按上述体例成立了考试工作领导小组，确定专人负责考试工作，委派人员到每所学校逐个排查机房和机器配置，指导学校安装部署考试系统，以确保考试顺利进行。

考试期间，兰州市教育局成立了7个巡考组，到全市各初中学校巡考，督促各学校认真组织考试，同时了解存在的问题。各区县也分别成立巡考组到所属学校巡考，有的区县（如：永登县教育局）在每所学校都安排了专人巡视，指导考试工作，确保万无一失（如图7-2）。

图7-2　巡考现场

各初中学校也对考试工作给予了足够的重视。各学校按照中考的标准做了考点和考场的设置，考点有醒目标识，考场有提示语、警示语，设立了候考室，组织有序，编排合理（如图7-3）。

图7-3　候考室

（二）准备充分，组织到位

1.起草及印发政策性文件

（1）《兰州市初中信息技术学业水平考试方案》。兰州市电化教育中心领导小组组织人员开会讨论，确定考试工作的首要任务是制定《兰州市初中信息技术学业水平考试方案》。在参考学习其他省市经验的基础上，经过两个多月的反复讨论和论证，起草了《兰州市初中信息技术学业水平考试方案》，提交市局学生科讨论修改，并与财务科、基础教育一科、基础教育二科、兰州市教育科学研究所等相关科室和单位商讨，前后修改十三稿，提交市教育局审核通过。2019年9月，市教育局印发《关于印发〈兰州市初中信息技术学业水平考试方案（试行）〉的通知》（兰教电〔2019〕437号），标志着“兰州市初中信息技术学业水平考试”工作正式启动，并为考试工作的有序开展提供了依据。

（2）《兰州市2020年初中信息技术学业水平考试时间及实施细则》。为明确考试时间及实施细则，做好考前的充分准备，经领导小组审核同意，于2020年6月1日印发了《兰州市2020年初中信息技术学业水平考试时间及实施细则》（兰教电〔2020〕181号），确定考试时间为2020年7月13日—14日。

2.掌握学校及学生信息

为摸清考试对象，也为考试软件的开发提供必需的数据支撑，保证考试工作的顺利进行，兰州市电化教育中心印发了《关于兰州市初中信息技术学业水平考试信息填报的通知》（兰电教〔2019〕57号），要求各区县、各初中学校上报专项负责人，并统计上报全市初中学校数、班级数及学生数。为保证数据的准确性，在各区县和学校统计上报后，兰州市电化教育中心又多次与兰州市教育局法规科和学生科联系，与法规科的数据和学生科的学籍数据库进行比对核实，确保不遗漏一所学校，不落下一名学生。最终确定初中校有158所，33863名学生参加考试（见表7-1）。

表7-1 兰州市2020年初中信息技术学业水平考试学校及考生数统计表

序号	学校名称	学校数	班级数	学生数	备注
1	市属学校	36	272	12318	含两个分校
2	事业办学	5	17	778	
3	民办学校	13	55	2519	
4	西固区	11	33	1313	

续表 7-1

序号	学校名称	学校数	班级数	学生数	备注
5	兰州新区	4	26	1246	
6	皋兰县	10	31	1171	
7	红古区	7	31	1465	
8	安宁区	3	17	791	
9	城关区	13	86	4254	含区办学校一个
10	七里河区	5	19	809	
11	高新区	1	7	353	
12	永登县	28	82	3151	
13	榆中县	22	84	3695	
总计		158	760	33863	

3. 建设考试系统

考试采用的是无纸化上机操作，考试系统是核心。考试负责小组在制定《兰州市初中信息技术学业水平考试方案》的同时，也一直在寻找合适的软件公司商谈，就系统参数、考生报名采集系统、题库管理系统、考务管理系统、监考管理系统和考生作答系统等方面提出相应要求，力争能购买到定制化服务。经过多次沟通，详细筛选，最终选定三家公司入围竞标。2020年5月22日兰州市电化教育中心内部采购小组召开邀标会，随后与中标公司签署了考试服务协议书，将考试软件安装部署到每一所初中校，做好了考前准备工作（如图7-4）。

图7-4 兰州市电化教育中心内部采购会

4. 编印《初中信息技术学业水平考试指导》

信息技术是首次纳入兰州市中考科目，为了让学生明确考试内容，做到复习有据，有效提高考试成绩，领导小组组织人力着手编写了《初中信息技术学业水平考试指导》指导用书。经过深入调研，了解到不少学校信息技术教材没有保障，很多边远山区及农村学校的学生购买公开发行的指导用书存在困难，鉴于此种情况，兰州市电化教育中心克服重重困难，申请了专项经费，编印《初中信息技术学业水平考试指导》，免费供八年级学生使用，为指导学生复习，发挥了重要作用。

5.建设考试题库

考试就必须要有试题。兰州市电化教育中心抽选兰州市“金城名师”专家和资深信息技术一线教师，组成了初中信息技术学业水平考试题库建设组。任何考试都必须以现行教材为依据，结合“以考促教”的思想，在命题思路上秉承与时俱进的理念，立足教材，结合信息技术的一些新理念和常用元素，使试题既能达到考查的目的，又不和社会实际脱节。根据《兰州市初中信息技术学业水平考试实施方案（试行）》，对考试的命题原则、考试内容、形式与试卷结构进行了规定，具体方案如表7-2。

表7-2　兰州市初中信息技术学业水平考试命题基本情况一览表

项目	内容
命题原则	以教育部颁发的《中小学信息技术课程指导纲要(试行)》为依据，以兰州市初中所用现行信息技术教材为基础，结合《普通高中信息技术课程标准(2017版)》
考查目标	信息技术的基本知识、基本技能和解决实际问题的能力。关注学科核心素养：信息意识、数字化学习与创新、计算思维、信息社会责任
考试范围	信息技术基础、计算机基础、操作系统、网络基础、多媒体素材的获取与处理、文字处理、用电子表格处理数据和多媒体演示文稿的制作
考试时间及分值	考试时间30分钟，满分50分
考试方式	考试实行无纸化上机操作，以套题形式组成题库随机抽取
试卷结构	基础知识部分(20分)： 1.单选题(5题，每题2分，共10分) 2.判断题(5题，每题2分，共10分) 基本技能部分(30分)： 操作题3道，每题10分，共30分，其中文字处理、用电子表格处理数据和多媒体演示文稿的制作各1道，每题操作步骤包含保存在内不多于4步

命题原则确定后，兰州市电化教育中心组织会考小组成员先进行初步的题库建设，经过一个多月的努力，共编辑了上千道题目。通过多次反复研讨、思考、分析，从中筛选出100道单选题、100道判断题、20道文字处理操作题、20道数据处理操作题和20道演示文稿操作题，组成了10套模拟题和10套正考题，并对操作题的素材进行了设计和制作，对每道题目的操作步骤和答案反复斟酌和修改，对每道题目所承载的考查目标多次讨论、思考和分析。根据考试后反馈和考试成绩来看，试题难易度及区分度均达到了预期效果。

6.组织模拟考试

让学校的系统管理员熟悉考试系统和考试流程，让学生熟悉答题操作，都是无纸化考试考前的必备科目。兰州市电化教育中心分别于2020年6月11日至16日、2020年6月22日至7月4日组织了模拟考试。在管理员熟悉流程，学生熟悉操作的同时，收集考试过程中出现的各种问题，研究解决方案，完善考试系统，做好应急预案，为考试顺利进行提供了大量的经验和资料，起到了积极作用。

7.建设工作团队

为保障具体工作及相关事务的顺利开展，兰州市电化教育中心抽选专家及区县信息中心和市属学校的资深信息技术一线教师共7人，成立了初中信息技术学业水平考试工作小组。工作小组于2019年10月10日召开第一次会议，讨论确定了考试范围，分工部署了题库建设、《初中信息技术学业水平考试指导》的编写、考试系统的开发等事项。2019年11月8日，工作小组召开了第二次会议，对《初中信息技术学业水平考试指导》初稿进行了集中讨论修改。2020年6月8日召开了第三次会议，详细讨论了考试流程及实施细则，并拟定成文。考试小组精诚合作，群策群力，充分发挥团队力量，为考试的组织和实施献计献策，付出大量心血，是保证考试顺利进行的重要幕后力量。

8.培训系统管理员

信息技术学业水平考试是兰州市首次实施，考试系统及流程也都是全新的。为了让各校信息技术考试管理人员了解考试的基本情况，掌握2020年兰州市信息技术学业水平考试考务系统的安装、基本操作等，兰州市电化教育中心开办了管理员培训班。全市各级管理员近200人，领导小组考虑到疫情期间不宜聚集，经与华为公司联系，取得技术支持，依托Weilink平台开展了在线培训，取得良好效果，达到了预期目的。

9.召开推进会

为引起各单位重视，共同讨论交流，发现问题，解决问题，保证考试顺利进行，兰州市电化教育中心领导小组于2020年6月2日面向各区县教育局初中信息技术学业水平考试负责人，各事业单位中学、市管民办中学初中信息技术学业水平考试管理员组织召开了考试推进会。会议主要做了考前动员，让与会人员熟悉考试流程，并明确考试的具体时间。同时也听取了各单位的意见和建议，并请兰州市城关区教育局信息中心主任张杰同志做了经验介绍，有效促进了考试工作的推进（如图7-5）。

图7-5　推进会现场

（三）精心安排，顺利实施

为保证考试顺利实施，经充分讨论研究，考试工作领导小组印发了《兰州市2020年初中信息技术学业水平考试时间及实施细则》。确定了考试的时间及具体的实施细则。

1.考试说明

（1）考试时间。考试安排在2020年7月13日至14日进行，首场考试全市统一开考。每天8：30第一场考试开始，最后一场考试18：00前结束，18：00关闭服务器。

（2）考点安排。原则上各考生在本校进行考试，每校一个考点，每个考点可设置多个考场。不具备考试条件的学校请及时联系主管教育部门解决。

（3）考试对象。考试对象为八年级学生。

（4）考试内容。考试内容包括知识和能力两个方面，具体根据教育部颁发的《中小学信息技术课程指导纲要（试行）》，结合《普通高中信息技术课程标准

（2017年版）》，依据现行教材确定。

（5）考试方式。考试实行无纸化上机操作考查，满分50分，考试时间30分钟。题型为单选题、判断题和操作题。分值比例为：单选题5道，每题2分共10分；判断题5道，每题2分共10分；操作题3道，共30分，其中文字处理、电子表格、演示文稿各1道，每题操作步骤包含保存在内不多于4步，分步给分。

考试题库以套题形式出现，随机抽选，所有题目涉及的软件版本均以现行教材为准。

2.考前准备

（1）布置考试环境。各校要提前检查考场机房设备是否运行正常，考场外区域要有明显的考场指示标识，考场、场次学校自行设立。

兰州市初中信息技术学业水平考试环境配置要求：

①硬件配置要求。

监考机：每考场1台（备用一台）。CPU：双核2.6 GHz及以上。内存：2 GB及以上。硬盘：>40 GB空闲。网卡：100 Mbps/1000 Mbps。

考生机：原则上不少于50台。CPU：P4 1.7 GHz以上。内存：1 GB及以上。C盘剩余空间至少10 GB以上。网卡：100 Mbps/1000 Mbps。

网络交换机：百兆以上交换机，建议使用千兆交换机，不能使用集线器。

硬件配置禁止使用还原卡或还原软件（设置为不还原、不保护）。考生机以考试机数量的10%作为备用考生机。

②软件配置要求。

监考机：监考端安装考试作答系统。操作系统Server 2003 +SP2、Windows 7家庭版除外均可。应用软件要求Office 2003完全安装。

考生机：作答端安装考试作答系统。操作系统Windows XP家庭版、Windows 7家庭版、Windows 10家庭版除外均可。应用软件要求office2003完全安装。

软件配置不推荐使用Ghost版本系统（考试系统可以在该版本正常运行）。监考机操作系统安装过程中务必将用户连接数设置为1000以上，保证考场内所有考生机都能访问监考机。考试期间绝对保证无毒环境、网络防火墙必须禁用，杀毒软件、安全卫士、软件管家等都要卸载或关闭。关闭所有电脑的windows防火墙。监考机、考生机的IP地址必须是静态IP，且在同一网段内。设置局域网IP地址时，子网掩码需在同一局域网内。所有应用软件都必须进行相关注册，以确保考生在考试时能够顺利地启动环境软件进行作答。监考机要保证能够接入外网，以便上传成绩。

（2）设置考点，编排考场。各校考场设置在本校，每个考场必须配备一台考试管理机，对备用的考生机数量进行预留；根据学校实际情况进行考场、场次编排，设置候考室及留观室；编排完毕，以场次为单位打印签到表，学生签到后发放密码单。

（3）安排监考。监考教师由各考点自行安排。监考教师必须佩戴监考证，严格遵守考场制度，以高度负责的精神做好考场监督检查工作，严明考场纪律，制止违规行为，确保考试顺利进行。

3.考试实施

（1）考生入场。开考前10分钟监考人员组织考生有秩序地携带学生证进入考场，查验学生信息后进入考场等待监考人员发布允许登陆命令后考生方可登陆。

（2）信息核对。考生登录系统，输入自己的学籍号后，考生登录界面自动加载考生姓名、学校等信息，供监考老师和考生本人核对。

（3）开始考试。监考老师发布开始登录命令后，进入抽卷界面，系统会自动随机抽卷，抽卷成功，考生开始答题。

（4）提交试卷。考生答题结束后界面出现“提交试卷成功”，方可离开考场，系统自动收卷。

4.数据上报

各考点每场考试完毕后监考老师进行一次数据校验，每半天在监考管理系统导出上报文件，上报至考务平台。

此外，为做好考试期间疫情防控工作，提高应对突发事件的应急处理能力，确保考试工作安全、平稳、有序开展，兰州市教育局印发了《2020年兰州市中考期间新冠肺炎疫情防控应急预案》。

（四）任劳任怨，无私奉献

全市初中信息技术老师是本次考试的生力军。无纸化上机操作考查，要求考前对机房和机器进行配置改造。由于教材内容陈旧，导致考试使用的软件和实际使用的并不一致，这就要求信息技术老师在考前对每一台机器都要按照考试的配置要求进行改装。此外，模拟考试的组织，考生信息的核对，正式考试的监考和管理，几乎都需要信息技术老师来完成。

兰州市电化教育中心是本次考试的具体承办单位。兰州市电化教育中心领导接到任务后，高度重视，迅速部署，专门成立了考试领导小组，确定由兰州市电化教育中心培训部具体负责此项工作，其他各部室，全力配合，充分体现了“电教中心一盘棋”的思想。作为一项全新的工作，刚一启动就牵动了整个兰州市电化教育中心。从政策制定、文件起草及印发、经费预算及申报、指导用书的编写设计、软件功能建议、内部采购邀标、服务器运行维护、网络通畅保证、电力保电申请、通信畅通保障，到考试期间的巡考，兰州市电化教育中心的领导和全体职工齐心协力，万众一心，他们任劳任怨、无私奉献，保证了考试的顺利进行。

第三节　成就与差距

信息技术课程对于培养学生的科学精神、创新精神和实践能力，提高学生对信息社会的适应能力等方面具有重要的意义。

2020年兰州市初中信息技术学业水平考试是初中信息技术纳入兰州市中考的第一次考试。总体来说，是顺利的，也是成功的。从结果来看，在一定程度上达到了促进各初中校和学生重视信息技术课程的目标，为今后更好地开展信息技术课程开了个好头。我们可以预见，今后的信息技术课堂也会成为真正的教学课堂，而不再是很多孩子的电脑课、游戏课、聊天课。

本次考试要全面评价学生在知识与技能、过程与方法、情感态度与价值观三个维度上信息素养的发展状况，考虑不同地域、学校、学生之间的差异，实现考试过程与学习过程的有效链接，发挥考试对教与学的促进作用；注重对知识的理解和运用，尽量贴近时代、贴近社会、贴近学生实际；试题考试目标明确、难易适当，能够真实反映学生的学业水平。考试采用上机考试形式，考试时间为30分钟，满分为50分。试题难度分布基本在容易题70%，稍难题20%，较难题10%。

信息技术学业水平考试是一门操作性强的科目，要求学生有较强的电脑操作能力。通过组织考试，我们发现了很多问题，在此特别提出并试着找寻解决的方法。

一、考试流程不熟悉

很多考生进入考场后不知道该干什么，坐在那里无所适从，也有很多考生举手提问，其实这都是平时没有很好地熟悉考试流程造成的。事实上，在正式考试之前，我们组织了两次模拟考试的机会，学生只要认真地操作一次，就会熟悉考试流程。如果学生在操作的过程当中发现自己存在的问题，就可以在老师的帮助下得到及时解决。为了避免考生在考试的时候因为不熟悉考试流程而造成紧张的情绪，从而影响整个考试，就必须要求考生在考试之前将考试流程完全熟悉，做到“未雨绸缪”。

二、分不清主次

上面讲的熟悉考试流程只是为了让考生能够更顺利地进入考试，避免不必要的麻烦，而当真正进入考试的时候，我们发现很多考生分不清主次。整张试卷分为选择题、判断题和操作题，很多考生跟平时考试一样，按顺序一个一个地解答，这样的做题顺序放在其他考试没有错，可是在信息技术考试当中，应该反其道而行之，先从操作题做起。因为操作题占的分数比例大，而且要耗费较多的时间，如果先从第一个选择题做起，当中再碰到一两个难题的话，可能会占据过多的时间而造成最后的操作题来不及完成。我们的考试时间是每场30分钟，一到时间便强行交卷，没有任何缓冲的时间，所以必须保证在30分钟内完成所有的题目。因此，跟其他考试相反，信息技术考试必须从最后的操作题做起，除非你对电脑操作非常熟悉。

三、不重视课堂理论学习

在考试的过程中，发现很多考生根本不会操作，只是简单地点击完成选择题和判断题，便草草交卷，也有部分考生举手寻求老师的帮助，而这是不允许的，因此，我们必须把精力放在平时的课堂上。不少学生抱怨有的老师上信息技术理论课很沉闷，调动不了积极性。事实上，不管是哪个老师上课，不论他的方法如何，总的来讲都是为了让自己的学生能够顺利通过考试，而且都能将要考试的知识点讲到位。所以，我们不要强调客观的原因，而应分析内因，脚踏实地学好理论知识。

四、上机操作时“旁顾左右而做其他”

以前，很多学校的信息技术课，学生在上课时把心思都放在了看电影和聊QQ等事情上，对于老师所讲的两耳不闻。其实难得的上机操作应更加重视，我们应利用这一机会将课堂上的理论知识化为实际的操作，否则，一切都是枉然。我们不可能到考试的时候一边考试一边翻书，没有时间不说，能不能做出来还是

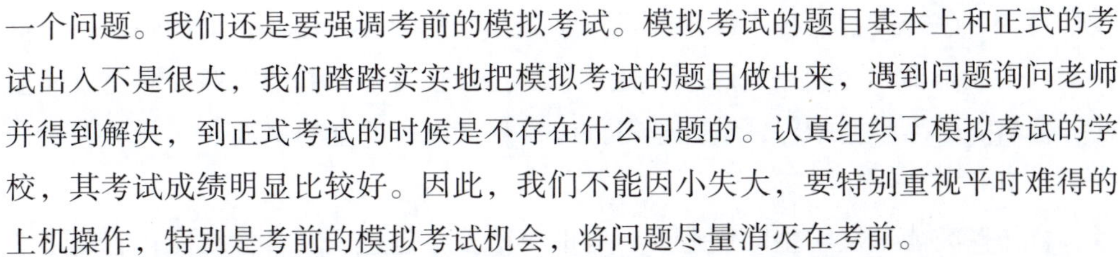

一个问题。我们还是要强调考前的模拟考试。模拟考试的题目基本上和正式的考试出入不是很大，我们踏踏实实地把模拟考试的题目做出来，遇到问题询问老师并得到解决，到正式考试的时候是不存在什么问题的。认真组织了模拟考试的学校，其考试成绩明显比较好。因此，我们不能因小失大，要特别重视平时难得的上机操作，特别是考前的模拟考试机会，将问题尽量消灭在考前。

信息技术学业水平考试虽然只是学业水平考试众多科目当中的一科，但是既然已经和中考挂钩，我们就不应该放弃当中的任何一科，并且应尽量取得好的成绩，为自己在高考当中赢得更好的筹码。以上问题是我们在实际的考试过程当中发现的，可能不是很全面，但希望能对以后参加信息技术学业水平考试的考生有所帮助，少走弯路，顺利地通过考试。

信息技术的教师应该注意的事项：

在信息技术教学中，教师必须以新的教学理念和教学理论为指导，探索适合信息技术课堂教学的教与学的新策略和新模式，将信息技术教育的每一堂课真正转变为培养学生信息素养的金土地。

1.教师定位要准确

授课中，教师不是一个说教者，不刻意地去进行知识的讲授，而是借用书本和学生的探索来进行知识的传授。可以说，老师在授课过程中不是一个导演，而是剧中的一个组织者，这样就能很好地发挥教师的引导作用。

2.教学过程要清晰

初中信息技术课的内容难度并不大，教师在教学结构的设计中应以学生的兴趣为主，层次清晰。比如，先用展示比较引入主题，然后进行具体的操作演示，引导学生观察，并安排学生自主实践，最后由学生进行交流评价。教学过程清晰，主要内容层层递进，将不复杂的内容教出新意，使课堂呈现出轻松活泼的局面。

3.营造情境，激发兴趣

信息技术教学中的情境营造不仅在于提高内容的趣味性、增强气氛，更在于学习信息技术的过程应提倡不断地探究。教师在一开始就通过生动的语言讲授把学生带进希望学习的情景中，在教学中再通过设置各种问题和练习，不断为学生营造学习的环境，诱导学生追踪事件的各个环节，调动学生的学习兴趣。

4.自练自悟、自主学习

《新课程标准》表现出对创新能力的极大关注，要求教师在教会学生知识的同时，更要指导学生学会怎样学习，要从传统的班级授课制向建构主义的现代化教学转变。怎样在信息技术课中让学生掌握良好的学习方法是目前面临的一个重要课题。教师要学会利用好课本，让孩子真正学会看书，并能按照步骤完成操作任务，培养学生学会学习，掌握学习方法，真正成为课堂的主人。

5.积极主动，合作探究

合作探究能激发学生的创造力，有助于培养合作意识和合作技能，有利于学生之间的交流与沟通。课堂中，教师充分调动学生合作学习的积极性，尽可能为学生创造交流学习的条件，增强学生学有所用的意识和团结互助的精神。

此外，还应引导学生加强对信息技术课的认识，提高学生学习信息技术的积极性，强化学生基本功，夯实学生信息技术的基本素养。教师自己也要加强业务学习，不断提升自己驾驭课堂的能力。

第四节　问题与思考

经过多方努力，兰州市首次初中信息技术学业水平考试顺利完成。在看到成绩的同时，我们也进行了认真反思，总结出现的问题，寻找解决的方案，保障今后的工作更加顺利。

一、经费预算及申请问题

信息技术学业水平考试作为一个新建项目，启动之初就涉及经费预算。培训部是新成立的部门，没有任何相关经验，尽管做了大量工作，也进行了多方请教，但是在预算申报中还是出现失误，将《初中信息技术学业水平考试指导》一书的编印等内容与考试软件作为整体一起申报了信息化项目，被大数据管理局驳回，并错过了重新申报的时间，使《初中信息技术学业水平考试指导》的编印工作受到很大影响。为此，兰州市电化教育中心的领导小组想尽办法，与多方联系，积极筹措，最终解决了经费问题，保证了《初中信息技术学业水平考试指导》能及时印制完成，发放到学生手中。

通过这件事，我们认识到对政策法规的学习一定要学熟、学透，决不能停留在一知半解的层面，只有这样，才能在工作不违规的同时做到不误事。

二、团队建设中的问题

在兰州市教育局考试工作领导小组的领导下，各区县和学校也相应成立了各级领导小组，有效促进了考试工作的顺利开展。但随着时间的推进，不少区县和学校因为人员变动、岗位调整等因素，导致管理“真空”，出现工作停滞的现象。在随后的工作中，我们吸取教训，通过QQ工作群、Welink工作群、电话等方式时刻保持和各单位的联系，落实专人负责制，确保不出现任何纰漏。

同时，为保障考试工作的顺利开展，我们临时抽选相关人员成立了考试工作小组。抽选人员为县区信息中心和市属学校的资深信息技术教师。成立初期，在软件开发、题库建设、《初中信息技术学业水平考试指导》编写等方面，该团队发挥了很大的作用，有效推动了工作的开展。由于时间紧迫，没有经过深入考察，在后续工作中发现团队的整体力量还是不足，在学科知识、思维意识、创新能力及解决实际问题等方面没有达到很好的互补，也缺乏一定的凝聚力和积极主动性，人员构成没有达到最优，在考试工作后期，几乎没有体现出应有的作用。在今后的工作中，我们将把团队建设作为一项重要的工作来抓，一方面加强对人才的培养，充分发挥培训部的培训职能，打造能想能干、敢想敢干的队伍；一方面积极发掘人才，补充新鲜血液到队伍中，增强队伍的战斗力。

三、系统建设中的问题

信息技术考试工作在兰州市尚属首次，培训部接到任务已经是2019年6月底，一年后考试就要实施，所有工作都是从零开始，时间紧，任务重。作为考试核心的考试系统，重新研发显然来不及，为保证考试的顺利进行，我们采取了购买现有的成熟系统服务的方式。通过测试和模拟考试，还是发现了一些不是很理想的地方，功能上也存在部分欠缺，但是顺利完成考试是没有任何问题的。

2020年考试工作结束后，我们将认真收集考试系统存在的问题，并广泛征集一线教师和管理员的意见和建议，反馈给软件公司，对软件进行升级改造，实现好上手、易操作、功能完备，在来年的考试中发挥更大的作用。

四、试题命题中的问题

信息技术考试考查目标既要关注信息技术的基本知识、基本技能和解决实际问题的能力，也要体现学科核心素养，即信息意识、计算思维、数字化学习与创新和信息社会责任。试题中体现信息社会责任方面还存在不足，部分试题内容滞后于时代性和学科发展，考查知识点陈旧，没有反映出学科的发展。试题将考虑增加新时代信息技术发展与网络安全等方面的内容，如人工智能、大数据、云计算、移动技术和网络安全法、青少年文明上网公约等内容，落实我国大力提倡的人工智能进课堂的教育理念。题目的内容应反映时代正能量、科技进步、青少年思想道德等方面，这都是以后需要认真思考的地方。

此次考试采取从十套试题中随机抽取一套题的方式。这种方式能使学生抽到的题目难易度差别相对不大，但是重复率相对较高。考虑今后的考试方式改为从题库中随机抽题组成试卷，但题库中试题的更新和数量决定了考试的难易度，需组织更新部分试题和增加数量，尽可能使试题组合更多，相互不重复。

试题设计要保证试题的信度和效度。此次试题的类型是单选、判断和操作题，单选和判断题主要考查基础知识，属于客观题，操作题为基于操作过程的考查，学生有一种或两种操作方式，严格意义上并未体现操作类试题的开放和多解，限制了学生的发散思维和动手尝试能力。今后，将考虑增加一些根据素材中的数据进行分析的题目，体现信息技术处理数据的便捷与高效，也是对信息素养较高层次的考查。

期待来年考试的新变化，以更好地发挥诊断、指导和评价的作用，促进信息技术学科发展，提升信息技术课程实施水平。

后　记

“没有教育信息化，就没有教育现代化。”实现教育现代化必须紧盯教育信息化这个牵一发而动全身的具有基础性作用、产生革命性影响、发挥引领性效应的重要变量和关键领域，持续加大投入，聚力攻坚，求取硕果。

从我国教育事业发展实践看，推动教育信息化着重在发展规划、基础建设、融合应用3大版块上进行有益的探索，取得了令人欣喜的突破和进步，发展规划日臻完善。《教育信息化2.0行动计划》是在《教育信息化“十三五”规划》的基础上提出，是从国家层面就新时代教育信息化的指导思想、发展目标、主要任务、实施方法和保障措施等进行了全面定位；《中国教育现代化2035》又深刻阐明了教育信息化的历史使命、战略任务及核心价值，全面构建了国家教育信息化战略。《中小学数字校园建设规范（试行）》，是对中小学校基础建设的全面升级，从应用的角度就中小学校数字校园建设与应用的建设总目标、建设原则、建设内容、建设流程等指引了方向和基础规约，推动了教育信息化软件建设持续发展升级、不断更新换代。融合应用，深度拓展，信息技术与教学模式广泛融合、创新发展，既充分发挥教师主导作用，又突出体现学生主体地位，潜移默化地促进师生在教与学中形成更加先进的思想理念、更加开放的思维方法、更加高效的行为方式。

近年来，兰州市委、市政府针对社会诉求，依托有限条件，区域发展、城乡发展、校际教育发展不够均衡等实际，紧跟国家教育事业发展步伐，坚持不懈致力于教育信息化的探索实践，取得了显著成效。着眼跨越发展，狠抓规划建设，聘请国内和省内高水平专家为我市教育信息化发展诊断把脉，聚焦教育信息化建设应用，先后制定《兰州市教育信息化2.0行动计划》《兰州教育现代化2035》和《兰州市教育信息化2.0评估指标体系》，为全市教育系统信息化和智慧教育中长期发展提供理论指导。着眼夯实基础抓建设，先后投入4.2亿元，对全市90所学校基础设施进行扩容增速、升级改造，实现千兆进校、百兆进班，无线校园全覆盖，乡村小规模学校和乡镇寄宿制学校全部入网，陆续建成开通“兰州市教育城域网”“兰州市数字教育公共服务平台”“兰州教育智慧云平台”等服务平台。着眼创新应用抓融合，努力构建网络化、数字化、智能化、个性化的教育体系。大力推进“名师在线”（兰州市十大民生工程之一），在新冠肺炎疫情期间，承担了全市所有初高中学科，13万学生学习的教育任务，在“停课不停学”中充分彰显了互联网线上教育优势；积极打造“智慧课堂”，截至2019年底，已有16所中小学实现常态化应用，建成6所智慧教育省级标杆校、40所智慧教育市级标杆校；及时启动“名师课堂”，针对农村薄弱学习和教育点缺少师资，开不出、开不足、开不好国家规定课程的问题，确定由3所城区学校帮助10所农村学校，以“优质学校带薄弱学校、优秀教师带普通教师”的模式，通过“异地同堂”教学及教研形式，帮助偏远地区学校利用信息化手段提高教育质量。通过以上各方面多措并举，让教育之光、公平之光、大爱之光更加充裕地照进了那些被遗忘的角落。

教育信息化是国家科技兴教的大战略，是契合信息时代的大课题，是十分艰巨复杂的大工程。本着瞄准大战略、研究大课题、助力大工程的目的，试图从历史与现实的贯通、理论与实践的结合、普遍与个体的联系上，对教育信息化问题进行一定的研究探索和总结反思，为广大师生特别是教育信息化工作者提供有益借鉴。

本书由南星辉主编，第一章张静、第二章王菲、第三章赵乾祯、第四章王向东、第五章梁绍勇、第六章杨薇薇、第七章徐超共同编写。如有不足之处，敬请批评指正。

南星辉

2020年9月